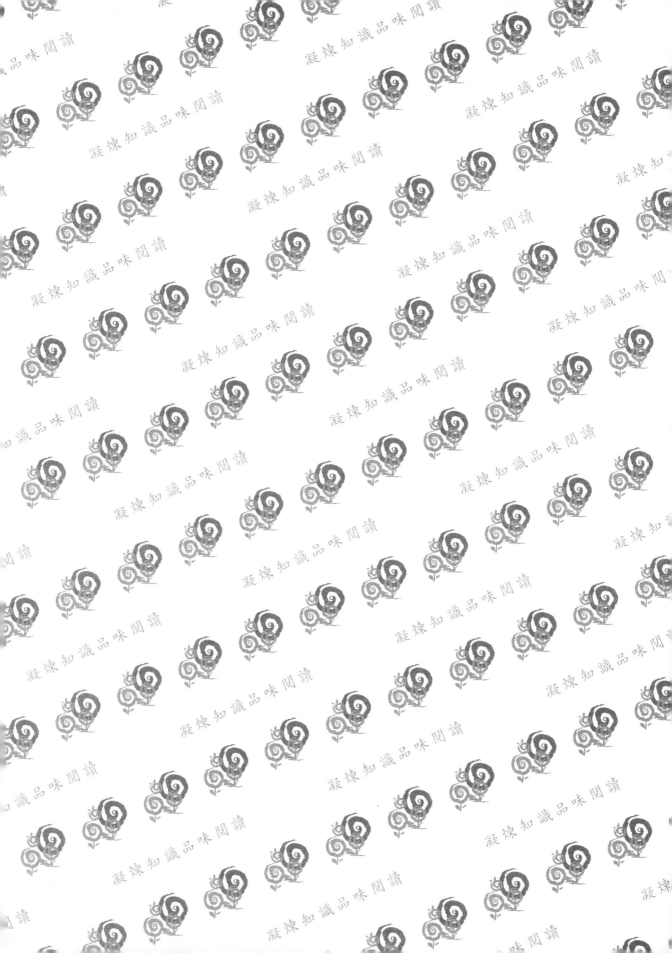

實驗研究法
與 共變數分析

涂金堂 著

五南圖書出版公司 印行

序言

　　找尋變項之間的因果關係（causal relationship），一直是自然科學與社會科學的重要目的。確定變項之間的因果關係，才有助於科學研究的進展。實驗研究是常被採用的量化研究方法，相對於其他研究方法，若能採用適切的實驗設計，有效控制其他無關變項對依變項的影響，實驗研究就是最適合探討自變項與依變項因果關係的研究方法。

　　對於實驗研究結果的統計分析，大多數的統計學教科書，都建議應採用「共變數分析」（Analysis of Covariance [ANCOVA]）。然而修習過統計課程的研究生，大多只學過「變異數分析」（Analysis of Variance [ANOVA]）的統計方法，受限於課程進度的關係，較少接觸到共變數分析的統計方法。故一聽聞進行實驗研究需要以共變數分析進行資料分析，常有不知所措的焦慮感。對於以共變數分析進行實驗資料的統計分析之建議，有些研究生會認真參考相關的統計書籍，以共變數分析進行實驗研究的資料分析。有些研究生會直接放棄採用共變數分析，先以獨立樣本 t 檢定（適用於只有實驗組與控制組兩組時）或獨立樣本單因子變異數分析（適用於三個以上的組別時），進行實驗研究的前測分數檢定。若各組的前測分數沒有顯著性差異，則再採用獨立樣本 t 檢定（也稱為 t 考驗）或獨立樣本單因子變異數分析，進行實驗研究的後測分數之統計分析。有些研究生則不管實驗前測分數是否有顯著性差異，直接以獨立樣本 t 檢定或獨立樣本單因子變異數分析，檢定實驗的後測分數。另外，有些研究生會以獨立樣本 t 檢定或獨立樣本單因子變異數分析，檢定實驗的前測分數與後測分數之差異分數（亦即後測分數減掉前測分數）。這四種統計分析方式，大概是目前較常見到對於實驗研究結果的統計分析。針對這四種統計方法，本書在第二章會進行分析比較，讓讀者有較清楚的瞭解。

　　進行共變數分析時，有一項很重要的基本假定：「迴歸係數同質性」（homogeneity of regression slopes）。若實驗研究蒐集的資料，符合「迴歸係數同質性」假定，則可直接透過統計軟體（例如 SPSS）進行

共變數分析。一旦實驗的資料不符合「迴歸係數同質性」假定，便不適合進行共變數分析，較合適的做法是改採「詹森—內曼法」（Johnson-Neyman procedure）。由於 SPSS 對於「詹森—內曼法」的統計程序，並未提供「點選」（point-and-click）的操作介面，必須採用 SPSS 程式語法的方式進行，因而讓許多研究生卻步。另外，「詹森—內曼法」適用在兩個組別時，若實驗設計是三組以上，且實驗資料出現不符合「迴歸係數同質性」假定時，則如何適切的使用「詹森—內曼法」，對研究生而言，又是另一個難題。故本書第四章即針對「詹森—內曼法」，進行詳細的介紹。

本書目的在於協助採用實驗研究的研究生或研究人員，使用共變數分析進行實驗資料的分析，以獲得較為精準的統計結果。除了介紹共變數分析的基本假定與基本原理外，也介紹如何透過 SPSS 統計軟體的操作與報表解讀，來進行共變數分析。另外，介紹如何透過筆者所寫「EZ_ANCOVA」的 EXCEL 程式，進行共變數分析。本書共分成六章，第一章介紹實驗研究法（準實驗研究法）的基本概念；第二章介紹共變數分析的基本概念；第三章介紹單因子共變數分析的基本原理與統計軟體操作；第四章介紹「詹森—內曼法」的基本原理與統計軟體操作；第五章介紹雙因子共變數分析的基本概念；第六章介紹雙因子共變數分析的統計軟體操作。希冀透過本書的介紹，能讓更多的研究生或研究人員，願意採用共變數分析來進行實驗研究資料的統計分析，此也是本書命名為「實驗研究法與共變數分析」的原因。

本書得以順利完成，要特別感謝內人佳蓉老師與小女昕好，她們對筆者的全心支持，才能促使本書的完成。本書得以順利出版，要特別謝謝五南圖書公司的鼎力支持，尤其是編輯部的諸多協助。本書思慮不周之處，尚請大家不吝指正。

涂金堂 謹誌

2017 年 3 月

目錄

序言

詹森─內曼法

雙因子共變數分析的基本概念

Chapter 6

雙因子共變數分析的統計軟體操作

Chapter

1

實驗研究法

探討兩個變項之間的因果關係（causal relationship），是進行科學研究的一項重要目的。在社會科學研究方法中，實驗研究法（experimental research method）是較適合用來檢定兩變項是否具因果關係的研究方法。Oehlert（2000）認為實驗研究法具有四點優勢：1. 實驗研究允許我們對感興趣的實驗處理，進行直接的比較。2. 我們可以透過實驗研究，在比較的過程中，將偏誤（bias）降到最低。3. 我們可以透過實驗研究，在比較的過程中，讓誤差（error）變小。4. 最重要的，在實驗的控制過程中，允許我們對實驗結果的差異情形，進行較強而有力的推論，特別是針對因果關係的推論。

　　研究者在規劃實驗研究時，若未同時考量實驗結果該採用的統計檢定方式，易造成無法獲得嚴謹的研究結論，進而影響研究結果的推論。Coleman 與Montgomery（1993）認為一位實驗研究者若缺乏統計知識，可能會導致六種問題：1. 不適切的控制變項情境（例如：情境範圍太小，以致無法觀察到結果；或情境範圍太大，以致無關機制影響結果變項）。2. 誤解交互效果的本質，而產生不明智的混淆設計。3. 實驗設計或結果，被測量誤差或情境誤差所汙染。4. 將不適切的因素設定為恆常（held constant），或視為干擾因素，而讓研究結果失真。5. 錯誤解讀過去的研究結果，而影響對反應變項、控制變項或情境的挑選。6. 無法分辨不同層次的實驗誤差，導致不正確的顯著性檢定。

　　對於實驗研究結果的統計分析，較適合採用共變數分析（Analysis of covariance [ANCOVA]）統計方法，來進行實驗結果的檢證（Stevens, 2009）。基於上述的原因，本書除了介紹實驗研究法的基本概念外，也著重解析共變數分析的統計原理，以及說明如何透過統計軟體 SPSS 與 EXCEL，以進行共變數分析的統計分析。本書第一章先介紹實驗研究法的基本概念，讓讀者能迅速掌握如何進行實驗研究；第二章介紹共變數分析的基本概念，讓讀者瞭解共變數分析的統計基本原理；第三章介紹單因子共變數分析，讓讀者清楚如何透過統計軟體進行單因子共變數分析；第四章介紹詹森─內曼法（Johnson-Neyman），讓讀者知道若蒐集的資料無法符合共變數分析的基本假定時，該如何改採詹森─內曼法進行統計分析；第五章介紹雙因子共變數分析的基本概念，讓讀者可以清楚雙因子共變數分析的統計基本原理；第六章介紹雙因子共變數分析的統計軟體操作，讓讀者清楚如何透過統計軟體進行雙因子共變數分析。

壹、實驗研究與因果關係

　　兩變項之間若具有相關情形，大致可分成如表 1-1 的六種關係類型。第一類型與第二類型的相關情形，X 與 Y 是具單向度的直接因果關係，其中第一類型 X 是因，Y 是果；第二類型 Y 是因，X 是果。例如「太陽下山」是因，造成「天色黑暗」是果，但此兩種類型皆無法產生反方向的推論：「天色黑暗」是因，造成「太陽下山」是果。

　　第三類型的相關情形，X 與 Y 是具雙向度的直接因果關係，X 既是因也是果，Y 同樣是因與果。例如「農作物種植面積」與「農作物的價格」兩者是互為因果，當「農作物種植面積」越大時，容易因產量過多而導致農作物價格較低。一旦農夫發現「農作物價格」變低時，容易出現不願意耕種而導致農作物耕種面積較少。出現「農作物種植面積」變小時，容易因產量過少導致農作物價格升高，若農夫發現「農作物價格」升高時，容易因搶種而導致農作物耕種面積較大。如此的循環歷程，即是互為因果的相關情形。

　　第四類型的相關情形，X 與 Y 並不具有因果關係，X 與 Y 之所有有相關情形的產生，主要是兩者同時受到第三個變項 Z 的影響，導致 X 與 Y 具有相關，但 X 與 Y 並沒有因果關係。例如「牛奶的產量」與「厚重衣服的銷售量」具有正向的相關情形，當牛奶產量愈多時，厚重衣服的銷售量也愈多。但「牛奶的產量」與「厚重衣服的銷售量」並沒有因果關係，而是這兩個變項同時受到第三個變項「季節因素」的影響，因為在冬季的時候，牛奶產量比較多，厚重衣服的銷售量也比較多。

　　第五類型與第六類型的相關情形，X 與 Y 具有間接的因果關係，其中第五類型，X 先透過對 Z 的影響，再由 Z 透過對 Y 的影響，而讓 X 與 Y 具有因果關係；其中第六類型，Y 先透過對 Z 的影響，再由 Z 透過對 X 的影響，而讓 Y 與 X 具有因果關係。例如，「父母親的數學態度」會影響「小孩的數學態度」，而「小孩的數學態度」會影響「小孩的數學成績」。

　　通常，因果關係的確定，至少需要符合三項重要條件：共變情形（covariation）、非虛假的關係（nonspuriousness）、時間順序（time order）（Frankfort-Nachmias & Nachmias, 2000）。共變情形是指兩個變項產生同時的改變，亦即一個變項改變時，另一個變項也會伴隨著改變。例如一個人的工作年資增加時，其薪資收入也隨之增多，則工作年資與薪資收入這兩個變項，便存在著正向的共變情形。相對地，一個人的年齡增加時，其記憶能力變差，則年齡與記

表 1-1

兩變項具有相關的類型

兩變項關係圖	兩變項關係之說明
X —— Y	X 為自變項，Y 為依變項，單箭頭由 X 指向 Y，表示 X 是因，Y 是果，X 與 Y 兩者具有直接的因果關係。
X —— Y	Y 為自變項，X 為依變項，單箭頭由 Y 指向 X，表示 Y 是因，X 是果，Y 與 X 兩者具有直接的因果關係。
X —— Y	X 同時為自變項與依變項，Y 也同時為依變項與自變項，雙箭頭由 X 指向 Y，也由 Y 指向 X，表示 X 是因與果，Y 是果與因，X 與 Y 兩者具有直接的因果關係。
Z ↗↘ X　Y	X 與 Y 皆為依變項，Z 為自變項，雙箭頭分別由 Z 指向 X 與 Z 指向 Y，表示 Z 與 X 兩者具有因果關係，Z 與 Y 兩者具有因果關係，但 X 與 Y 兩者並不具有因果關係。
Z ↗↘ X　Y	X 為自變項，Y 為依變項，Z 同時為依變項與自變項，雙箭頭分別由 X 指向 Z 與 Z 指向 Y，表示 X 與 Z 兩者具有因果關係，Z 與 Y 兩者具有因果關係，且 X 與 Y 兩者具有間接的因果關係。
Z ↙↖ X　Y	Y 為自變項，X 為依變項，Z 同時為依變項與自變項，雙箭頭分別由 Y 指向 Z 與 Z 指向 X，表示 Y 與 Z 兩者具有因果關係，Z 與 X 兩者具有因果關係，且 Y 與 X 兩者具有間接的因果關係。

憶能力是存在負向的共變情形。而一個人的身高與其智力高低，兩者並沒有關係，故不具有共變情形。在統計學上，我們會使用共變數（covariance）或相關係數（correlation）來表示兩個變項的共變情形。「兩個變項存在著相關，並不保證兩個變項一定具有因果關係」，這是大多數統計學教科書在介紹積差相關係數時，一定會特別強調的基本概念。因為兩個變項具有相關，可能不是因為具有因果關係，而是這兩個變項同時受到第三變項的影響，才導致兩個變項具有相關，此時兩個變項具有的相關，即稱為虛假關係（spurious）。例如表 1-1 第四類型的情形，X 與 Y 即屬於虛假關係，故 X 與 Y 不具有因果關係。時間順序則是指「因」這個變項的發生時間，一定要先於「果」這個變項的發生時間。如此，才能確定是由「因」的改變，才促使「果」的改變。

　　因果關係的判定，若缺乏嚴謹的檢驗設計，容易導致錯誤結論。Christensen（2001）曾舉例說明因果關係的誤判：有一個人想探究造成他酒醉的東西，第一天晚上他喝了「裸麥威士忌」與「水」，結果他醉了；第二天晚上他喝了「蘇格蘭酒」與「水」，結果他也醉了；第三天晚上他喝了「美國威士忌」與「水」，

結果他又醉了。由於「水」是這三天他同時都有喝到的東西，所以他得到的結論是「水」是造成他酒醉的東西。

相對地，若採用嚴謹的實驗設計，則較有可能獲得正確的因果關係。例如在中小學的自然科學課程中，常採用實驗的方式，讓中小學生瞭解自然現象的因果關係。在小學的自然課本中，常提到「陽光、空氣、水」是生物得以生存的三大要素，爲了讓小學生瞭解太陽對生物成長的重要性，會讓小學生以綠豆，進行「陽光是否會影響植物的生長」實驗。綠豆實驗的進行，請小學生準備兩個大小一樣的水盤，兩個水盤上面各鋪上一張衛生紙，每個水盤再各放上 5 顆綠豆。其中一個水盤放到能夠照到陽光的室外，另一個水盤則放在照射不到陽光的室內。經過兩個星期後，分別測量兩個水盤的綠豆發芽高度。在綠豆的實驗中，接受陽光照射的綠豆爲實驗組（experimental group），未接受陽光照射的綠豆爲控制組（control group）。實驗組與控制組除了在是否接受陽光這個變項有差異外，其他的變項都應該是相同的（例如兩組的綠豆大小一樣、兩組的水盤一樣、兩組的衛生紙一樣、兩組的水量一樣……）。在如此嚴謹的實驗控制下，當兩個星期後，接受陽光照射的實驗組綠豆發芽高度，明顯高於未接受陽光照射的控制組綠豆發芽高度，則我們比較有信心得到「陽光」與「綠豆生長」具有因果關係。

若想探究兩個變項的因果關係，透過實驗研究法的實施，才能獲得較確定的研究結論。然而缺乏嚴謹設計的實驗研究，並無法獲得確切的研究結論。故底下將介紹實驗研究法的基本概念，讓讀者能掌握進行實驗研究時，應注意的重要事項。

貳、實驗研究的基本概念

實驗研究法也常被稱爲實驗設計（experimental design），對於實驗設計的意義，Cook 與 Campbell（1979，p.5）認爲「所有實驗包含至少一項的實驗處理（treatment）、實驗結果的測量、分派的單位，以及某些改變量的比較，這些改變量可以被推論與期待是因爲實驗處理的關係」。

根據 Cook 與 Campbell（1979）對實驗設計的見解，整個實驗研究的過程，大致包含「挑選實驗對象」、「操弄實驗變項」、「控制無關變項（extraneous factor）」、「比較實驗結果」等四項重要的元素。

一、挑選實驗對象

實驗研究的實驗對象，有可能是人、動物、事或物，端看實驗研究者所要探究的研究主題而定。實驗對象的挑選方式，是實驗研究能否有效推論的關鍵部分。最理想的實驗對象挑選方式是採用隨機化方式（randomization），完整的隨機化包含隨機抽樣（random sampling）與隨機分派（random assignment）兩個歷程。先採用隨機抽樣的程序，獲得至少兩個組別的實驗對象，再透過隨機分派的程序，將所抽取的實驗對象，隨機分派到實驗組與控制組，控制組有時也被稱為對照組（comparison group），如圖 1-1 所示。實驗研究法若採用隨機化方式挑選實驗對象，則此種實驗研究法被稱為「真實驗設計」（true experimental design），而未採用隨機化方式挑選實驗對象，則屬於「準實驗設計」（quasi-experimental design）。

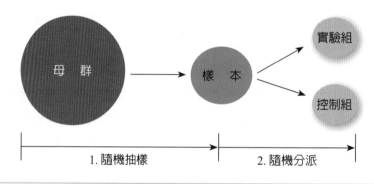

圖 1-1　隨機化歷程圖

(一) 隨機抽樣

實驗對象的挑選步驟，首先確定實驗對象的母群（或稱為母體），接著透過隨機抽樣的方式，選取實驗組與控制組的總人數。隨機抽樣的用意，主要在於比較能挑選出具有母群代表性的實驗對象，以利於將實驗結果，類推到整個母群的所有研究對象。若採用非隨機抽樣，常使所抽取的樣本不具有代表性，無法反應母群所具有的特質，如此，實驗結果將無法有效推論回母群的所有研究對象。

最簡單的隨機抽樣方式是簡單隨機抽樣（simple random sampling），簡單隨機抽樣需具有「均等的概率」（equal probability）與「獨立的概率」（independent probability）兩個性質（林清山，2014）。所謂均等的概率是指每個樣本被抽中的機率是相等的，而不能產生 A 樣本被抽中的機會高於 B 樣本的情形。所謂獨

立的概率是指所抽選的樣本，彼此之間是沒有關聯性。若 B 樣本會被抽選，是因為 A 樣本被抽選的緣故，如此的抽樣即不具有獨立性。相對地，若 B 樣本被抽選，皆無關於其他樣本是否被抽選，則具獨立性。例如有些老師習慣以當天的日期來抽問學生（例如當天是 3 月 6 日，則點名 6 號同學），接續則點名 16 號、26 號、36 號。如此的抽樣，每位同學被抽到的機率是不相等，即不具有「均等的概率」性質。並且因為 16 號、26 號、36 號會被抽到，是因為 6 號被抽樣的緣故，亦不具有「獨立的概率」性質。

　　進行簡單隨機抽樣時，首先將母群的所有研究對象，給予一個對應的數字號碼。其次，根據母群的所有研究對象數量，作同樣數量的籤。最後，根據所需要抽樣的樣本數量，開始從籤筒中，逐一抽出樣本的號碼。若每次抽出的籤，都再放回籤筒中，此種抽樣方式屬於「簡單隨機抽樣抽出放回」（simple random sampling with replacement）。相對地，若每次抽出的籤，不再放回籤筒中，此種抽樣方式屬於「簡單隨機抽樣抽出不放回」（simple random sampling without replacement）。若考量「均等的概率」性質，則採用「抽出放回」的方式會較符合，但「抽出放回」可能會發生同一個樣本被重複抽中的情形。對實驗研究而言，不可能一個研究對象同時出現兩次或三次，故較常的做法是將抽到的籤放回，但若抽到重複的樣本，則只算一次的樣本，直到抽到所需的樣本數量，但此種做法不能稱為「抽出放回」，而是屬於「抽出不放回」（Groves, Fowler, Couper, Lepkowski, Singer, & Tourangeau, 2009）。

　　另一種更為簡便的簡單隨機抽樣方式，是不需要自己做籤，而是使用「亂數表」（random number table），表 1-2 為亂數表的一小部分，讀者可從一般介紹統計的書籍附錄中，找到亂數表來使用。假設要從 600 位研究對象中，抽選出 60 位研究對象參加實驗研究，則先拿一支筆，閉上眼睛後，隨意的點選亂數表某個位置，例如表 1-2 隨意點選到「8182」這一組數字的「2」，就可以採用該組數字的後三碼「182」（也可以採用該組數字的前三碼「818」），作為判斷是否介於 1 至 600 之間（因為此次的母群為 600），若該組數字的後三碼，是屬於 1 至 600 之間，則顯示其為被抽中的樣本號碼。以「8182」這一組數字的後三碼「182」為例，由於 182 介於 1 至 600 之間，表示編號 182 的研究對象被抽中。然後接續下一列的後三碼數字，判斷是否屬於 1 至 600 之間，以「8182」這一組數字的下一列數「6035」後三碼「035」為例，由於 35 介於 1 至 600 之間，表示編號 35 的研究對象被抽中。若該列已是該行的最後一列，則改換到右邊一行，繼續進行抽樣。例如「3888」這一組數字（後三碼 888 並不在 600 以內，表示無

效樣本），是「8182」這一組數字的最後一行，所以接續以右邊一行的「0420」
這一組數字，進行亂數表的抽樣。

表 1-2

亂數表的部分摘要

1 2 6 5	6 4 6 7	0 8 5 5	5 5 6 4	2 1 4 6	2 0 1 6	0 4 2 0	3 5 7 7
2 8 4 6	1 2 2 4	2 1 8 1	8 7 2 9	2 5 7 4	8 1 8 2	0 6 9 8	4 0 2 0
8 5 6 5	1 7 3 0	7 7 3 4	3 2 2 8	5 9 1 5	6 0 3 5	3 3 3 7	8 5 6 2
6 6 0 8	5 2 7 5	9 3 6 2	3 3 2 8	5 2 3 4	7 5 6 5	5 2 3 7	8 6 6 4
1 2 3 6	6 2 0 2	1 0 5 1	1 4 1 7	6 3 1 5	7 2 3 4	8 3 7 4	7 6 7 1
6 8 4 8	2 1 2 7	1 7 4 7	8 6 5 4	3 3 1 5	8 6 0 0	7 4 3 6	6 5 6 6
1 0 8 4	7 3 6 5	4 8 4 3	0 4 8 0	4 2 2 4	0 6 5 0	9 5 2 3	1 5 6 7
7 3 1 6	5 8 7 3	2 5 2 5	5 4 0 4	2 2 7 3	3 7 4 2	4 4 5 8	1 1 8 6
7 9 4 5	3 9 6 6	2 3 9 1	2 2 8 4	0 8 1 6	8 4 7 4	2 8 4 0	9 8 2 8
8 7 1 8	7 4 7 5	6 2 3 0	7 0 1 6	1 0 6 3	3 8 8 8	1 1 4 4	5 4 1 8

(二) 隨機分派

　　隨機分派比隨機抽樣更能反應實驗結果的因果關係，使用隨機分派的目
的，是希望達到讓實驗組與控制組的研究對象，在除了自變項以外的其他變項，
能具有相同的條件，如此，研究者較有信心根據自變項對依變項的影響，提出因
果關係的推論，所以隨機分派是整個隨機化歷程的重要關鍵。

　　若研究對象已先透過隨機抽樣，取得實驗組與控制組的總人數，則再進一步
透過隨機分派，將隨機抽樣的研究對象，分派到不同的實驗組別中。一個比較簡
便的隨機分派方式，是透過擲銅板，獲得正面銅板者，將其分派爲實驗組，反面
銅板者則爲控制組。例如前面所舉的，以 600 位研究對象，透過簡單隨機抽樣，
獲得 60 位研究對象。接續，從 60 位研究對象，每次挑選一位研究對象，再透過
擲銅板的方式，決定該分配爲實驗組或控制組。

　　對於社會科學的研究，若研究對象是人，有時無法透過隨機抽樣的方式，例
如想招募 60 位大學生（30 位爲實驗組、30 位爲控制組），參加「觀看暴力影片，
是否容易提高暴力行爲的產生」之實驗研究，結果只剛好招募到 60 位大學生，
並無法採用隨機抽樣的方式，此時只能針對這 60 位研究對象，進行隨機分派。
在進行隨機分派時，應避免以招募的先後順序，作爲分派實驗組與控制組的依

據，例如最先招募到的 30 位為實驗組、其他後來招募到的 30 位為控制組，此種
分派並非隨機分派，因為最先招募到的研究對象，可能比後招募到的研究對象，
有較高的參與實驗研究的動機，因而讓實驗組與控制組的研究對象，出現不同動
機的情況，而影響實驗結果的因果推論。相對地，採用丟銅板的方式，是較符合
隨機分派的方式，也較有機會避免實驗組與控制組，在某些研究變項出現不同質
的情形。

二、操弄實驗變項

　　操弄實驗變項也就是所謂的實驗處理（experimental treatment），它是實驗
研究法一項很重要的特徵，而操弄的實驗變項，也被稱為自變項。藉由實驗變項
的操弄，探討當自變項改變時，依變項是否跟隨著改變，以判斷自變項與依變項
是否具有「共變情形」，作為自變項與依變項是否具有因果關係的推論依據。由
於先改變自變項，再判斷依變項是否跟隨改變，如此的設計，便符合「時間順
序」的原則。若依變項未能隨著自變項而改變，則兩者未具因果關係；假如依變
項能隨著自變項而改變，則還需要排除兩者是「虛假關係」，才能確定兩者具因
果關係。

　　實驗變項的操弄，為了獲得更明確的推論依據，通常會將實驗對象，至少分
成實驗組與控制組兩組，也可以分成三組、四組或五組的組別。並且讓實驗組與
控制組，在操弄的實驗變項上，分別接受不同的實驗處理。

　　實驗變項的操弄方式，Christensen（2001）主張包含「操弄變項的有無」
（presence versus absence）、「操弄變項的數值大小」（amount of a variance）
與「操弄變項的類型」（type of a variance）等三種。

(一) 操弄變項的有無

　　「操弄變項的有無」是各類研究法的書籍，最常提到的實驗變項操弄方式。
所謂「操弄變項的有無」是指安排一個組別接受操弄變項，而另一個組別未接受
操弄變項，等實驗結束後，判斷接受與未接受實驗操弄的組別，是否會導致依變
項產生不同的改變量。表 1-3 是「操弄變項的有無」最典型的代表，其中，實驗
組接受實驗處理，而控制組則未接受實驗處理。表 1-3 所使用的文字代碼，是參
考 Campbell 與 Stanley（1963）的書寫方式。

表 1-3

等組前後測實驗設計（操弄變項有無的實驗設計）

隨機化歷程	組別	前測	實驗處理	後測
R	實驗組	O_1	X	O_2
R	控制組	O_3		O_4

註：R 表示採用隨機化歷程挑選研究對象；O_1 與 O_3 分別表示實驗組與控制組所接受的前測；X 表示實驗組接受實驗處理，控制組在實驗處理的欄位空白，表示控制組未接受實驗處理；O_2 與 O_4 分別表示實驗組與控制組所接受的後測。

　　以前面提及的小學生以綠豆進行「陽光是否會影響植物的生長」實驗為例，請小朋友從一包綠豆中，先隨機抽取 10 顆綠豆，再透過擲銅板的隨機分派方式（隨機化歷程），讓實驗組與控制組各有 5 顆綠豆。在進行實驗之前，先請小朋友逐一測量每顆綠豆的高度（前測）。接續開始進行實驗，實驗組的 5 顆綠豆，放在室外接受陽光照射（有接受實驗處理）；而控制組的 5 顆綠豆，放在室內不接受陽光照射（無接受實驗處理）。等兩個星期後，再測量實驗組與控制組綠豆的發芽高度（後測）。在這個實驗過程中，實驗組的綠豆有接受陽光，而控制組的綠豆則無接受陽光，此即為「操弄變項有無的實驗設計方式」。

　　在某些醫學相關的實驗中，藥物的效用，除了受到實驗對象的生理機制影響外，也可能因為心理因素的影響，造成實驗結果的偏誤。為排除此心理層面的影響，常讓控制組的研究對象服用所謂的「安慰劑」（placebo）。安慰劑常以對依變項不具有影響效果的維他命或鈣片，但透過安慰劑的使用，卻能避免控制組因未服用藥物，而導致影響其心理機制的效果。此種實驗操弄方式，雖然控制組受試者服用安慰劑，但安慰劑並未產生任何藥物的效用，故此種實驗操弄方式也屬於「操弄變項有無的實驗設計方式」。

(二) 操弄變項的數值大小

　　「操弄變項的有無」對於實驗變項的操弄，是採用全有或全無的操弄方式。然而對有些實驗研究而言，不同的操弄強度，可能會造成不同的實驗效果，此時可考慮採用如表 1-4 的「操弄變項數值大小」的實驗設計。例如有些醫學相關的實驗研究，雖然某種藥物可治療某種疾病，但若該藥物會引發副作用，此時如何找到一個適當的藥劑量，才不會造成較大的副作用，則採用「操弄變項的數值大小」實驗設計是較佳的選擇。

表 1-4

等組前後測實驗設計（操弄變項的數值大小之實驗設計）

隨機化歷程	組別	前測	實驗處理	後測
R	實驗組 1	O_1	X_1	O_2
R	實驗組 2	O_3	X_2	O_4
R	控制組	O_5		O_6

註：X_1 表示實驗組 1 接受強度較強的實驗處理，X_2 表示實驗組 2 接受強度較弱的實驗處理，控制組未接受實驗處理。其他的代碼意義，請參考表 1-3 的說明。

　　再以小學生種綠豆的實驗為例，實驗組 1 採取白天都接受陽光的實驗處理方式，實驗組 2 則採用只照射上午的太陽光之實驗處理，控制組則未接受任何陽光的照射。經過兩個星期後，再比較實驗組 1、實驗組 2 與控制組的綠豆發芽情形是否有差異，此種實驗設計即是「操弄變項數值大小」的實驗設計。

(三) 操弄變項的類型

　　前面兩種實驗操弄的方式，控制組都未接受任何的實驗處理，對於自然科學的實驗研究，可能比較不會有較大的爭議，但對社會科學實驗研究而言，可能會涉及實驗倫理的問題。例如以國小五年級學生為研究對象，實驗組學生接受「閱讀理解」的教學實驗，而控制組學生未接受「閱讀理解」的教學實驗，經過一學期後，比較實驗組學生與控制組學生，在「閱讀理解」測驗的得分是否有差異。此種實驗可能遭受到質疑，為何控制組學生在實驗期間，未能接受任何的教學實驗，是否剝奪了控制組學生的學習權？

　　為避免可能遭到質疑的狀況，可考慮採用「操弄變項的類型」實驗設計，如表 1-5 所示。讓實驗組與控制組分別接受不同的實驗處理類型，然後評估兩組的實驗效果是否有所不同。

表 1-5

等組前後測實驗設計（操弄變項的類型之實驗設計）

隨機化歷程	組別	前測	實驗處理	後測
R	實驗組	O_1	X_1	O_2
R	控制組	O_3	X_2	O_4

註：X_1 表示實驗組接受 A 種實驗處理，X_2 表示控制組接受 B 種實驗處理。其他的代碼意義，請參考表 1-3 的說明。

同樣以小學生種綠豆的實驗為例，實驗組採取白天接受 8 小時陽光照射的實驗處理方式，控制組則採取白天接受 8 小時 LED 燈照射的實驗處理。經過兩個星期後，再比較實驗組與控制組的綠豆發芽情形是否有差異，此種實驗設計即是「操弄變項的類型」之實驗設計。

三、控制無關變項

實驗研究能否有效控制無關變項對實驗處理的影響，關乎到實驗結果能否清楚確認自變項與依變項的因果關係。假若實驗設計包含實驗組與控制組兩組，則兩組的實驗情境（包括溫度、音量、空間大小……）要控制成一樣，避免因情境因素而影響實驗結果。而透過隨機歷程的選取實驗對象，由於實驗組與控制組是透過隨機選取，較能讓兩組的受試者，具有相同的能力或特質，故透過隨機選取實驗對象，是控制無關變項的好方法。當某些無關因素無法完全控制時，則可透過統計控制的方式，最常採用共變數分析的方式，來控制這些無關變項（Street, 1995）。

四、比較實驗結果

對於如何檢定實驗組與控制組的實驗效果，一直存在著爭議。許多有關研究法書籍（Campbell & Stanley, 1963; Cohen, Manion, & Morrison, 2007; Howitt & Cramer, 2011），較偏向以獨立樣本 t 檢定，檢定兩組的差異分數（difference score）是否達顯著性差異水準。差異分數也被稱為獲得分數（gain score），差異分數的定義為：差異分數 = 後測分數 − 前測分數，其實驗統計方法如表 1-6 所示。

表 1-6

以差異分數進行兩組的獨立樣本 t 檢定

隨機化歷程	組別	前測	實驗處理	後測	差異分數
隨機抽樣＋隨機分派	實驗組	O_1	X	O_2	$O_2 - O_1$
隨機抽樣＋隨機分派	控制組	O_3		O_4	$O_4 - O_3$

註：以實驗組的差異分數（$O_2 - O_1$）與控制組的差異分數（$O_4 - O_3$），進行獨立樣本 t 檢定。

相對地，許多有關統計學的書籍（林清山，2014；Field, 2009; Kirk, 2013; Pedhazur & Schmelkin, 1991; Stevens, 2009），較偏向以前測分數作為共變項，以

後測分數作爲依變項，進行共變數分析，其實驗統計方法如表 1-7 所示。

表 1-7

以前後測分數進行兩組的獨立樣本共變數分析

隨機化歷程	組別	前測	實驗處理	後測	後測調整分數
隨機抽樣＋隨機分派	實驗組	O_1	X	O_2	O'_2
隨機抽樣＋隨機分派	控制組	O_3		O_4	O'_4

註：以兩組前測分數作爲共變項，兩組後測分數作爲依變項，進行獨立樣本單因子共變數分析，根據共變數分析結果，判斷後測調整分數是否達到顯著性差異。

　　對於該採用差異分數進行獨立樣本 t 檢定，或採用共變數分析統計方法，作爲探究實驗效果的統計方法，學者間存在著不同的見解（Jennings & Cribbie, 2016）。Knapp 與 Schafer（2009）認爲採用獨立樣本 t 檢定，其目的是探究「從前測到後測的實驗處理之改變效果爲何」，採用共變數分析，主要是探究「排除前測的影響力後，後測的實驗處理效果爲何」。採用差異分數進行獨立樣本 t 檢定，其優勢爲較簡單易操作，且需較少的基本假定，其限制爲差異分數的信度較低，且差異分數與後測分數常呈現負相關（Cronbach & Furby, 1970）。

　　對於差異分數的信度會較低的問題，Zimmerman 與 Williams（1982）提出不同的意見，他們認爲差異分數的信度不一定會較低，也有可能是高的。若假設 D 表示差異分數，如公式 1-1。

$$D = Y - X \qquad （公式 1-1）$$

　　則差異分數的信度公式爲公式 1-2，其中 $\rho_{DD'}$ 表示差異分數 D 的信度，$\rho_{XX'}$ 表示前測分數 X 的信度，σ_X 表示前測分數 X 的標準差，$\rho_{YY'}$ 表示後測分數 Y 的信度，σ_Y 表示後測分數 Y 的標準差，ρ_{XY} 表示前測分數 X 與後測分數 Y 的積差相關係數。

$$\rho_{DD'} = \frac{\rho_{XX'}\sigma_X^2 + \rho_{YY'}\sigma_Y^2 - 2\rho_{XY}\sigma_X\sigma_Y}{\sigma_X^2 + \sigma_Y^2 - 2\rho_{XY}\sigma_X\sigma_Y} \qquad （公式 1-2）$$

Zimmerman 與 Williams（1982）認爲之前的研究之所以會認爲差異分數的信度低，是因爲將前測與後測視爲複本測驗，根據複本測驗的理論，會得到前測的標準差等於後測的標準差（$\sigma_X = \sigma_Y$），故公式 1-2 將簡化爲公式 1-3。

$$\rho_{DD'} = \frac{\rho_{XX'} + \rho_{YY'} - 2\rho_{XY}}{2(1 - \rho_{XY})} \qquad （公式 1-3）$$

　　若再假設前測分數 X 的信度等於後測分數 Y 的信度（$\rho_{XX'} = \rho_{YY'}$），則公式 1-3 將簡化爲公式 1-4。

$$\rho_{DD'} = \frac{\rho_{XX'} - \rho_{XY}}{1 - \rho_{XY}} \qquad （公式 1-4）$$

　　假設以 $\rho_{XX'} = .80$，$\rho_{XY} = .70$ 代入公式 1-4，將得到 $\rho_{DD'} = .33$。

$$\rho_{DD'} = \frac{.80 - .70}{1 - .70} = .33$$

　　然而，在實際的研究情境中，複本測驗並不容易存在，故會出現前測的標準差不等於後測的標準差（$\sigma_X \neq \sigma_Y$），且前測分數 X 的信度不等於後測分數 Y 的信度（$\rho_{XX'} \neq \rho_{YY'}$），此時差異分數的信度，則有可能是高的。例如當 $\sigma_X = 3$，$\sigma_Y = 7$，$\rho_{XX'} = .70$，$\rho_{YY'} = .80$，$\rho_{XY} = .30$，則代入公式 1-2，可得到 $\rho_{DD'} = .72$，顯示差異分數的信度並不低。

$$\rho_{DD'} = \frac{.70 \times 3^2 + .80 \times 7^2 - 2 \times .30 \times 3 \times 7}{3^2 + 7^2 - 2 \times .30 \times 3 \times 7} = .72$$

　　Pedhazur 與 Schmelkin（1991）認爲若採用差異分數進行統計分析時，得注意前測分數是否會出現分數偏高的天花板效應（ceiling effect），與分數偏低的地板效應（floor effect）。若不同組別的前測分數，分別出現天花板效應與地板效應時，則具天花板效應的組別，其後測分數較不易增加；而具地板效應的組別，其後測分數則較容易提升。例如前後測採用總分 100 分的成就測驗，A 組別的前測分數平均是 95 分，B 組別的前測分數平均是 50 分，則 A 組別前後測的差異分數不易太大，而 B 組別的前後測差異分數則較容易變大。若採用實驗研究法，透過隨機抽樣與隨機分配的方式，實驗組與控制組的前測分數，容易相同或接近，比較不用擔心兩組分別出現天花板效應與地板效應。相對地，若採準實驗研究法，則實驗組與控制組前測分數，較容易分別出現天花板效應與地板效應。故採用準實驗研究設計時，Pedhazur 與 Schmelkin 建議應該採用共變數分析，而不適合採用差異分數的獨立樣本 t 檢定分析。

　　對於該採用差異分數的檢定，或是採用共變數分析，Lord（1967, p.304）曾提出很有名的「Lord's Paradox」（Lord 悖論），底下爲「Lord's Paradox」的例子：

　　有一所大學，想探討大學餐廳的伙食，對不同性別大學生體重，是否會產生差異性的影響。該所大學蒐集大學生九月份入學時的體重，以及隔年六月份的體重。有一位統計學者採用差異分數的統計方法，研究結果發現：大學男生九月份平均體重與隔年六月份平均體重是相同的，而大學女生九月份平均體重與隔年六月份平均體重也是相同的，故採用差異分數統計方法，得到大學餐廳的伙食對大學男女生的體重，沒有差異性的影響。另一位統計學者採用共變數分析，以九月份體重為共變項，隔年六月份體重為依變項，性別為自變項，研究結果發現：大學男生增加的體重，顯著高於大學女生增加的體重。

　　由於兩位統計學者分別採用差異分數與共變數分析，且獲得不同的統計結論，故後來被稱為「Lord's Paradox」。針對「Lord's Paradox」的問題，陸續有許多學者提出相關的研究（Bock, 1975; Hand, 1994; Wainer & Brown, 2004）。

　　由於 Lord（1967）並未提出實際的數據，為了讓讀者更具體瞭解「Lord's Paradox」的問題，底下以表 1-8 的例子來說明。假設各挑選大學男女 10 名，由表 1-8 可知，10 名大學男生在九月份的平均體重為 71.1 公斤，隔年六月份的平均體重為 71.3 公斤，隔年六月份與九月分的差異體重平均數為 0.2 公斤。相對地，10 名大學女生在九月份的平均體重為 55.9 公斤，隔年六月份的平均體重為 55.8 公斤，隔年六月份與九月分的差異體重平均數為 – 0.1 公斤。

表 1-8

Lord's Paradox 的舉例

性別	大學男生			大學女生		
體重類別	9 月體重	隔年 6 月體重	差異體重	9 月體重	隔年 6 月體重	差異體重
1	65	68	3	58	56	–2
2	59	66	7	52	54	2
3	68	66	– 2	55	50	–5
4	51	57	6	52	55	3
5	81	75	– 6	65	68	3
6	80	81	1	50	51	1
7	67	69	2	55	52	– 3
8	77	74	– 3	47	50	3
9	72	68	– 4	59	57	– 2
10	91	89	– 2	66	65	– 1
平均數	71.1	71.3	0.2	55.9	55.8	– 0.1

　　第一位統計學者以 10 名大學男生的差異體重（3、7、－2、6、－6、1、2、－3、－4、－2），與 10 名大學女生的差異體重（－2、2、－5、3、3、1、－3、3、－2、－1），進行獨立樣本 t 檢定，統計檢定結果如表 1-9 所示。由表 1-9 可知，大學男女生的差異體重沒有顯著性差異：$t(18) = 0.18$，$p = .86$。

表 1-9

表 1-8 大學男女生差異體重的獨立樣本 t 檢定結果摘要表

變項	大學男生 ($n = 10$)		大學女生 ($n = 10$)		$t(18)$	p	95% CI	
	M	SD	M	SD			LL	UL
差異體重	0.20	4.32	－ 0.10	2.89	0.18	.86	－ 3.15	3.75

　　第二位統計學者以大學生男女生為自變項，九月份體重作為共變項，隔年六月份體重作為依變項，進行共變數分析。進行共變數分析時，需要事先檢定是否符合「迴歸係數同質性」的基本假定，由表 1-10 可知，共變數迴歸係數同質性檢定結果顯示，兩組具有相同的迴歸係數，$F(1, 16) = 0.81$，$p = .38$。

表 1-10

以表 1-8 資料進行單因子共變數分析迴歸係數同質性檢定摘要表

SV	SS'	df	MS'	F	p
組間	7.35	1	7.35	0.81	.38
組內	145.31	16	9.08		
全體	152.66	17			

　　由表 1-10 可知，表 1-8 的資料符合共變數分析的基本假定：大學男生與大學女生的迴歸係數具有同質性，故可接續進行共變數分析。表 1-11 為兩組後測分數的平均數、標準差、調整後平均數的摘要表，表 1-12 為共變數分析摘要表。

表 1-11

兩組後測分數的平均數、標準差、調整後平均數摘要表

變項	大學男生 ($n = 10$)			大學女生 ($n = 10$)		
	M	SD	M'	M	SD	M'
後測分數	71.30	8.92	65.52	55.80	6.18	61.58

由表 1-12 可知，大學男生與大學女生的共變數分析結果，有顯著性差異：$F(1, 17) = 4.97$, $p = .04$，顯示排除「九月份體重」的差異後，大學男生與大學女生的「隔年六月份體重」，大學男生調整後的體重 $(M' = 65.52)$，顯著高於大學女生調整後的體重 $(M' = 61.58)$。

表 1-12

以表 1-8 資料獲得的單因子共變數分析摘要表

SV	SS'	df	MS'	F	p
組間	44.66	1	44.66	4.97	.04
組內	152.66	17	8.96		
全體	197.32	18			

綜合上述對表 1-8 的資料，所進行的獨立樣本 t 檢定，以及共變數分析的統計結果可知：第一位統計學者直接以差異分數進行獨立樣本 t 檢定，結果顯示大學男生與女生的差異分數，未達顯著性差異：$t(18) = 0.18$, $p = .86$。相對地，第二位統計學者採用共變數分析，檢定大學男生與大學女生的「隔年六月份體重」調整分數，結果顯示兩組的後測調整體重，達顯著性差異：$F(1, 17) = 4.97$，$p = .04$。

針對「Lord's Paradox」的問題，多位統計學者試圖提出問題的解答。Bock（1975）、Hand（1994）認為 Lord（1967）中的兩位統計學者的統計結果可能都是對的，因為兩位統計學者的研究問題是不一樣的。第一位統計學者採用非條件性（unconditional）的虛無假設：大學男生與大學女生在前後兩次的平均體重，沒有顯著性差異，亦即 $\mu_{(Y_M - X_M)} = \mu_{(Y_F - X_F)}$。$\mu$ 表示母群的平均數、Y_M 表示大學男生的後測體重、X_M 表示大學男生的前測體重、Y_F 表示大學女生後測體重、X_F 表示大學女生前測體重。第二位統計學者採用條件性（conditional）的虛無假設：若大學男女生在前測體重相同的情況，大學男生平均後測體重與大學女生平均後測體重，沒有顯著性差異，亦即 $\mu_{(Y_M|X_M = x)} = \mu_{(Y_F|X_F = x)}$。Holland 與 Rubin（1983）則從實驗研究的角度，認為 Lord（1967）舉的例子，並非實驗研究，因為所有的大學生都接受大學餐廳的飲食，並沒有區分實驗組與控制組。並且，以大學男生與女生分組，但性別是無法操弄的變項，故無法進行因果推論。

Maris（1998）建議若實驗組與控制組的研究對象分配方式，是依據前測的得分資料時，則採用共變數分析是較合適的。相對地，若不清楚是採用何種研究

對象的分配方式時，則無法確定是採用共變數分析較合適，或是採用差異性分數 t 檢定方式較合適。Kenny（1975）認爲若採用非隨機化程序選擇實驗對象時，則最好同時進行差異分數與共變數分析，若兩者的結論是一致，則我們對研究結論會比較有信心。相對地，當兩者結論不一致時，則何者是正確的研究結論，則較無法確定。Van Breukelen（2006）的研究顯示，若採用隨機化程序選取實驗對象，則採用共變數分析的分析方式，會比採用差異性分數 t 檢定方式的分析方式較合適。相對地，當實驗對象的選取，是採非隨機化程序，則採用差異性分數 t 檢定方式較合適。但 Van Breukelen 建議最好的方式是同時進行兩種統計分析，若兩種統計結論是一致的，則對研究結論的正確性，就能比較有信心。Wright（2006）認爲最理想的情況是以隨機化方式挑選實驗對象，則不論採用共變數分析，或採用差異性分數 t 檢定方式，兩者都是合適的統計方法。若是以非隨機化程序選擇實驗對象時，且想比較實驗組與控制組的差異，則採用共變數分析是較合適的。相對地，若想探究差異分數是否有所不同時，則採用 t 檢定方式是較合適的。若對這兩類的問題都感興趣時，則可以同時進行共變數分析與差異性分數 t 檢定分析。假若兩種統計方法得到不同的結果，則謹慎解釋研究結果。

綜合上述的討論可知，對於實驗組與控制組的實驗結果統計分析，該採用差異分數的獨立樣本 t 檢定，或是採用共變數分析，學者專家並沒有一致的看法。若是採用隨機抽樣的實驗研究方法，則比較建議採用共變數分析。但若是採用非隨機抽樣的準實驗研究法，則要考量研究目的，再來決定採用哪種統計方法。也可以同時進行兩種統計方法的檢定，若兩種統計方法獲得相同的結論，則比較不會有爭議。若兩種統計方法出現不同的結論，則可考慮同時呈現兩種統計結果，並謹慎的解釋統計結果。

參、實驗研究的内外在效度

會採用實驗研究法進行研究，主要目的是想探討自變項對依變項的因果關係。當研究設計能嚴謹控制其他無關變項的干擾，而讓依變項只受到自變項的影響，則較能精準的判斷自變項與依變項的因果關係。相對地，若實驗設計不佳，導致依變項除了受自變項的影響外，也受到其他無關變項的影響，則無法準確的釐清自變項與依變項的因果關係，此即爲內在效度（internal validity）的問題。所謂內在效度是指實驗研究能精準呈現自變項對依變項之因果關係的程度，實驗設計若能排除其他無關變項的影響，而能精準顯示自變項對依變項的因果關係，

則該實驗具有較高的內在效度，故內在效度是實驗研究的一項重要特質。除了內在效度，外在效度（external validity）則是實驗研究另一項重要特質。通常實驗研究的對象，常是從母群所有受試者中，抽選出一群受試者作爲樣本。實驗具有高的內在效度，只表示對樣本受試者而言，該實驗的結果能清楚呈現自變項對依變項的因果關係。但該實驗的研究結果，能否類推到母群所有受試者身上，則屬於外在效度的問題。若針對樣本受試者所獲得的研究結果，也能類推到母群其他受試者，則表示該實驗具有高度的外在效度。

一、影響內在效度的因素

　　Campbell 與 Stanley（1963）主張有八種情況會威脅實驗研究的內在效度，包括歷史事件（history）、成熟因素（maturation）、測驗（testing）、測量工具（instrumentation）、統計迴歸（statistical regression）、樣本選擇偏誤（bias）、樣本流失（experimental mortality）、樣本選擇與成熟因素交互作用（selection-maturation interaction）等。

(一) 歷史事件

　　歷史事件是指在前測與後測之間的時間內，發生某項事件而導致在整個實驗歷程中，除了自變項會影響依變項外，其他無關變項（該項事件）也影響依變項。由於依變項同時受到自變項與該事件的雙重影響，因而無法將依變項的變化情形，單獨歸因於自變項的影響，造成無法確定自變項與依變項的因果關係。例如在進行一項觀看吸菸對身體造成傷害的影片，以探究觀看影片能否降低吸菸者吸菸次數之實驗研究。在進行該項實驗的期間，恰好遇到政府推動課徵香菸稅的新措施，導致菸商紛紛調高香菸售價。此項課徵香菸稅的事件，有可能導致吸菸者減少吸菸的次數。故實驗結束後發現，若發現吸菸者確實有減少吸菸的次數，則此項結果可能是受到影片的影響，也可能受到香菸價格提高的影響，而無法很肯定的判斷是否觀看該影片眞能影響吸菸者的吸菸次數。

(二) 成熟因素

　　成熟因素是指在實驗期間，受試者身心狀態的改變，包括身體變強壯、智力提高、思想更成熟……等方面的改變。當然也可能身體變得更容易疲倦、記憶力降低或越覺得無聊……等方面的改變。不論是身心正向或負向的改變，都可能對依變項產生影響，而造成無法單獨確定自變項對依變項的因果關係。

　　例如一項爲期三年的實驗研究，針對經濟弱勢學童提供營養補給品，想探究

透過營養補給品的攝取，能否提高經濟弱勢學童的智力發展。由於該項實驗屬於較長時間的研究，學童三年後的智力發展，除了可能受到營養補給品的影響外，也可能因為成熟因素的影響（隨年紀增加，智力自然提高），而出現無法單獨確定智力提高是因為營養補給品的因素。

(三) 測驗

測驗影響是指受試者若接受兩次以上的測驗，則第二次以後的測驗分數，容易受到第一次測驗的影響，而造成第二次測驗分數的改變。例如，有可能第一次施測不會的題目，因為向別人請教後，在第二次施測時獲得正確答案，造成第二次測驗分數提高。當然也有可能第二次施測時，發現與第一次施測題目相同，降低答題的意願，導致第二次測驗成績的下降。若因重複施測而影響依變項分數的改變，如此便無法將依變項分數的改變，單獨歸因於受到自變項的影響。

(四) 測量工具

測量工具是指對依變項的計分，可能受到測量工具的影響，造成依變項分數的改變，進而影響實驗的內在效度。例如想探究建構取向的數學教學法，能否提升學生數學解題能力之實驗研究，若選用一份信效度不高的數學解題能力測驗，因無法測量出學生真正的數學解題能力，進而影響實驗結果。除了可能因客觀測驗工具的影響，也可能會受到主觀評分者的影響。例如一項針對寫作教學法的實驗研究，評分者在評閱作文分數時，剛開始進行作文評分時，可能還處於摸索適切的評分標準，而無法精準的評分。隨著評閱份數的增加，評分者越能精準的評分。如此，因評分標準的不一致，而影響實驗結果，亦屬於測量工具的問題。

(五) 統計迴歸

統計迴歸是指受試者接受兩次以上的測驗時，若第一次測驗分數是極高分者，其第二次測驗分數常會出現低於第一次測驗分數的情形。同樣地，若第一次測驗分數是極低分者，其第二次測驗分數常會出現高於第一次測驗分數的情形。此種情形也被稱為「向平均數迴歸」（regression to the mean），亦即第一次測驗分數為極端分數者，其第二次測驗分數會傾向平均數靠攏。例如有一項透過教導相當內向的受試者，如何進行社交活動的實驗研究，想透過社交活動的學習，提升極度內向受試者的社交能力。若進行該項實驗前，受試者先接受社交能力量表的前測，實驗結束後受試者再接受社交能力量表的後測。此時容易產生統計迴歸現象，由於研究對象屬於極端內向者，其社交能力量表的前測分數可能出現偏低

的情形，根據統計迴歸的現象，受試者即使不接受任何實驗處理，其後測分數也可能會產生高於前測分數的情形，如此一來，實驗處理的效果混淆統計迴歸的現象，將影響此項實驗研究的內在效度。

(六) 樣本選擇偏誤

樣本選擇偏誤是指對於受試者的不當選取，導致依變項的改變，此種情形可能起因於進行實驗前，不同組別受試者存在某些特質的差異，而非自變項對依變項的影響，故實驗結果會威脅內在效度。例如在進行一項觀看性別意識的影片，是否會降低大學生性別刻板印象的實驗研究，預定招募的 50 位大學生，按報名先後順序，將報名前 25 名大學生分派為實驗組，報名後 25 名大學生為控制組受試者。如此的實驗設計，會因報名先後順序可能存在對參與該項實驗的動機強弱，造成實驗結果受到實驗組與控制組受試者具不同參與動機，而影響自變項（觀看性別意識影片）對依變項的因果推論。避免樣本選擇偏誤的較佳方式，是透過隨機抽樣與隨機分派的方式。

(七) 樣本流失

樣本流失是指在實驗期間，出現受試者退出該項實驗的情形，而影響到實驗結果的因果推論。尤其是若有一組有較多的樣本流失問題，而另一組的樣本流失情形較少時，會讓實驗結果產生更大的實驗誤差。另外，也可能會因流失受試者具有某種相同特質，導致實驗結果的誤差。例如一項針對記憶力訓練方案的實驗研究，實驗組的某些受試者，發現經過幾周的記憶力訓練，並沒有提升其記憶力，故退出該項實驗研究。由於實驗組未退出的受試者都是覺得透過記憶力訓練，有助於提升記憶力，最後針對實驗組與控制組的實驗結果檢定時，容易出現高估實驗效果的情形。

(八) 樣本選擇與成熟因素交互作用

樣本選擇與成熟因素交互作用是指受試者的挑選與受試者的成熟因素產生相互作用情形，而干擾自變項對依變項的因果推論。當實驗組與控制組的受試者，在某項特質的發展速度不一時，則容易出現樣本選擇與成熟因素交互作用的情形。例如某項針對國小六年級男女生的閱讀理解策略教學實驗，實驗組為六年級男生，控制組為六年級女生。由於實驗組與控制組分別挑選國小六年級男生與女生，此即為樣本選擇的偏誤，再加上國小六年級女生的生心理發展情形，比國小六年級男生更為快速，故實驗結果容易受到樣本選擇與成熟因素的交互作用影

響，進而影響實驗結果的內容效度。

二、影響外在效度的因素

Campbell 與 Stanley（1963）主張有四種情況會威脅實驗研究的外在效度，包括測驗的交互作用效應（interaction effect of testing）、樣本選擇與實驗變項的交互作用效應（interaction effect of selection bias and the experimental variable）、實驗安排的反作用效應（reactive effect of experimental arrangement）、多種實驗處理干擾（multiple-treatment interference）等。

(一) 測驗的交互作用效應

測驗不僅可能產生威脅內在效度的情形，也可能會威脅實驗結果的外在效度。當實驗設計是讓受試者接受前後兩次測驗時，受試者可能會因為接觸前測的題目內容，而更清楚實驗研究目的，有助於實驗效果的產生。相對地，當該項研究結果在類推到其他受試者身上時，可能由於缺乏前測的因素，導致實驗效果無法顯現出來。

例如 A 大學進行一項以閱讀科普讀物，來提升大學生科學素養的實驗研究，研究進行前，先讓實驗組與控制組兩組學生接受科學素養測驗前測，經過一學期的實驗處理，實驗結束後，兩組學生再同時接受科學素養測驗後測。研究結果顯示，閱讀科普讀物有助於提升大學生的科學素養。鄰近的 B 大學根據 A 大學的此項研究結果，積極推動科普讀物的閱讀，經過一學期後，大學生接受科學素養測驗，但未事先讓 B 大學的大學生接受科學素養測驗前測，結果發現 B 大學的大學生科學素養沒有明顯提升，此即產生測驗的交互作用效應。

(二) 樣本選擇與實驗變項的交互作用效應

樣本選擇若出現選擇偏誤時，容易與實驗變項產生交互作用，進而影響實驗研究的外在效度。當挑選出特定的實驗研究對象時，則研究結果將無法適用於其他的受試者。例如實驗組挑選到的研究對象，對參與實驗研究的動機較高，而控制組挑選到的研究對象，其參與實驗研究的動機較低，則容易產生樣本選擇與實驗變項的交互作用。

(三) 實驗安排的反作用效應

不論實驗組或控制組的受試者，若覺察到實驗安排的狀態時，容易產生不符合平常的反應，如此將威脅實驗結果的類推效果。「霍桑效應」（Hawthorne effect）是實驗組受試者覺察實驗安排的最典型實例，霍桑廠工人覺察到自己正被進行實驗，所以即使在較差的工作環境下，仍然展現出高度的工作效率。相對地，「強亨利效應」（Henry effect）是指控制組受試者覺察實驗安排後，以「不服輸」的態度，展現出異乎平常表現的水準。此兩種在實驗情境中產生的實驗反效果，並不適用於非實驗情境的日常生活情境。

(四) 多種實驗處理干擾

當受試者重複接受多種實驗處理後，容易受前一項實驗處理的干擾，而影響後一項實驗處理的實驗結果，此種實驗結果只能適用於同時採用多種實驗處理的實驗情境，無法適用於只採用單一實驗處理的實驗情境，故也會威脅實驗結果的外在效度。

肆、 實驗研究設計類型

對於兩個變項的因果關係之檢定，最嚴謹方式是透過隨機化的歷程，將研究對象採隨機挑選與隨機分配到實驗組與控制組，如此才能避免實驗組與控制組的兩組研究對象，具有不同特質的情況。採用隨機化歷程選取研究對象的實驗設計，即是屬於「真實驗研究設計」（true experimental design）。然而在實際的研究情境中，常受限於研究倫理、研究資源、研究可行性等因素，而無法進行隨機化的選取與分配研究對象（Handley, Schillinger, & Shiboski, 2011）。在缺乏隨機化的情況下，許多研究人員仍然想透過操弄自變項，控制其他的干擾變項，來評估依變項是否會受到自變項的影響。這些研究人員的做法，仍然試圖想探究自變項與依變項的因果關係。但由於缺乏隨機抽樣與隨機分配，導致無法完全排除可能的干擾變項，此種研究的因果推論，常會產生「是否有其他可能的因果推論方式」的疑慮。因此，若與真實驗設計相比較，缺乏隨機化歷程的實驗設計，容易產生較多的內在效度問題。此種缺乏隨機化歷程的因果推論研究，被稱為「準實驗研究設計」（quasi-experimental design）。另外，若實驗設計歷程中，缺乏前測或缺乏控制組的設計方式，則屬於「前實驗設計」（pre-experimental design）。

(一) 前實驗設計類型

前實驗設計類型，主要包含「單一組別後測設計」（one-group after-only design）、「單一組別前後測設計」（one-group pretest-posttest design）、「靜態

組比較設計」（static-group comparison design）等三種實驗設計類型。

1. 單一組別後測設計

單一組別後測設計也被稱爲「單次個案研究」（one-shot case study），它是採用非隨機化方式挑選一組實驗組的實驗對象，經過實驗處理後，針對實驗對象進行後測，其實驗流程如圖 1-2，而其實驗設計如圖 1-3 所示。單一組別後測設計的統計資料處理，只能針對後測分數進行簡單的描述性統計分析。單一組別後測設計，由於沒有採用隨機化挑選實驗對象，且沒有對應的控制組做比較，無法排除「歷史事件」、「成熟因素」、「樣本選擇偏誤」、「樣本流失」等威脅內在效度的因素，並且無法排除可能威脅外在效度的「樣本選擇與實驗變項的交互作用效應」因素。由於沒有進行前測，故無法與後測分數比較，作爲判斷實驗處理是否對研究對象產生影響的參考。故此種實驗設計完全無法進行因果推論，是相當不適切的實驗設計。

步驟 1 →	步驟 2 →	步驟 3 →	步驟 4
非隨機化挑選實驗組研究對象	實驗對象接受實驗處理	實驗對象接受後測	進行統計分析

圖 1-2　單一組別後測設計流程

組別	實驗處理	後測	統計資料分析
實驗組	X	O	O

圖 1-3　單一組別後測設計類型

2. 單一組別前後測設計

單一組別前後測設計，如同單一組別後測設計一樣，未採用隨機化取樣方式，也未使用控制組的比較。但多了一項在進行實驗處理前，先讓實驗對象接受前測，是單一組別前後測設計與單一組別後測設計的最大差別，其實驗流程如圖 1-4，其實驗設計如圖 1-5 所示。單一組別前後測設計的統計分析，可採用成對樣本 t 檢定，來檢定後測分數與前測分數是否有顯著性的差異。

單一組別前後測設計，由於沒有採用隨機化挑選實驗對象，且沒有對應的控制組做比較，故無法排除「歷史事件」、「成熟因素」、「樣本選擇偏誤」、「樣本流失」等威脅內在效度的因素。由於增加前後的設計，可能造成「測

驗」、「測量工具」、「統計迴歸」等威脅內在效度的因素。單一組別前後測設計，也可能會造成威脅外在效度的「樣本選擇與實驗變項的交互作用效應」因素。

步驟 1 →	步驟 2 →	步驟 3 →	步驟 4 →	步驟 5
非隨機化挑選實驗組研究對象	實驗對象接受前測	實驗對象接受實驗處理	實驗對象接受後測	進行統計分析

圖 1-4 單一組別前後測設計流程

組別	前測	實驗處理	後測	統計資料分析
實驗組	O_1	X	O_2	$O_2 - O_1$

圖 1-5 單一組別前後測設計類型

3. 靜態組比較設計

靜態組比較設計，如同單一組別後測設計一樣，未採用隨機化取樣方式，也未讓研究對象接受前測。但多了一組控制組，是兩組別後測設計與單一組別後測設計的最大差別，其實驗流程如圖 1-6，其實驗設計如圖 1-7 所示。兩組別後測設計的統計分析，可採用獨立樣本 t 檢定，來檢定實驗組後測分數與控制組後測分數（O_1 與 O_2）是否有顯著性的差異。

靜態組比較設計，由於採用對應的控制組做比較，故可排除「歷史事件」、「成熟因素」、「測驗」、「測量工具」等威脅內在效度的因素。兩組別後測設計可能會造成威脅外在效度的「樣本選擇與實驗變項的交互作用效應」因素。

步驟 1 →	步驟 2 →	步驟 3 →	步驟 4
非隨機化挑選兩組研究對象	實驗對象接受實驗處理	兩組對象同時接受後測	進行統計分析

圖 1-6 靜態組比較設計流程

組別	實驗處理	後測	統計資料分析
實驗組	X	O_1	$O_1 - O_2$
控制組		O_2	

圖 1-7 靜態組比較設計

(二) 真實驗設計類型

　　眞實驗設計類型，主要包含等組後測設計（posttest-only group design）、等組前後測設計（equivalent pretest-posttest group design）、所羅門四組設計（Solomon four-group design）等三種實驗設計類型。

1. 等組後測設計

　　等組後測設計是採用隨機化方式，挑選實驗組與控制組的兩組實驗對象，經過實驗處理後，同時對兩組的實驗對象進行後測，其實驗流程如圖 1-8，而其實驗設計如圖 1-9 所示。等組後測設計的統計資料處理，可採用獨立樣本 t 檢定，來檢定實驗組與控制組的後測分數（O_1 與 O_2）是否有顯著性的差異。等組後測設計，由於採用隨機化挑選實驗對象，且有對應的控制組做比較，故可排除「歷史事件」、「成熟因素」、「測驗」、「測量工具」、「統計迴歸」、「樣本選擇偏誤」、「樣本流失」、「樣本選擇與成熟因素交互作用」等威脅內在效度的因素，並且可排除可能威脅外在效度的「測驗的交互作用效應」、「樣本選擇與實驗變項的交互作用效應」、「多項實驗處理干擾」等因素。

步驟 1 →	步驟 2 →	步驟 3 →	步驟 4
隨機化挑選 兩組研究對象	實驗組接受 實驗處理	兩組實驗對象 同時接受後測	進行統計分析

圖 1-8　等組後測設計流程

隨機化歷程	組別	實驗處理	後測	統計分析資料
R	實驗組	X	O_1	$O_1 - O_2$
R	控制組		O_2	

圖 1-9　等組後測設計

2. 等組前後測設計

　　等組前後測設計可說是最典型的實驗設計類型，其設計是採用隨機化方式，挑選實驗組與控制組的兩組實驗對象，在實驗處理進行前，先讓兩組研究對象同時接受前測。經過實驗處理後，兩組研究對象同時接受後測，其實驗流程如圖 1-10，而其實驗設計如圖 1-11 所示。

　　等組前後測設計的統計資料處理，可採用兩種不同的統計檢定方式。第一種統計檢定方式，是以前測作為共變項，組別作為自變項，後測作為依變項，進行單因子共變數分析。進行共變數分析的目的，是想探究將兩組的前測分數控制後，兩組的後測調整分數（O'_2 與 O'_4）是否有顯著性的差異。第二種統計檢定方式是採用獨立樣本 t 檢定，檢定兩組後測分數與前測分數的差異分數是否有顯著性差異。由於等組前後測設計是採用隨機抽樣，故採用第一種統計分析方式，是較合適的統計方式（Van Breukelen, 2006）。

　　等組前後測設計，由於採用隨機化挑選實驗對象，且有對應的控制組做比較，故可排除「歷史事件」、「成熟因素」、「測驗」、「測量工具」、「統計迴歸」、「樣本選擇偏誤」、「樣本流失」、「樣本選擇與成熟因素交互作用」等威脅內在效度的因素，但卻無法排除威脅外在效度的「測驗的交互作用效應」因素。

步驟 1 →	步驟 2 →	步驟 3 →	步驟 4 →	步驟 5
隨機化挑選兩組研究對象	兩組實驗對象同時接受前測	實驗組接受實驗處理	兩組實驗對象同時接受後測	進行統計分析

圖 1-10　等組前後測設計流程

隨機化歷程	組別	前測	實驗處理	後測	統計資料分析 1（單因子共變數分析）	統計資料分析 2（差異分數 t 檢定）
R	實驗組	O_1	X	O_2	O'_2	$O_2 - O_1$
R	控制組	O_3		O_4	O'_4	$O_4 - O_3$

圖 1-11　等組前後測設計

3. 所羅門四組設計

　　結合等組後測設計與等組前後測設計，即是所謂的所羅門四組設計。其設計是採用隨機化方式，挑選兩組實驗組與兩組控制組的實驗對象，在實驗處理進行前，先讓一組實驗組與一組控制組的研究對象接受前測。接續，兩組實驗組同時經過實驗處理後，最後四組研究對象同時接受後測，其實驗流程如圖 1-12，而其實驗設計如圖 1-13 所示。

步驟 1 →	步驟 2 →	步驟 3 →	步驟 4 →	步驟 5
隨機化挑選四組研究對象	兩組實驗對象同時接受前測	兩組實驗組接受實驗處理	四組實驗對象同時接受後測	進行統計分析

圖 1-12　所羅門四組設計流程

隨機化歷程	組別	前測	實驗處理	後測	統計分析資料
R	實驗組	O_1	X	O_2	$O_2 - O_1$
R	控制組	O_3		O_4	$O_2 - O_4$
R	實驗組		X	O_5	$O_5 - O_6$
R	控制組			O_6	$O_5 - O_3$

圖 1-13　所羅門四組設計

　　所羅門四組設計的統計資料處理，可採用配對樣本 t 檢定，檢定第一組實驗組後測分數與前測分數的差異分數（$O_2 - O_1$）是否有顯著性差異。也可以採用獨立樣本 t 檢定，檢定第一組實驗組與第二組控制組兩組後測分數（$O_2 - O_4$）是否有顯著性差異，檢定第三組實驗組與第四組控制組兩組後測分數（$O_5 - O_6$）是否有顯著性差異，檢定第三組實驗組後測分數與第二組控制組前測分數（$O_5 - O_3$）是否有顯著性差異。

　　所羅門四組設計，由於採用隨機化挑選實驗對象，且有對應的控制組做比較，故可排除「歷史事件」、「成熟因素」、「測驗」、「測量工具」、「統計迴歸」、「樣本選擇偏誤」、「樣本流失」、「樣本選擇與成熟因素交互作用」等威脅內在效度的因素。同時有兩組實驗組（一組接受前測，一組未接受前測），以及兩控制組（一組接受前測，一組未接受前測），故可排除威脅外在效度的「測驗的交互作用效應」、「樣本選擇與實驗變項的交互作用效應」、「實驗安排的反作用效應」、「多項實驗處理干擾」等因素。

(三) 準實驗設計類型

　　例如某國中社會領域教師想探究「合作學習法」與「講授式教學法」的教學成效是否有所不同，該位國中社會領域教師打算以「教學法」為自變項，選取兩個國中一年級班級進行教學實驗，一個班級的社會領域課程採用「合作學習法」，另一個班級採用「講授式教學法」，探究接受不同教學法的兩個班級，學生的社會領域學業成就表現是否有所差異。但在實際的教學現場，學校無法同意

讓該國中社會領域教師，從全校所有國中一年級學生，隨機挑選 60 位學生，再透過隨機分配的方式，組成各有 30 位學生的實驗班級與控制班級。該國中社會領域教師，只能從學校現有的國中一年級班級中，挑選一個班級作為實驗組，另一個班級作為控制組，此種實驗設計即屬於準實驗設計。

不等組前後測設計（nonequivalent pretest-posttest group design）是最常被採用的一種準實驗設計方法，不等組前後測設計之所以被稱為不等組，是因為實驗組與控制組的研究對象，並非透過隨機化歷程決定的，而是直接採用既有的組別。由於未採用隨機化歷程，所以實驗組與控制組在能力或特質上可能有所不同。準實驗設計在進行實驗處理前，先讓兩組研究對象同時接受前測。接續，經過實驗處理後，兩組研究對象同時接受後測，其實驗流程如圖 1-14，而其實驗設計如圖 1-15 所示。

不等組前後測設計的統計資料處理，可採用兩種不同的統計檢定方式。第一種統計檢定方式，是以前測作為共變項，組別作為自變項，後測作為依變項，進行單因子共變數分析。進行共變數分析的目的，是想探究將兩組的前測分數控制後，兩組的後測調整分數（O'_2 與 O'_4）是否有顯著性的差異。第二種統計檢定方式是採用獨立樣本 t 檢定，檢定兩組後測分數與前測分數的差異分數（$O_2 - O_1$ 與 $O_4 - O_3$）是否有顯著性差異。由於不等組前後測設計是採用非隨機抽樣，根據 Kenny（1975）的主張，建議最好同時進行第一種與第二種的統計檢定方式。若兩者的結論是一致，則我們對研究結論會比較有信心。相對地，當兩者結論不一致時，則何者是正確的研究結論，則較無法確定。

步驟 1→	步驟 2→	步驟 3→	步驟 4→	步驟 5
非隨機化挑選兩組研究對象	兩組實驗對象同時接受前測	實驗組接受實驗處理	兩組實驗對象同時接受後測	進行統計分析

圖 1-14　不等組前後測設計流程

非隨機化歷程	組別	前測	實驗處理	後測	統計資料分析 1（單因子共變數分析）	統計資料分析 2（差異分數 t 檢定）
Non R	實驗組	O_1	X	O_2	O'_2	$O_2 - O_1$
Non R	控制組	O_3		O_4	O'_4	$O_4 - O_3$

圖 1-15　不等組前後測設計

不等組前後測設計，由於採用實驗組與控制組做比較，故可排除「歷史事件」、「成熟因素」、「測驗」、「樣本流失」等威脅內在效度的因素（Dawson, 1997）。但無法排除「測驗的交互作用效應」、「樣本選擇與實驗變項的交互作用效應」、「實驗安排的反作用效應」等影響外在效度的因素。

Chapter **2**

共變數分析基本概念

壹、（準）實驗研究法使用共變數分析的理由

貳、共變數分析的基本概念

　　進行實驗研究或準實驗研究時，若想瞭解接受實驗處理的實驗組受試者，其實驗效果是否顯著高於控制組的受試者之實驗效果，較理想的統計方法是使用共變數分析。因為透過共變項的調整，讓共變數分析比變異數分析，更能精準的檢驗實驗的效果（Dowdy, Wearden, & Chilko, 2004）。底下將分成使用共變數分析的理由與共變數分析的基本原理兩個部分來介紹。

壹、（準）實驗研究法使用共變數分析的理由

　　進行實驗研究或準實驗研究時，若只有實驗組與控制組兩組時，對實驗結果的統計分析，有些研究者會採用獨立樣本 t 檢定，進行實驗組與控制組後測分數的差異檢定。但採用獨立樣本 t 檢定，直接檢定後測分數的統計方式，因只考慮後測分數，未考量兩組前測分數是否不同，易導致無法精準評估實驗處理效果的問題。

一、獨立樣本 t 檢定與單因子共變數分析統計結果不一致的情形1

　　茲以一個實例來說明，假設 A 老師想探討合作學習法與講授式教學法，哪種教學法有較好的數學教學成效。A 老師從所任教的學校中，挑選兩個各有 15 位同學的同年級班級，一個班級作為接受合作學習法的實驗組，另一班級作為接受講授式教學法的控制組。進行教學實驗前，實驗組與控制組學生皆先接受標準化數學成就測驗。經過三個月的實驗研究後，實驗組與控制組學生同時再次接受相同的標準化數學成就測驗。兩組每位同學的標準化數學成就測驗前測成績與後測成績，如表 2-1 所示。A 老師分別採用獨立樣本 t 檢定與單因子共變數分析兩種統計方法，進行這次實驗效果的統計分析。

(一) 只採用獨立樣本 t 檢定檢定後測成績的統計結果

　　A 老師決定先採用獨立樣本 t 檢定統計方法，檢定實驗組學生與控制組學生在標準化數學成就測驗後測成績是否有顯著性差異，以決定合作學習法與講授式教學法的教學成效是否有差異。A 老師將表 2-1 的資料，輸入到統計軟體 SPSS，如圖 2-1 所示。

　　A 老師透過 SPSS 統計軟體中的獨立樣本 t 檢定統計程序，想檢定兩組在實驗結束後所獲得的標準化數學成就測驗後測成績是否有顯著性差異，SPSS 的操

表 2-1

實驗組與控制組學生的數學標準化前測成績與後測成績

| | 實驗組 | | | 控制組 | |
編號	前測成績	後測成績	編號	前測成績	後測成績
1	42	91	16	45	90
2	38	87	17	35	83
3	35	88	18	31	85
4	41	90	19	40	86
5	42	92	20	46	92
6	46	94	21	32	81
7	44	90	22	42	91
8	39	91	23	30	80
9	35	84	24	45	91
10	46	86	25	41	87
11	45	89	26	40	89
12	46	95	27	47	95
13	38	90	28	35	82
14	41	92	29	43	89
15	39	89	30	35	82

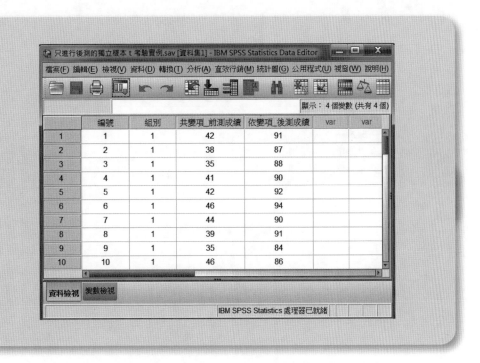

圖 2-1　將表 2-1 資料輸入到 SPSS 的資料視窗

作程序，如圖 2-2 所示。

步驟 1：在「只進行後測的獨立樣本 t 檢定實例 .sav」檔案中，點選「分析
(A)」→「比較平均數(M)」→「獨立樣本T檢定(T)」，如下圖所示。

步驟 2：在「獨立樣本 T 檢定」對話窗中，將左邊的「組別」移至「分組變
數 (G)」，如下圖所示。

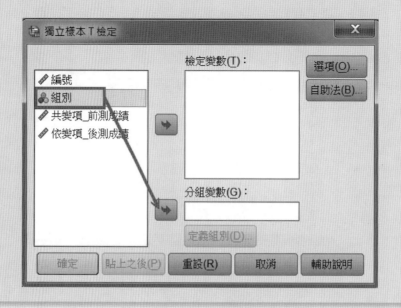

步驟 3：在「獨立樣本 T 檢定」對話窗中，點選下方的「定義組別 (D)……」，如下圖所示。

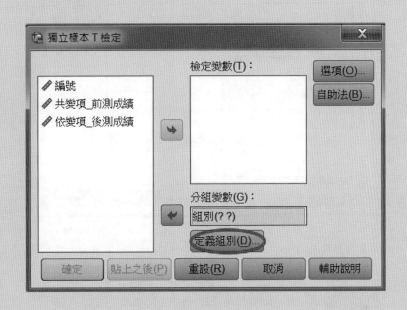

步驟 4：在「定義組別」對話窗中，在「組別 1(1)：」的左邊空格中，輸入「1」，在「組別 2(2)：」的左邊空格中，輸入「2」，再按下「繼續」的按鍵，如下圖所示。

步驟 5：在「獨立樣本 T 檢定」對話窗中，將左邊的「依變項_後測成績」移至「檢定變數 (T)」，如下圖所示。

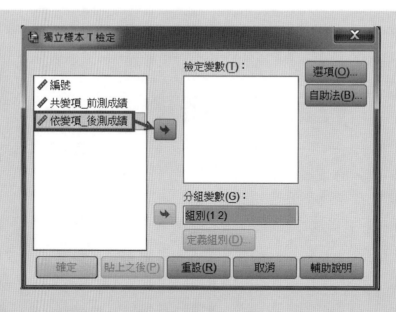

步驟6：在「獨立樣本T檢定」對話窗中，按下「確定」按鍵，如下圖所示。

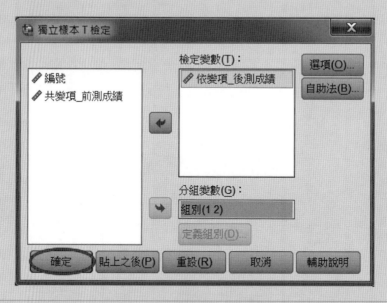

圖 2-2　獨立樣本 *t* 檢定（依變項＿後測成績）的 SPSS 操作程序

經過圖 2-2 的 SPSS 操作步驟，可以得到圖 2-3 的 SPSS 統計報表。

報表1：在「組別統計量」報表中，可從「組別」得知，有代碼 1 與代碼 2 兩組，1 為實驗組，2 為控制組。從「個數」得知，組別 1 與組別 2 各有 15 位。從「平均數」得知，組別 1（實驗組）平均數為 89.87，組別 2（控制組）平均數為 86.87。從「標準差」得知，組別 1（實驗組）標準差為 2.900，組別 2（控制組）標準差為 4.580，如下圖所示。

組別統計量

	組別	個數	平均數	標準差	平均數的標準誤
依變項_後測成績	1	15	89.87	2.900	.749
	2	15	86.87	4.580	1.183

報表2：在「獨立樣本T檢定」報表中，SPSS 同時呈現「假設變異數相等」與「不假設變異數相等」兩種統計結果的數值。在獨立樣本 t 檢定的報表解讀上，第 1 步驟要先查看「變異數相等的 Levene 檢定」中的「顯著性」，以判斷實驗組與控制組兩組的變異數是否相等。當「變異數相等的 Levene 檢定」中的「顯著性」數值大於 .05，表示兩組的變異數相等。若「變異數相等的 Levene 檢定」中的「顯著性」數值小於 .05，則表示兩組的變異數不相等。第 2 步驟則查看「平均數相等的 t 檢定」中的「顯著性（雙尾）」，當「平均數相等的 t 檢定」中的「顯著性（雙尾）」數值大於 .05，表示兩組的平均數相等。若「平均數相等的 t 檢定」中的「顯著性（雙尾）」數值小於 .05，表示兩組的平均數不相等。

由下圖可知，「變異數相等的 Levene 檢定」中的「顯著性」數值為 .029 小於 .05，顯示兩組變異數不相等。接續查看「平均數相等的 t 檢定」中「不假設變異數相等」的「顯著性（雙尾）」數值為 .043，小於 .05，顯示兩組的平均數顯著不相等，其對應的 t 值為 2.143，其對應的 95% 信賴區間為 [0.109, 5.891]，如下圖所示。

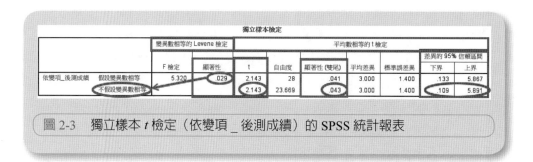

圖 2-3　獨立樣本 t 檢定（依變項 _ 後測成績）的 SPSS 統計報表

　　由圖 2-3 可知，實驗組與控制組學生在教學實驗結束後，其標準化數學成就測驗後測成績有顯著性差異。故應接續進行效果值 Cohen's d 與統計檢定力（$1 - \beta$）的檢定。有關效果值 Cohen's d 的計算方式，請打開「Cohen's d」的 Excel 檔案，將圖 2-3 報表 1 兩組的平均數、人數、標準差，輸入到 H1 至 H6，即可從 H7 獲得 Cohen's d 為 0.78。

圖 2-4　獨立樣本 t 檢定（依變項 _ 後測成績）的效果值 Cohen's d 計算方式

　　而統計檢定力（$1 - \beta$）的計算方式，則採用圖 2-5 的 SPSS 操作方式。

步驟 1：在「只進行後測的獨立樣本 t 檢定實例 .sav」檔案中，點選「分析 (A)」→「一般線性模式 (G)」→「單變量 (U)」，如下圖所示。

步驟 2：在「單變量」對話窗中，將左邊的「組別」移至「固定因子 (F)」，如下圖所示。

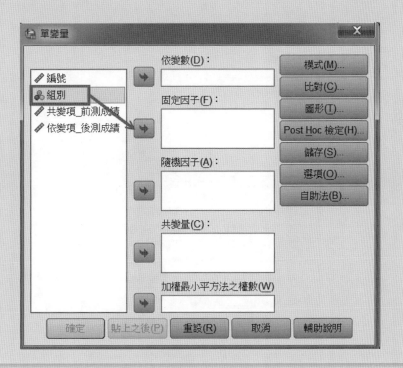

步驟3：在「單變量」對話窗中，將左邊的「依變項_後測成績」移至「依
變項(D)」，並按下「選項(O)」的按鍵，如下圖所示。

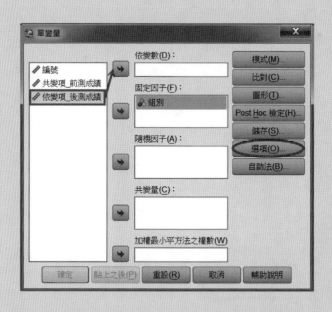

步驟4：在「單變量：選項」的對話窗中，勾選「觀察的檢定能力(B)」的
選項，並按下「繼續」按鍵，如下圖所示。

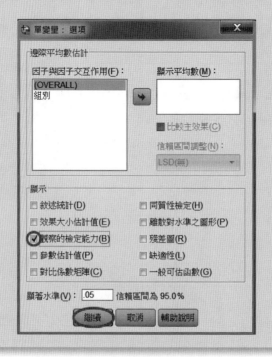

步驟 5：在「單變量」的對話窗中，按下「確定」按鍵，如下圖所示。

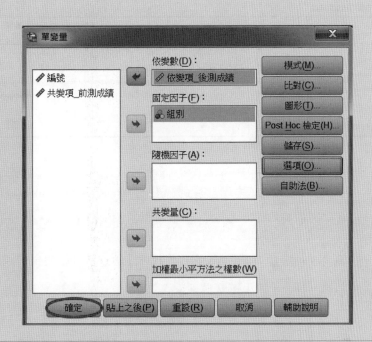

圖 2-5　獨立樣本 t 檢定（依變項＿後測成績）的統計檢定力（$1-\beta$）之 SPSS 操作程序

經過圖 2-5 的 SPSS 操作步驟，即可得到圖 2-6 的 SPSS 統計報表。

報表 1：在「受試者間因子」報表中，可從「組別」得知，有代碼 1 與代碼 2 兩組，1 為實驗組，2 為控制組。從「個數」得知，組別 1 與組別 2 各有 15 位，如下圖所示。

受試者間因子

		個數
組別	1	15
	2	15

報表 2：在「受試者間效應項的檢定」報表中，「觀察的檢定能力[b]」與「組別」相交集的數值為 .544，此即為獨立樣本 t 檢定的統計檢定力，如下圖所示。

受試者間效應項的檢定

依變數: 依變項_後測成績

來源	型 III 平方和	df	平均平方和	F	顯著性	Noncent. 參數	觀察的檢定能力[b]
校正後的模式	67.500[a]	1	67.500	4.593	.041	4.593	.544
截距	234260.033	1	234260.033	15941.221	.000	15941.221	1.000
組別	67.500	1	67.500	4.593	.041	4.593	.544
誤差	411.467	28	14.695				
總數	234739.000	30					
校正後的總數	478.967	29					

a. R 平方 = .141 (調過後的 R 平方 = .110)

b. 使用 alpha = .05 計算

圖 2-6　獨立樣本 t 檢定（依變項_後測成績）的統計檢定力之 SPSS 統計報表

綜合上述圖 2-3、圖 2-4 與圖 2-6 的獨立樣本 t 檢定統計結果，可將統計結果整理成表 2-2 的獨立樣本 t 檢定統計摘要表。

表 2-2

獨立樣本 t 檢定（依變項_後測成績）統計摘要表

變項	實驗組 ($n = 15$)		控制組 ($n = 15$)				95% CI			
	M	SD	M	SD	$t(23.67)$	p	LL	UL	Cohen's d	$1 - \beta$
後測成績	89.87	2.90	86.87	4.58	2.14	.043	0.11	5.89	0.78	.54

由表 2-2 可知，實驗組與控制組學生在教學實驗結束後所獲得的「後測成績」，其獨立樣本 t 檢定達顯著性的差異，$t(23.67) = 2.14$, $p = .043$, Cohen's d = 0.78, 95%CI[0.11, 5.89]，$1 - \beta = .54$，實驗組學生的後測成績（$M = 89.87$），顯著高於控制組學生的後測成績（$M = 86.87$）。A 老師根據表 2-2 的獨立樣本 t 檢定分析結果，而主張合作學習法教學成效顯著優於講授式教學法的教學成效。

然後有些讀者可能會提出疑問：只考慮實驗組與控制組後測成績，未考慮兩組前測成績，無法排除實驗結果的差異，來自前測成績的影響，而非單純的教學方法不同所導致。為解決未考慮前測成績的問題，底下將前測成績作為共變項，實驗組與控制組作為自變項，後測成績作為依變項，進行單因子共變數分析。

(二)採用單因子共變數分析的統計結果

由於本部分重點在舉例說明採用獨立樣本 t 檢定與單因子共變數分析，可能會出現不一致的統計結論。而不在說明如何進行單因子共變數分析的統計軟體操作，若想知道統計軟體 SPSS 的操作過程，請參考第三章單因子共變數分析的介紹，底下將只呈現單因子共變數分析的統計結果。

進行共變數分析時，要先確定各組別的迴歸係數是否同質。若各組迴歸係數同質，才能接續進行共變數分析；若各組迴歸係數不同質，則要改用詹森—內曼法（Johnson-Neyman）。所謂迴歸係數同質性，是指分別針對實驗組與控制組，以「共變數」為自變項，以「依變項」為依變項，進行簡單迴歸分析。則各組進行簡單迴歸分析，需要具有相同的迴歸係數，此即為迴歸係數同質性的假定，它是共變數分析很重要的一項基本假定。除了迴歸係數同質性的基本假定外，共變數分析還有其他的基本假定，這在第三章介紹共變數分析的基本概念時，再來詳細介紹。

若將表 2-1 的資料，以組別作為自變項，前測成績作為共變項，後測成績作為依變項，所進行的單因子共變數分析，透過 SPSS 的統計軟體，可得到圖 2-7 的共變數分析各組迴歸係數同質性檢定 SPSS 報表。

報表：在「受試者間效應項的檢定」報表中，可從「組別＊共變項_前測成績」的顯著性為 .086，得知實驗組與控制組的迴歸係數是同質的，顯示表 2-1 的資料符合共變數分析的迴歸係數同質性假定，如下圖所示。

受試者間效應項的檢定

依變數：　依變項_後測成績

來源	型 III 平方和	df	平均平方和	F	顯著性
校正後的模式	352.026ᵃ	3	117.342	24.034	.000
截距	1435.887	1	1435.887	294.098	.000
組別	19.510	1	19.510	3.996	.056
共變項_前測成績	183.283	1	183.283	37.540	.000
組別＊共變項_前測成績	15.542	1	15.542	3.183	.086
誤差	126.941	26	4.882		
總數	234739.000	30			
校正後的總數	478.967	29			

a. R 平方 = .735 (調過後的 R 平方 = .704)

圖 2-7　共變數分析迴歸係數同質性檢定的 SPSS 統計報表

　　將圖 2-7 共變數分析迴歸係數同質性檢定之 SPSS 報表，整理成表 2-3 的共變數分析迴歸係數同質性檢定摘要表。由表 2-3 可知，共變數迴歸係數同質性檢定結果顯示，實驗組與控制組在以「共變項 _ 前測成績」為自變項，以「依變項 _ 後測成績」為依變項，所進行的簡單迴歸分析，兩組具有相同的迴歸係數，$F(1, 26) = 3.18, p = .086$。

表 2-3

以表 2-1 資料進行單因子共變數分析迴歸係數同質性檢定摘要表

SV	SS	df	MS	F	p
迴歸係數異質性	15.54	1	15.54	3.18	.086
誤差	126.94	26	4.88		
總和	165.85	27			

　　由表 2-3 可知，表 2-1 的資料符合共變數分析的迴歸係數同質性基本假定，故可接續進行共變數分析。有關共變數分析的 SPSS 操作程序，在第三章單因子共變數分析，會有較詳細的介紹，故底下只呈現單因子共變數分析的統計結果，如圖 2-8 的 SPSS 統計報表。

報表 1：在「敘述統計」報表中，可知第 1 組（實驗組）的後測成績平均數為 89.87，標準差為 2.900；第 2 組（控制組）的後測成績平均數為 86.87，標準差為 4.580，如下圖所示。

敘述統計

依變數： 依變項_後測成績

組別	平均數	標準離差	個數
1	89.87	2.900	15
2	86.87	4.580	15
總數	88.37	4.064	30

報表 2：在「受試者間效應項的檢定」報表中，可得知「組別」的顯著性為 .055，因為顯著性大於 .05，故接受虛無假設，亦即表示實驗組與控制組的調整後平均數，沒有顯著性差異，如下圖所示。

受試者間效應項的檢定

依變數：　依變項_後測成績

來源	型 III 平方和	df	平均平方和	F	顯著性
校正後的模式	336.484[a]	2	168.242	31.881	.000
截距	1582.989	1	1582.989	299.972	.000
共變項_前測成績	268.984	1	268.984	50.972	.000
組別	21.238	1	21.238	4.025	.055
誤差	142.482	27	5.277		
總數	234739.000	30			
校正後的總數	478.967	29			

a. R 平方 = .703 (調過後的 R 平方 = .680)

報表 3：在「估計值」報表中，可知第 1 組（實驗組）的後測成績調整平均
數為 89.227，第 2 組（控制組）的後測成績調整平均數為 87.506，
如下圖所示。

估計值

依變數：　依變項_後測成績

組別	平均數	標準誤差	95% 信賴區間 下界	95% 信賴區間 上界
1	89.227[a]	.600	87.996	90.458
2	87.506[a]	.600	86.275	88.737

a. 使用下列值估計出現在模式的共變量：共變項_
前測成績 = 40.13.

圖 2-8　以表 2-1 所進行的共變數分析 SPSS 統計報表

將圖 2-8 的共變數分析 SPSS 報表，整理成表 2-4 兩組後測成績的平均數、
標準差、調整後平均數的摘要表，以及表 2-5 的共變數分析摘要表。

表 2-4

兩組後測成績的平均數、標準差、調整後平均數摘要表

變項	實驗組 (n = 18)			控制組 (n = 18)		
	M	SD	M'	M	SD	M'
前測分數	89.87	2.90	89.23	86.87	4.58	87.51

由表 2-5 可知，實驗組與控制組的共變數分析結果，並沒有顯著性差異：
$F(1, 27) = 4.03$, $p = .055$，顯示排除前測成績的差異後，接受不同教學法的實驗組
與控制組，在教學實驗後所接受的後測成績得分，實驗組調整後的後測成績（M'

= 89.23）與控制組調整後的後測成績（$M' = 87.51$），並沒有顯著性差異。

表 2-5

以表 2-1 資料獲得的單因子共變數分析摘要表

SV	SS'	df	MS'	F	p
組間	21.24	1	21.24	4.03	.055
組內	142.48	27	5.28		
全體	163.72	28			

綜合上述對表 2-1 資料，所進行的獨立樣本 t 檢定與共變數分析兩種統計結果可知，A 老師直接以獨立樣本 t 檢定，檢定實驗組與控制組的後測成績，由表 2-2 統計摘要表可知，兩組後測成績具有顯著性差異：$t(23.67) = 2.14$, $p = .043$。相對地，A 教師採用共變數分析，檢定實驗組與控制組的後測成績調整分數，由表 2-4 與表 2-5 統計摘要表可知，兩組後測的調整成績沒有顯著性差異：$F(1, 27) = 4.03$, $p = .055$。

獨立樣本 t 檢定與共變數分析會產生不同的統計結果，主要是直接採用獨立樣本 t 檢定時，並未考慮兩組的前測成績。相對地，採用共變數分析則是將兩組的前測成績作為共變項，透過共變數分析，即能根據兩組不同的前測成績，而將後測成績進行分數的調整，最後再比較兩組調整後的後測成績是否有顯著性差異。故共變數分析的統計結果，較能排除受到起點能力不同的干擾現象，此即為為何進行實驗研究法，應該採用共變數分析，而非獨立樣本 t 檢定的原因。

二、獨立樣本 t 檢定與單因子共變數分析統計結果不一致的情形 2

根據前面第一章提到的實驗設計方法，不論是實驗研究法的等組前後測設計，或準實驗研究法的不等組前後測設計。接受實驗處理的實驗組受試者，與未接受實驗處理的控制組受試者，都需同時接受前測與後測的施測。

有些研究者會先以獨立樣本 t 檢定，針對實驗組與控制組的前測分數，進行差異性統計分析。經過前測分數的獨立樣本 t 檢定統計分析後，若發現實驗組與控制組的前測分數沒有顯著性差異，則接續再以獨立樣本 t 檢定，進行實驗組與控制組後測分數的差異性檢定。若發現實驗組與控制組的前測分數有顯著性差異時，才會改採用共變數分析，進行實驗組與控制組後測分數的差異性檢定。但採

用前測分數的獨立樣本 t 檢定，加上後測分數的獨立樣本 t 檢定，此種統計方式容易因無法有效降低誤差變異，而造成較大的統計偏誤。

　　茲再舉個例子說明，假若 B 老師從該校同年級的班級中，挑選一班為實驗班，一班為控制班，實驗組與控制組各有 18 位同學。實驗班採用建構取向教學法，控制班採用講授式教學法。教學實驗進行前，實驗組與控制組同時接受相同的標準化成就測驗前測，經過二個月的教學實驗後，實驗組與控制組同時接受相同的標準化成就測驗後測。實驗組與控制組的前後測成績，如表 2-6 所示。B 老師決定採用三種統計方法，第一種統計方法先採用獨立樣本 t 檢定探討兩組前測成績是否有顯著性差異，若兩組前測沒有顯著性差異，則接續進行獨立樣本 t 檢定探討兩組後測成績是否有顯著性差異。第二種統計方法採用後測成績與前測成績的差異分數，進行獨立樣本 t 檢定，以判斷兩組的實驗效果是否有顯著性差異。第三種統計方法直接以單因子共變數分析，進行這次實驗效果的統計分析。

表 2-6

實驗組與控制組學生的前測與後測成績

實驗組			控制組		
編號	前測成績	後測成績	編號	前測成績	後測成績
1	70	100	19	54	82
2	35	87	20	58	75
3	40	85	21	75	100
4	50	90	22	45	70
5	60	94	23	50	83
6	65	95	24	54	83
7	29	71	25	56	79
8	50	95	26	60	91
9	55	92	27	33	81
10	55	82	28	38	81
11	61	94	29	40	70
12	45	77	30	55	90
13	49	77	31	70	99
14	54	82	32	45	72
15	60	91	33	45	77
16	56	85	34	60	83
17	30	77	35	51	73
18	50	81	36	43	78

(一) 採用獨立樣本 *t* 檢定分別檢定前後測的統計結果

B 老師決定採用獨立樣本 *t* 檢定統計方法，先檢定實驗組學生與控制組學生的前測分數是否有顯著性差異。若兩組的前測成績沒有顯著性差異，則繼續採用獨立樣本 *t* 檢定，檢定兩組學生的後測分數是否有顯著性差異，以判斷不同教學方法的教學成效是否不同。若兩組的前測成績有顯著性差異，則改採單因子共變數分析，檢定兩組學生調整的後測分數是否有顯著性差異，以判斷不同教學方法的教學成效是否不同。

B 老師將表 2-6 的資料，輸入到統計軟體 SPSS，如圖 2-9 所示。

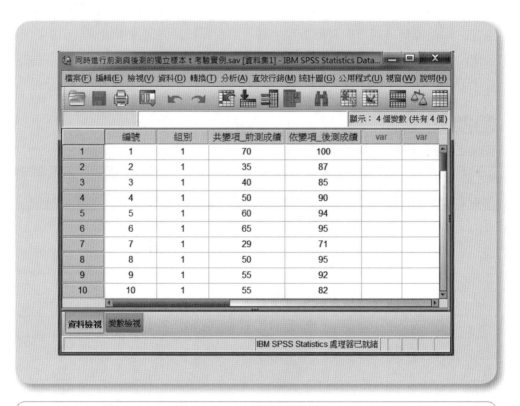

圖 2-9　將表 2-6 資料輸入到 SPSS 的資料視窗

B 老師透過 SPSS 統計軟體的獨立樣本 *t* 檢定統計程序，想檢定兩組在實驗進行前的前測成績是否有顯著性差異，SPSS 操作程序如圖 2-10 所示。

步驟 1：在「同時進行前測與後測的獨立樣本 t 檢定實例 .sav」檔案中，點選「分析 (A)」→「比較平均數 (M)」→「獨立樣本 T 檢定 (T)」，如下圖所示。

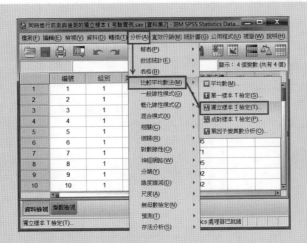

步驟 2：在「獨立樣本 T 檢定」對話窗中，將左邊的「組別」移至「分組變數 (G)」，如下圖所示。

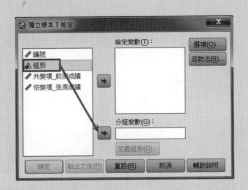

步驟 3：在「獨立樣本 T 檢定」對話窗中，點選下方的「定義組別 (D)……」，如下圖所示。

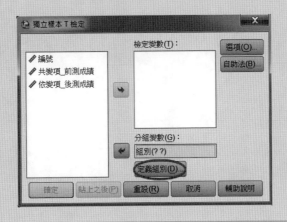

步驟4：在「定義組別」對話窗中，在「組別 <u>1</u>(1)：」的右邊空格中，輸入「1」，在「組別 <u>2</u>(2)：」的右邊空格中，輸入「2」，再按下「繼續」的按鍵，如下圖所示。

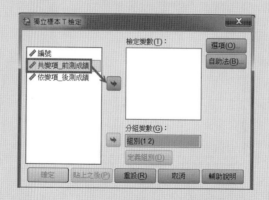

步驟5：在「獨立樣本 T 檢定」對話窗中，將左邊的「共變項＿前測成績」移至「檢定變數 (T)」，如下圖所示。

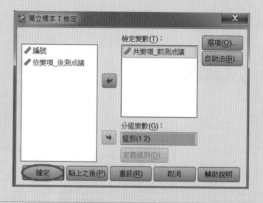

步驟6：在「獨立樣本 T 檢定」對話窗中，按下「確定」按鍵，如下圖所示。

圖 2-10　獨立樣本 *t* 檢定（前測成績）的 SPSS 操作程序

　　經過圖 2-10 的獨立樣本 t 檢定（前測成績）之 SPSS 操作步驟，可以得到圖 2-11 的 SPSS 統計報表。

報表 1：在「組別統計量」報表中，可從「組別」得知，有代碼 1 與代碼 2 兩組，1 為實驗組，2 為控制組。從「個數」得知，組別 1 與組別 2 各有 18 位。從「平均數」得知，組別 1 的平均數為 50.78，組別 2 的平均數為 51.78。從「標準差」得知，組別 1 的標準差為 11.451，組別 2 的標準差為 10.801，如下圖所示。

組別統計量

	組別	個數	平均數	標準差	平均數的標準誤
共變項_前測成績	1	18	50.78	11.451	2.699
	2	18	51.78	10.801	2.546

報表 2：在「獨立樣本 T 檢定」報表中，SPSS 同時呈現「假設變異數相等」與「不假設變異數相等」兩種統計結果的數值。在獨立樣本 t 檢定的報表解讀上，第 1 步驟要先查看「變異數相等的 Levene 檢定」中的「顯著性」，以判斷實驗組與控制組兩組的變異數是否相等。當「變異數相等的 Levene 檢定」中的「顯著性」數值大於 .05，表示兩組的變異數相等。若「變異數相等的 Levene 檢定」中的「顯著性」數值小於 .05，表示兩組的變異數不相等。第 2 步驟則查看「平均數相等的 t 檢定」中的「顯著性（雙尾）」，當「平均數相等的 t 檢定」中的「顯著性（雙尾）」數值大於 .05，表示兩組的平均數相等。若「平均數相等的 t 檢定」中的「顯著性（雙尾）」數值小於 .05，表示兩組的平均數不相等。

由下圖可知，「變異數相等的 Levene 檢定」中的「顯著性」數值為 .883 大於 .05，顯示兩組變異數相等。接續查看「平均數相等的 t 檢定」中「假設變異數相等」的「顯著性（雙尾）」數值為 .789，大於 .05，顯示兩組的平均數相等，其對應的 t 值為 $-.270$，其對應的 95% 信賴區間為 $[-8.540, 6.540]$，如下圖所示。

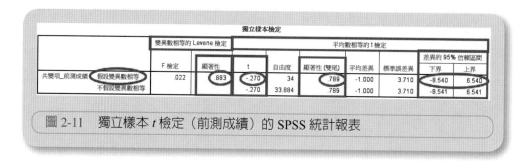

圖 2-11　獨立樣本 *t* 檢定（前測成績）的 SPSS 統計報表

　　將圖 2-11 獨立樣本 *t* 檢定（前測成績）的 SPSS 報表，整理成表 2-7 獨立樣本 *t* 檢定（前測成績）統計摘要表。由表 2-7 可知，實驗組與控制組的獨立樣本 *t* 檢定（前測成績）沒有顯著性差異：$t(34) = -0.27, p = .79$。

表 2-7

獨立樣本 *t* 檢定（前測成績）統計摘要表

變項	實驗組 (*n* = 18)		控制組 (*n* = 18)		*t*(34)	*p*
	M	*SD*	*M*	*SD*		
前測分數	50.78	11.45	51.78	10.80	− 0.27	.79

　　由表 2-7 可知，實驗組與控制組針對前測成績，所進行的獨立樣本 *t* 檢定結果，顯示兩組的前測成績沒有顯著性差異。故 B 教師決定再以獨立樣本 *t* 檢定，檢定實驗組與控制組的後測成績是否有顯著性差異，以作為判斷實驗組的實驗成效是否顯著高於控制組。

　　將圖 2-10 以「前測成績」進行的獨立樣本 *t* 檢定之 SPSS 操作程序，改成以「後測成績」進行的獨立樣本 *t* 檢定之 SPSS 操作程序，即可獲得圖 2-12 獨立樣本 *t* 檢定（後測成績）之 SPSS 統計報表。

報表 1：在「組別統計量」報表中，可從組別 1（實驗組）人數有 18 位，平均數為 86.39，標準差為 8.001；組別 2（控制組）人數有 18 位，平均數為 81.50，標準差為 8.833，如下圖所示。

組別統計量					平均數的標準誤
	組別	個數	平均數	標準差	
依變項_後測成績	1	18	86.39	8.001	1.886
	2	18	81.50	8.833	2.082

報表 2：在「獨立樣本檢定」報表中，可知「變異數相等的 Levene 檢定」
中的「顯著性」數值為 .920 高於 .05，顯示兩組變異數相等。接續
查看「平均數相等的 t 檢定」中「假設變異數相等」的「顯著性（雙
尾）」數值為 .091，高於 .05，顯示兩組的平均數沒有顯著不相等，
其對應的 t 值為 1.740，其對應的 95% 信賴區間為 [−.820, 10.598]，
如下圖所示。

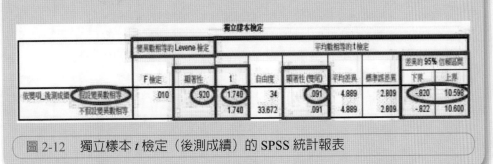

圖 2-12　獨立樣本 *t* 檢定（後測成績）的 SPSS 統計報表

　　將圖 2-12 獨立樣本 *t* 檢定（後測成績）的 SPSS 報表，整理成表 2-8 獨立樣
本 *t* 檢定（後測成績）統計摘要表。由表 2-8 可知，實驗組與控制組的獨立樣本
t 檢定（後測成績）沒有顯著性差異：$t(34) = 1.74, p = .09$，顯示實驗組與控制組
的實驗效果沒有顯著性差異。

表 2-8

獨立樣本 *t* 檢定（後測成績）統計摘要表

變項	實驗組 (*n* = 18)		控制組 (*n* = 18)		*t*(34)	*p*
	M	*SD*	*M*	*SD*		
後測分數	86.39	8.00	81.50	8.83	1.74	.09

(二) 採用獨立樣本 *t* 檢定檢定前後測差異分數的統計結果

　　前面第一章在介紹 Lord（1967）提出的「Lord's Paradox」時，曾說明對於「等
組前後測設計」或「不等組前測設計」的統計分析，可採用差異分析的獨立樣
本 *t* 檢定或單因子共變數分析。茲以表 2-6 的資料，採用實驗組與控制組的前後
測差異分數，進行獨立樣本 *t* 檢定，以檢定實驗組與控制組的差異分數是否有顯
著性差異。

　　B 老師想以 SPSS 的獨立樣本 t 檢定統計程序，檢定實驗組與控制組的前後測差異分數是否有顯著性差異，其 SPSS 的操作程序，如圖 2-13 所示。

步驟 1：打開「以前後測差異分析的獨立樣本 t 檢定實例 .sav」檔案，點選「分析 (A)」→「比較平均數 (M)」→「獨立樣本 T 檢定 (T)」，如下圖所示。

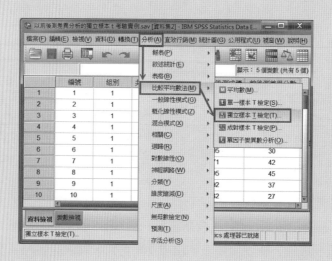

步驟 2：在「獨立樣本 T 檢定」對話窗中，將左邊的「組別」移至「分組變數 (G)」，如下圖所示。

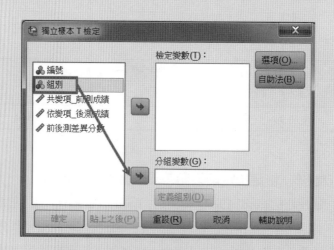

步驟 3：在「獨立樣本 T 檢定」對話窗中，點選下方的「定義組別 (D)……」，如下圖所示。

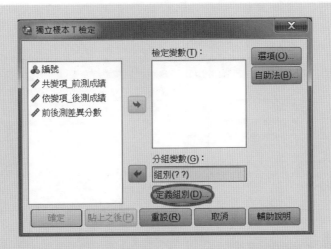

步驟4：在「定義組別」對話窗中，在「組別 1(1)：」的右邊空格中，輸入
「1」，在「組別 2(2)：」的右邊空格中，輸入「2」，再按下「繼續」
的按鍵，如下圖所示。

步驟5：在「獨立樣本 T 檢定」對話窗中，將左邊的「前後測差異分數」移
至「檢定變數 (T)」，如下圖所示。

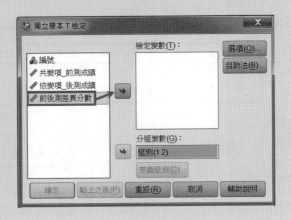

步驟6：在「獨立樣本 T 檢定」對話窗中，按下「確定」按鍵，如下圖所示。

圖 2-13　獨立樣本 *t* 檢定（差異分數）的 SPSS 操作程序

經過圖 2-13 的獨立樣本 *t* 檢定（差異分數）之 SPSS 操作步驟，可以得到圖 2-14 的 SPSS 統計報表。

報表1：在「組別統計量」報表中，可從「組別」得知，有代碼 1 與代碼 2 兩組，1 為實驗組，2 為控制組。從「個數」得知，組別 1 與組別 2 各有 18 位。從「平均數」得知，組別 1 的平均數為 35.61，組別 2 的平均數為 29.72。從「標準差」得知，組別 1 的標準差為 7.663，組別 2 的標準差為 7.482，如下圖所示。

組別統計量

	組別	個數	平均數	標準差	平均數的標準誤
前後測差異分數	1	18	35.61	7.663	1.806
	2	18	29.72	7.482	1.763

報表2：在「獨立樣本 T 檢定」報表中，SPSS 同時呈現「假設變異數相等」與「不假設變異數相等」兩種統計結果的數值。在獨立樣本 *t* 檢定的報表解讀上，第 1 步驟要先查看「變異數相等的 Levene 檢定」

中的「顯著性」，以判斷實驗組與控制組兩組的變異數是否相等。當「變異數相等的 Levene 檢定」中的「顯著性」數值大於 .05，表示兩組的變異數相等。若「變異數相等的 Levene 檢定」中的「顯著性」數值小於 .05，表示兩組的變異數不相等。第 2 步驟則查看「平均數相等的 t 檢定」中的「顯著性（雙尾）」，當「平均數相等的 t 檢定」中的「顯著性（雙尾）」數值大於 .05，表示兩組的平均數相等。若「平均數相等的 t 檢定」中的「顯著性（雙尾）」數值小於 .05，表示兩組的平均數不相等。

由下圖可知，「變異數相等的 Levene 檢定」中的「顯著性」數值爲 .472 大於 .05，顯示兩組變異數相等。接續查看「平均數相等的 t 檢定」中「假設變異數相等」的「顯著性（雙尾）」數值爲 .026，小於 .05，顯示兩組的平均數顯著不相等，其對應的 t 值爲 2.333，其對應的 95% 信賴區間爲 [0.759, 11.019]，如下圖所示。

獨立樣本檢定

		變異數相等的 Levene 檢定		平均數相等的 t 檢定						
									差異的 95% 信賴區間	
		F 檢定	顯著性	t	自由度	顯著性 (雙尾)	平均差異	標準誤差異	下界	上界
前後測差異分數	假設變異數相等	.528	.472	2.333	34	.026	5.889	2.524	.759	11.019
	不假設變異數相等			2.333	33.981	.026	5.889	2.524	.759	11.019

圖 2-14　獨立樣本 *t* 檢定（差異分數）的 SPSS 統計報表

將圖 2-14 獨立樣本 *t* 檢定（差異分數）的 SPSS 報表，整理成表 2-9 獨立樣本 *t* 檢定（差異分數）統計摘要表。由表 2-9 可知，實驗組與控制組的獨立樣本 *t* 檢定（差異分數）有顯著性差異：$t\,(34) = 2.33, p = .03$。

表 2-9

獨立樣本 *t* 檢定（差異分數）統計摘要表

變項	實驗組 (*n* = 18)		控制組 (*n* = 18)		*t*(34)	*p*
	M	*SD*	*M*	*SD*		
差異分數	35.61	7.66	29.72	7.48	2.33	.03

　　由表 2-9 可知，實驗組與控制組針對前後測成績之差異分數，所進行的獨立樣本 t 檢定結果，顯示兩組差異分數有顯著性差異，實驗組的差異分數（$M = 35.61$），顯著高於控制組的差異分數（$M = 29.72$）。

(三) 採用單因子共變數分析的統計結果

　　B 老師針對表 2-6 的兩組資料，採用獨立樣本 t 檢定，檢定實驗組與控制組的後測成績，結果顯示沒有顯著性差異：$t (34) = 1.74, p = .09$，顯示實驗組與控制組的實驗效果沒有顯著性差異。但採用獨立樣本 t 檢定，檢定實驗組與控制組的前後測差異分析，結果顯示有顯著性差異：$t (34) = 2.33, p = .03$，顯示實驗組的實驗效果，顯著高於控制組的實驗效果。

　　B 老師採用表 2-6 的兩組資料，以實驗組與控制組為自變項，前測分數為共變項，後測分數為依變項，進行單因子共變數分析。由於本部分重點不在說明如何進行單因子共變數分析的統計軟體操作，第三章單因子共變數分析才會詳細的介紹，故底下只呈現單因子共變數分析的統計結果。

　　進行共變數分析時，需先檢查各組別的迴歸係數是否符合同質性的基本假定。透過 SPSS 的統計軟體，可得到圖 2-15 的共變數分析各組迴歸係數同質性檢定 SPSS 報表。

> **報表**：在「受試者間效應項的檢定」報表中，可從「組別＊共變項_前測成績」的顯著性為 .685，得知實驗組與控制組的迴歸係數是同質的，顯示表 2-6 的資料符合共變數分析的迴歸係數同質性假定，如下圖所示。

受試者間效應項的檢定

依變數：　依變項_後測成績

來源	型 III 平方和	df	平均平方和	F	顯著性
校正後的模式	1519.237[a]	3	506.412	14.591	.000
截距	4677.175	1	4677.175	134.758	.000
組別	32.717	1	32.717	.943	.339
共變項_前測成績	1304.036	1	1304.036	37.572	.000
組別＊共變項_前測成績	5.799	1	5.799	.167	.685
誤差	1110.652	32	34.708		
總數	256310.000	36			
校正後的總數	2629.889	35			

a. R 平方 = .578 (調過後的 R 平方 = .538)

圖 2-15　共變數分析迴歸係數同質性檢定的 SPSS 統計報表

　　將圖 2-15 的共變數分析迴歸係數同質性檢定之 SPSS 報表，整理成表 2-10 的共變數分析迴歸係數同質性檢定摘要表。由表 2-10 可知，共變數迴歸係數同質性檢定結果顯示，實驗組與控制組在以「前測分數」爲自變項，以「後測分數」爲依變項，所進行的簡單迴歸分析，兩組具有相同的迴歸係數，$F(1, 32) = 0.17$, $p = .69$。

表 2-10

以表 2-6 資料進行單因子共變數分析迴歸係數同質性檢定摘要表

SV	SS	df	MS	F	p
迴歸係數異質性	5.80	01	5.80	0.17	.69
誤差	1110.65	32	34.71		
總和	1116.45	33			

　　由表 2-10 可知，表 2-6 的資料符合共變數分析的基本假定：實驗組與控制組的迴歸係數具有同質性，故可接續進行共變數分析。透過 SPSS 的操作程序，可獲得圖 2-16 的 SPSS 統計報表。

報表 1：在「敘述統計」報表中，可知第 1 組（實驗組）的後測成績平均數爲 86.39，標準差爲 8.001；第 2 組（控制組）的後測成績平均數爲 81.50，標準差爲 8.833，如下圖所示。

敘述統計

依變數： 依變項_後測成績

組別	平均數	標準離差	個數
1	86.39	8.001	18
2	81.50	8.833	18
總數	83.94	8.668	36

報表 2：在「受試者間效應項的檢定」報表中，可得知「組別」的顯著性爲 .008，因爲顯著性小於 .05，故拒絕虛無假設，亦即表示實驗組與控制組的調整後平均數，有顯著性差異，如下圖所示。

受試者間效應項的檢定

依變數：依變項_後測成績

來源	型 III 平方和	df	平均平方和	F	顯著性
校正後的模式	1513.438[a]	2	756.719	22.367	.000
截距	4720.122	1	4720.122	139.517	.000
共變項_前測成績	1298.327	1	1298.327	38.376	.000
組別	266.173	1	266.173	7.868	.008
誤差	1116.451	33	33.832		
總數	256310.000	36			
校正後的總數	2629.889	35			

a. R 平方 = .575 (調過後的 R 平方 = .550)

報表 3：在「估計的邊緣平均數」報表中，可知第 1 組（實驗組）調整後的後測平均數為 86.666，第 2 組（控制組）調整後的後測平均數為 81.222，如下圖所示。

估計值

依變數：依變項_後測成績

組別	平均數	標準誤差	95% 信賴區間 下界	95% 信賴區間 上界
1	86.666[a]	1.372	83.876	89.457
2	81.222[a]	1.372	78.432	84.013

a. 使用下列值估計出現在模式的共變量：共變項_前測成績 = 51.28.

圖 2-16　以表 2-6 所進行的共變數分析 SPSS 統計報表

將圖 2-16 的共變數分析 SPSS 報表，整理成表 2-11 兩組平均數、標準差、調整後平均數的摘要表，以及表 2-12 的共變數分析摘要表。

表 2-11

兩組後測分數平均數、標準差、調整後的後測平均數摘要表

變項	實驗組 ($n = 18$)			控制組 ($n = 18$)		
	M	SD	M′	M	SD	M′
後測分數	86.39	8.00	86.66	81.50	8.83	81.22

由表 2-12 可知，實驗組與控制組的共變數分析結果，顯示兩組調整後平均數有顯著性差異：$F(1, 33) = 7.87$, $p = .01$，顯示排除前測分數的差異後，接受不同教學法的實驗組與控制組，實驗組調整後的後測分數（$M′ = 86.66$），顯著高於控制組調整後的後測分數（$M′ = 81.22$）。

表 2-12

以表 2-6 資料獲得的單因子共變數分析摘要表

SV	SS'	df	MS'	F	p
組間	266.17	1	266.17	7.87	.01
組內	1116.45	33	33.83		
全體	1382.62	34			

綜合對表 2-6 的實驗組與控制組資料，所進行的三種統計分析結果。B 老師先以獨立樣本 t 檢定，檢定實驗組與控制組的前測成績，由表 2-7 的統計摘要表可知，兩組的前測成績沒有顯著性差異：$t(34) = -0.27, p = .79$。由於兩組的前測成績沒有顯著性差異，B 教師接續採用獨立樣本 t 檢定，檢定實驗組與控制組後測成績，由表 2-8 的統計摘要表可知，兩組的後測成績也沒有顯著性差異：$t(34) = 1.74, p = .09$，故得到兩組教學成效沒有顯著性差異的研究結論。

相對地，B 教師以獨立樣本 t 檢定，檢定實驗組與控制組的前後測差異分數，由表 2-9 的統計摘要表可知，兩組的前後測差異分數有顯著性差異：$t(34) = 2.33, p = .03$，故得到兩組教學成效有顯著性差異的研究結論。而採用單因子共變數分析，檢定實驗組與控制組的後測調整分數，由表 2-12 的統計摘要表可知，兩組的後測調整分數有顯著性差異：$F(1, 33) = 7.87, p = .01$，實驗組的後測調整的成績（$M' = 86.66$），顯著高於控制組後測調整的成績（$M' = 81.22$）。

進行後測分數的獨立樣本 t 檢定統計結果，與進行差異分數的獨立樣本 t 檢定統計結果，以及進行單因子共變數分析會產生不同的統計結果。主要是透過共變數分析，即使兩組不同的起點能力沒有達到顯著性的差異，共變數分析還是會根據前測成績的差異，而將後測成績進行分數的調整，故共變數分析能獲得較精準的統計結果。同樣的，以差異分數所進行的獨立樣本 t 檢定，因為採前測成績為基準點，作為判斷進步情形的參照點，故能獲得較精準的統計結果。相對的，單純只以後測分數所進行的獨立樣本 t 檢定，因沒有考慮前測成績的差異，故無法獲得較精準的統計結果。

貳、共變數分析的基本概念

採用共變數分析的目的，是透過將前測分數作為共變項，來控制因前測分數的差異，而影響後測分數的統計結果。亦即採用共變數分析會根據實驗組與控

制組的前測分數高低，對實驗組與控制組的後測分數，進行適當的調整，也就是所謂的調整後分數（adjusted score）。透過實驗組與控制組調整後分數的差異檢定，即可排除因前測分數差異所造成的混淆結果。當共變數分析結果顯示有顯著性差異時，即表示排除因前測分數不相等的影響後，實驗組與控制組的調整後分數確實有顯著性。茲將介紹共變數分析的一些基本概念，讓讀者對共變數分析能有較清楚的瞭解。

一、簡單迴歸分析的基本概念

由於共變數分析是透過迴歸分析，來進行後測分數的調整，故底下先介紹簡單迴歸分析的基本概念。

(一) 積差相關係數的散布圖

兩個變項之間是否具有關聯性，一直是心理與教育研究的重要議題。從英國的高爾頓（F. Galton）開始探究父親與成年子女身高的關係後，開啟用散布圖（scatterplot）與積差相關係數來評估兩個連續變項之間的關聯性。隨後，IQ 與學業成就的關聯性，則一直是心理與教育研究的熱門主題。

所謂積差相關係數的散布圖，就是在探究兩個連續變項 X 變項與 Y 變項是否具有關係，以 X 變項為 X 軸，Y 變項為 Y 軸的幾何座標，繪製出所有受試者在 X 變項與 Y 變項分數的幾何座標圖，即為積差相關係數的散布圖。例如表 2-13 為兩個組別的 20 位同學之前測成績與後測成績。

表 2-13

兩組 20 位同學的前測成績與後測成績

編號	組別	前測成績	後測成績
1	1	48	65
2	1	45	61
3	1	43	60
4	1	46	63
5	1	47	64
6	1	44	62
7	1	49	63
8	1	39	58
9	1	40	59

表 2-13

（續）

編號	組別	前測成績	後測成績
10	1	41	56
11	2	62	86
12	2	72	95
13	2	68	92
14	2	65	92
15	2	60	88
16	2	70	91
17	2	66	90
18	2	61	86
19	2	59	87
20	2	67	89

　　假若將前測成績作為 X 變項，後測成績作為 Y 變項，則可透過圖 2-17 的 SPSS 操作步驟，獲得前測成績與後測成績的散布圖。

步驟 1：在「前測成績與後測成績的散布圖 .sav」檔案中，點選「統計圖 (G)」
　　　　→「歷史對話記錄 (L)」→「散布圖／點狀圖 (S)」，如下圖所示。

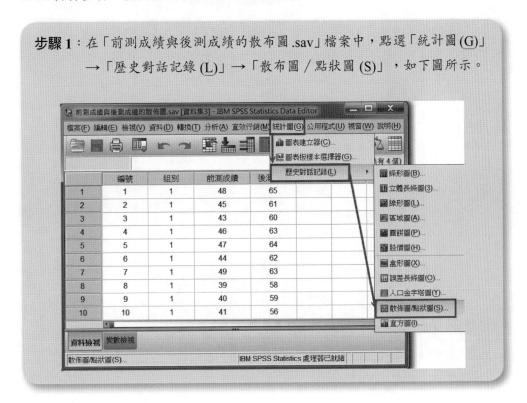

步驟 2：在「散布圖/點形圖」對話窗中，按下方的「定義」按鍵，如下圖所示。

步驟 3：在「簡單散布圖」對話窗中，將左邊的「前測成績」移至右邊「X軸 (X)」，如下圖所示。

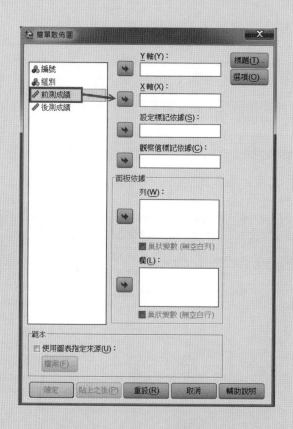

步驟 4：在「簡單散布圖」對話窗中，將左邊的「後測成績」移至右邊「Y軸 (Y)」，如下圖所示。

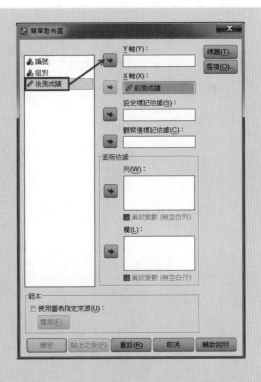

步驟 5：在「簡單散布圖」對話窗中，按下「確定」按鍵，如下圖所示。

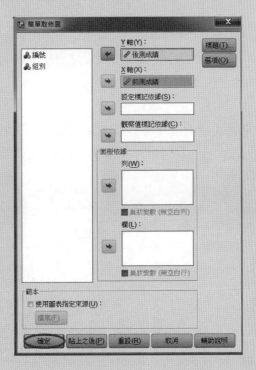

圖 2-17　積差相關係數的散布圖（呈現所有受試者）之 SPSS 操作程序

經過圖 2-17 的 SPSS 操作步驟，即可獲得圖 2-18 的 SPSS 統計報表。

報表：在「圖形」報表中，可看出所有受試者的散布圖，而兩個組別的散布圖，恰好分屬兩個不同的位置，如下圖所示。

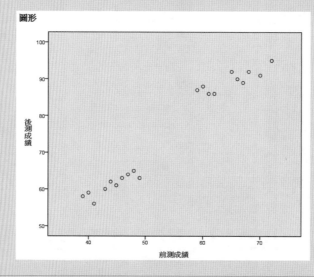

圖 2-18　積差相關係數的散布圖（呈現所有受試者）之 SPSS 統計報表

　　圖 2-18 是呈現所有受試者的散布圖。若想分別呈現各組的散布圖，則可透過圖 2-19 的 SPSS 操作步驟。

步驟 1：在「前測成績與後測成績的散布圖.sav」檔案中，點選「統計圖 (G)」→「歷史對話記錄 (L)」→「散布圖／點狀圖 (S)」，如下圖所示。

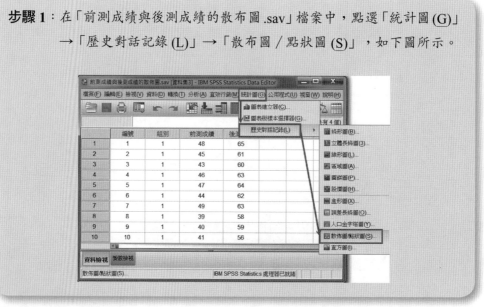

步驟 2：在「散布圖／點形圖」對話窗中，按下方的「定義」按鍵，如下圖所示。

步驟 3：在「簡單散布圖」對話窗中，將左邊的「前測成績」移至右邊「X軸 (X)」，如下圖所示。

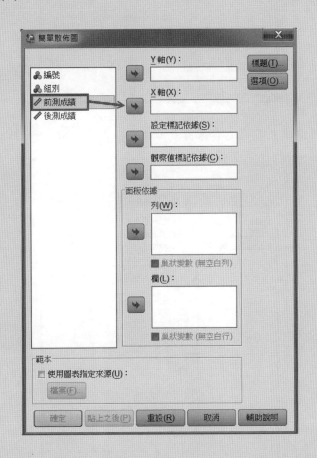

步驟 4：在「簡單散布圖」對話窗中，將左邊的「後測成績」移至右邊「Y軸 (Y)」，如下圖所示。

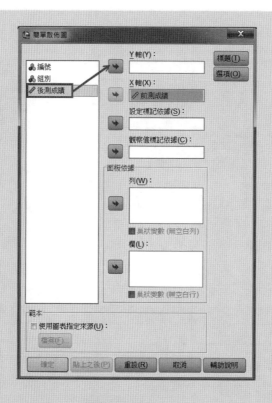

步驟 5：在「簡單散布圖」對話窗中，將左邊的「組別」移至右邊「設定標記依據 (S)」，如下圖所示。

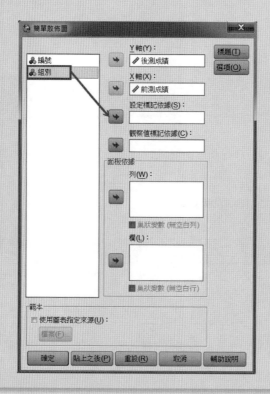

步驟6：在「簡單散布圖」對話窗中，按下「確定」按鍵，如下圖所示。

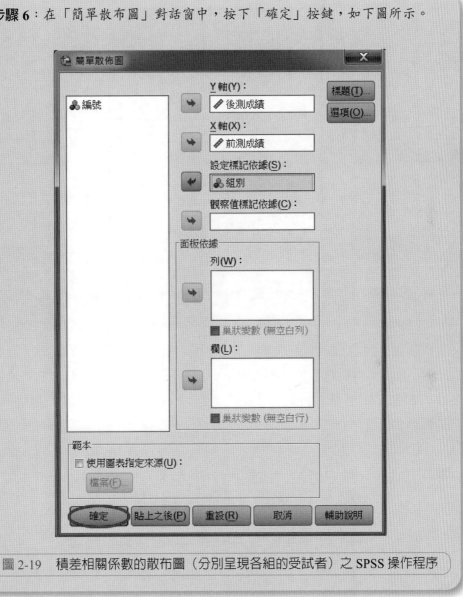

圖 2-19　積差相關係數的散布圖（分別呈現各組的受試者）之 SPSS 操作程序

經過圖 2-19 的 SPSS 操作步驟，即可獲得圖 2-20 的 SPSS 統計報表。

報表：在「圖形」報表中，兩個組別受試者的散布圖，以不同顏色呈現，如下圖所示。

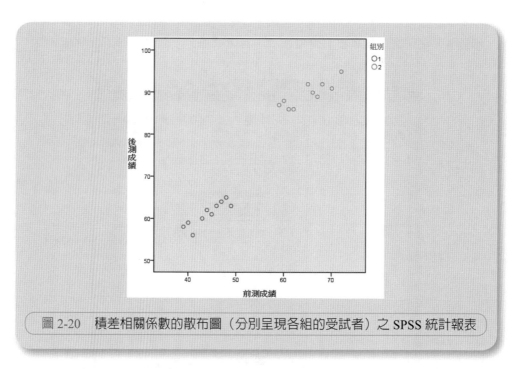

圖 2-20　積差相關係數的散布圖（分別呈現各組的受試者）之 SPSS 統計報表

　　由於圖 2-20 兩個組別雖以不同顏色呈現，但同樣採用圓形的圖形，若是彩色印刷則能看出兩組的差別，若以黑白印刷則無法看出兩組的差別。故可透過圖 2-21 的 SPSS 操作步驟，將第 1 組原本的圓形更改為正方形，而第 2 組則保留原先的圓形。

步驟 1：在圖 2-20 的 SPSS 統計報表中，先點選滑鼠的右鍵，再點選「編輯內容 (O)」→「在個別視窗中 (W)」，如下圖所示。

步驟 2：在「圖表編輯器」對話窗中，將滑鼠游標移至要更改圖形的第 1 組「○1」上，然後快速點滑鼠左鍵兩下，如下圖所示。

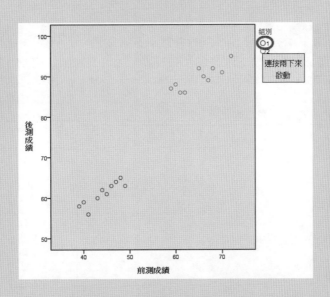

步驟 3：在「內容」對話窗中，將「標記」中「類型 (T)」內定的「○」，更改為「□」，按下方「套用 (A)」按鍵，並按右上方的「 X 」按鍵，如下圖所示。

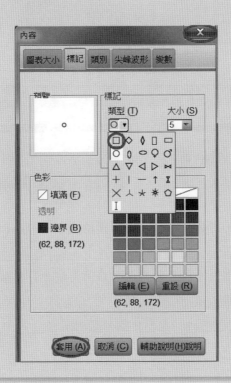

步驟4：在「圖表編輯器」對話窗中，按右上方的「▆▆ X ▆▆」按鍵，如下
　　　　圖所示。

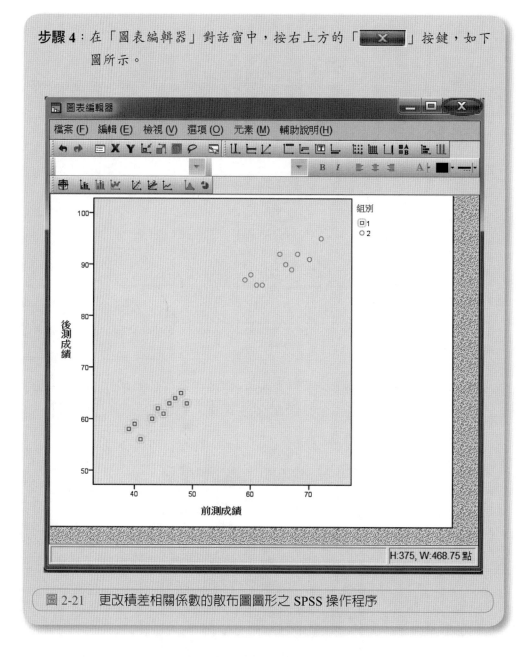

圖 2-21　更改積差相關係數的散布圖圖形之 SPSS 操作程序

　　經過圖 2-21 的 SPSS 操作步驟，即可獲得圖 2-22 的 SPSS 統計報表。

報表：在「圖形」報表中，可見到兩個組別受試者的散布圖，改以不同圖形
　　　　呈現，如下圖所示。

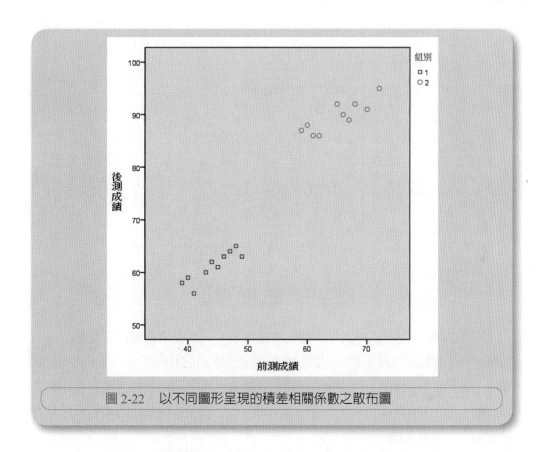

圖 2-22　以不同圖形呈現的積差相關係數之散布圖

(二) 簡單迴歸分析的最適合線

在國中階段的自然與生活科技課程中，有個單元介紹物質的「密度」，公式 2-1 說明物質的質量、體積與密度三者的關係，亦即物質的密度（D）等於質量（M）除以體積（V）。

$$D = \frac{M}{V} \qquad （公式 2-1）$$

當我們知道鋁的密度為 2.7（g/cm³），若有一鋁塊的體積為 2 cm³ 時，則我們可以精準的預測該鋁塊的質量為 5.4g。若有另一塊鋁塊的體積為 3 cm³ 時，則我們也可精準預測該鋁塊質量為 8.1g。所以只要知道鋁的體積，我們即可精準的預測鋁的質量，若以座標圖表示，則將如圖 2-23。

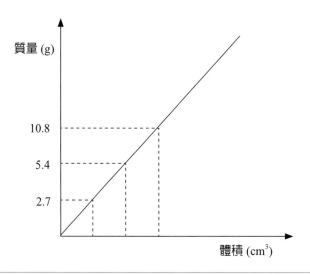

圖 2-23　鋁的體積與質量的關係圖

　　圖 2-23 屬於完全正相關，只要知道體積多少，即能精準算出質量是多少。此種完全正相關的情況，較可能出現在物理或化學的自然科學中，在人文社會學科中，並無法得到如此完美的相關情形。例如 IQ 與學業成就雖有顯著正相關，但一個人的 IQ 卻無法完全預測其學業成績，除了 IQ 這項重要因素外，還包含學習態度、學習動機……等因素。

　　雖然人文社會科學的兩個變項，無法出現完全正相關的情形，但我們仍嘗試在平面座標上的無限多條線中，試圖找出一條最適合線（the best fit line），希望這條線能讓所有受試者的實際值與預測值的差距和為最小值。

　　圖 2-24 的散布圖有 6 個小黑點，即表示有 6 對（X ,Y）的數值：(x_1, y_1)、(x_2, y_2)、(x_3, y_3)、(x_4, y_4)、(x_5, y_5)、(x_6, y_6)。在圖 2-24 的平面座標上，我們可以畫出無限多條的直線，但我們想找到一條直線，讓該直線與所有 6 個座標點的距離平方和是最小值。所有點座標至該直線的距離，是計算所有點座標平行於 Y 軸而與該直線相交的線段大小。

　　為了讓讀者瞭解如何找出最適合線，我們可以將圖 2-24 的平面座標圖，畫上無限多條直線。為了解說的方便，我們只將圖 2-24 畫兩條線，第一條直線方程式為 $\hat{y}_{1i} = b_1 x_i + a_1$，第二條直線方程式為 $\hat{y}_{2i} = b_2 x_i + a_2$。其中 X 變項我們稱為預測變項（predict variable），Y 變項我們稱為效標變項（criterion variable），x_i 為第 i 個 X 變項的數值，y_i 為第 i 個 Y 變項的數值。$\hat{y}_{1i}$ 與 $\hat{y}_{2i}$ 分別表示兩條直線對 y_i 的預測值，b_1 與 b_2 分別是兩條直線的斜率（slope），也被稱為原始迴歸係數

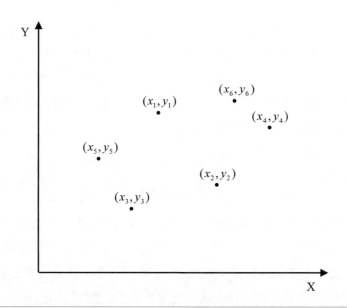

圖 2-24 X 與 Y 變項（6 對數值）的散布圖

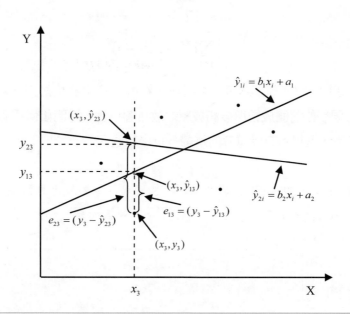

圖 2-25 兩條預測線的實際值與預測值之差距

（raw regression coefficient），a_1 與 a_2 分別是兩條直線的截距（intercept），也被稱為常數項（constant），如圖 2-25 所示。

我們以 (x_3, y_3) 為例，說明 (x_3, y_3) 到直線 $\hat{y}_{1i} = b_1 x_i + a_1$ 的距離。y_3 為 x_3 對應的實際值，而 $\hat{y}_{13}$ 為 x_3 透過直線 $\hat{y}_{1i} = b_1 x_i + a_1$ 所獲得的預測值，故 (x_3, y_3)

到直線 $\hat{y}_{1i} = b_1 x_i + a_1$ 的距離，即等於 $(y_3 - \hat{y}_{13})$，我們稱為誤差項（error），並記作 e_{13}。同樣道理，(x_3, y_3) 到直線 $\hat{y}_{2i} = b_2 x_i + a_2$ 的距離，即為 $(y_3 - \hat{y}_{23})$，我們記作 e_{23}。

　　若以公式來呈現的話，則 $e_i = y_i - \hat{y}_i$，此即為公式 2-2。而 x_i 對應的 y_i 之預測值 $\hat{y}_i$，即為 $\hat{y}_i = bx_i + a$，此即為公式 2-3。

$$Y_i = \hat{Y}_i + e_i \qquad\qquad （公式 2-2）$$
$$\hat{Y}_i = bX_i + a \qquad\qquad （公式 2-3）$$

　　在考慮找尋最適合線的過程中，我們希望所有點的 y 值之實際值（y_i）與預測值（$\hat{y}_i$）的差距平方和是最小值。以公式表示的話，我們希望能找到一條直線，能讓公式 2-4 獲得最小值。將公式 2-2 與公式 2-3 代入公式 2-4，可得到公式 2-5，亦即我們希望找到一條直線，能讓公式 2-5 獲得最小值。

$$\sum_{i=1}^{N} e_i^2 \qquad\qquad （公式 2-4）$$
$$\sum_{i=1}^{N} (Y_i - bX_i - a)^2 \qquad\qquad （公式 2-5）$$

　　為了讓讀者瞭解如何透過 SPSS 操作，在散布圖中尋找最適合線，茲以圖 2-18 的 20 位同學的前測成績與後測成績之散布圖為例，說明如何透過圖 2-26 的 SPSS 操作步驟，獲得所有受試者的迴歸分析之最適合線。

步驟 1：在圖 2-18 的 SPSS 統計報表中，先點選滑鼠右鍵，再點選「編輯內容 (O)」→「在個別視窗中 (W)」，如下圖所示。

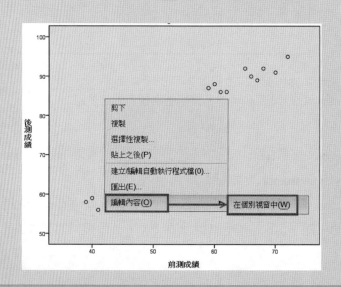

步驟 2：在「圖表編輯器」對話窗中，點選「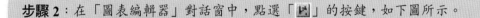」的按鍵，如下圖所示。

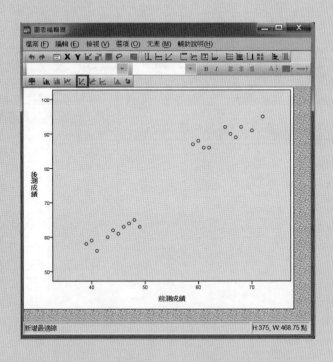

步驟 3：在「內容」對話窗中，按右上方的「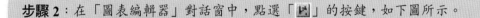 X 」按鍵，如下圖所示。

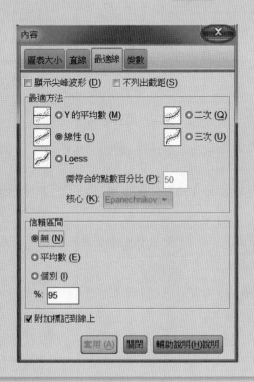

步驟 4：在「圖表編輯器」對話窗中，按右上方的「　　X　　」按鍵，如下
　　　　圖所示。

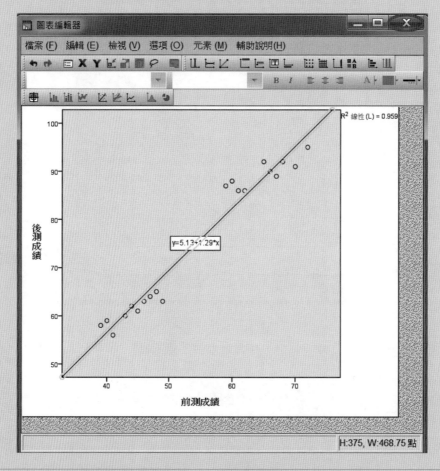

圖 2-26　迴歸分析（所有受試者）的最適合線之 SPSS 操作程序

經過圖 2-26 的 SPSS 操作步驟，即可獲得圖 2-27 的 SPSS 統計報表。

報表：在「圖形」報表中，可看出所有受試者的迴歸分析最適合線，如下圖
　　　　所示。

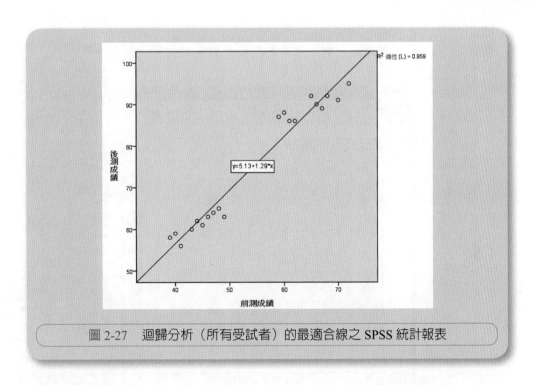

圖 2-27　迴歸分析（所有受試者）的最適合線之 SPSS 統計報表

若想要獲得不同組別各自的最適合線，以圖 2-20 兩組的散布圖為例，可透過圖 2-28 的 SPSS 操作步驟，獲得不同組別各自的迴歸分析之最適合線。

步驟 1：在圖 2-20 的 SPSS 統計報表中，先點選滑鼠的右鍵，再點選「編輯內容 (O)」→「在個別視窗中 (W)」，如下圖所示。

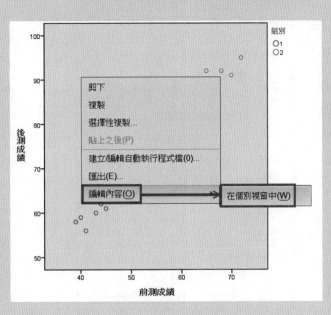

步驟2：在「圖表編輯器」對話窗中，點選「⊿」的按鍵，如下圖所示。

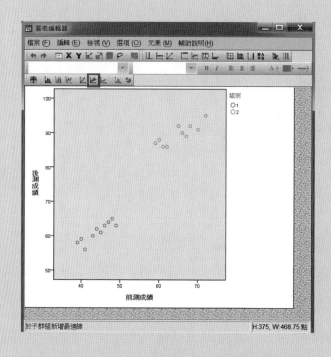

步驟3：在「內容」對話窗中，按右上方的「▬▬▬X▬▬」按鍵，如下圖所示。

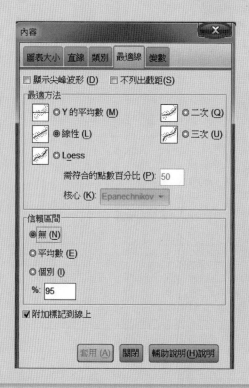

步驟 4：在「圖表編輯器」對話窗中，按右上方的「　X　」按鍵，如下圖所示。

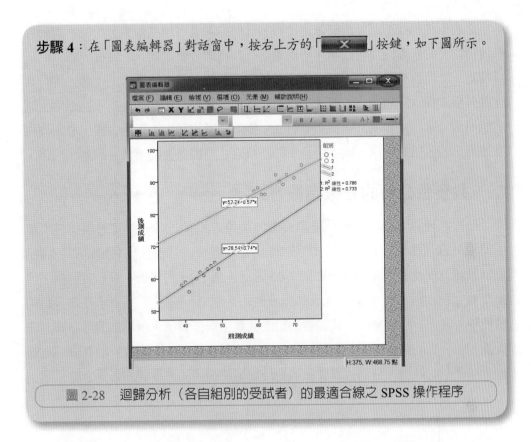

圖 2-28　迴歸分析（各自組別的受試者）的最適合線之 SPSS 操作程序

　　經過圖 2-28 的 SPSS 操作步驟，即可獲得圖 2-29 的 SPSS 統計報表。

報表：在「圖形」報表中，可看兩個組別的各自最適合線，如下圖所示。

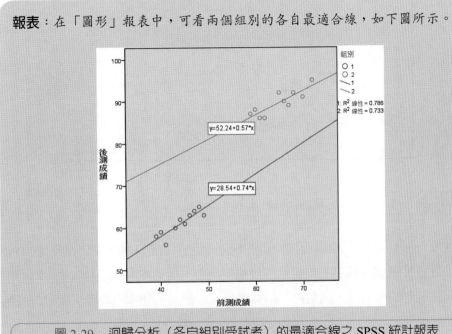

圖 2-29　迴歸分析（各自組別受試者）的最適合線之 SPSS 統計報表

透過上述尋找迴歸分析的最適合線，有助於讀者理解共變數分析的「迴歸係數同質性」的基本假定。此基本假定是進行共變數分析之前，一定要先進行的統計檢定。一旦蒐集的資料不符合「迴歸係數同質性」基本假定，則不適合進行共變數分析，得改採詹森—內曼法。而所謂的迴歸係數同質性即是指不同組別受試者的前測分數（X 變項）與後測分數（Y 變項）所找尋出的最適合線，必須要相互平行。若各組的最適合線不平行，即不符合「迴歸係數同質性」的基本假定。

二、共變數分析的分數調整方式

　　進行共變數分析時，對依變項分數的調整方式，先各自將實驗組與控制組的前測分數作為預測變項，後測分數作為效標變項，各自找出實驗組與控制組迴歸預測方程式的最適合線，如圖 2-30 所示。圖 2-30 的代碼 1 表示實驗組，代碼 2 表示控制組，橫座標 X 代表前測分數的共變項，縱座標 Y 表示後測分數的依變項。右上方的橢圓形，代表實驗組的共變項與依變項，所形成的散布圖分布範圍，左下方的橢圓形，代表控制組的共變項與依變項，所形成的散布圖分布範圍。橢圓形的斜線，分別代表實驗組與控制組迴歸預測方程式的最適合線。

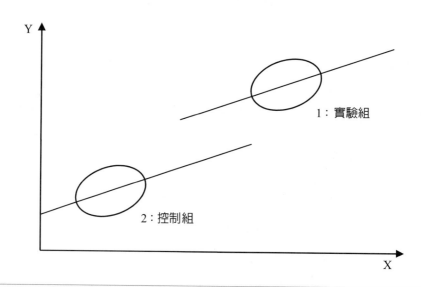

圖 2-30　調整後分數的計算方式 1

　　其次，分別找出實驗組與控制組的橢圓形之中心點，實驗組橢圓形的中心點，恰好是實驗組共變項平均數與依變項平均數，所形成的點座標（$\overline{X}_{\cdot 1}$，$\overline{Y}_{\cdot 1}$）。控制組橢圓形的中心點，則是控制組共變項平均數與依變項平均數，所形成的點

座標（$\overline{X}_{\bullet 2}$, $\overline{Y}_{\bullet 2}$），如圖 2-31 所示。

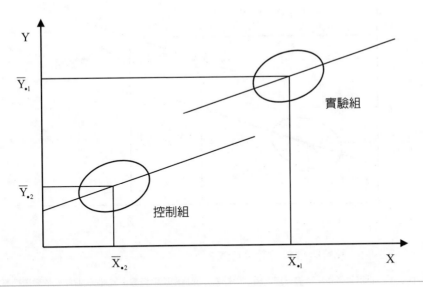

圖 2-31　調整後分數的計算方式 2

註：$\overline{X}_{\bullet 1}$ 代表實驗組共變項的平均數，$\overline{Y}_{\bullet 1}$ 代表實驗組依變項的平均數，$\overline{X}_{\bullet 2}$ 代表控制組共變項的平均數，$\overline{Y}_{\bullet 2}$ 代表控制組依變項的平均數。

　　接續，以所有受試者（包括實驗組與控制組的受試者）的共變項平均數（$\overline{X}_{\bullet \bullet}$）為橫座標的點，分別找出該橫座標點與實驗組迴歸預測方程式的最合適線相交之座標點（$\overline{X}_{\bullet \bullet}$, $\overline{Y}'_{\bullet 1}$），以及該橫座標點與控制組迴歸預測方程式的最合適線相交的座標點（$\overline{X}_{\bullet \bullet}$, $\overline{Y}'_{\bullet 2}$）。此時，$\overline{Y}'_{\bullet 1}$ 即為實驗組依變項調整後的平均數，而 $\overline{Y}'_{\bullet 2}$ 即為控制組依變項調整後的平均數，如圖 2-32 所示。

　　由圖 2-33 可知，實驗組共變項的平均數（$\overline{X}_{\bullet 1}$）高於所有受試者共變項的平均數（$\overline{X}_{\bullet \bullet}$），透過共變數分析的方法，實驗組依變項的平均數（$\overline{Y}_{\bullet 1}$），則降低為調整後的平均數（$\overline{Y}'_{\bullet 1}$）。相對地，控制組共變項的平均數（$\overline{X}_{\bullet 2}$）低於所有受試者共變項的平均數（$\overline{X}_{\bullet \bullet}$），透過共變數分析的方法，控制組依變項的平均數（$\overline{Y}_{\bullet 2}$），則提高為調整後的平均數（$\overline{Y}'_{\bullet 2}$）。共變數分析是以實驗組依變項調整後的平均數（$\overline{Y}'_{\bullet 1}$），與控制組依變項調整後的平均數（$\overline{Y}'_{\bullet 2}$），進行差異性的統計檢定，如此可排除實驗組與控制組前測分數的影響力。

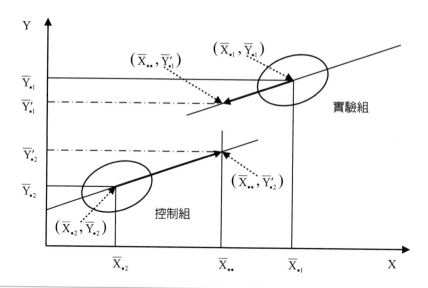

圖 2-32　調整後分數的計算方式 3

註：$\overline{X}_{\bullet\bullet}$ 代表所有受試者（包括實驗與控制組的受試者）的共變項平均數，$\overline{Y}'_{\bullet 1}$ 代表實驗組依變項調整後的平均數，$\overline{Y}'_{\bullet 2}$ 代表控制組依變項調整後的平均數。

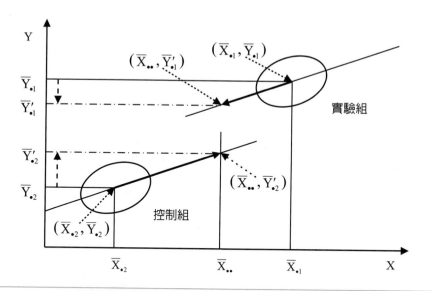

圖 2-33　調整後分數的計算方式 4

註：$\overline{X}_{\bullet\bullet}$ 代表所有受試者（包括實驗與控制組的受試者）的共變項平均數，$\overline{Y}'_{\bullet 1}$ 代表實驗組依變項調整後的平均數；$\overline{Y}'_{\bullet 2}$ 代表控制組依變項調整後的平均數。

三、共變數分析的基本假定

「獨立性」（independence）、「變異數同質性」（homogeneity of variance）與「常態分配」（normality）是變異數分析的三個重要基本假定，共變數分析除了同樣需要符合上述三項基本假定外，還包括線性關係（linearity）、自變項屬固定效果模式（fixed independent variable）、自變項與共變項具獨立性（independent of the covariate and the independent variable）、共變項沒有測量誤差（covariate measured without error）、迴歸係數同質性（homogeneity of regression solpe）等基本假定（Huitema, 2011; Lomax & Hahs-Vaughn, 2012），如表 2-14 所示。

表 2-14

違反單因子共變數分析的假定可能產生之影響

假定	違反假定的影響情形
一、獨立性	1. 增加 F 檢定犯第一型錯誤 (α) 與第二型錯誤 (β) 的可能性 2. 影響樣本平均數的估計標準誤，以及對樣本平均數的推論
二、變異數同質性	1. 造成組內離均差平方和 (SS_w) 的偏誤、增加犯第一型錯誤與第二型錯誤的可能性 2. 當各組人數相等或接近時，變異不同質的影響效果較小 3. 當變異不同質時，最多人數的組別卻有最小的變異數，則會增加犯第一類型錯誤 (α) 的可能性；相反地，當最少人數的組別有最大的變異數，則會降低犯第一類型錯誤 (α) 的可能性。
三、常態分配	F 檢定對非常態化的依變項具有強韌性 (robust)，但對非常態化的共變項則較不具強韌性。
四、線性關係	1. 降低共變數與依變項的積差相關係數強度 2. 直線無法良好的適配資料 3. 組別效果的估算會產生偏誤 4. 離均差平方和的調整值會變小
五、固定效果	很小的影響
六、共變項與自變項獨立	可能降低或增加組別的效果、可能改變共變項的分數
七、共變項沒有測量誤差	1. 實驗研究： (1) 會低估組內迴歸係數 (b_w) (2) 調整值變小 (3) 減少無法解釋的變異量 (4) 導致 F 檢定降低檢定力 (5) 降低犯第一類型錯誤 (α) 的可能性

表 2-14

（續）

假定	違反假定的影響情形
	2. 準實驗研究：
	(1) 會低估組內迴歸係數 (b_w)
	(2) 調整值變小
	(3) 組別效果將產生嚴重的偏誤
八、迴歸係數同質性	1. 在各組人數相等的實驗研究中，有小程度的影響
	2. 在各組人數相等的準實驗研究，有中程度的影響
	3. 在各組人數不相等的狀況下，有中程度的影響

資料來源：*An introduction to statistical concepts*, by R. G. Lomax, & D. L. Hahs-Vaughn, 2012, p.151. New York, NY: Routledge.

(一) 獨立性

　　受試者的依變項分數要具有獨立性，亦即不同受試者的依變項分數不能具有關聯性。假若 A 同學的後測分數是偷看 B 同學而來的，則 A 同學的分數高低會由 B 同學的分數來決定，則兩人的分數屬於不獨立的情形。但不是說全班同學沒有人作弊，即表示符合獨立性的假定。因為全班同學可能受到許多因素的影響（例如班級氣氛），而產生不獨立的情形。通常採隨機抽取與隨機分派的實驗研究，較不會有獨立性的問題，但準實驗研究則可能存在獨立性的問題。

　　依變項應具獨立性的基本假定，不僅是變異數分析的一項重要基本假定，也是共變數分析的一項重要基本假定。若違反此一基本假定，容易造成提高犯第一類型錯誤（α）與第二類型錯誤（β）的可能性。對於獨立性的檢定方式，Lomax 與 Hahs-Vaughn（2012）建議採用以組別為 X 軸，依變項的原始殘差為 Y 軸，透過散布圖來判斷，若各組的依變項殘差值，分別落在殘差值 0 的上下，沒有集中在哪個區塊，則顯示沒有嚴重的獨立性問題。

　　茲以表 2-6 的「同時進行前測與後測的獨立樣本 *t* 檢定實例」為例，來說明如何評判依變項是否有嚴重的獨立性問題。透過圖 2-34 的 SPSS 操作，即可獲得依變項的殘差項。

> **步驟 1**：在「同時進行前測與後測的獨立樣本 t 檢定實例 .sav」檔案中，點選「分析 (A)」→「一般線性模式 (G)」→「單變量 (U)」，如下圖所示。

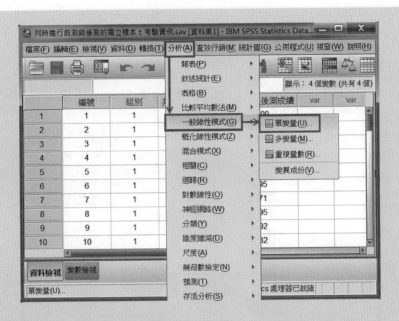

步驟 2：在「單變量」對話窗中，將左邊的「組別」移至「固定因子 (F)」，如下圖所示。

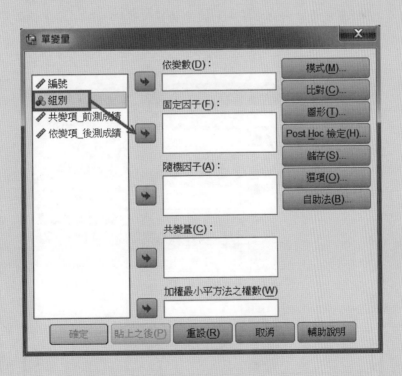

步驟 3：在「單變量」對話窗中，將左邊的「共變項＿前測成績」移至「共變量 (C)」，如下圖所示。

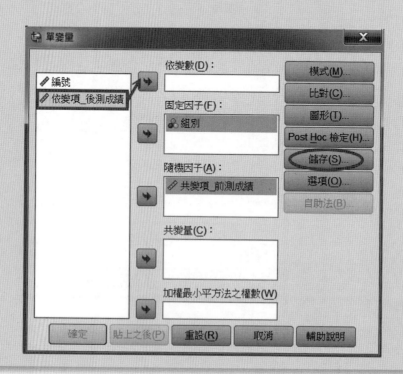

步驟 4：在「單變量」對話窗中，將左邊的「依變項_後測成績」移至「依變數 (D)」，並點「儲存 (S)」的按鍵，如下圖所示。

步驟 5：在「單變量：儲存」對話窗中，勾選右邊「殘差」中的「未標準化
(U)」選項，並按下方的「繼續」按鍵，如下圖所示。

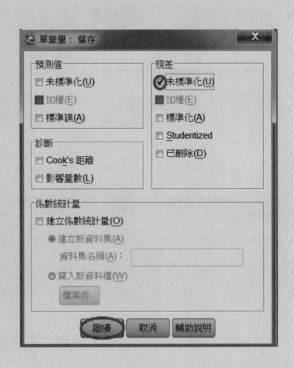

步驟 6：在「單變量」對話窗中，按下「確定」按鍵，如下圖所示。

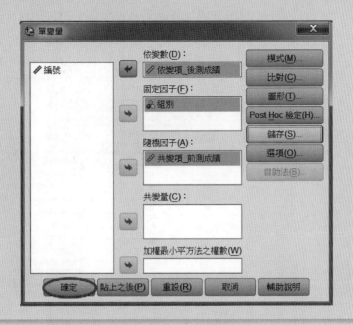

步驟7：在「資料檢視」視窗中，即可看到「RES_1」的殘差變項，如下圖所示。

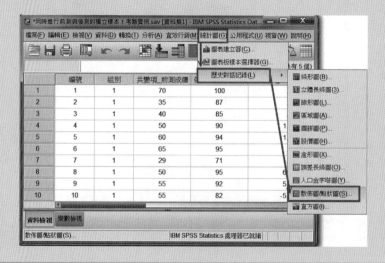

圖 2-34　獲得依變項殘差項的 SPSS 操作程序

經過圖 2-34 的 SPSS 操作後，還需要透過圖 2-35 散布圖的 SPSS 操作步驟，才能評估依變項是否具有獨立性。

步驟1：在「同時進行前測與後測的獨立樣本 t 檢定實例 .sav」檔案中，點選「統計圖 (G)」→「歷史對話記錄 (L)」→「散布圖／點狀圖 (S)」，如下圖所示。

步驟 2：在「散布圖／點形圖」對話窗中，按下方的「定義」按鍵，如下圖所示。

步驟 3：在「簡單散布圖」對話窗中，將左邊的「組別」移至右邊「X̲軸 (X)」，如下圖所示。

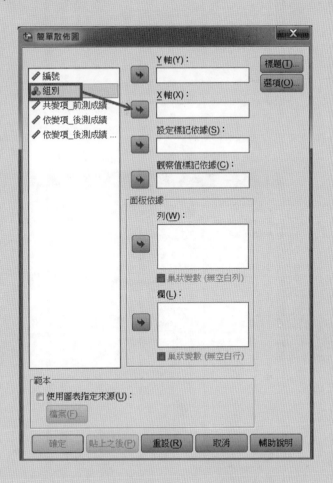

步驟 4：在「簡單散布圖」對話窗中，將左邊的「依變項_後測成績的殘差 [RES_1]」移至右邊「Y̲軸 (Y)」，如下圖所示。

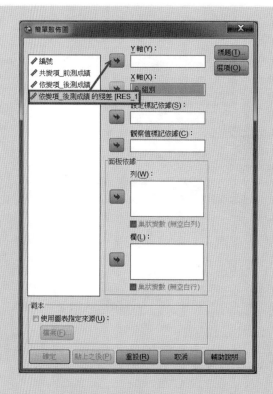

步驟 5：在「簡單散布圖」對話窗中，按下「確定」按鍵，如下圖所示。

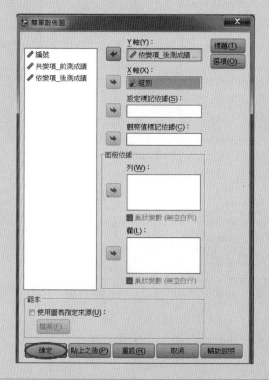

圖 2-35　散布圖的 SPSS 操作程序

經過圖 2-35 的 SPSS 操作步驟，即可獲得圖 2-36 的 SPSS 統計報表。從圖 2-36 可知，第一組的依變項之殘差項數值，均勻的分布在 0 的上下，顯示第一組的依變項具有獨立性。同樣地，第二組的依變項之殘差項數值，均勻的分布在 0 的上下，顯示第二組的依變項也有獨立性。

報表： 在「圖形」報表中，可見到兩個組別受試者的散布圖，皆均勻的分布在 0 的上下，顯示兩組的依變項皆符合獨立性，如下圖所示。

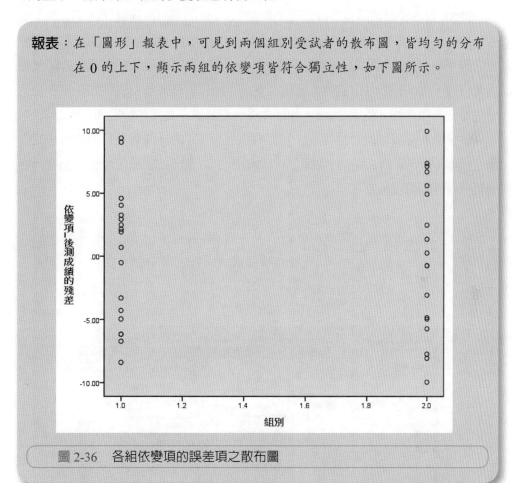

圖 2-36　各組依變項的誤差項之散布圖

(二) 變異數同質性

變異數同質性是指各組依變項的變異數是相等的，這個基本假定是變異數分析與共變數分析很重要的一個基本假定。當各組人數相同時，即使違反變異數同質性的假定，也不會有太大的影響（Glass, Peckham, & Sanders, 1972）。但各組人數不相同時，則違反變異數同質性的假定，易造成提高犯第一類型錯誤（α）與第二類型錯誤（β）的可能性。變異數同質性檢定的虛無假設（null hypothesis）與對立假設（alternative hypothesis）分別如下：

$$H_0 : \sigma_{Y_1}^2 = \sigma_{Y_2}^2 = \cdots = \sigma_{Y_J}^2$$

$$H_1 : H_0 \text{ 為假}$$

　　SPSS 對於變異數同質性檢定，是採用 Levene 的變異數同質性檢定方法，當顯著性 p 小於 .05，即表示落入拒絕區，故應拒絕虛無假設，此即表示各組的變異數是不同質的。相對地，當顯著性 p 大於 .05，表示未落入拒絕區，故應接受虛無假設，此即表示各組的變異數是同質的。所以對變異數同質性的檢定，我們希望看到的顯著性 p 是大於 .05，如此才符合變異數同質性的檢定。

　　共變數的變異數同質性檢定，我們同樣以表 2-6 的「同時進行前測與後測的獨立樣本 t 檢定實例」為例，說明如何透過圖 2-37 的 SPSS 操作步驟，來進行變異數同質性的假設檢定。

步驟 1：在「同時進行前測與後測的獨立樣本 t 檢定實例 .sav」檔案中，點選「分析 (A)」→「一般線性模式 (G)」→「單變量 (U)」，如下圖所示。

步驟 2：在「單變量」對話窗中，將左邊的「組別」移至「固定因子 (F)」，如下圖所示。

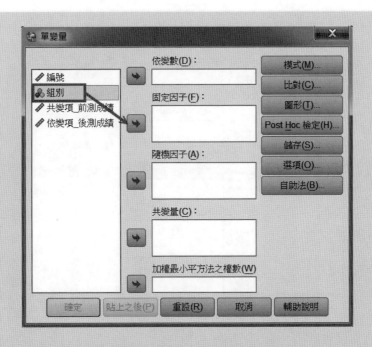

步驟3：在「單變量」對話窗中，將左邊的「共變項 _ 前測成績」移至「共變量 (C)」，如下圖所示。

步驟4：在「單變量」對話窗中，將左邊的「依變項 _ 後測成績」移至「依變數 (D)」，並點「選項 (O)」的按鍵，如下圖所示。

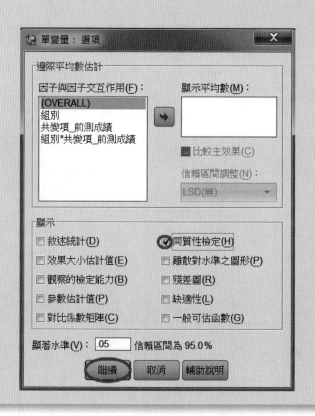

步驟 5：在「單變量：選項」對話窗中，勾選下方「顯示」中的「同質性檢定 (H)」選項，並按下方的「繼續」按鍵，如下圖所示。

步驟 6：在「單變量」對話窗中，按下「確定」按鍵，如下圖所示。

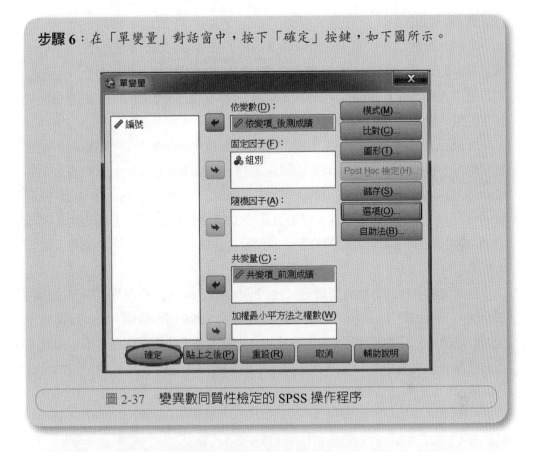

圖 2-37　變異數同質性檢定的 SPSS 操作程序

經過圖 2-37 的 SPSS 操作步驟，即可獲得圖 2-38 的 SPSS 統計報表。從圖 2-38 可知，Levene 變異數同質性檢定結果，$F(1, 34) = 0.372, p = .546$，由於顯著性 p 大於 .05，故應接受虛無假設，即兩組的變異數是同質的。

報表：在「誤差變異量的 Levene 檢定等式[a]」報表中，可知顯著性 $p = .546$，顯示兩組的變異數是同質的，如下圖所示。

誤差變異量的 Levene 檢定等式[a]

依變數:　依變項_後測成績

F	df1	df2	顯著性
.372	1	34	.546

檢定各組別中依變數誤差變異量的虛無假設是相等的。

　　a. Design: 截距 + 共變項_前測成績 + 組別

圖 2-38　變異數同質性檢定的 SPSS 統計報表

(三) 常態分配性

常態分配性的基本假定是指共變數分析的依變項需符合常態分配，由於 F 檢定具有強韌性（robust）的特質，所謂強韌性是指若未嚴重違反常態分配的假定，則不太會影響 F 檢定的精準性，但若嚴重違反常態分配的假定，則會影響 F 檢定的精準性（涂金堂，2015）。

SPSS 對於常態分配的檢定，提供 Kolmogorov-Smirnov 檢定與 Shapiro-Wilk 檢定兩類，根據 Coakes（2005）的建議，若人數高於 100 人以上，較適合採用 Kolmogorov-Smirnov 的檢定；若人數小於 100 人，則採用 Shapiro-Wilk 的檢定較適合。兩種檢定皆以顯著性 p 值是否高於 .05 為判斷的依據，若顯著性 p 值高於 .05，則表示符合常態分配的假定；若顯著性 p 值小於 .05，則表示未符合常態分配的假定。

對共變數分析的常態分配假定，我們同樣以表 2-6「同時進行前測與後測的獨立樣本 t 檢定實例」為例，說明透過圖 2-39 的 SPSS 操作步驟，來進行常態分配的假設檢定。若要進行常態分配的檢定，則得先獲得依變項的殘差項，即要先透過前面介紹過的圖 2-34 的 SPSS 操作步驟，接續透過底下圖 2-39 的 SPSS 操作步驟。

步驟 1：在「同時進行前測與後測的獨立樣本 t 檢定實例 .sav」檔案中，點選「分析(**A**)」→「敘述統計(**E**)」→「預檢資料(**E**)」，如下圖所示。

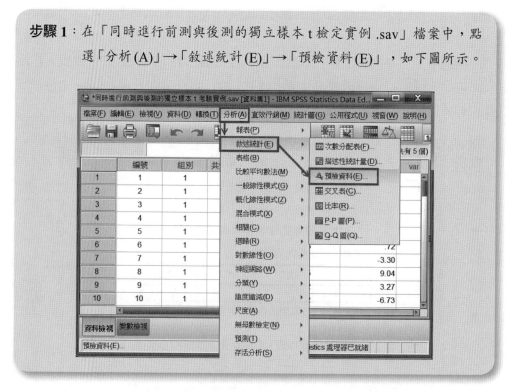

步驟2：在「預檢資料」對話窗中，將左邊的「依變項_後測成績的殘差 [RES_1]」移至右邊「依變項清單 (D)」，並按下「圖形 (T)」的按鍵，如下圖所示。

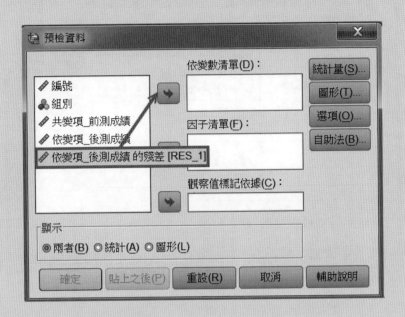

步驟3：在「預檢資料：圖形」對話窗中，點選中間的「常態機率圖附檢定 (O)」，並按下方的「繼續」按鍵，如下圖所示。

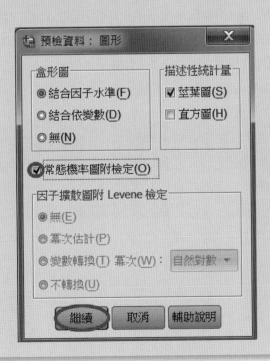

步驟 4：在「單變量」對話窗中，按下「確定」按鍵，如下圖所示。

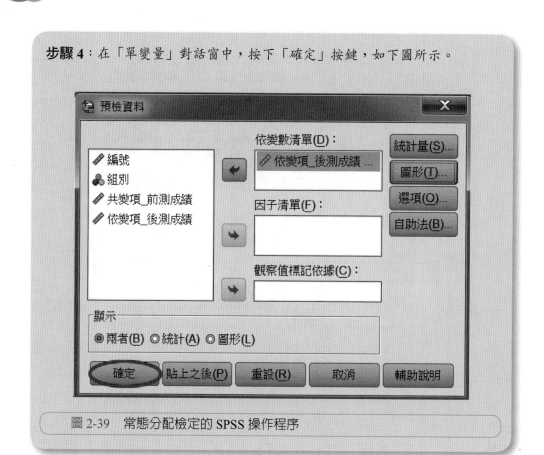

圖 2-39 常態分配檢定的 SPSS 操作程序

經過圖 2-39 的 SPSS 操作步驟，即可獲得圖 2-40 的 SPSS 統計報表。從圖 2-40 可知，Shapiro-Wilk 常態性檢定檢定結果（因人數未超過 100 人，故採用 Shapiro-Wilk 常態性檢定），Shapiro-Wilk = 0.961, p = .225，由於顯著性 p 大於 .05，故應接受虛無假設，即符合常態分配。

報表 1：在「描述性統計量」報表中，可知偏態為 0.024、峰度為 −1.099，由於偏態與峰度的絕對值，皆小於 2，顯示符合常態分配的假定，如下圖所示。

描述性統計量

		統計量	標準誤
依變項_後測成績 的殘差	平均數	.0000	.94131
	平均數的 95% 信賴區間　下限	-1.9110	
	上限	1.9110	
	刪除兩極端各 5% 觀察值之平均數	-.0230	
	中位數	.4907	
	變異數	31.899	
	標準差	5.64788	
	最小值	-9.95	
	最大值	9.93	
	範圍	19.88	
	四分位全距	9.42	
	偏態	.024	.393
	峰度	-1.099	.768

報表 2：在「常態檢定」報表中，因人數低於 100 人，根據 Coakes（2005）的建議，應查看「Shapiro-Wilk 常態性檢定」的顯著性，「Shapiro-Wilk 常態性檢定」的顯著性 $p = .225$，因顯著性 p 大於 .05，故顯示符合常態分配，如下圖所示。

常態檢定

	Kolmogorov-Smirnov檢定[a]			Shapiro-Wilk 常態性檢定		
	統計量	自由度	顯著性	統計量	自由度	顯著性
依變項_後測成績 的殘差	.110	36	.200[*]	.961	36	.225

*. 此為真顯著性的下限。

a. Lilliefors 顯著性校正

圖 2-40　常態分配檢定的 SPSS 統計報表

(四) 線性關係

共變數分析的共變項（X）與依變項（Y）兩者需呈現線性關係，而不能呈現曲線的非線性關係，若違反此一基本假定，容易造成對實驗效果的估算產生偏誤。較常判斷是否具線性關係的方式，是以共變項（X）與依變項（Y）的散布圖來判斷。所謂線性關係是指共變項（X）與依變項（Y）散布圖上的各點，能呈現直線或橢圓形的分布情形，例如圖 2-41 的左邊 a 圖，10 個點呈現扁平的

橢圓形分布情形，圖 2-41 的右邊 b 圖，則呈現 10 個點的最適合線，顯示圖 2-41 的共變項（X）與依變項（Y）呈現線性關係。

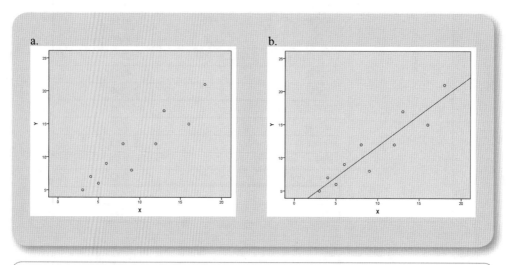

圖 2-41　共變項（X）與依變項（Y）呈現線性關係的散布圖

　　圖 2-42 的左邊 a 圖，10 個點呈現倒 U 字型的分布情形，圖 2-42 的右邊 b 圖，則呈現 10 個點的曲線，顯示圖 2-42 的共變項（X）與依變項（Y）呈現非線性關係。

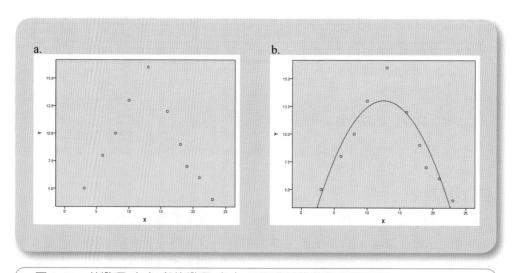

圖 2-42　共變項（X）與依變項（Y）呈現非線性關係的散布圖

(五) 自變項為固定效果

　　共變項分析的自變項為組別（實驗組與控制組），另一項基本假定為自變項屬於固定效果模式（fixed-effect model）而非隨機效果模式（random-effect model）。所謂固定效果模式是指實驗結果只推論參與實驗組別的受試者，不進行未參與實驗組別受試者的推論效果。相對地，隨機效果模式是指實驗結果，要推論到其他非實驗組別的受試者（Hays, 1994）。

　　由於大部分的共變數分析，較常採用固定效果模式，故較少違反此一基本假定。另外，即使違反此一基本假定，對實驗結果並不會造成太大的影響。

(六) 共變項與自變項相互獨立

　　進行共變數分析時，共變項與自變項須相互獨立，是一個很重要的條件。然而許多介紹共變數分析的書籍，大多未提及此一基本條件。

　　要避免共變項受到自變項的影響，較好的方式是採用隨機抽樣與隨機分配的實驗研究法，因隨機的關係較能讓共變項與自變項處於獨立的狀態。除了採用實驗研究法外，共變項的施測時間，應該在實驗進行之前，也較能避免共變項受到自變項的影響。

　　圖 2-43 是共變項（X）與自變項（G）獨立的情形，面積 1、面積 2、面積 3 的總和，即表示依變項（Y）的總離均差平方和（total sum of square），亦被稱為總變異量（overall variance）。面積 1 表示實驗處理效果，面積 2 表示透過共變項所移除的誤差變異量，面積 3 表示所剩下的誤差變異量。若是採用變異數分析時，則面積 1 表示實驗處理效果，誤差變異量是面積 2 與面積 3 的總和。若採用共變數分析時，則面積 1 同樣表示實驗處理效果，但誤差變異量則因面積 2 的變異量因共變項先行排除，故誤差變異量只剩下面積 3，因而採用共變數分析，會比採用變異數分析，更能有效地評估實驗處理效果。

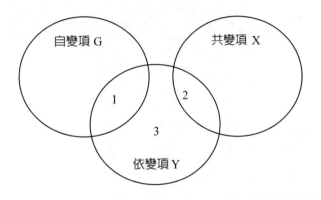

圖 2-43　自變項與共變項獨立的情況

　　圖 2-44 是共變項（X）與自變項（G）不獨立的情形，面積 4、面積 5、面積 6、面積 7 的總和，即表示依變項（Y）的總離均差平方和。面積 4 與面積 5 的總和表示實驗處理效果，面積 5 與面積 6 的總和表示透過共變項所移除的誤差變異量，面積 7 表示所剩下的誤差變異量。當共變項與自變項不獨立的時候，由於面積 5 同時屬於自變項的實驗效果，也屬於共變項的控制效果，進行共變數分析時，面積 5 與面積 6 因為受共變項先行排除的關係，導致實驗效果只剩下面積 4，故容易造成低估實驗效果的情形。

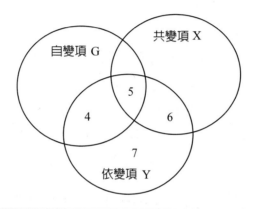

圖 2-44　自變項與共變項不獨立的情況

　　Miller 與 Chapman（2001）曾舉例說明共變項與自變項不獨立所產生的錯誤結果：以年齡為共變項，年級為自變項，籃球表現能力為依變項，探討不同年級（三年級與四年級）的學生，在控制年齡的差異後，其籃球表現能力是否有所不同。由於共變項的年齡與自變項的年級具有高度的相關，如圖 2-45 所示，故進行共變數分析時，會因共變項先行排除面積 9 與面積 10 的誤差變異量，導致實

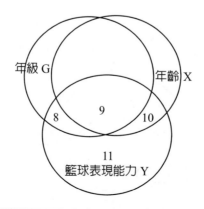

圖 2-45　年齡與年級不獨立的情況

驗效果從原先的面積 8 與面積 9 之和，降低只剩下小面積的面積 8，故無法精準評估真實的實驗效果。

對於共變項與自變項是否獨立的情形，較常採用獨立樣本 t 檢定或是獨立樣本變異數分析，檢定不同組別受試者在共變項的差異情形。若不同組別受試者在共變項沒有顯著性差異，則表示共變項與自變項屬於獨立的狀況，即符合共變數與自變項相互獨立的基本假定。但若不同組別受試者在共變項有顯著性差異時，則表示共變項與自變項屬於不獨立的情形，此時便不適合進行共變數分析（Huitema, 2011; Lomax & Hahs-Vaughn, 2012; Shavelson, 1988）。

在出現違反共變項與自變項互為獨立的基本假定時，Huitema（2011）建議不應採用傳統的共變數分析，而應改採所謂的「準共變數分析」（Quasi-ANCOVA）。Huitema 主張傳統共變數分析與準共變數分析的差別，在於傳統共變數分析以所有受試者的共變項平均數進行平均數的集中化（centering），如公式 2-6 所示；而準共變數分析則是以各組受試者的共變項平均數進行平均數的集中化，如公式 2-7 所示。

$$Y_{ij} = u + \alpha_j + \beta(X_{ij} - \overline{X}_{\bullet\bullet}) + \varepsilon_{ij} \qquad （公式 2\text{-}6）$$

$$Y_{ij} = u + \alpha_j + \beta(X_{ij} - \overline{X}_{\bullet j}) + \varepsilon_{ij} \qquad （公式 2\text{-}7）$$

公式 2-6 與公式 2-7 中的 Y_{ij} 表示第 j 組的第 i 個受試者的依變項分數，u 表示所有受試者的依變項平均分數，α_j 表示第 j 組的實驗效果，β 表示迴歸係數，X_{ij} 表示第 j 組的第 i 個受試者的共變項分數，ε_{ij} 表示每位受試者的誤差分數。公式 2-6 的 $\overline{X}_{\bullet\bullet}$ 代表所有受試者的共變項平均數，公式 2-7 的 $\overline{X}_{\bullet j}$ 代表第 j 組受試者的共變項平均數。

茲以表 2-15 的例子來說明，如何進行準共變數分析。假設 C 老師想探討合作學習法與講授式教學法，何種教學法有較好的教學成效。C 老師從該校國一班級中，挑選一班為實驗班，一班為控制班，實驗組與控制組各有 15 位同學。進行教學實驗前，實驗組與控制組的學生，皆先接受 IQ 測驗。經過兩個月的實驗研究，實驗組與控制組學生同時接受相同的標準化英文成就測驗。兩組每位同學的 IQ 測驗成績與英文成就測驗成績，如表 2-15 所示。

為檢驗共變項與自變項是否獨立，C 老師決定採用獨立樣本 t 檢定統計方法，檢定實驗組學生與控制組學生在共變項 IQ 測驗是否有顯著性差異，以判斷表 2-15 的實驗資料，是否適合進行共變數分析。C 老師將表 2-15 的資料，輸入到統計軟體 SPSS，如圖 2-46 所示。

表 2-15

實驗組與控制組學生的 IQ 成績與英文成績

實驗組			控制組		
編號	IQ 成績	英文成績	編號	IQ 成績	英文成績
1	108	88	16	102	87
2	118	94	17	92	79
3	104	87	18	118	93
4	112	92	19	88	75
5	106	91	20	113	89
6	99	86	21	96	82
7	106	89	22	107	87
8	116	92	23	115	90
9	125	100	24	95	81
10	119	94	25	106	88
11	114	92	26	98	85
12	121	95	27	110	91
13	109	86	28	123	99
14	118	91	29	85	68
15	96	73	30	101	80

圖 2-46　將表 2-15 資料輸入到 SPSS 的資料視窗

　　C 老師透過 SPSS 統計軟體中的獨立樣本 t 檢定的統計程序，想檢定兩組在實驗結束後所獲得的英文成績是否有顯著性差異。透過如同圖 2-2、圖 2-4、圖 2-5 的獨立樣本 t 檢定之操作步驟，即可獲得如同圖 2-3、圖 2-4、圖 2-6 的獨立樣本 t 檢定之統計報表，將統計報表的資料整理成表 2-16 的統計摘要表。

表 2-16

獨立樣本 t 檢定統計摘要表

變項	實驗組 ($n=15$)		控制組 ($n=15$)				95% CI			
	M	SD	M	SD	$t(28)$	p	LL	UL	Cohen's d	$1-\beta$
英文成績	111.40	8.33	103.27	11.20	2.26	.032	0.75	15.51	0.82	.59

　　由表 2-16 可知，實驗組與控制組學生在教學實驗前所獲得的「IQ 成績」，其獨立樣本 t 檢定達顯著性的差異，$t(28) = 2.26$, $p = .032$, Cohen's d $= 0.82$, 95%CI[0.75, 15.51]，實驗組學生的 IQ 成績（$M = 111.40$），顯著高於控制組學生的 IQ 成績（$M = 103.27$），顯示共變項與自變項不具有獨立性，不適合進行共變數分析。

　　若沒有注意到共變項與自變項應具獨立性的假設，而直接將表 2-15 的資料，以組別作為自變項，IQ 成績作為共變量，英文成績作為依變項，所進行的單因子共變數分析，透過 SPSS 的統計軟體，可得到圖 2-47 的共變數分析各組迴歸係數同質性檢定 SPSS 報表。

> **報表**：在「受試者間效應項的檢定」報表中，可從「組別 * 共變項_IQ」的顯著性為 .86，得知實驗組與控制組的迴歸係數是同質的，顯示表 2-15 的資料符合共變數分析的迴歸係數同質性假定，如下圖所示。

受試者間效應項的檢定

依變數：依變項_英文成績

來源	型 III 平方和	df	平均平方和	F	顯著性
校正後的模式	1322.775ª	3	440.925	56.006	.000
截距	73.820	1	73.820	9.377	.005
組別	.210	1	.210	.027	.871
共變項_IQ	1027.502	1	1027.502	130.513	.000
組別 * 共變項_IQ	.249	1	.249	.032	.860
誤差	204.692	26	7.873		
總數	231040.000	30			
校正後的總數	1527.467	29			

a. R 平方 = .866 (調過後的 R 平方 = .851)

圖 2-47　共變數分析迴歸係數同質性檢定的 SPSS 統計報表

　　將圖 2-47 的共變數分析迴歸係數同質性檢定之 SPSS 報表，整理成表 2-17 的共變數分析迴歸係數同質性檢定摘要表。由表 2-17 可知，共變數迴歸係數同質性檢定結果顯示，兩組具有相同的迴歸係數，$F(1, 26) = 0.03$, $p = .86$。

表 2-17

以表 2-15 資料進行單因子共變數分析迴歸係數同質性檢定摘要表

SV	SS	df	MS	F	p
迴歸係數異質性	0.25	1	0.25	0.03	.86
誤差	204.69	26	7.87		
總和	204.94	27			

　　由表 2-17 可知，表 2-15 的資料符合共變數分析的基本假定：實驗組與控制組的迴歸係數具有同質性，故可接續進行共變數分析。有關單因子共變數分析的 SPSS 操作程序，會在第三章單因子共變數分析，有較詳細的介紹，此處只呈現共變數分析的統計結果。透過 SPSS 的操作程序，可獲得圖 2-48 的 SPSS 統計報表。

報表 1：在「敘述統計」報表中，可知第 1 組（實驗組）的英文成績平均數為 90.00，標準差為 6.012；第 2 組（控制組）的英文成績平均數為 84.93，標準差為 7.695，如下圖所示。

敘述統計

依變數：依變項_英文成績

組別	平均數	標準離差	個數
1	90.00	6.012	15
2	84.93	7.695	15
總數	87.47	7.257	30

報表 2：在「誤差變異量的 Levene 檢定等式 [a]」報表中，可得知 Levene 變異數同質性檢定 $F(1, 28) = 0.04$, $p = .845$，因為顯著性高於 .05，故應接受虛無假設，亦即實驗組與控制組的英文成績具變異數同質性，如下圖所示。

誤差變異量的 Levene 檢定等式[a]

依變數：依變項_英文成績

F	df1	df2	顯著性
.039	1	28	.845

檢定各組別中依變數誤差變異量的虛無假設是
相等的。

a. Design: 截距 + 共變項_IQ + 組別

報表 3：在「受試者間效應項的檢定」報表中，可得知「組別」的顯著性
為 .878，因為顯著性大於 .05，故接受虛無假設，亦即表示實驗組
與控制組的調整後平均數，沒有顯著性差異，如下圖所示。

受試者間效應項的檢定

依變數：依變項_英文成績

來源	型 III 平方和	df	平均平方和	F	顯著性
校正後的模式	1322.525[a]	2	661.263	87.118	.000
截距	79.227	1	79.227	10.438	.003
共變項_IQ	1129.992	1	1129.992	148.871	.000
組別	.182	1	.182	.024	.878
誤差	204.941	27	7.590		
總數	231040.000	30			
校正後的總數	1527.467	29			

a. R 平方 = .866 (調過後的 R 平方 = .856)

報表 3：在「估計值」報表中，可知第 1 組（實驗組）的英文成績調整後
平均數為 87.382，第 2 組（控制組）的英文成績調整後平均數為
87.551，如下圖所示。

估計值

依變數：依變項_英文成績

組別	平均數	標準誤差	95% 信賴區間 下界	95% 信賴區間 上界
1	87.382[a]	.743	85.857	88.907
2	87.551[a]	.743	86.027	89.076

a. 使用下列值估計出現在模式的共變量：共變項
_IQ = 107.33.

圖 2-48　以表 2-15 所進行的共變數分析 SPSS 統計報表

　　將圖 2-48 的共變數分析 SPSS 報表，整理成表 2-18 兩組英文成績平均數、標準差、調整後平均數的摘要表，以及表 2-19 的共變數分析摘要表。

表 2-18

兩組英文成績平均數、標準差、調整後平均數摘要表

變項	實驗組 ($n = 15$)			控制組 ($n = 15$)		
	M	SD	M'	M	SD	M'
英文成績	90.00	6.01	87.38	84.93	7.70	87.55

　　由表 2-19 可知，實驗組與控制組的共變數分析結果，並沒有顯著性差異：$F(1, 27) = 0.02$, $p = .88$，顯示排除 IQ 成績的差異後，接受不同教學法的實驗組與控制組，在教學實驗後所獲得的英文成績，實驗組調整後的英文成績（$M' = 87.38$）與控制組調整後的英文成績（$M' = 87.55$），並沒有顯著性差異。

表 2-19

以表 2-15 資料獲得的單因子共變數分析摘要表

SV	SS'	df	MS'	F	p
組間	0.18	1	0.18	0.02	.88
組內	204.94	27	7.59		
全體	205.12	28			

　　由表 2-16 可知，實驗組與控制組在 IQ 共變項有顯著性差異，顯示共變項與自變項不具獨立性，故不適合採用共變數分析。底下說明如何透過 SPSS，進行 Huitema（2011）所建議的「準共變數分析」。進行「準共變數分析」時，需經過三個步驟：一、先進行各組共變項平均數的集中化，亦即將各組受試者的共變項分數，扣掉各組共變項的平均數；二、進行共變數分析的迴歸係數同質性檢定，以確定是否適合進行共變數分析；三、以平均數集中化後的共變項作為共變項，進行準共變數分析。

1. 進行各組共變項的平均數集中化

　　茲以表 2-15 的「共變項與自變項不獨立的實例」為例，來說明進行各組受試者的共變項平均數集中化。透過圖 2-49 的 SPSS 操作，即可獲得共變項的殘差項，此即為針對各組受試者共變數的平均數集中化之結果。

步驟 1：在「共變項與自變項不獨立的實例.sav」檔案中，點選「分析 (A)」
→「一般線性模式 (G)」→「單變量 (U)」，如下圖所示。

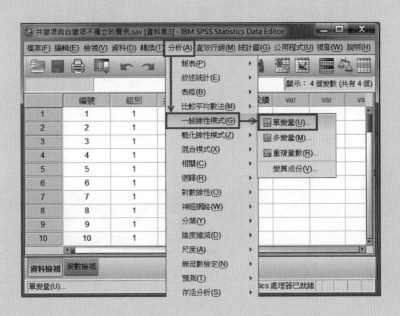

步驟 2：在「單變量」對話窗中，將左邊的「組別」移至「固定因子 (F)」，
如下圖所示。

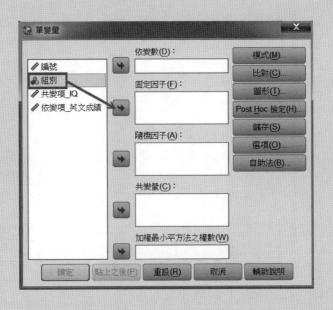

步驟 3：在「單變量」對話窗中，將左邊的「共變項_IQ」移至「依變數
(D)」，並點「儲存 (S)」的按鍵，如下圖所示。

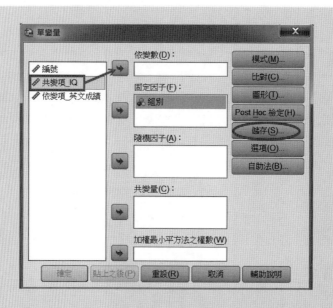

步驟 4：在「單變量：儲存」對話窗中，勾選右邊「殘差」中的「未標準化(U)」選項，並按下方的「繼續」按鍵，如下圖所示。

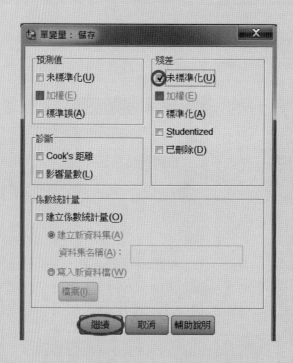

步驟 5：在「單變量」對話窗中，按下「確定」按鍵，如下圖所示。

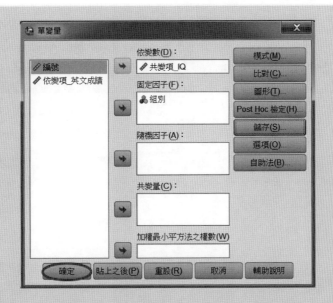

步驟 6：在「資料檢視」視窗中，即可看到「RES_1」的殘差變項，如下圖所示。

	編號	組別	共變項_IQ	依變項_英文成績	RES_1	var
1	1	1	108	88	-3.40	
2	2	1	118	94	6.60	
3	3	1	104	87	-7.40	
4	4	1	112	92	.60	
5	5	1	106	91	-5.40	
6	6	1	99	86	-12.40	
7	7	1	106	89	-5.40	
8	8	1	116	92	4.60	
9	9	1	125	100	13.60	
10	10	1	119	94	7.60	

步驟 7：點選「變項檢視」的視窗中，如下圖所示。

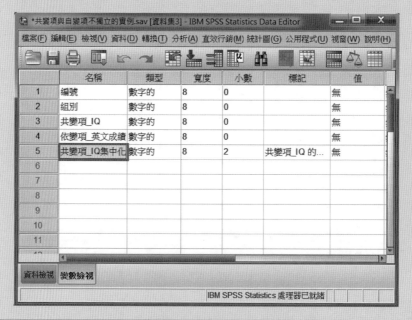

步驟 8：在「變項檢視」視窗中，將「RES_1」變項名稱更改為「共變項_ IQ 集中化」，如下圖所示。

圖 2-49　獲得共變項平均數集中化的 SPSS 操作程序

2. 進行各組迴歸係數同質性檢定

　　經過圖 2-49 的共變項平均數集中化後，接續即可進行各組迴歸係數同質性檢定。將表 2-15 的資料，以「組別」作爲自變項，「共變項_IQ 集中化」作爲共變量，「英文成績」作爲依變項，所進行的單因子準共變數分析，透過 SPSS 的統計軟體，可得到圖 2-50 的共變數分析各組迴歸係數同質性檢定 SPSS 報表。

報表：在「受試者間效應項的檢定」報表中，可從「組別 * 共變項_IQ 集中化」的顯著性爲 .860，得知實驗組與控制組的迴歸係數是同質的，顯示表 2-14 的資料符合共變數分析的迴歸係數同質性假定，如下圖所示。

受試者間效應項的檢定

依變數：　依變項_英文成績

來源	型 III 平方和	df	平均平方和	F	顯著性
校正後的模式	1322.775[a]	3	440.925	56.006	.000
截距	229512.533	1	229512.533	29152.730	.000
組別	192.533	1	192.533	24.456	.000
共變項_IQ集中化	1027.502	1	1027.502	130.513	.000
組別 * 共變項_IQ集中化	.249	1	.249	.032	.860
誤差	204.692	26	7.873		
總數	231040.000	30			
校正後的總數	1527.467	29			

a. R 平方 = .866 (調過後的 R 平方 = .851)

圖 2-50　準共變數分析迴歸係數同質性檢定的 SPSS 統計報表

　　將圖 2-50 的共變數分析迴歸係數同質性檢定之 SPSS 報表，整理成表 2-20 的準共變數分析迴歸係數同質性檢定摘要表。由表 2-20 可知，準共變數迴歸係數同質性檢定結果顯示，兩組具有相同的迴歸係數，$F(1, 26) = 0.03, p = .86$。

表 2-20

以表 2-15 資料進行單因子共變數分析迴歸係數同質性檢定摘要表

SV	SS	df	MS	F	p
迴歸係數異質性	0.25	1	0.25	0.03	.86
誤差	204.69	26	7.87		
總和	204.94	27			

3. 以平均數集中化後的共變項，進行準共變數分析

　　由表 2-20 可知，表 2-15 的資料符合共變數分析的基本假定：實驗組與控制組的迴歸係數具有同質性，故可接續進行準共變數分析。透過 SPSS 的操作程序，可獲得圖 2-51 的 SPSS 統計報表。

報表 1：在「敘述統計」報表中，可知第 1 組（實驗組）的英文成績平均數為 90.00，標準差為 6.012；第 2 組（控制組）的英文成績平均數為 84.93，標準差為 7.695，如下圖所示。

敘述統計

依變數：　依變項_英文成績

組別	平均數	標準離差	個數
1	90.00	6.012	15
2	84.93	7.695	15
總數	87.47	7.257	30

報表 2：在「誤差變異量的 Levene 檢定等式 [a]」報表中，可得知 Levene 變異數同質性檢定 $F(1, 28) = 0.04$, $p = .845$，因為顯著性高於 .05，故應接受虛無假設，亦即實驗組與控制組的英文成績具變異數同質性，如下圖所示。

誤差變異量的 Levene 檢定等式 [a]

依變數：　依變項_英文成績

F	df1	df2	顯著性
.039	1	28	.845

檢定各組別中依變數誤差變異量的虛無假設是相等的。

a. Design: 截距 + 共變項_IQ集中化 + 組別

報表 3：在「受試者間效應項的檢定」報表中，可得知「組別」的顯著性為 .000，因為顯著性小於 .05，故拒絕虛無假設，亦即表示實驗組與控制組的調整後平均數，有顯著性差異。效果值 η^2 為 .484，屬於高效果值；統計檢定力為 .998，屬於極佳的統計檢定力，如下圖所示。

受試者間效應項的檢定

依變數：　依變項_英文成績

來源	型 III 平方和	df	平均平方和	F	顯著性	淨相關 Eta 平方	Noncent. 參數	觀察的檢定能力[b]
校正後的模式	1322.525[a]	2	661.263	87.118	.000	.866	174.236	1.000
截距	229512.533	1	229512.533	30237.145	.000	.999	30237.145	1.000
共變項_IQ集中化	1129.992	1	1129.992	148.871	.000	.846	148.871	1.000
組別	192.533	1	192.533	25.365	.000	.484	25.365	.998
誤差	204.941	27	7.590					
總數	231040.000	30						
校正後的總數	1527.467	29						

a. R 平方 = .866 (調過後的 R 平方 = .856)

b. 使用 alpha = .05 計算

報表 4：在「估計值」報表中，可知第 1 組的英文成績調整後平均數爲 90.000，第 2 組的英文成績調整後平均數爲 84.933，如下圖所示。

估計值

依變數：　依變項_英文成績

組別	平均數	標準誤差	95% 信賴區間	
			下界	上界
1	90.000[a]	.711	88.540	91.460
2	84.933[a]	.711	83.474	86.393

a. 使用下列值估計出現在模式的共變量：共變項_IQ 的殘差 = .0000.

圖 2-51　以表 2-15 所進行的準共變數分析之 SPSS 統計報表

將圖 2-51 的準共變數分析 SPSS 報表，整理成表 2-21 兩組英文成績平均數、標準差、調整後平均數的摘要表，以及表 2-22 的準共變數分析摘要表。

表 2-21

兩組英文成績平均數、標準差、調整後平均數摘要表

變項	實驗組 (*n* = 15)			控制組 (*n* = 15)		
	M	*SD*	*M'*	*M*	*SD*	*M'*
英文成績	90.00	6.01	90.00	84.93	7.70	84.93

由表 2-22 可知，實驗組與控制組的準共變數分析結果，具有顯著性差異：$F(1, 27) = 25.37$, $p < .001$，顯示排除 IQ 成績的差異後，接受不同教學法的實驗組與控制組，在教學實驗後所接受的英文成績得分，實驗組調整後的英文成績（M' = 90.00）顯著高於控制組調整後的英文成績（M' = 84.93）。

表 2-22

以表 2-15 資料獲得的準共變數分析摘要表

SV	SS'	df	MS'	F	p	partial η²	1 − β
組間	192.53	1	192.53	25.37	< .001	.48	> .99
組內	204.94	27	7.59				
全體	397.47	28					

　　綜合上述對表 2-15 的資料，所進行的準共變數分析統計結果可知，C 老師先以獨立樣本 t 檢定，檢定實驗組與控制組的共變項 IQ 分數，由表 2-16 的統計摘要表可知，兩組的共變項 IQ 分數有顯著性差異：$t(28) = 2.26$, $p = .032$，顯示共變項與自變項不具獨立性。故 C 教師決定採用準共變數分析，檢定實驗組與控制組的後測成績調整分數，則由表 2-21 與表 2-22 的統計摘要表可知，兩組的後測調整的成績有顯著性差異：$F(1, 27) = 25.37$, $p < .001$。

　　若仔細觀察採用準共變數分析，所獲得表 2-21 後測分數與調整的後測分數，兩者是相同的。而採用共變數分析時，則後測分數與調整的後測分數是不相同的。可能會有讀者想到，若是準共變數分析並未對後測分數進行調整，則為何不直接採用變異數分析，因為變異數分析也是未對後測分數進行調整。但若直接採用變異數分析，則並未能將共變項的影響力排除，茲同樣以表 2-15 的資料，來比較說明變異數分析與準共變數分析的差異。透過圖 2-52 的 SPSS 變異數分析操作步驟，即可獲得圖 2-53 的 SPSS 報表。

步驟 1：在「共變項與自變項不獨立的實例 .sav」檔案中，點選「分析 (A)」
　　　　→「一般線性模式 (G)」→「單變量 (U)」，如下圖所示。

步驟 2：在「單變量」對話窗中，將左邊的「組別」移至「固定因子 (F)」，
　　　　如下圖所示。

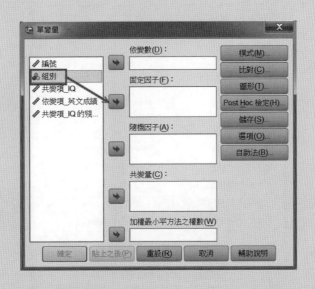

步驟 3：在「單變量」對話窗中，將左邊的「依變項_英文成績」移至「依
　　　　變數 (D)」，並點「選項 (O)」的按鍵，如下圖所示。

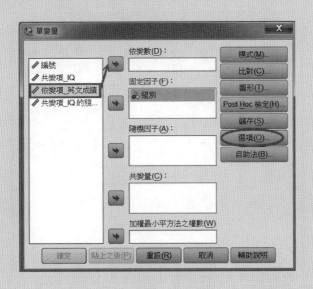

步驟 4：在「單變量：選項」對話窗中，勾選下方「顯示」中的「敘述統計
　　　　(D)」與「同質性檢定 (H)」的選項，並按下方的「繼續」按鍵，如
　　　　下圖所示。

步驟 5：在「單變量」對話窗中，按下「確定」按鍵，如下圖所示。

圖 2-52　獨立樣本變異數分析之 SPSS 操作程序

報表 1：在「敘述統計」報表中，可知第 1 組（實驗組）的英文成績平均數為 90.00，標準差爲 6.012；第 2 組（控制組）的英文成績平均數爲 84.93，標準差爲 7.695，如下圖所示。

敘述統計

依變數：依變項_英文成績

組別	平均數	標準離差	個數
1	90.00	6.012	15
2	84.93	7.695	15
總數	87.47	7.257	30

報表 2：在「誤差變異量的 Levene 檢定等式 [a]」報表中，可得知 Levene 變異數同質性檢定 $F(1, 28) = 1.26$, $p = .271$，因爲顯著性高於 .05，故應接受虛無假設，亦即實驗組與控制組的英文成績具變異數同質性，如下圖所示。

誤差變異量的 Levene 檢定等式[a]

依變數：依變項_英文成績

F	df1	df2	顯著性
1.260	1	28	.271

檢定各組別中依變數誤差變異量的虛無假設是相等的。

a. Design: 截距 + 組別

報表 3：在「受試者間效應項的檢定」報表中，可知平均數差異檢定 $F(1, 28) = 4.04$, $p = .054$，由於顯著性高於 .05，故應接受虛無假設，亦即實驗組（$M = 90.00$）與控制組（$M = 84.93$）的英文成績沒有顯著性差異，如下圖所示。

受試者間效應項的檢定

依變數：依變項_英文成績

來源	型 III 平方和	df	平均平方和	F	顯著性
校正後的模式	192.533[a]	1	192.533	4.038	.054
截距	229512.533	1	229512.533	4813.986	.000
組別	192.533	1	192.533	4.038	.054
誤差	1334.933	28	47.676		
總數	231040.000	30			
校正後的總數	1527.467	29			

a. R 平方 = .126（調過後的 R 平方 = .095）

圖 2-53 以表 2-15 所進行的變異數分析之 SPSS 統計報表

　　將圖 2-53 的變異數分析統計報表，整理成表 2-23 的變異數分析摘要表。由表 2-23 可知，直接採用變異數分析的結果，顯示實驗組與控制組在英文成績沒有顯著性差異，此結果與表 2-22 採準共變數分析的結果不同。主要的差別在於變異數分析沒有排除共變項的差異，而準共變數分析有排除共變項的差異所致。

表 2-23

以表 2-15 資料獲得的變異數分析摘要表

SV	SS	df	MS	F	p
組間	192.53	1	192.53	4.04	.054
組內	1334.93	28	47.68		
全體	1527.46	29			

(七) 共變項沒有測量誤差

　　共變項沒有測量誤差也是共變數分析的一個基本假定，然而測量一定會有誤差，對於有誤差的共變項，易造成低估組內迴歸係數的估算，且導致無法精準推估實驗效果。共變項的誤差情形，可透過測量共變項的工具之信度，來判斷測量誤差的大小。然而目前對於共變項的誤差問題，並沒有較適切的解決方式。

(八) 各組迴歸係數同質性

　　「組內迴歸係數同質性」這個基本假定，應該是大家對共變數分析較為熟悉的一項重要基本假定。因為大部分的統計教科書都會提到進行共變數分析之前，一定要先進行組內迴歸係數同質性的檢定，一旦各組的迴歸係數同質時，才能接續進行共變數分析，否則則應改採詹森一內曼法，來評估實驗組與控制組的實驗成效。

　　所謂組內迴歸係數同質性是指，實驗組以共變項為預測變項，依變項為效標變項，所求出的迴歸分析方程式之斜率，與控制組以共變項為預測變項，依變項為效標變項，所獲得的迴歸分析方程式之斜率需相等。茲以表 2-24 的例子，來說明組內迴歸係數同質性的概念。

表 2-24

共變數分析之組內迴歸係數同質性的實例

受試者	實驗組		控制組	
	共變項 (X)	依變項 (Y)	共變項 (X)	依變項 (Y)
1	3	6	3	7
2	4	11	5	10
3	6	14	4	6
4	5	14	4	9
5	7	15	7	13
6	4	12	2	5
7	3	8	3	5
8	2	7	5	9
9	4	10	7	14
10	5	13	6	12
11	4	13	4	8
12	5	12	5	8

　　首先，以實驗組與控制組各自的共變項與依變項，繪出共變項（座標的 X 軸）與依變項（座標的 Y 軸）之散布圖，如圖 2-54 所示。圖 2-54 左方的 a 圖有 12 個圓點，是實驗組 12 位受試者共變項與依變項的分數所形成之散布圖。圖 2-54 右方的 b 圖有 12 個正方形，是控制組 12 位受試者共變項與依變項的分數所形成之散布圖。

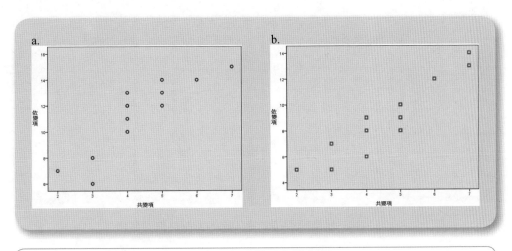

圖 2-54　實驗組與控制組的共變項和依變項之散布圖

　　其次，根據實驗組與控制組的共變項和依變項的散布圖，繪出各組迴歸方程式的最適合線，如圖 2-55 所示。

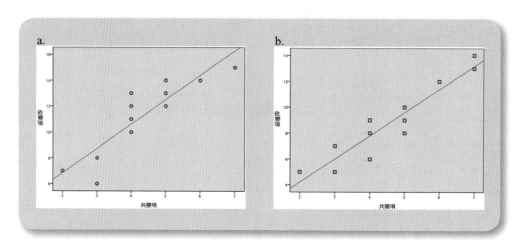

圖 2-55　實驗組與控制組的共變項和依變項之最適合線

　　若將圖 2-55 兩個組別的最適合線，合併成同一個圖，則將如圖 2-56 所示。所謂組內迴歸係數同質性是指圖 2-56 由實驗組的迴歸方程式所繪出的最適合線與由控制組的迴歸方程式所繪出的最適合線，這兩條線的斜率需要相等。亦即若圖 2-56 兩線最適合線若相互平行，即符合組內迴歸係數同質性的基本假定。

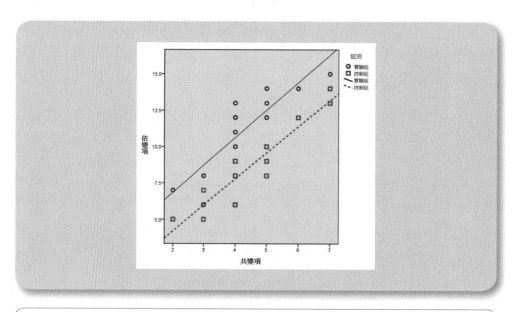

圖 2-56　實驗組與控制組的組內迴歸之最適合線

雖然由圖 2-56 可判斷，實驗組與控制組兩條迴歸方程式的最適合線似乎是平行的，但這是只有 24 位樣本的圖形，我們必須透過公式 2-8，來檢定實驗組與控制組母群的迴歸方程式是否平行（Kirk, 2013）。在檢定迴歸係數是否具同質性時，主要是檢定由所有受試者所形成的迴歸方程式之迴歸係數，與由各組受試者所單獨形成的迴歸方程式之迴歸係數是否相等。假若由所有受試者所形成的迴歸方程式之迴歸係數，與由各組受試者所單獨形成的迴歸方程式之迴歸係數相等，則由所有受試者所形成的迴歸方程式之殘差離均差平方和（$SS_{res(w)}$），將會等於由各組受試者所單獨形成的迴歸方程式之殘差離均差平方和（$SS_{res(i)}$），而兩者之差，即為迴歸係數不同質所造成的，故 $SS_{res(w)} - SS_{res(i)} = SS_{het}$。而檢定迴歸係數是否同質的檢驗公式，請參考公式 2-8。

$$F = \frac{SS_{het}/(g-1)}{SS_{res(i)}/(N-2g)} \qquad （公式 2-8）$$

公式 2-8 中的 SS_{het}，代表由迴歸係數異質性（heterogeneity of slope）所獲得的離均差平方和，可透過公式 2-9 獲得。公式 2-8 中的 $SS_{res(i)}$ 表示各組殘差（individual residual）離均差平方和，可透過公式 2-10 獲得。公式 2-8 中的 g 為組別個數，N 為總人數。

$$SS_{het} = \sum_{j=1}^{g} \frac{(CP_W(X_jY_j))^2}{SS_W(X_j)} - \frac{(CP_W(XY))^2}{SS_W(X)} \qquad （公式 2-9）$$

$$SS_{res(i)} = SS_W(Y) - \sum_{j=1}^{g} \frac{(CP_W(X_jY_j))^2}{SS_W(X_j)} \qquad （公式 2-10）$$

公式 2-9 中的 $SS_w(X)$ 為共變項的組內離均差平方和，$CP_w(XY)$ 是共變項與依變項的組內交乘積和。公式 2-10 中的 $SS_w(Y)$ 為依變項的組內離均差平方和。公式 2-9 中的共變項總離均差平方和 $SS_w(X)$，可透過公式 2-11 獲得。公式 2-9 中的共變項與依變項的總交乘積和 $CP_w(XY)$，可透過公式 2-12 獲得。公式 2-10 中的依變項組內離均差平方和 $SS_w(Y)$，可透過公式 2-13 獲得。

$$SS_W(X) = \sum_{i=1}^{n}\sum_{j=1}^{g}\left(X_{ij} - \overline{X}_{\cdot j}\right) = \sum_{i=1}^{n}\left(\sum_{j=1}^{g} X_{ij}^2 - \frac{\left(\sum_{j=1}^{g} X_{ij}\right)^2}{n_j}\right) \qquad （公式 2-11）$$

$$CP_W(XY) = \sum_{i=1}^{n}\sum_{j=1}^{g}\left(X_{ij} - \overline{X}\cdot_j\right)\left(Y_{ij} - \overline{Y}\cdot_j\right) = \sum_{i=1}^{n}\left(\sum_{j=1}^{g}X_{ij}Y_{ij} - \frac{\left(\sum_{j=1}^{g}X_{ij}\right)\times\left(\sum_{j=1}^{g}Y_{ij}\right)}{n_j}\right) \quad （公式 2\text{-}12）$$

$$SS_W(Y) = \sum_{i=1}^{n}\sum_{j=1}^{g}\left(Y_{ij} - \overline{Y}\cdot_j\right)^2 = \sum_{i=1}^{n}\left(\sum_{j=1}^{g}Y_{ij}^2 - \frac{\left(\sum_{j=1}^{g}Y_{ij}\right)^2}{n_j}\right) \quad （公式 2\text{-}13）$$

公式 2-11 的 X_{ij} 表示第 j 組的第 i 個受試者的共變項分數，公式 2-11 的 $\overline{X}\cdot_j$ 代表第 j 組受試者的共變項平均數。公式 2-12 的 Y_{ij} 表示第 j 組的第 i 個受試者的依變項分數，公式 2-12 的 $\overline{Y}\cdot_j$ 代表第 j 組受試者的依變項平均數。公式 2-13 中的 g 為組別個數，n_j 為第 j 組的人數。

根據公式 2-8 至公式 2-10 的計算結果，可整理成表 2-25 的單因子共變數分析迴歸係數同質性檢定摘要表。

表 2-25

單因子共變數分析迴歸係數同質性檢定摘要表的格式

SV	SS	df	MS	F	p
迴歸係數異質性	SS_{het}	$g-1$	$SS_{het}/(g-1)$	$MS_{het}/MS_{res(i)}$	
誤差	$SS_{res(i)}$	$N-2g$	$SS_{res(i)}/(N-2g)$		
總和	$SS_{res(w)}$	$N-g-1$			

由於檢定組內迴歸係數的虛無假設為各組迴歸係數是相等的，故我們期待公式 2-8 的 F 檢定是未顯著的，如此才不會拒絕虛無假設。亦即我們希望表 2-25 最右邊欄位顯著性 p 是大於 .05，因為表 2-25 顯著性 p 大於 .05，顯示各組迴歸係數是相同的，則能繼續進行共變數分析。相反地，若表 2-25 的顯著性 p 小於 .05，表示各組迴歸係數是不相等的，則不能進行共變數分析，必須改採用詹森—內曼法，探討實驗組與控制組的實驗效果。

茲以表 2-24 的實例，說明組內迴歸係數同質性的檢定方式，實驗組與控制組的相關資料，如表 2-26 所示。

表 2-26

計算共變數分析之組內迴歸係數同質性的實例

	實驗組					控制組				
	X	Y	X^2	Y^2	XY	X	Y	X^2	Y^2	XY
1	3	6	9	36	18	3	7	9	49	21
2	4	11	16	121	44	5	10	25	100	50
3	6	14	36	196	84	4	6	16	36	24
4	5	14	25	196	70	4	9	16	81	36
5	7	15	49	225	105	7	13	49	169	91
6	4	12	16	144	48	2	5	4	25	10
7	3	8	9	64	24	3	5	9	25	15
8	2	7	4	49	14	5	9	25	81	45
9	4	10	16	100	40	7	14	49	196	98
10	5	13	25	169	65	6	12	36	144	72
11	4	13	16	169	52	4	8	16	64	32
12	5	12	25	144	60	5	8	25	64	40
Σ	52	135	246	1613	624	55	106	279	1034	534

$\sum\limits_{i=1}^{12} X_{i1} = 52$	$\sum\limits_{i=1}^{12} X_{i1}^2 = 246$	$\sum\limits_{i=1}^{12} X_{i2} = 55$	$\sum\limits_{i=1}^{12} X_{i2}^2 = 279$
$\sum\limits_{i=1}^{12} Y_{i1} = 135$	$\sum\limits_{i=1}^{12} Y_{i1}^2 = 1613$	$\sum\limits_{i=1}^{12} Y_{i2} = 106$	$\sum\limits_{i=1}^{12} Y_{i2}^2 = 1034$
$\sum\limits_{i=1}^{12} X_{i1} Y_{i1} = 624$	$\sum\limits_{i=1}^{12} X_{i2} Y_{i2} = 534$		

　　將表 2-26 的相關資料，代入公式 2-8 至公式 2-10，即可獲得共變數分析之組內迴歸係數同質性檢定的計算歷程與結果，如表 2-27 所示。

表 2-27

共變數分析之組內迴歸係數同質性檢定的計算實例

步驟一：採用公式 2-11 計算 $SS_w(X)$

$$SS_W(X_1) = \sum_{i=1}^{n} X_{ij}^2 - \frac{\left(\sum_{i=1}^{n} X_{ij}\right)^2}{n_1} = \sum_{i=1}^{12} X_{i1}^2 - \frac{\left(\sum_{i=1}^{12} X_{i1}\right)^2}{n_1} = (246) - \frac{(52)^2}{12} = 20.67$$

$$SS_W(X_2) = \sum_{i=1}^{n} X_{ij}^2 - \frac{\left(\sum_{i=1}^{n} X_{ij}\right)^2}{n_2} = \sum_{i=1}^{12} X_{i2}^2 - \frac{\left(\sum_{i=1}^{12} X_{i2}\right)^2}{n_2} = (279) - \frac{(55)^2}{12} = 26.92$$

$$SS_W(X) = SS_W(X_1) + SS_W(X_2) = 20.67 + 26.92 = 47.59$$

表 2-27

（續）

步驟二：採用公式 2-12 計算 $CP_w(XY)$

$$CP_W(X_1Y_1) = \sum_{i=1}^{n}(X_{i1} - \overline{X}_{.1}) \times (Y_{i1} - \overline{Y}_{.1}) = \sum_{i=1}^{n}X_{i1}Y_{i1} - \frac{\left(\sum_{i=1}^{n}X_{i1}\right) \times \left(\sum_{i=1}^{n}Y_{i1}\right)}{n_1}$$

$$= (624) - \frac{(52) \times (135)}{12} = 39.00$$

$$CP_W(X_2Y_2) = \sum_{i=1}^{n}(X_{i2} - \overline{X}_{.2}) \times (Y_{i2} - \overline{Y}_{.2}) = \sum_{i=1}^{n}X_{i2}Y_{i2} - \frac{\left(\sum_{i=1}^{n}X_{i2}\right) \times \left(\sum_{i=1}^{n}Y_{i2}\right)}{n_2}$$

$$= (534) - \frac{(55) \times (106)}{12} = 48.17$$

$$CP_W(XY) = CP_W(X_1Y_1) + CP_W(X_2Y_2) = 39.00 + 48.17 = 87.17$$

步驟三：採用公式 2-13 計算 $SS_w(Y)$

$$SS_W(Y_1) = \sum_{i=1}^{n}Y_{ij}^2 - \frac{\left(\sum_{i=1}^{n}Y_{ij}\right)^2}{n_1} = \sum_{i=1}^{12}Y_{i1}^2 - \frac{\left(\sum_{i=1}^{12}Y_{i1}\right)^2}{n_1} = (1613) - \frac{(135)^2}{12} = 94.25$$

$$SS_W(Y_2) = \sum_{i=1}^{n}Y_{ij}^2 - \frac{\left(\sum_{i=1}^{n}Y_{ij}\right)^2}{n_2} = \sum_{i=1}^{12}Y_{i2}^2 - \frac{\left(\sum_{i=1}^{12}Y_{i2}\right)^2}{n_2} = (1034) - \frac{(106)^2}{12} = 97.67$$

$$SS_W(Y) = SS_W(Y_1) + SS_W(Y_2) = 94.25 + 97.67 = 191.92$$

步驟四：採用公式 2-9 計算 SS_{het}

$$SS_{het} = \sum_{j=1}^{g}\frac{(CP_W(X_jY_j))^2}{SS_W(X_j)} - \frac{(CP_W(XY))^2}{SS_W(X)}$$

$$= \left[\frac{(CP_W(X_1Y_1))^2}{SS_W(X_1)} + \frac{(CP_W(X_2Y_2))^2}{SS_W(X_2)}\right] - \frac{(CP_W(XY))^2}{SS_W(X)}$$

$$= \left[\frac{(39.00)^2}{20.67} + \frac{(48.17)^2}{26.92}\right] - \frac{(87.17)^2}{47.59}$$

$$= 0.11$$

步驟五：採用公式 2-10 計算 $SS_{res(i)}$

$$SS_{res(i)} = SS_W(Y) - \sum_{j=1}^{g}\frac{(CP_W(X_jY_j))^2}{SS_W(X_j)}$$

$$= SS_W(Y) - \left[\frac{(CP_W(X_1Y_1))^2}{SS_W(X_1)} + \frac{(CP_W(X_2Y_2))^2}{SS_W(X_2)}\right]$$

$$= 191.92 - \left[\frac{(39.00)^2}{20.67} + \frac{(48.17)^2}{26.92}\right]$$

$$= 191.92 - 159.78$$

$$= 32.14$$

步驟六：採用公式 2-8 計算 F

$$F = \frac{SS_{het}/(g-1)}{SS_{res(i)}/(N-2g)} = \frac{0.11/(2-1)}{32.14/(24-2\times2)} = \frac{0.11}{1.61} = 0.07$$

茲將表 2-27 的計算結果，整理成表 2-28 的單因子共變數分析迴歸係數同質性檢定摘要表。由表 2-28 的顯著性 $p > .05$，可知組內迴歸係數具同質性，故適合接續進行共變數分析。

表 2-28

單因子共變數分析迴歸係數同質性檢定摘要表

SV	SS	df	MS	F	p
迴歸係數異質性	0.11	1	0.11	0.07	.80
誤差	32.14	20	1.61		
總和	32.25	21	1.72		

茲介紹如何透過 SPSS 進行組內迴歸係數同質性的檢定，將表 2-24 的資料，輸入到統計軟體 SPSS，如圖 2-57 所示。

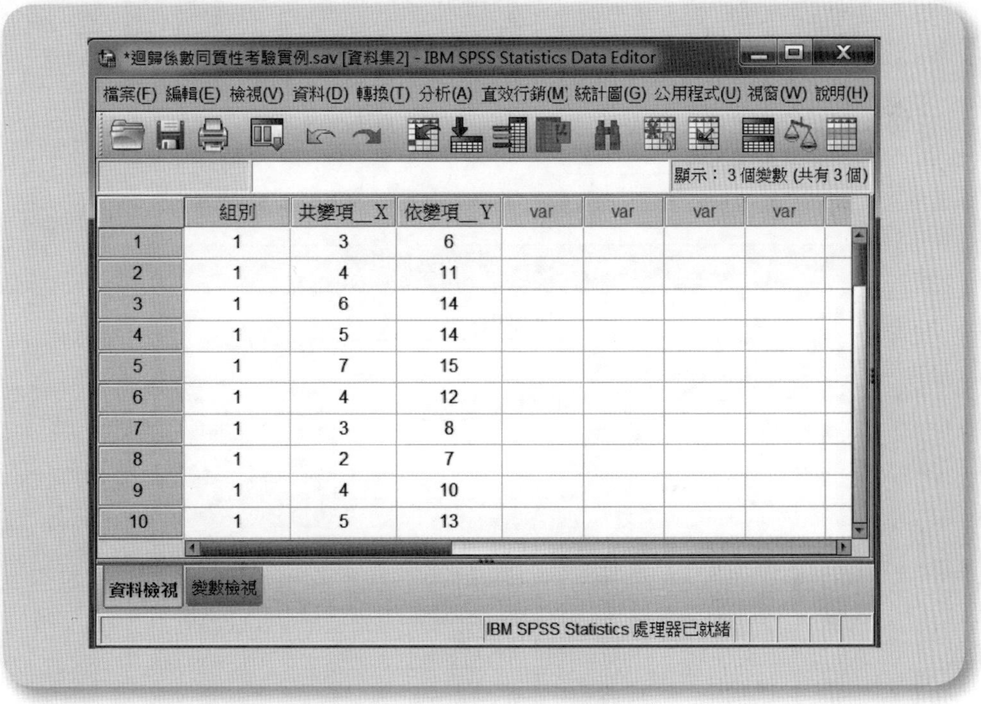

圖 2-57　將表 2-24 資料輸入到 SPSS 的資料視窗

透過圖 2-58 的 SPSS 操作步驟，即可獲得圖 2-59 的 SPSS 統計報表，此即為組內迴歸係數同質性檢定的統計結果。

步驟 1：在「迴歸係數同質性檢定實例.sav」檔案中，點選「分析(A)」→「一般線性模式(G)」→「單變量(U)」，如下圖所示。

步驟 2：在「單變量」對話窗中，將左邊的「組別」移至「固定因子(F)」，如下圖所示。

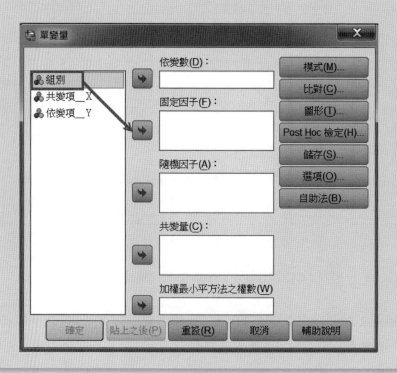

步驟 3：在「單變量」對話窗中，將左邊的「共變項_X」移至「共變量(C)」，如下圖所示。

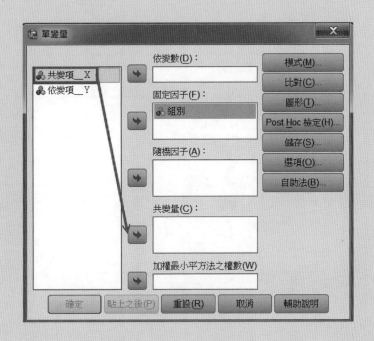

步驟 4：在「單變量」對話窗中，將左邊的「依變項_Y」移至「依變數(D)」，並點「模式(M)」的按鍵，如下圖所示。

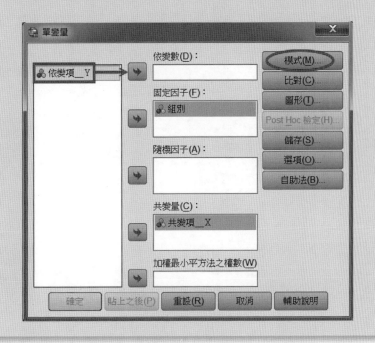

步驟 5：在「單變量：模式」對話窗中，將原先「指定模式」的内定「完全
　　　　因子設計 (A)」選項，更改爲「自訂 (C)」選項，如下圖所示。

步驟 6：在「單變量：模式」對話窗中，點選左邊「因子與共變量 (F)」中
　　　　的「組別」，並移至右邊的「模式 (M)」，如下圖所示。

步驟 7：在「單變量：模式」對話窗中，點選左邊「因子與共變量 (F)」中的「共變項_X」，並移至右邊的「模式 (M)」，如下圖所示。

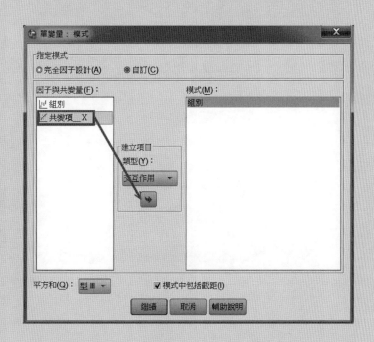

步驟 8：在「單變量：模式」對話窗中，同時點選左邊「因子與共變量 (F)」中的「組別」與「共變項_X」兩項，並移至右邊的「模式 (M)」，最後按下「繼續」按鍵，如下圖所示。

步驟9：在「單變量」對話窗中，按下「確定」按鍵，如下圖所示。

圖 2-58　組內迴歸係數同質性檢定的 SPSS 操作程序

　　經過圖 2-58 的 SPSS 操作步驟，即可獲得圖 2-59 的 SPSS 統計報表。從圖 2-59 可知，組內迴歸係數同質性檢定結果，$F(1, 20) = 0.069$，$p = .795$，由於顯著性 p 大於 .05，故應接受虛無假設，即兩組的組內迴歸係數是同質的。

報表：在「受試者間效應項的檢定」報表中，可知「組別＊共變項_X」的顯著性 $p = .795$，由於顯著性高於 .05，故應接受虛無假設，亦即兩組的迴歸係數是相同的，顯示符合組內迴歸係數同質假設，如下圖所示。

受試者間效應項的檢定

依變數：　依變項_Y

來源	型 III 平方和	df	平均平方和	F	顯著性
校正後的模式	194.831[a]	3	64.944	40.430	.000
截距	7.394	1	7.394	4.603	.044
組別	3.211	1	3.211	1.999	.173
共變項_X	158.024	1	158.024	98.375	.000
組別＊共變項_X	.111	1	.111	.069	.795
誤差	32.127	20	1.606		
總數	2647.000	24			
校正後的總數	226.958	23			

a. R 平方 = .858 (調過後的 R 平方 = .837)

圖 2-59　組內迴歸係數同質性檢定的 SPSS 統計報表

　　請比較透過表 2-25 所計算獲得的表 2-28 之組內迴歸係數同質性檢定摘要表，以及圖 2-59 的 SPSS 統計報表，兩者因四捨五入的關係，有稍微的小差異，但基本上是相同的。

　　透過上述所介紹的共變數分析之基本概念，並未涉及艱深的數學公式，希望能讓讀者對共變數分析有初步的理解。建議繼續研讀第三章之前，最好能掌握本章所介紹的基本概念，才能讓後續的學習更順利。

Chapter

3

單因子共變數分析

第二章介紹共變數分析的基本概念，本章將針對單因子共變數分析的基本原理，以及如何透過統計軟體的操作與報表解讀，來進行單因子共變數分析。

壹、 單因子共變數分析基本原理

共變數分析是融合變異數分析與迴歸分析的一種統計方法，所以我們就分別從變異數與迴歸分析的觀點來介紹共變數分析。首先，若從一般線性模式（general linear model [GLM]）的角度思考，則單因子變異數分析可用公式 3-1 表示。

$$Y_{ij} = u + \alpha_j + \varepsilon_{ij} \qquad （公式 3-1）$$

公式 3-1 中的 Y_{ij} 表示第 j 組的第 i 個受試者的依變項分數，u 表示所有受試者的依變項平均分數，α_j 表示第 j 組的實驗效果，ε_{ij} 表示每位受試者的誤差分數。故每位受試者的依變項分數（Y_{ij}），可由三種分數所組成：所有受試者的依變項平均分數（u）、各組的實驗效果（α_j）、每位受試者的誤差分數（ε_{ij}）。而第 j 組的實驗效果 α_j，則可透過公式 3-2 獲得。

$$\alpha_j = u_i - u \qquad （公式 3-2）$$

公式 3-2 中的 α_j 表示第 j 組的實驗效果，u_j 表示第 j 組的依變項平均數，u 表示所有受試者的依變項平均分數。故各組的實驗效果（α_j）等於各組的依變項平均數（u_j），減掉所有受試者的依變項平均分數（u）。

茲以表 3-1 來說明公式 3-1 與公式 3-2 的意義，表 3-1 有三個組別，每個組別各有 4 位受試者。第一組平均數為 5、第二組平均數為 7、第三組平均數為 12，所有受試者總平均數為 8。則第一組的 α_1 為 –3、第一組的 α_2 為 –1、第三組的 α_3 為 4。根據公式 3-1 與公式 3-2，可以算出第一組四位受試者的誤差值（ε_{11}、ε_{21}、ε_{31}、ε_{41}），分別是 –1、2、0、–1；第二組四位受試者的誤差值（ε_{12}、ε_{22}、ε_{32}、ε_{42}），分別是 0、2、–3、1；第三組四位受試者的誤差值（ε_{13}、ε_{23}、ε_{33}、ε_{43}），分別是 –2、2、–1、1。

將表 3-1 所有 12 位受試者的分數，透過表 3-2 至表 3-5 等表格的呈現，即能瞭解公式 3-1 的意義。首先，將表 3-1 所有 12 位受試者的分數，全部先以總平均數 8 表示，即形成表 3-2。

表 3-1

三個組別的依變項數值

編號	第一組	第二組	第三組
1	4	7	10
2	7	9	14
3	5	4	11
4	4	8	13
總分	20	28	48
平均數	5	7	12
總平均數		8	

表 3-2

所有受試者以總平均數表示

編號	第一組	第二組	第三組
1	8	8	8
2	8	8	8
3	8	8	8
4	8	8	8

將表 3-2 每位受試者的分數，減掉各組的實驗效果 α_j，如表 3-3 所示。

表 3-3

將表 3-2 的數值再減掉各組的實驗效果 α_j

編號	第一組	第二組	第三組
1	8 − 3	8 − 1	8 − 2
2	8 − 3	8 − 1	8 − 2
3	8 − 3	8 − 1	8 − 2
4	8 − 3	8 − 1	8 − 2

將表 3-3 每位受試者的分數，再減掉每位受試者各自的誤差 ε_{ij}，即可獲得表 3-4。

表 3-4

將表 3-3 的數值再各自減掉每位受試者的誤差

編號	第一組	第二組	第三組
1	$8 - 3 - 1$	$8 - 1 + 0$	$8 - 2 - 2$
2	$8 - 3 + 2$	$8 - 1 + 2$	$8 - 2 + 2$
3	$8 - 3 + 0$	$8 - 1 - 3$	$8 - 2 - 1$
4	$8 - 3 - 1$	$8 - 1 + 1$	$8 - 2 + 1$

將表 3-4 的數值，加上等號與計算數值，即可獲得表 3-5。將表 3-5 與表 3-1 相互比較，即可發現兩者的數值是相同的，此即為公式 3-1 的意義。

表 3-5

三個組別的依變項數值

編號	第一組	第二組	第三組
1	$8 - 3 - 1 = 4$	$8 - 1 + 0 = 7$	$8 - 2 - 2 = 10$
2	$8 - 3 + 2 = 7$	$8 - 1 + 2 = 9$	$8 - 2 + 2 = 14$
3	$8 - 3 + 0 = 5$	$8 - 1 - 3 = 4$	$8 - 2 - 1 = 11$
4	$8 - 3 - 1 = 4$	$8 - 1 + 1 = 8$	$8 - 2 + 1 = 13$

其次，從一般線性模式的觀點，迴歸分析可採公式 3-3 的型態表示。公式 3-3 的 Y_i 表示第 i 個受試者的效標變項分數，β_1 表示迴歸係數，X_i 表示第 i 個受試者的預測變項分數，β_0 表示迴歸常數項，ε_i 表示第 i 個受試者的誤差分數。每位受試者的效標變項分數（Y_i），可由迴歸係數（β_1）乘以每位受試者的預測變項分數（X_i）、迴歸常數項（β_0）、每位受試者的誤差分數（ε_i）等三種分數所組成。

$$Y_i = \beta_1 X_i + \beta_0 + \varepsilon_i \qquad （公式 3-3）$$

將公式 3-1 的單因子變異數分析與公式 3-3 的迴歸分析組合起來，即可獲得公式 3-4 的單因子共變數分析模式。

$$Y_{ij} = u + \alpha_j + \beta(X_{ij} - \overline{X}_{\bullet\bullet}) + \varepsilon_{ij} \qquad （公式 3-4）$$

公式 3-4 的 Y_{ij} 表示第 j 組的第 i 個受試者依變項分數，u 表示所有受試者的依變項平均分數，α_j 表示第 j 組的實驗效果，β 表示迴歸係數，X_{ij} 表示第 j 組的

第 i 個受試者的共變項分數，$\overline{X}_{\bullet\bullet}$ 代表所有受試者的共變項平均數，ε_{ij} 表示第 j 組的第 i 個受試者的誤差分數。由公式 3-4 可知，每位受試者的依變項分數（Y_{ij}），可由四種分數所組成，包括所有受試者的依變項平均分數（u）、各組的實驗效果（α_j）、迴歸係數（β）乘以（每位受試者共變項分數減掉所有受試者共變項平均數的差異分數）（$X_{ij} - \overline{X}_{\bullet\bullet}$）、每位受試者的誤差項分數（$\varepsilon_{ij}$）等四種分數。

單因子變異數分析是檢定不同組別受試者在依變項分數的差異情形，在統計分析上，主要是將依變項的「總離均差平方和」（total sum of squares [SS_t]），區分成「組間離均差平方和」（between-groups sum of squares [SS_b]）與「組內離均差平方和」（within-groups sum of squares [SS_w]），而組內離均差平方和也被稱為「誤差離均差平方和」（residual sum of squares）。因此，「總離均差平方和」等於「組間離均差平方和」加上「組內離均差平方和」（$SS_t = SS_b + SS_w$）。

圖 3-1 三個圓形皆表示依變項的「總離均差平方和」，左邊 a 圖顯示，「組間離均差平方和」等於「組內離均差平方和」；中間 b 圖顯示，「組間離均差平方和」大於「組內離均差平方和」；右邊 c 圖顯示，「組間離均差平方和」小於「組內離均差平方和」。

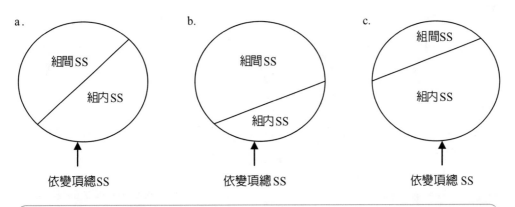

圖 3-1　組間 SS 與組內 SS 的可能關係

將「組間離均差平方和」除以「組間自由度」（between-groups degree of freedom [df_b]），即可得到「組間均方」（between-groups mean square [MS_b]）；將「組內離均差平方和」除以「組內自由度」（within-groups degree of freedom [df_w]），即可得到「組內均方」（within-groups mean square [MS_w]）。最後，將「組間均方」除以「組內均方」，即可獲得 F 值，表 3-6 即為單因子變異數分析摘要表的格式。

表 3-6

單因子變異數分析摘要表的格式

SV	SS	df	MS	F
組間	SS_b	$g-1$	$SS_b/(g-1)$	MS_b/MS_w
組內	SS_w	$N-g$	$SS_w/(N-g)$	
全體	SS_t	$N-1$		

註：g 代表組別數，N 代表總人數。

　　共變數分析與變異數分析同樣是分析「組間均方」與「組內均方」的比例，但共變數分析因為多了一個共變項，因而在計算「組間離均差平方和」與「組內離均差平方和」時，得先扣掉「共變項與依變項相交集的離均差平方和」，此交集的大小，即為共變項與依變項兩者積差相關的平方（即為決定係數），而依變項「總離均差平分和」扣掉與共變項交集的部分後，即為依變項調整後的「總離均差平分和」，如圖 3-2 所示。

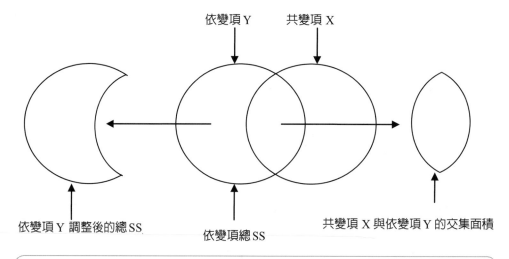

依變項 Y　　　共變項 X

依變項 Y 調整後的總 SS　　　依變項總 SS　　　共變項 X 與依變項 Y 的交集面積

圖 3-2　單因子共變數分析依變項 Y 總離均差平方和的切割方式

　　依變項「調整後的總離均差平方和」，同樣也等於「調整後的組間離均差平方」和加上「調整後的組內離均差平方和」。圖 3-3 每個弦月的圖形，皆代表依變項「調整後的總離均差平方和」，左邊 a 圖顯示，「調整後的組間離均差平方和」等於「調整後的組內離均差平方和」；中間 b 圖顯示，「調整後的組間離均差平方和」小於「調整後的組內離均差平方和」；右邊 c 圖顯示，「調整後的組間離均差平方和」大於「調整後的組內離均差平方和」。

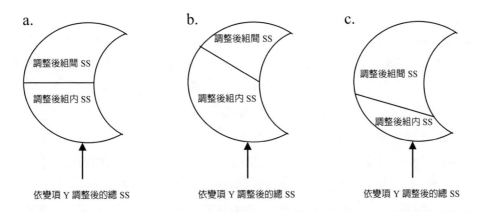

圖 3-3　調整後的組間 SS 與調整後的組內 SS 之可能關係

　　將「調整後的組間離均差平方和」除以「組間自由度」，即可得到「調整後的組間均方」；將「調整後的組內離均差平方和」除以「組內自由度」，即可得到「調整後的組內均方」。最後，將「調整後的組間均方」除以「調整後的組內均方」，即可獲得調整後的 F 值，表 3-7 即爲單因子共變數分析摘要表的格式。

表 3-7

單因子共變數分析摘要表的格式

SV	SS'	df	MS'	F
組間	SS'_b	$g-1$	$SS'_b/(g-1)$	MS'_b/MS'_w
組內	SS'_w	$N-g$	$SS'_w/(N-g)$	
全體	SS'_t	$N-2$		

註：SS' 代表調整後的離均差平方和，MS' 代表調整後的均方，g 代表組別數，N 代表總人數。

　　表 3-7 的「依變項調整後的總離均差平方和（SS'_t）」，可透過公式 3-5 獲得；「依變項調整後的組內離均差平方和（SS'_w）」，可透過公式 3-6 獲得；「依變項調整後的組間離均差平方和（SS'_b）」，可透過公式 3-7 獲得。

$$SS'_t(Y) = SS_t(Y) - \frac{(CP_t(XY))^2}{SS_t(X)} \qquad （公式 3-5）$$

$$SS'_w(Y) = SS_w(Y) - \frac{(CP_w(XY))^2}{SS_w(X)} \qquad （公式 3-6）$$

$$SS'_b(Y) = SS'_t(Y) - SS'_w(Y) \qquad （公式 3-7）$$

　　公式 3-5 中的 $SS_t(Y)$ 爲依變項的總離均差平方和，$CP_t(XY)^2$ 是共變項與依變項的總交乘積和的平方，$SS_t(X)$ 爲共變項的總離均差平方和。而依變項總離均差平方和 $SS_t(Y)$，可透過公式 3-8 獲得；共變項與依變項的總交乘積和 $CP_t(XY)$，可透過公式 3-9 獲得；共變項的總離均差平方和 $SS_t(X)$，可透過公式 3-10 獲得。公式 3-8 的 Y_{ij} 表示第 j 組的第 i 個受試者依變項分數，$\overline{Y}_{..}$ 代表所有受試者的依變項平均數，Y_i 表示所有受試者中的第 i 個受試者依變項分數。公式 3-9 的 X_{ij} 表示第 j 組的第 i 個受試者共變項分數，$\overline{X}_{..}$ 代表所有受試者的共變項平均數，X_i 表示所有受試者中的第 i 個受試者共變項分數，X_iY_i 表示所有受試者中的第 i 個受試者共變項分數與依變項分數的乘積。公式 3-10 的 X_i^2 表示所有受試者中的第 i 個受試者共變項分數的平方。

$$SS_t(Y) = \sum_{i=1}^{n}\sum_{j=1}^{g}\left(Y_{ij} - \overline{Y}_{..}\right) = \sum_{i=1}^{N} Y_i^2 - \frac{\left(\sum_{i=1}^{N} Y_i\right)^2}{N} \qquad （公式 3-8）$$

$$CP_t(XY) = \sum_{i=1}^{n}\sum_{j=1}^{g}\left(X_{ij} - \overline{X}_{..}\right)\left(Y_{ij} - \overline{Y}_{..}\right) = \sum_{i=1}^{N} X_i Y_i - \frac{\left(\sum_{i=1}^{N} X_i\right)\times\left(\sum_{i=1}^{N} Y_i\right)}{N} （公式 3-9）$$

$$SS_t(X) = \sum_{i=1}^{n}\sum_{j=1}^{g}\left(X_{ij} - \overline{X}_{..}\right) = \sum_{i=1}^{N} X_i^2 - \frac{\left(\sum_{i=1}^{N} X_i\right)^2}{N} \qquad （公式 3-10）$$

　　公式 3-6 中的 $SS_w(Y)$ 爲依變項的組內離均差平方和，$CP_w(XY)$ 是共變項與依變項的組內交乘積和，$SS_w(X)$ 爲共變項的組內離均差平方和。而依變項組內離均差平方和 $SS_w(Y)$，可透過公式 3-11 獲得；共變項與依變項的總交乘積和 $CP_w(XY)$，可透過公式 3-12 獲得；共變項的總離均差平方和 $SS_w(X)$，可透過公式 3-13 獲得。

$$SS_w(Y) = \sum_{i=1}^{n}\sum_{j=1}^{g}\left(Y_{ij} - \overline{Y}_{\cdot j}\right) = \sum_{i=1}^{n}\left(\sum_{j=1}^{g} Y_{ij}^2 - \frac{\left(\sum_{j=1}^{g} Y_{ij}\right)^2}{n_j}\right) \qquad （公式 3-11）$$

$$CP_w(XY) = \sum_{i=1}^{n}\sum_{j=1}^{g}\left(X_{ij} - \overline{X}_{\cdot j}\right)\left(Y_{ij} - \overline{Y}_{\cdot j}\right) = \sum_{i=1}^{n}\left(\sum_{j=1}^{g} X_{ij} Y_{ij} - \frac{\left(\sum_{j=1}^{g} X_{ij}\right)\times\left(\sum_{j=1}^{g} Y_{ij}\right)}{n_j}\right) （公式 3-12）$$

$$SS_w(X) = \sum_{i=1}^{n} \sum_{j=1}^{g} \left(X_{ij} - \overline{X}_{\cdot j}\right) = \sum_{i=1}^{n} \left(\sum_{j=1}^{g} X_{ij}^2 - \frac{\left(\sum_{j=1}^{g} X_{ij}\right)^2}{n_j} \right) \quad （公式 3-13）$$

公式 3-7 中的 $SS'_b(Y)$，即可透過公式 3-5 的 $SS'_t(Y)$ 減掉 3-6 的 $SS'_w(Y)$。至於各組的調整後平均數，則可透過公式 3-14 獲得。公式 3-14 中的 $\overline{Y}'_j$ 代表第 j 組依變項的調整後平均數；$\overline{Y}_j$ 代表第 j 組依變項的平均數；b_w 代表組內迴歸係數，可透過公式 3-15 獲得；$\overline{X}_j$ 代表第 j 組共變項的平均數；$\overline{X}_\cdot$ 代表所有受試者的共變項平均數。

$$\overline{Y}'_j = \overline{Y}_j - b_w(\overline{X}_j - \overline{X}_\cdot) \quad （公式 3-14）$$

$$b_w = \frac{CP_w(XY)}{SS_w(X)} \quad （公式 3-15）$$

有關共變數分析將依變項進行分數調整的概念與意義，已在第二章介紹過，請參考第二章圖 2-30 至圖 2-33 的解說。

貳、 單因子共變數分析的計算歷程

茲以表 3-8 的資料，說明如何藉由公式 3-5 至公式 3-15，進行單因子共變數分析。為了讓讀者瞭解進行單因子共變數分析時，實驗組與控制組的人數不一定要一樣，故表 3-8 的資料中，實驗組有 6 位受試者，控制組有 5 位受試者。

表 3-8

實驗組與控制組的共變項與依變項之資料

	實驗組					控制組					所有受試者				
	X	Y	X^2	Y^2	XY	X	Y	X^2	Y^2	XY	X	Y	X^2	Y^2	XY
1	3	7	9	49	21	3	4	9	16	12	3	7	9	49	21
2	4	8	16	64	32	2	5	4	25	10	4	8	16	64	32
3	6	9	36	81	54	4	6	16	36	24	6	9	36	81	54
4	5	9	25	81	45	5	8	25	64	40	5	9	25	81	45
5	7	9	49	81	63	4	5	16	25	20	7	9	49	81	63
6	4	7	16	49	28						4	7	16	49	28

表 3-8

（續）

	實驗組					控制組					所有受試者				
	X	Y	X²	Y²	XY	X	Y	X²	Y²	XY	X	Y	X²	Y²	XY
7											3	4	9	16	12
8											2	5	4	25	10
9											4	6	16	36	24
10											5	8	25	64	40
11											4	5	16	25	20
Σ	29	49	151	405	243	18	28	70	166	106	47	77	221	571	349

$$\sum_{i=1}^{6}X_{i1}=29 \qquad \sum_{i=1}^{6}X_{i1}^{2}=151 \qquad \sum_{i=1}^{5}X_{i2}=18 \qquad \sum_{i=1}^{5}X_{i2}^{2}=70 \qquad \sum_{i=1}^{11}X_{i}=47 \qquad \sum_{i=1}^{11}X_{i}^{2}=221$$

$$\sum_{i=1}^{6}Y_{i1}=49 \qquad \sum_{i=1}^{6}Y_{i1}^{2}=405 \qquad \sum_{i=1}^{5}Y_{i2}=28 \qquad \sum_{i=1}^{5}Y_{i2}^{2}=166 \qquad \sum_{i=1}^{11}Y_{i}=77 \qquad \sum_{i=1}^{11}Y_{i}^{2}=571$$

$$\sum_{i=1}^{6}X_{i1}Y_{i1}=243 \qquad\qquad \sum_{i=1}^{5}X_{i2}Y_{i2}=106 \qquad\qquad \sum_{i=1}^{11}X_{i}Y_{i}=349$$

$$\overline{X}_{1}=\frac{29}{6}=4.83 \qquad\qquad \overline{X}_{2}=\frac{18}{5}=3.60 \qquad\qquad \overline{X}=\frac{47}{11}=4.27$$

$$\overline{Y}_{1}=\frac{49}{6}=8.17 \qquad\qquad \overline{Y}_{2}=\frac{28}{5}=5.60 \qquad\qquad \overline{Y}=\frac{77}{11}=7.00$$

$$SD_{X_{1}}=\sqrt{\frac{151-\frac{(29)^{2}}{6}}{5}}=1.47 \qquad\qquad SD_{X_{2}}=\sqrt{\frac{70-\frac{(18)^{2}}{5}}{4}}=1.14$$

$$SD_{Y_{1}}=\sqrt{\frac{405-\frac{(49)^{2}}{6}}{5}}=0.98 \qquad\qquad SD_{Y_{2}}=\sqrt{\frac{166-\frac{(28)^{2}}{5}}{4}}=1.52$$

將表 3-8 的相關資料，代入公式 3-5 至公式 3-15，可得到如表 3-9 的計算歷程。

表 3-9

共變數分析的計算實例

步驟一：採用公式 3-8 計算 $SS_{t}(Y)$

$$SS_{t}(Y)=\sum_{i=1}^{n}\sum_{j=1}^{g}\left(Y_{ij}-\overline{Y}_{..}\right)^{2}=\sum_{i=1}^{N}Y_{i}^{2}-\frac{\left(\sum_{i=1}^{N}Y_{i}\right)^{2}}{N}=(571)-\frac{(77)^{2}}{11}=32.00$$

步驟二：採用公式 3-9 計算 $CP_{t}(XY)$

$$CP_{t}(XY)=\sum_{i=1}^{n}\sum_{j=1}^{g}\left(X_{ij}-\overline{X}_{..}\right)\left(Y_{ij}-\overline{Y}_{..}\right)=\sum_{i=1}^{N}X_{i}Y_{i}-\frac{\left(\sum_{i=1}^{N}X_{i}\right)\times\left(\sum_{i=1}^{N}Y_{i}\right)}{N}=(349)-\frac{(47)\times(77)}{11}=20.00$$

> **表 3-9**

（續）

步驟三：採用公式 3-10 計算 $SS_t(X)$

$$SS_t(X) = \sum_{i=1}^{n}\sum_{j=1}^{g}\left(X_{ij} - \overline{X}_{..}\right)^2 = \sum_{i=1}^{N}X_i^2 - \frac{\left(\sum_{i=1}^{N}X_i\right)^2}{N} = (221) - \frac{(47)^2}{11} = 20.18$$

步驟四：採用公式 3-11 計算 $SS_w(Y)$

$$SS_w(Y_1) = \sum_{i=1}^{n}Y_{ij}^2 - \frac{\left(\sum_{i=1}^{n}Y_{ij}\right)^2}{n_1} = \sum_{i=1}^{6}Y_{i1}^2 - \frac{\left(\sum_{i=1}^{6}Y_{i1}\right)^2}{n_1} = (405) - \frac{(49)^2}{6} = 4.83$$

$$SS_w(Y_2) = \sum_{i=1}^{n}Y_{ij}^2 - \frac{\left(\sum_{i=1}^{n}Y_{ij}\right)^2}{n_2} = \sum_{i=1}^{5}Y_{i2}^2 - \frac{\left(\sum_{i=1}^{5}Y_{i2}\right)^2}{n_2} = (166) - \frac{(28)^2}{5} = 9.20$$

$$SS_w(Y) = SS_w(Y_1) + SS_w(Y_2) = 4.83 + 9.20 = 14.03$$

步驟五：採用公式 3-12 計算 $CP_w(XY)$

$$CP_W(X_1Y_1) = \sum_{i=1}^{n}\left(X_{i1} - \overline{X}_{.1}\right)\times\left(Y_{i1} - \overline{Y}_{.1}\right) = \sum_{i=1}^{n}X_{i1}Y_{i1} - \frac{\left(\sum_{i=1}^{n}X_{i1}\right)\times\left(\sum_{i=1}^{n}Y_{i1}\right)}{n_1} = (243) - \frac{(29)\times(49)}{6} = 6.17$$

$$CP_W(X_2Y_2) = \sum_{i=1}^{n}\left(X_{i2} - \overline{X}_{.2}\right)\times\left(Y_{i2} - \overline{Y}_{.2}\right) = \sum_{i=1}^{n}X_{i2}Y_{i2} - \frac{\left(\sum_{i=1}^{n}X_{i2}\right)\times\left(\sum_{i=1}^{n}Y_{i2}\right)}{n_2} = (106) - \frac{(18)\times(28)}{5} = 5.20$$

$$CP_w(XY) = CP_w(X_1Y_1) + CP_w(X_2Y_2) = 6.17 + 5.20 = 11.37$$

步驟六：採用公式 3-13 計算 $SS_w(X)$

$$SS_w(X_1) = \sum_{i=1}^{n}X_{ij}^2 - \frac{\left(\sum_{i=1}^{n}X_{ij}\right)^2}{n_1} = \sum_{i=1}^{6}X_{i1}^2 - \frac{\left(\sum_{i=1}^{6}X_{i1}\right)^2}{n_1} = (151) - \frac{(29)^2}{6} = 10.83$$

$$SS_w(X_2) = \sum_{i=1}^{n}X_{ij}^2 - \frac{\left(\sum_{i=1}^{n}X_{ij}\right)^2}{n_2} = \sum_{i=1}^{5}X_{i2}^2 - \frac{\left(\sum_{i=1}^{5}X_{i2}\right)^2}{n_2} = (70) - \frac{(18)^2}{5} = 5.20$$

$$SS_w(X) = SS_w(X_1) + SS_w(X_2) = 10.83 + 5.20 = 16.03$$

步驟七：採用公式 3-5 計算 $SS'_t(Y)$

$$SS'_t(Y) = SS_t(Y) - \frac{(CP_t(XY))^2}{SS_t(X)} = 32.00 - \frac{(20.00)^2}{20.18} = 12.18$$

步驟八：採用公式 3-6 計算 $SS'_w(Y)$

$$SS'_w(Y) = SS_w(Y) - \frac{(CP_w(XY))^2}{SS_w(X)} = 14.03 - \frac{(11.37)^2}{16.03} = 5.98$$

步驟九：採用公式 3-7 計算 $SS'_b(Y)$

$$SS'_b(Y) = SS'_t(Y) - SS'_w(Y) = 12.18 - 5.98 = 6.20$$

表 3-9

（續）

步驟十：採用公式 3-15 計算 b_w

$$b_w = \frac{CP_w(XY)}{SS_w(X)} = \frac{11.37}{16.03} = 0.71$$

步驟十一：採用公式 3-14 計算

$$\overline{Y}_1' = \overline{Y}_1 - b_w(\overline{X}_1 - \overline{X}\cdot) = 8.17 - 0.71 \times (4.83 - 4.27) = 7.77$$

步驟十二：採用公式 3-14 計算

$$\overline{Y}_2' = \overline{Y}_2 - b_w(\overline{X}_2 - \overline{X}\cdot) = 5.60 - 0.71 \times (3.60 - 4.27) = 6.08$$

　　經過表 3-9 的計算過程，即可將獲得的統計結果，整理成表 3-10 的各組平均數摘要表，以及表 3-11 共變數分析摘要表。

表 3-10

單因子共變數分析之前測平均數、後測平均數、後測調整平均數

組別	人數	前測分數		後測分數		後測調整分數
	n	M	SD	M	SD	M'
實驗組	6	4.83	1.47	8.17	0.98	7.77
控制組	5	3.60	1.14	5.60	1.52	6.08

表 3-11

單因子共變數分析摘要表

S	SS'	df	MS'	F	p
組間	6.20	1	6.20	8.31	.02
組內	5.98	8	0.75		
全體	12.18	9			

　　表 3-11 單因子共變數分析摘要表的 F 檢定達顯著性差異水準，$p = .02$，接續應進行事後比較，以瞭解哪些組別之間存在顯著性的差異。但因表 3-11 的資料，只有實驗組與控制組兩組，可直接由表 3-10 的後測調整平均數，判斷實驗組與控制組的得分高低差異情形。由表 3-10 的調整後平均數可知，實驗組的調整後平均數（$M' = 7.77$）顯著高於控制組的調整後平均數（$M' = 6.08$），亦即實驗組的實驗成效，顯著優於控制組。

參、單因子共變數分析（一個共變項兩個組別）的SPSS操作步驟與報表解讀

茲以表 3-8 的資料為例，介紹如何透過 SPSS 的統計軟體操作，進行只有一個共變項，且自變項只有實驗組與控制組兩組的單因子共變數分析。進行共變數分析之前，應先檢視「共變項與自變項具獨立性」與「組內迴歸係數同質性」等兩個重要的基本假定，若兩個基本假定皆符合時，才適合進行共變數分析。底下先依序進行「共變項與自變項具獨立性」與「組內迴歸係數同質性」等兩個重要的基本假定，一旦兩個基本假定皆符合時，才繼續進行共變數分析。

一、共變項與自變項具獨立性的假設檢定

檢驗自變項與共變項是否具有獨立性，因為只有實驗組與控制組兩組，故可直接透過獨立樣本 t 檢定，檢定兩組在共變項分數是否有顯著性差異。若兩組的共變項得分沒有顯著性差異時，即顯示符合自變項與共變項具獨立性的基本假定。當兩組的共變項得分有顯著性差異時，即顯示不符合自變項與共變項具獨立性的基本假定，則不適合進行共變數分析，建議採用 Huitema（2011）建議的「準共變數分析」，請參考第二章圖 2-49 至圖 2-51 的說明。

透過圖 3-4 的 SPSS 的操作程序，即可檢定兩組的共變項分數是否有顯著性差異。

步驟 1：在「一個共變項兩個組別的 ancova 實例 .sav」檔案中，點選「分析(A)」→「比較平均數(M)」→「獨立樣本**T**檢定(T)」，如下圖所示。

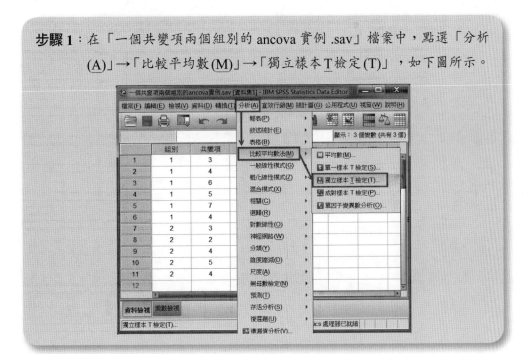

步驟2：在「獨立樣本T檢定」對話窗中，將左邊的「組別」移至「分組變數 (G)」，如下圖所示。

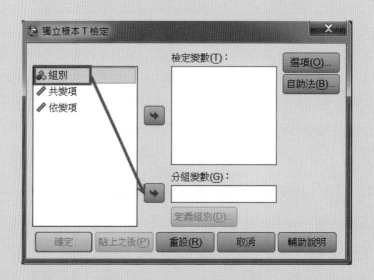

步驟3：在「獨立樣本T檢定」對話窗中，點選下方的「定義組別 (D)……」，如下圖所示。

步驟4：在「定義組別」對話窗中，在「組別 1(1)：」的左邊空格中，輸入「1」，在「組別 2(2)：」的左邊空格中，輸入「2」，再按下「繼續」的按鍵，如下圖所示。

步驟 5：在「獨立樣本 T 檢定」對話窗中，將左邊的「共變項」移至「檢定變數 (T)」，如下圖所示。

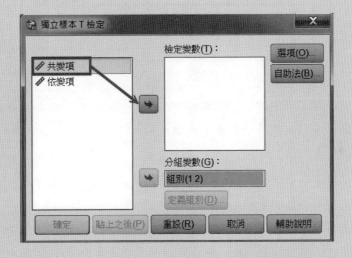

步驟 6：在「獨立樣本 T 檢定」對話窗中，按下「確定」按鍵，如下圖所示。

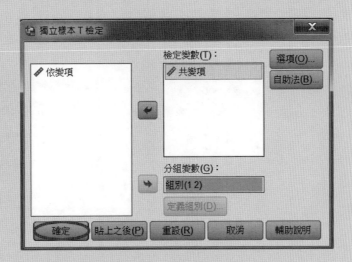

圖 3-4　獨立樣本 *t* 檢定 (共變項) 的 SPSS 操作程序

　　經過圖 3-4 的 SPSS 操作步驟，可以得到圖 3-5 的 SPSS 統計報表。

報表 1：在「組別統計量」報表中，可從「組別」得知，有代碼 1 與代碼 2 兩組，1 為實驗組，2 為控制組。從「個數」得知，組別 1 與組別 2 的受試者分別有 6 位與 5 位。從「平均數」得知，組別 1 的平均數為 4.83，組別 2 的平均數為 3.60。從「標準差」得知，組別 1 的標準差為 1.472，組別 2 的標準差為 1.140，如下圖所示。

組別統計量

	組別	個數	平均數	標準差	平均數的標準誤
共變項	1	6	4.83	1.472	.601
	2	5	3.60	1.140	.510

報表 2：在「獨立樣本檢定」報表中，SPSS 同時呈現「假設變異數相等」與「不假設變異數相等」兩種統計結果的數值。在獨立樣本 t 檢定的報表解讀上，第 1 步驟要先查看「變異數相等的 Levene 檢定」中的「顯著性」，以判斷實驗組與控制組兩組的變異數是否相等。若「變異數相等的 Levene 檢定」中的「顯著性」數值大於 .05，表示兩組的變異數相等。若「變異數相等的 Levene 檢定」中的「顯著性」數值小於 .05，表示兩組的變異數不相等。第 2 步驟則查看「平均數相等的 t 檢定」中的「顯著性（雙尾）」，若「平均數相等的 t 檢定」中的「顯著性（雙尾）」數值大於 .05，表示兩組的平均數相等。若「平均數相等的 t 檢定」中的「顯著性（雙尾）」數值小於 .05，表示兩組的平均數不相等。

由下圖可知，「變異數相等的 Levene 檢定」中的「顯著性」數值為 .495 高於 .05，顯示兩組變異數相等。接續查看「平均數相等的 t 檢定」中「假設變異數相等」的「顯著性（雙尾）」數值為 .161，高於 .05，顯示兩組的平均數相等，其對應的 t 值為 1.526，其對應的 95% 信賴區間為 [−0.595, 3.062]，如下圖所示。

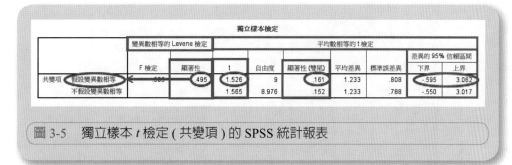

圖 3-5 獨立樣本 *t* 檢定 (共變項) 的 SPSS 統計報表

將圖 3-5 的獨立樣本 *t* 檢定之統計報表，整理成表 3-12 的統計摘要表。

表 3-12

獨立樣本 *t* 檢定統計摘要表

變項	實驗組 (*n* = 6)		控制組 (*n* = 5)				95% CI	
	M	*SD*	*M*	*SD*	*t*(9)	*p*	LL	UL
共變項	4.83	1.47	3.60	1.14	1.53	.161	-0.60	3.06

由表 3-12 可知，實驗組與控制組受試者在「共變項」得分，其獨立樣本 *t* 檢定沒有達顯著性的差異，*t*(9) = 1.53, *p* = .161, 95%CI[−0.60, 3.06]，實驗組受試者的共變項分數 (*M* = 4.83)，沒有顯著高於控制組受試者的共變項分數 (*M* = 3.60)，顯示共變項與自變項符合獨立性的基本假定，適合進行共變數分析。

二、組內迴歸係數同質性假設的檢定

有關組內迴歸係數同質性假定的基本概念，請參考第二章圖 2-54 至圖 2-56 的說明。對於組內迴歸係數同質性假設的檢定，可透過圖 3-6 的 SPSS 操作步驟，來判斷是否符合此假定。

步驟 1：在「一個共變項兩個組別的 ancova 實例 .sav」檔案中，點選「分析 (A)」→「一般線性模式 (G)」→「單變量 (U)」，如下圖所示。

步驟 2：在「單變量」對話窗中，將左邊的「組別」移至「固定因子 (F)」，如下圖所示。

步驟 3：在「單變量」對話窗中，將左邊的「共變項」移至「共變量 (C)」，
如下圖所示。

步驟 4：在「單變量」對話窗中，將左邊的「依變項」移至「依變數 (D)」，
並點「模式 (M)」的按鍵，如下圖所示。

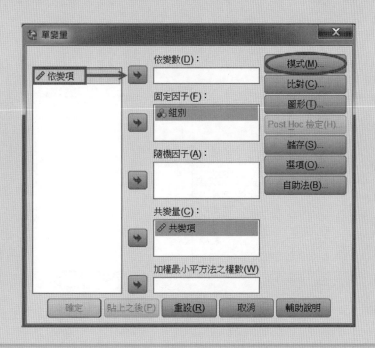

步驟 5：在「單變量：模式」對話窗中，將原先「指定模式」的內定「完全因子設計 (A)」選項，更改爲「自訂 (C)」選項，如下圖所示。

步驟 6：在「單變量：模式」對話窗中，點選左邊「因子與共變量 (F)」中的「組別」，並移至右邊的「模式 (M)」，如下圖所示。

步驟7：在「單變量：模式」對話窗中，點選左邊「因子與共變量(F)」中的「共變項」，並移至右邊的「模式(M)」，如下圖所示。

步驟8：在「單變量：模式」對話窗中，同時點選左邊「因子與共變量(F)」中的「組別」與「共變項」兩項，並移至右邊的「模式(M)」，最後按下「繼續」按鍵，如下圖所示。

步驟 9：在「單變量」對話窗中，按下「確定」按鍵，如下圖所示。

圖 3-6　組內迴歸係數同質性檢定的 SPSS 操作程序

經過圖 3-6 的 SPSS 操作步驟，即可獲得圖 3-7 的 SPSS 統計報表。

報表：在「受試者間效應項的檢定」報表中，可知「組別＊共變項」的顯著性 $p = .385$，由於顯著性高於 .05，故應接受虛無假設，亦即兩組的迴歸係數是相同的，顯示符合組內迴歸係數同質假設，如下圖所示。

受試者間效應項的檢定

依變數: 依變項

來源	型 III 平方和	df	平均平方和	F	顯著性
校正後的模式	26.677[a]	3	8.892	11.694	.004
截距	10.964	1	10.964	14.418	.007
組別	2.326	1	2.326	3.059	.124
共變項	8.652	1	8.652	11.378	.012
組別＊共變項	.652	1	.652	.857	.385
誤差	5.323	7	.760		
總數	571.000	11			
校正後的總數	32.000	10			

a. R 平方 = .834 (調過後的 R 平方 = .762)

圖 3-7　組內迴歸係數同質性檢定的 SPSS 統計報表

　　將圖 3-7 的組內迴歸係數同質性檢定結果，整理成表 3-13 的單因子共變數分析迴歸係數同質性檢定摘要表。從表 3-13 可知，組內迴歸係數同質性檢定結果，$F(1, 7) = 0.86$, $p = .39$，由於顯著性 p 大於 .05，故應接受虛無假設，即兩組的組內迴歸係數是同質的，顯示適合進行共變數分析。

表 3-13

單因子共變數分析迴歸係數同質性檢定摘要表

SV	SS	df	MS	F	p
迴歸係數異質性	0.65	1	0.65	0.86	.39
誤差	5.32	7	0.76		
總和	5.97	8			

三、單因子共變數分析（一個共變項兩個組別）之統計檢定

　　前面對「共變項與自變項具獨立性」與「組內迴歸係數同質性」等兩個基本假設的檢定結果顯示，表 3-8 資料同時符合「共變項與自變項具獨立性」與「組內迴歸係數同質性」兩個基本假定，故接續可進行一個共變項且自變項為兩組的單因子共變數分析。

　　接續圖 3-6 的組內迴歸係數同質性檢定之 SPSS 操作步驟，透過圖 3-8 的 SPSS 操作步驟，即可進行單因子共變數分析。

步驟 1：在「一個共變項兩個組別的 ancova 實例 .sav」檔案中，點選「分析 (A)」→「一般線性模式 (G)」→「單變量 (U)」，如下圖所示。

步驟2：在「單變量」對話窗中，點「模式(M)」的按鍵，如下圖所示。由
於此處是接續圖3-6的操作，故看到的畫面，「組別」應該已在右
邊的「固定因子(F)」空格中、「共變項」應該已在右邊的「共變
量(C)」空格中、「依變項」應該已在右邊的「依變數(D)」空格中，
如下圖所示。

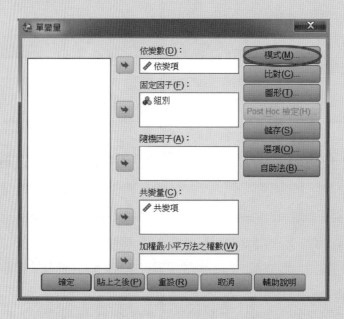

步驟3：在「單變量：模式」對話窗中，將圖3-6所點選的「自訂(C)」選項，
更改為點選「完全因子設計(A)」選項，並按下「繼續」按鍵，如
下圖所示。

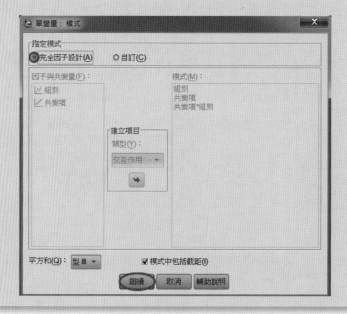

步驟 4：在「單變量」對話窗中，點選「選項 (O)」按鍵，如下圖所示。

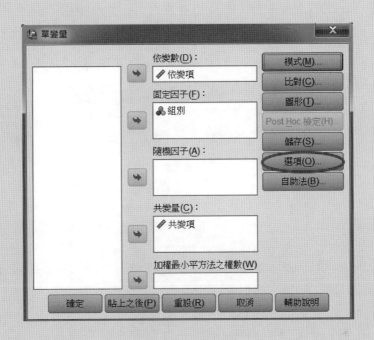

步驟 5：在「單變量：選項」對話窗中，點選左邊「因子與因子交互作用(F)」
中的「組別」，移至右邊的「顯示平均數(M)」，如下圖所示。

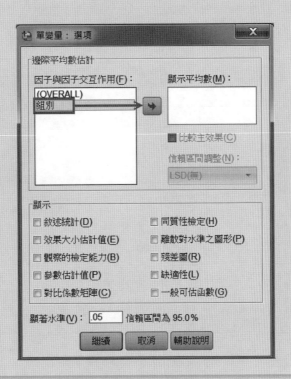

步驟6：在「單變量：選項」對話窗中，點選「比較主效果(C)」，以及「顯示」中的「敘述統計(D)」、「效果大小估計值(E)」、「觀察的檢定能力(B)」、「同質性檢定(H)」等選項，最後按下「繼續」按鍵，如下圖所示。

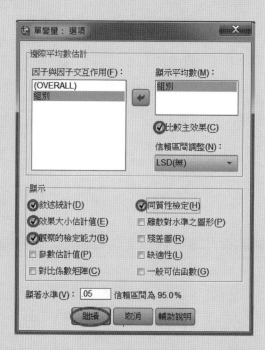

步驟7：在「單變量」對話窗中，按下「確定」按鍵，如下圖所示。

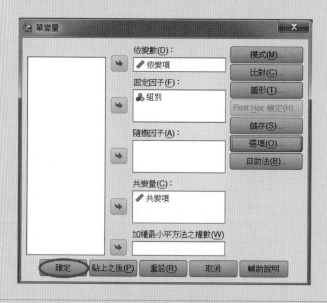

圖 3-8　單因子共變數分析的 SPSS 操作程序

經過圖 3-8 的 SPSS 操作步驟，即可獲得圖 3-9 的 SPSS 統計報表。

報表 1：在「敘述統計」報表中，可知第 1 組（實驗組）的依變項平均數為 8.17，標準差為 0.983；第 2 組（控制組）的依變項平均數為 5.60，標準差為 1.517，如下圖所示。

敘述統計

依變數: 依變項

組別	平均數	標準離差	個數
1	8.17	.983	6
2	5.60	1.517	5
總數	7.00	1.789	11

報表 2：在「誤差變異量的 Levene 檢定等式[a]」報表中，可知 Levene 變異數同質性檢定 $F_{(1, 9)} = 2.587$, $p = .142$，因為顯著性 p 高於 .05，故應接受虛無假設，亦即實驗組與控制組的依變項分數具變異數同質性，如下圖所示。

誤差變異量的 Levene 檢定等式[a]

依變數: 依變項

F	df1	df2	顯著性
2.587	1	9	.142

檢定各組別中依變數誤差變異量的虛無假設是相等的。

a. Design: 截距 + 共變項 + 組別

報表 3：在「受試者間效應項的檢定」報表中，可知「組別」的顯著性 p 為 .020，因為顯著性 p 小於 .05，故應拒絕虛無假設，亦即表示實驗組與控制組的調整後平均數，有顯著性差異。單因子共變數分析的檢定結果為 $F_{(1, 8)} = 8.308$, $p = .020$，淨相關 Eta 平方（partial η^2）為 .509，觀察的檢定能力（統計檢定力）為 .715，如下圖所示。

受試者間效應項的檢定

依變數：依變項

來源	型 III 平方和	df	平均平方和	F	顯著性	淨相關 Eta 平方	Noncent. 參數	觀察的檢定能力[b]
校正後的模式	26.025[a]	2	13.012	17.422	.001	.813	34.845	.993
截距	12.629	1	12.629	16.909	.003	.679	16.909	.948
共變項	8.058	1	8.058	10.789	.011	.574	10.789	.820
組別	6.205	1	6.205	8.308	.020	.509	8.308	.715
誤差	5.975	8	.747					
總數	571.000	11						
校正後的總數	32.000	10						

a. R 平方 = .813 (調過後的 R 平方 = .767)

b. 使用 alpha = .05 計算

報表 4：在「估計值」報表中，可知第 1 組（實驗組）的成就測驗成績調整後平均數為 7.769，第 2 組（控制組）的成就測驗成績調整後平均數為 6.077，如下圖所示。

估計值

依變數：依變項

組別	平均數	標準誤差	95% 信賴區間	
			下界	上界
1	7.769[a]	.373	6.909	8.629
2	6.077[a]	.413	5.125	7.029

a. 使用下列值估計出現在模式的共變量：共變項 = 4.27.

報表 5：在「成對比較」報表中，可知第 1 組（實驗組）調整後平均數 7.769 與第 2 組（控制組）調整後平均數 6.077 的差距為 1.692，因為顯著性 $p = .020$，顯示兩組調整後的平均數，達顯著性差異，亦即第 1 組（實驗組）調整後平均數顯著高於第 2 組（控制組）調整後平均數，如下圖所示。

成對比較

依變數：依變項

(I) 組別	(J) 組別	平均差異 (I-J)	標準誤差	顯著性[b]	差異的 95% 信賴區間[b]	
					下界	上界
1	2	1.692[*]	.587	.020	.338	3.046
2	1	-1.692	.587	.020	-3.046	-.338

根據估計的邊緣平均數而定

*. 平均差異在 .05 水準是顯著的。

b. 調整多重比較：最低顯著差異 (等於未調整值)。

圖 3-9　以表 3-8 所進行的共變數分析 SPSS 統計報表

將圖 3-9 所獲得的統計結果，整理成表 3-14 的各組平均數摘要表，以及表 3-15 單因子共變數分析摘要表。由表 3-14 與表 3-15 可知，單因子共變數分析的統計結果顯示：$F(1, 8) = 8.31$, $p = .02$，partial η^2 為 .51，統計檢定力為 .72，實驗組調整後平均數（$M' = 7.77$）顯著高於控制組調整後平均數（$M' = 6.08$）。

表 3-14

單因子共變數分析之前測平均數、後測平均數、後測調整平均數

組別	人數	前測分數		後測分數		後測調整分數
	n	M	SD	M	SD	M'
實驗組	6	4.83	1.47	8.17	0.98	7.77
控制組	5	3.60	1.14	5.60	1.52	6.08

表 3-15

單因子共變數分析摘要表

SV	SS'	df	MS'	F	p	partial η^2	$1 - \beta$
組間	6.21	1	6.21	8.31	.02	.51	.72
組內	5.98	8	0.75				
全體	12.18	9					

請比較透過公式 3-5 至公式 3-15 的計算歷程，所獲得的表 3-10 與表 3-11 之單因子共變數分析統計結果，以及透過 SPSS 統計軟體所獲得的表 3-14 與表 3-15 之單因子共變數分析統計結果，兩者所獲得的統計結果將會是一樣的。

肆、單因子共變數分析（一個共變項兩個組別）的「EZ_ANCOVA」EXCEL操作步驟與報表解讀

對於單因子一個共變項兩個組別的共變數分析檢定，除了可透過前面所介紹的 SPSS 統計軟體進行外，也可採用筆者以 EXCEL 所寫的「1 個共變項的單因子共變數分析 .xls」進行。茲同樣以表 3-8 的資料為例，介紹如何透過 EXCEL 的統計軟體操作，進行「共變項與自變項具獨立性」與「組內迴歸係數同質性」等兩

個重要基本假設的檢定。一旦兩個基本假定皆符合時，才適合進行共變數分析。

透過圖 3-10 的 EXCEL 操作步驟，即可獲得圖 3-11 的 EXCEL 統計報表。

步驟 1：開啟「1 個共變項的單因子共變數分析 .xls」檔案，點選下方「2 組別」，如下圖所示。

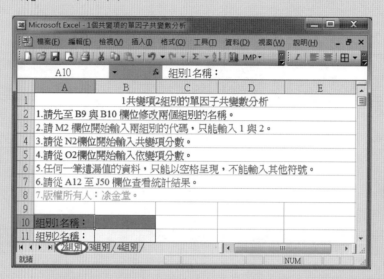

步驟 2：在「1 個共變項的單因子共變數分析」視窗中，於 B10 欄位輸入第 1 組名稱「實驗組」，如下圖所示。

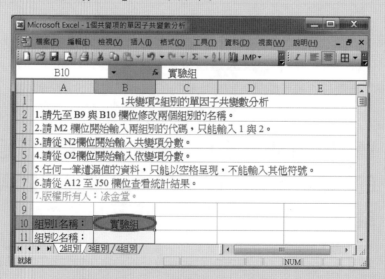

步驟 3：在「1 個共變項的單因子共變數分析」的視窗中，於 B11 欄位輸入第 2 組名稱「控制組」，如下圖所示。

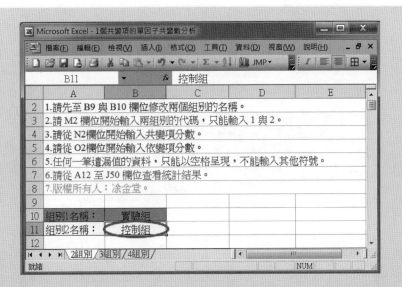

步驟 4：在「1 個共變項的單因子共變數分析」視窗中，在 M2 欄位開始輸入第一筆資料的組別代碼「1」，在 N2 欄位開始輸入第一筆資料的共變項分數「3」，在 O2 欄位開始輸入第一筆資料的依變項分數「7」，如下圖所示。

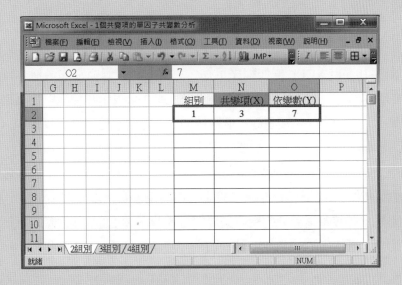

步驟 5：在「1 個共變項的單因子共變數分析」視窗中，將表 3-8 的 11 筆資料，全部輸入在「組別」、「共變項 (X)」、「依變項 (Y)」等三個欄位，如下圖所示。

若資料已輸入在 SPSS 時，則可直接先在 SPSS 視窗，透過滑鼠右

鍵的「複製 (C)」，將表 3-8 的 11 筆資料先複製起來，然後將游標直接放在 M2 欄位，再按滑鼠右鍵的「貼上」，即可獲得如下圖的結果。

	組別	共變項(X)	依變數(Y)
	1	3	7
	1	4	8
	1	6	9
	1	5	9
	1	7	9
	1	4	7
	2	3	4
	2	2	5
	2	4	6
	2	5	8
	2	4	5

圖 3-10　單因子共變數分析（1 共變項兩組別）的 EXCEL 操作程序

由圖 3-10 的 EXCEL 操作程序可知，只需要輸入兩組別的名稱，以及所有受試者的組別代碼（本 EXCEL 程式只能以 1 或 2 來表示實驗組與控制組兩組的組別代碼）、共變項、依變項等三個數值即可，無須其他的操作步驟。

在資料輸入過程中，有一點要特別注意的事，若資料有遺漏值的話，只能以空格呈現，不能出現其他的數字或符號（例如「9」或「.」）。當資料是直接從 SPSS 複製過來的話，因 SPSS 原先設定的遺漏值，會出現一個小黑點「.」，請刪除小黑點，讓該筆遺漏值的欄位呈現空白。若在 SPSS 統計軟體自行以 9 作為遺漏值的話，可透過 EXCEL 的「取代 (P)」功能，將「9」取代成空格。

報表 1：在 A13 至 G17 欄位的「敘述統計分析摘要表」中，可知第 1 組實驗組人數有 6 位，前測分數（即共變項分數）平均數為 4.83，標準差為 1.47，依變項平均數為 8.17，標準差為 0.98，依變項調整後平均數為 7.77。第 2 組控制組的人數有 5 位，前測分數（即共變項分

數）平均數為 3.60，標準差為 1.14，依變項成績平均數為 5.60，標準差為 1.52，依變項調整後平均數為 6.08，如下圖所示。

上述 EXCEL 的統計結果，與圖 3-9 的 SPSS 報表 1 與報表 4 的統計結果是相同的。

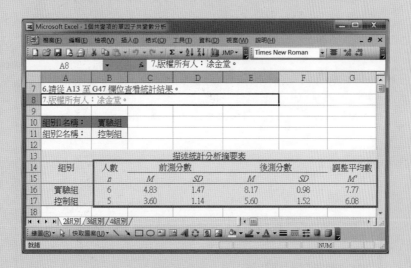

報表 2：在 A20 至 D22 欄位的「Levene 變異數同質性檢定摘要表」中，可得知 Levene 變異數同質性檢定 $F(1, 9) = 2.587, p = .142$，因為顯著性 p 高於 .05，故應接受虛無假設，亦即實驗組與控制組的依變項分數具變異數同質性，如下圖所示。

上述 EXCEL 的統計結果，與圖 3-9 的 SPSS 報表 2 的統計結果是相同的。

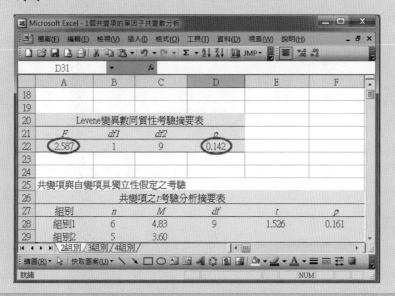

報表 3：在 A24 至 F29 欄位的「共變項之 t 檢定分析摘要表」中，可得知兩組在共變項的 t 檢定，顯著性 $p = .161$，由於顯著性 p 大於 .05，故應接受虛無假設，亦即表示實驗組與控制組的共變項平均數，沒有顯著性差異，顯示符合「共變項與自變項具獨立性」，如下圖所示。上述 EXCEL 的統計結果，與圖 3-5 的 SPSS 報表 2 的統計結果是相同的。

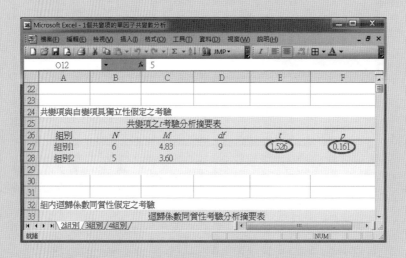

報表 4：在 A32 至 F38 欄位的「迴歸係數同質性檢定分析摘要表」中，可知顯著性 $p = .385$，由於顯著性高於 .05，故應接受虛無假設，亦即兩組的迴歸係數是相同的，顯示符合組內迴歸係數同質，如下圖所示。上述 EXCEL 的統計結果，與圖 3-7 的 SPSS 報表的統計結果是相同的。

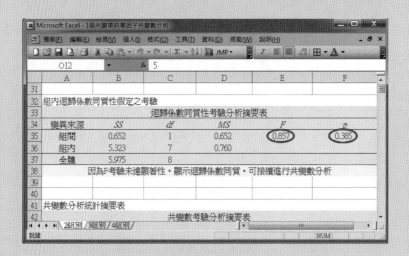

報表 5：在 A41 至 F46 欄位的「共變數檢定分析摘要表」中，可知 $F(1, 8) =$ 8.308, $p = .020$，顯示兩組的調整後平均數有顯著性差異。故由報表 1 可知，第 1 組調整後平均數 7.77，顯著高於第 2 組調整後平均數 6.08，如下圖所示。

上述 EXCEL 的統計結果，與圖 3-9 的 SPSS 報表 3 與報表 4 的統計結果是相同的。

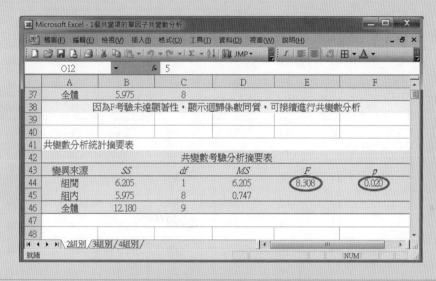

圖 3-11　以表 3-8 所進行的共變數分析 EXCEL 統計報表

綜合上述的介紹可知，針對表 3-8 實驗組與控制組的資料，所進行的單因子一個共變數兩組別的共變數分析，不論透過表 3-9 手算所獲得的表 3-10 與表 3-11，或是透過 SPSS 統計軟體獲得的表 3-14 與表 3-15，或是透過筆者所寫的 EXCEL 程式所獲得的圖 3-11 的報表 1 與報表 5，皆獲得相同的統計結果。

伍、單因子共變數分析（一個共變項三個組別）的SPSS操作步驟與報表解讀

在進行實驗研究時，除了較常採用實驗組與控制組兩組外，有時也會採用兩個實驗組加一個控制組的實驗研究設計。針對三個組別的單因子共變數分析，茲

以表 3-16 為例，說明如何透過 SPSS 的操作，進行一個共變項三個組別的單因子共變數分析。進行共變數分析之前，仍應先檢視「共變項與自變項具獨立性」與「組內迴歸係數同質性」等兩個重要的基本假定，若兩個基本假定皆符合時，才適合進行共變數分析。

表 3-16

實驗組一、實驗組二、控制組學生的前測成績與後測成績

	實驗組一			實驗組二			控制組	
編號	前測成績	後測成績	編號	前測成績	後測成績	編號	前測成績	後測成績
1	25	83	11	31	87	21	37	88
2	25	78	12	26	95	22	34	88
3	33	80	13	38	88	23	39	86
4	33	86	14	31	94	24	28	88
5	36	92	15	32	89	25	34	79
6	26	83	16	31	87	26	32	86
7	28	84	17	30	88	27	27	89
8	22	81	18	31	95	28	25	84
9	29	84	19	33	89	29	38	94
10	35	91	20	39	93	30	37	92

一、共變項與自變項具獨立性的假設檢定

　　檢驗自變項與共變項是否具有獨立性，因為有三個組別，故需採用獨立樣本單因子變異數分析，檢定三組在共變項的得分是否有顯著性差異。當三組在共變項的得分沒有顯著性差異時，則顯示符合自變項與共變項具獨立性的基本假定。相對地，當三組在共變項的得分有顯著性差異時，則顯示不符合自變項與共變項具獨立性的基本假定，則不適合進行共變數分析，建議採用 Huitema（2011）建議的「準共變數分析」，請參考第二章圖 2-49 至圖 2-53。

　　透過圖 3-12 的 SPSS 的操作程序，即可檢定三組的共變項分數是否有顯著性差異。

步驟 1：在「一個共變項三個組別的 ancova 實例 .sav」檔案中，點選「分析 (A)」→「比較平均數 (M)」→「單因子變異數分析 (O)」，如下圖所示。

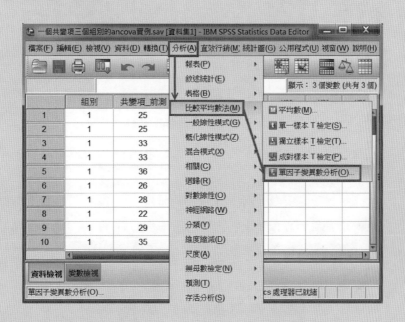

步驟 2：在「單因子變異數分析」對話窗中，將左邊的「組別」移至「因子 (F)」，如下圖所示。

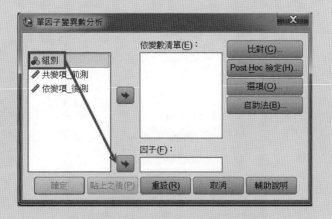

步驟 3：在「單因子變異數分析」對話窗中，將左邊的「共變項＿前測」移至「依變項清單 (E)」，並按下「選項 (O)」按鍵，如下圖所示。

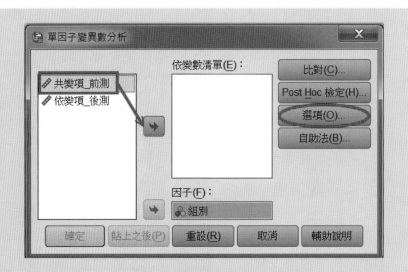

步驟 4：在「單因子變異數分析：選項」對話窗中，點選「統計」中的「描述性統計量 (D)」、「變異數同質性檢定 (H)」、「Welch(W)」等三個選項，並按下「繼續」按鍵，如下圖所示。

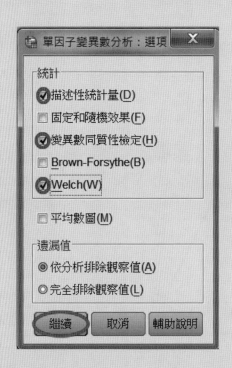

步驟 5：在「單因子變異數分析」對話窗中，按下「確定」按鍵，如下圖所示。

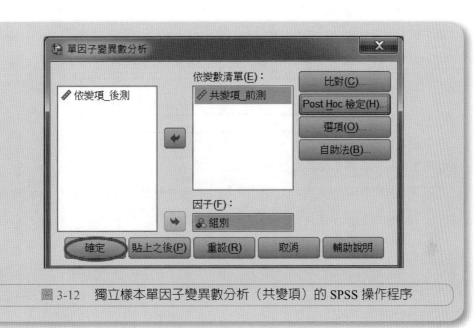

圖 3-12　獨立樣本單因子變異數分析（共變項）的 SPSS 操作程序

經過圖 3-12 的 SPSS 操作步驟，可以得到圖 3-13 的 SPSS 統計報表。

報表 1：在「描述性統計量」報表中，可從「個數」得知，組別 1（實驗組一）、組別 2（實驗組二）與組別 3（控制組）的受試者皆為 10 位。從「平均數」得知，組別 1 的平均數為 29.20，組別 2 的平均數為 32.20，組別 3 的平均數 33.10。從「標準差」得知，組別 1 的標準差為 4.803，組別 2 的標準差為 3.795，組別 3 的標準差為 4.954，如下圖所示。

描述性統計量

共變項_前測

	個數	平均數	標準差	標準誤	平均數的 95% 信賴區間 下界	平均數的 95% 信賴區間 上界	最小值	最大值
1	10	29.20	4.803	1.519	25.76	32.64	22	36
2	10	32.20	3.795	1.200	29.49	34.91	26	39
3	10	33.10	4.954	1.567	29.56	36.64	25	39
總和	30	31.50	4.703	.859	29.74	33.26	22	39

報表 2：在「變異數同質性檢定」的報表中，可知 Levene 檢定的「顯著性」p 值為 .349 高於 .05，顯示三組變異數是相等，亦即三組的變異數具有同質性。

變異數同質性檢定

共變項_前測

Levene 統計量	分子自由度	分母自由度	顯著性
1.095	2	27	.349

報表 3：在「單因子變異數分析」報表中，可知 $F(2, 27) = 2.017$, $p = .153$，由於顯著性 p 大於 .05，顯示三組的共變項之平均數沒有顯著性的差異，亦即表 3-16 的資料，符合「共變項與自變項具獨立性」基本假定。

單因子變異數分析

共變項_前測

	平方和	自由度	平均平方和	F	顯著性
組間	83.400	2	41.700	2.017	.153
組內	558.100	27	20.670		
總和	641.500	29			

圖 3-13　單因子變異數分析（共變項）的 SPSS 統計報表

將圖 3-13 的獨立樣本單因子變異數分析之統計報表，整理成表 3-17 的統計摘要表。

表 3-17

獨立樣本單因子變異數分析統計摘要表

SV	SS	df	MS	F	p
組間	83.40	2	41.70	2.02	.15
組內	558.10	27	20.67		
全體	641.50	29			

由表 3-17 可知，三組受試者在「共變項」得分，其獨立樣本單因子變異數分析結果，顯示沒有達顯著性差異：$F(2, 27) = 2.02$, $p = .15$，表示共變項與自變項符合獨立性的基本假定，適合進行共變數分析。

二、組內迴歸係數同質性假設的檢定

　　針對組內迴歸係數同質性假設的檢定，可透過圖 3-14 的 SPSS 操作步驟，來判斷是否符合此假定。

步驟 1：在「一個共變項三個組別的 ancova 實例 .sav」檔案中，點選「分析 (A)」→「一般線性模式 (G)」→「單變量 (U)」，如下圖所示。

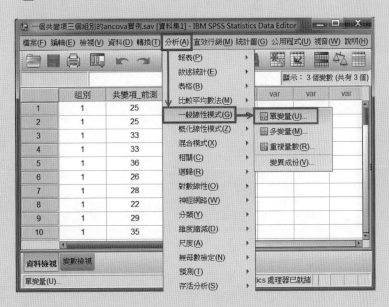

步驟 2：在「單變量」對話窗中，將左邊的「組別」移至「固定因子 (F)」，如下圖所示。

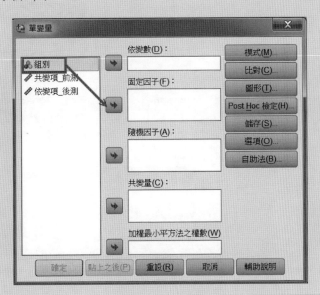

步驟 3：在「單變量」對話窗中，將左邊的「共變項＿前測」移至「共變量(C)」，如下圖所示。

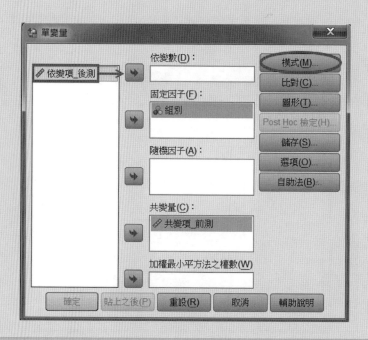

步驟 4：在「單變量」對話窗中，將左邊的「依變項＿後測」移至「依變數(D)」，並點「模式(M)」的按鍵，如下圖所示。

步驟5：在「單變量：模式」對話窗中，將原先「指定模式」的內定「完全因子設計(A)」選項，更改為「自訂(C)」選項，如下圖所示。

步驟6：在「單變量：模式」對話窗中，點選左邊「因子與共變量(F)」中的「組別」，並移至右邊的「模式(M)」，如下圖所示。

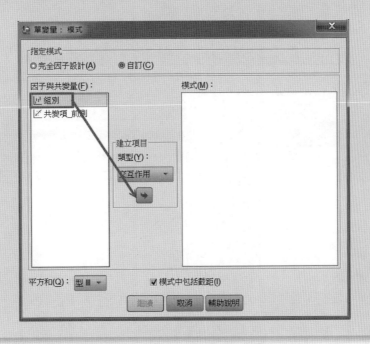

步驟 7：在「單變量：模式」對話窗中，點選左邊「因子與共變量 (F)」中的「共變項_前測」，並移至右邊的「模式 (M)」，如下圖所示。

步驟 8：在「單變量：模式」對話窗中，同時點選左邊「因子與共變量 (F)」中的「組別」與「共變項_前測」兩項，並移至右邊的「模式 (M)」，最後按下「繼續」按鍵，如下圖所示。

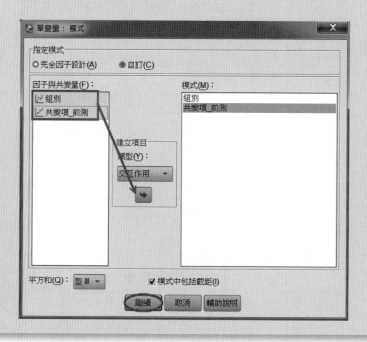

步驟 9：在「單變量」對話窗中，按下「確定」按鍵，如下圖所示。

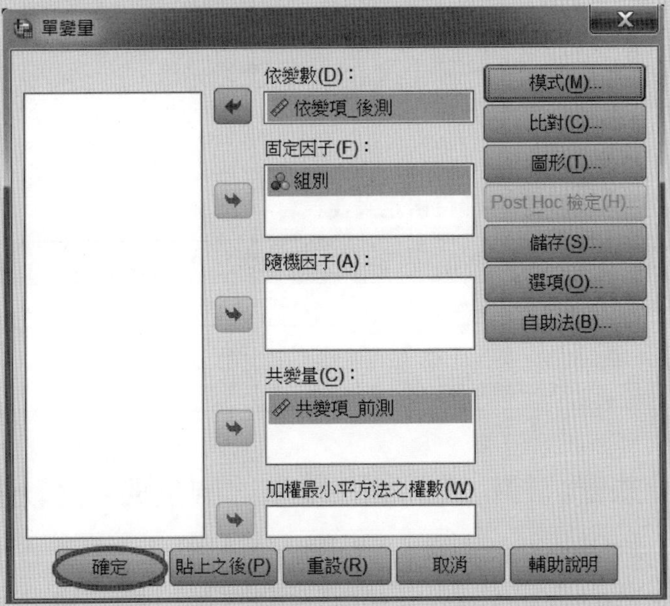

圖 3-14　組內迴歸係數同質性檢定的 SPSS 操作程序

經過圖 3-14 的 SPSS 操作步驟，即可獲得圖 3-15 的 SPSS 統計報表。

報表：在「受試者間效應項的檢定」報表中，可知「組別＊共變項＿前側」的顯著性 $p = .130$，由於顯著性 p 值高於 .05，故應接受虛無假設，亦即三組的迴歸係數是相同的，顯示符合組內迴歸係數同質假設，如下圖所示。

受試者間效應項的檢定

依變數：依變項＿後測

來源	型 III 平方和	df	平均平方和	F	顯著性
校正後的模式	311.790[a]	5	62.358	4.660	.004
截距	3306.043	1	3306.043	247.044	.000
組別	83.873	2	41.937	3.134	.062
共變項_前測	33.411	1	33.411	2.497	.127
組別 * 共變項_前測	59.572	2	29.786	2.226	.130
誤差	321.177	24	13.382		
總數	229621.000	30			
校正後的總數	632.967	29			

a. R 平方 = .493 (調過後的 R 平方 = .387)

圖 3-15　組內迴歸係數同質性檢定的 SPSS 統計報表

　　將圖 3-15 的組內迴歸係數同質性檢定結果，可整理成表 3-18 的單因子共變數分析迴歸係數同質性檢定摘要表。從表 3-18 可知，組內迴歸係數同質性檢定結果，$F(2, 24) = 2.23, p = .13$，由於顯著性 p 大於 .05，故應接受虛無假設，即三組的組內迴歸係數是同質的，顯示適合進行共變數分析。

表 3-18

單因子共變數分析迴歸係數同質性檢定摘要表

SV	SS	df	MS	F	p
迴歸係數異質性	59.572	2	29.786	2.23	.13
誤差	321.177	24	13.382		
總和	380.749	26			

三、單因子共變數分析（一個共變項三個組別）之統計檢定

　　前面對「共變項與自變項具獨立性」與「組內迴歸係數同質性」等兩個基本假設的檢定結果顯示，表 3-16 的資料同時符合「共變項與自變項具獨立性」與「組內迴歸係數同質性」兩個基本假定，故接續可進行一個共變項三個組別的單因子共變數分析。

　　接續圖 3-14 的組內迴歸係數同質性檢定之 SPSS 操作步驟，透過圖 3-16 的 SPSS 操作步驟，即可進行單因子共變數分析。

步驟 1：在「一個共變項三個組別的 ancova 實例 .sav」檔案中，點選「分析 (A)」→「一般線性模式 (G)」→「單變量 (U)」，如下圖所示。

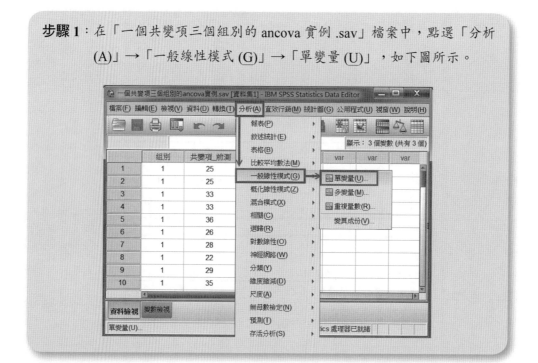

步驟 2：在「單變量」對話窗中，點「模式 (M)」的按鍵，如下圖所示。由
　　　　於此處是接續圖 3-14 的操作，故看到的畫面，「組別」應該已在
　　　　右邊的「固定因子 (F)」空格中、「共變項 _ 前測」應該已在右邊
　　　　的「共變量 (C)」空格中、「依變項 _ 後測」應該已在右邊的「依
　　　　變數 (D)」空格中，如下圖所示。

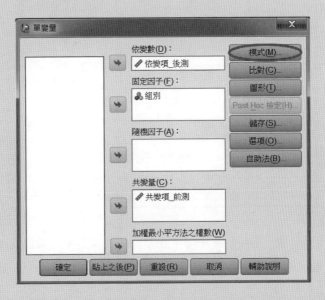

步驟 3：在「單變量：模式」對話窗中，將圖 3-14 所點選的「自訂 (C)」選
　　　　項，更改為點選「完全因子設計 (A)」選項，並按下「繼續」按鍵，
　　　　如下圖所示。

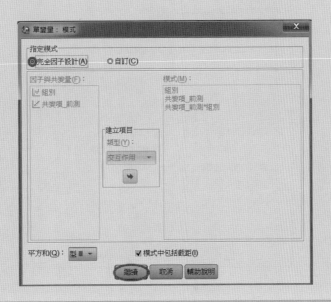

步驟 4：在「單變量」對話窗中，點選「選項(O)」按鍵，如下圖所示。

步驟 5：在「單變量：選項」對話窗中，點選左邊「因子與因子交互作用(F)」
　　　　　中的「組別」，移至右邊的「顯示平均數(M)」，如下圖所示。

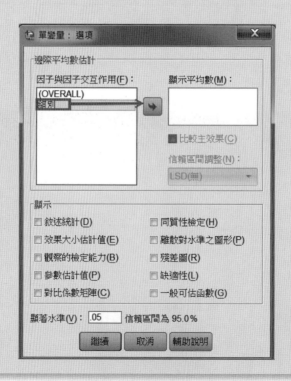

步驟6：在「單變量：選項」對話窗中，點選「比較主效果 (C)」，以及「顯示」中的「敘述統計 (D)」、「效果大小估計值 (E)」、「觀察的檢定能力 (B)」、「同質性檢定 (H)」等選項，最後按下「繼續」按鍵，如下圖所示。

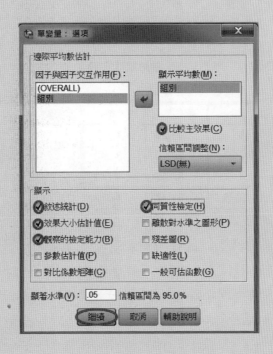

步驟7：在「單變量」對話窗中，按下「確定」按鍵，如下圖所示。

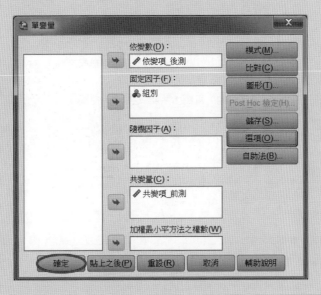

圖 3-16　單因子 (一個共變項三個組別) 共變數分析的 SPSS 操作程序

經過圖 3-16 的 SPSS 操作步驟，即可獲得圖 3-17 的 SPSS 統計報表。

報表 1：在「敘述統計」報表中，可知第 1 組（實驗組一）的依變項平均數為 84.20，標準差為 4.467、第 2 組（實驗組二）的依變項平均數為 90.50，標準差為 3.342、第 3 組（控制組）的依變項平均數為 87.40，標準差為 4.142，如下圖所示。

敘述統計

依變數：　依變項_後測

組別	平均數	標準離差	個數
1	84.20	4.467	10
2	90.50	3.342	10
3	87.40	4.142	10
總數	87.37	4.672	30

報表 2：在「誤差變異量的 Levene 檢定等式[a]」報表中，可得知 Levene 變異數同質性檢定 $F_{(2, 27)} = 0.31$, $p = .736$，因為顯著性 p 高於 .05，故應接受虛無假設，亦即實驗組一、實驗組二與控制組的依變項分數具變異數同質性，如下圖所示。

誤差變異量的 Levene 檢定等式[a]

依變數：　依變項_後測

F	df1	df2	顯著性
.310	2	27	.736

檢定各組別中依變數誤差變異量的虛無假設是相等的。

a. Design: 截距 + 共變項_前測 + 組別

報表 3：在「受試者間效應項的檢定」報表中，可得知「組別」的顯著性 p 為 .017，因為顯著性 p 小於 .05，故應拒絕虛無假設，亦即表示實驗組一、實驗組二與控制組的調整後平均數，有顯著性差異。單因子共變數分析的檢定結果為 $F_{(2, 26)} = 4.774$, $p = .017$，淨相關 Eta 平方（partial η^2）為 .269，觀察的檢定能力（統計檢定力）為 .745，如下圖所示。

受試者間效應項的檢定

依變數：　依變項_後測

來源	型 III 平方和	df	平均平方和	F	顯著性	淨相關 Eta 平方	Noncent. 參數	觀察的檢定能力[b]
校正後的模式	252.217[a]	3	84.072	5.741	.004	.398	17.223	.913
截距	3323.889	1	3323.889	226.976	.000	.897	226.976	1.000
共變項_前測	53.751	1	53.751	3.670	.066	.124	3.670	.454
組別	139.837	2	69.918	4.774	.017	.269	9.549	.745
誤差	380.749	26	14.644					
總數	229621.000	30						
校正後的總數	632.967	29						

a. R 平方 = .398 (調過後的 R 平方 = .329)

b. 使用 alpha = .05 計算

報表 4：在「估計值」報表中，可知第 1 組（實驗組一）的後測分數調整後平均數為 84.914，第 2 組（實驗組二）的後測分數調整後平均數為 90.283，第 3 組（控制組）的後測分數調整後平均數為 86.903，如下圖所示。

估計值

依變數：　依變項_後測

組別	平均數	標準誤差	95% 信賴區間	
			下界	上界
1	84.914[a]	1.266	82.311	87.516
2	90.283[a]	1.215	87.784	92.781
3	86.903[a]	1.238	84.360	89.447

a. 使用下列值估計出現在模式的共變量：共變項_前測 = 31.50。

報表 5：在「成對比較」報表中，可知第 1 組（實驗組一）的調整後平均數 84.914 與第 2 組（實驗組二）的調整後平均數 90.283 的差距為 -5.369，因為顯著性 $p = .006$，顯示兩組調整後的平均數，達顯著性差異，亦即第 1 組調整後平均數顯著低於第 2 組調整後平均數，如下圖所示。

至於第 1 組調整後平均數 84.914 與第 3 組（控制組）的調整後平均數 86.903，則未達顯著性差異，而第 2 組調整後平均數 90.283 與第 3 組調整後平均數 86.903，也未達顯著性差異。

成對比較

依變數： 依變項_後測

(I) 組別	(J) 組別	平均差異 (I-J)	標準誤差	顯著性[b]	差異的95% 信賴區間[b] 下界	差異的95% 信賴區間[b] 上界
1	2	-5.369[*]	1.779	.006	-9.026	-1.712
	3	-1.990	1.824	.285	-5.740	1.760
2	1	5.369[*]	1.779	.006	1.712	9.026
	3	3.379	1.718	.060	-.151	6.910
3	1	1.990	1.824	.285	-1.760	5.740
	2	-3.379	1.718	.060	-6.910	.151

根據估計的邊緣平均數而定

*. 平均差異在 .05 水準是顯著的。

b. 調整多重比較：最低顯著差異 (等於未調整值)。

圖 3-17　以表 3-16 所進行的共變數分析 SPSS 統計報表

　　將圖 3-17 所獲得的統計結果，整理成表 3-19 的各組平均數摘要表，以及表 3-20 單因子共變數分析摘要表。由表 3-19 與表 3-20 可知，單因子共變數分析的統計結果顯示：$F(2, 26) = 4.77$，$p = .02$，partial η^2 為 .27，統計檢定力為 .75，而事後比較顯示，實驗組一的調整後平均數（$M' = 84.91$）顯著低於實驗組二的調整後平均數（$M' = 90.28$），其餘的事後比較則未達顯著性差異。

表 3-19

單因子共變數分析之前測平均數、後測平均數、後測調整平均數

組別	人數 n	前測分數 M	前測分數 SD	後測分數 M	後測分數 SD	後測調整分數 M'
實驗組一	10	29.20	4.80	84.20	4.47	84.91
實驗組二	10	32.20	3.80	90.50	3.34	90.28
控制組	10	33.10	4.95	87.40	4.14	86.90

表 3-20

單因子共變數分析摘要表

SV	SS'	df	MS'	F	p	partial η^2	$1 - \beta$
組間	139.84	2	69.92	4.77	.02	.27	.75
組內	380.75	26	14.64				
全體	520.59	9					

陸、單因子共變數分析（一個共變項三個組別）的「EZ_ANCOVA」EXCEL操作步驟與報表解讀

對於單因子一個共變項三個組別的共變數分析檢定，除了可透過前面所介紹的 SPSS 統計軟體進行外，也可採用筆者以 EXCEL 所寫的「1 個共變項的單因子共變數分析 .xls」進行。茲同樣以表 3-16 的資料為例，介紹如何透過 EXCEL 的統計軟體操作，進行「共變項與自變項具獨立性」與「組內迴歸係數同質性」等兩個重要基本假設的檢定。一旦兩個基本假定皆符合時，才適合進行共變數分析。

透過圖 3-18 的 EXCEL 操作步驟，即可獲得圖 3-19 的 EXCEL 統計報表。

步驟 1：開啟「1 個共變項的單因子共變數分析 .xls」檔案，點選下方「3 組別」，如下圖所示。

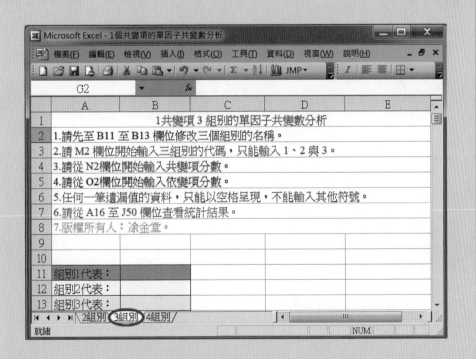

步驟 2：在「1 個共變項的單因子共變數分析」視窗中，於 B11 欄位輸入第 1 組的名稱「實驗組一」，如下圖所示。

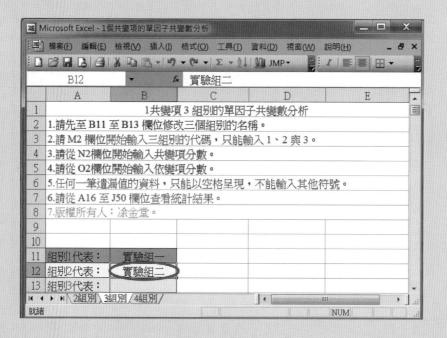

步驟3：在「1個共變項的單因子共變數分析」的視窗中，於 B12 欄位輸入
第 2 組的名稱「實驗組二」，如下圖所示。

步驟4：在「1個共變項的單因子共變數分析」的視窗中，於 B13 欄位輸入
第 3 組的名稱「控制組」，如下圖所示。

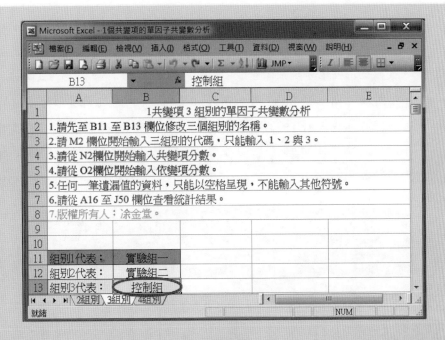

步驟 5：在「1 個共變項的單因子共變數分析」視窗中，在 M2 欄位開始輸
入第一筆資料的組別代碼「1」，在 N2 欄位開始輸入第一筆資料的
共變項分數「25」，在 O2 欄位開始輸入第一筆資料的依變項分數
「83」，如下圖所示。

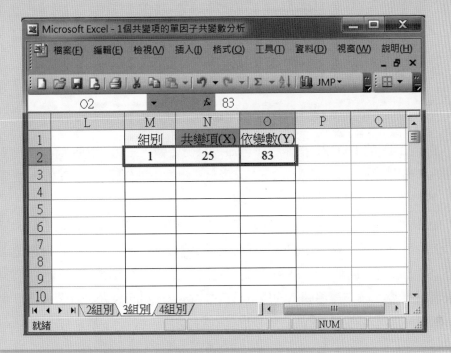

步驟 6：在「1 個共變項的單因子共變數分析」視窗中，將表 3-16 的 30 筆資料，全部輸入在「組別」、「共變項 (X)」、「依變項 (Y)」等三個欄位，如下圖所示。

　　若資料已輸入在 SPSS 時，則可直接先在 SPSS 的視窗，透過滑鼠右鍵的「複製 (C)」，將表 3-16 的 30 筆資料先複製起來，然後將游標直接放在 M2 欄位，再按滑鼠右鍵的「貼上」即可獲得如下圖的結果。

圖 3-18　單因子共變數分析 (1 共變項三組別) 的 EXCEL 操作程序

　　由圖 3-18 的 EXCEL 操作程序可知，只需要輸入三組別的名稱，以及所有受試者的組別代碼（只能以 1、2、3 來表示三組的組別代碼）、共變項、依變項等三個數值即可，無須其他的操作步驟。

　　在資料的輸入過程中，有一點要特別注意的事，若資料有遺漏值的話，只能以空格呈現，不能出現其他的數字或符號（例如「9」或「.」）。當資料是直接從 SPSS 複製過來的話，因 SPSS 原先設定的遺漏值，會出現一個小黑點「.」，請刪除小黑點，讓該筆遺漏值的欄位呈現空白。若在 SPSS 統計軟體自行以 9 作為遺漏值的話，可透過 EXCEL 的「取代 (P)」功能，將「9」取代成空格。

報表 1：在 A16 至 G21 欄位的「敘述統計分析摘要表」中，可知第 1 組「實
驗組一」的人數有 10 位，前測分數（即共變項分數）平均數為
29.20，標準差為 4.80，依變項平均數為 84.20，標準差為 4.47，依
變項調整後平均數為 84.91。第 2 組「實驗組二」的人數有 10 位，
前測分數（即共變項分數）平均數為 32.20，標準差為 3.79，依變
項成績平均數為 90.50，標準差為 3.34，依變項調整後平均數為
90.28。第 3 組「控制組」的人數有 10 位，前測分數（即共變項分
數）平均數為 33.10，標準差為 4.95，依變項成績平均數為 87.40，
標準差為 4.14，依變項調整後平均數為 86.90，如下圖所示。

上述 EXCEL 的統計結果，與圖 3-17 的 SPSS 報表 1 與報表 4 的統
計結果是相同的。

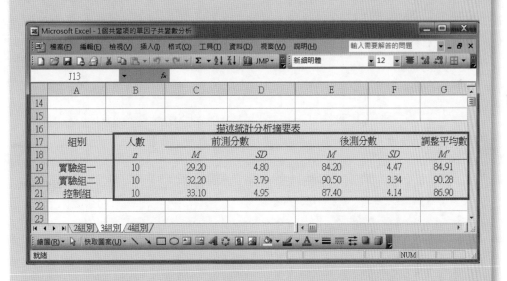

報表 2：在 A24 至 D26 欄位的「Levene 變異數同質性檢定摘要表」中，可
得知 Levene 變異數同質性檢定 $F(2, 27) = 0.310, p = .736$，因為顯著
性 p 高於 .05，故應接受虛無假設，亦即三組的依變項分數具變異
數同質性，如下圖所示。

上述 EXCEL 的統計結果，與圖 3-17 的 SPSS 報表 2 的統計結果是
相同的。

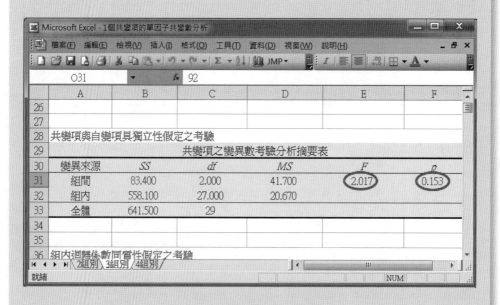

報表 3：在 A28 至 F33 欄位的「共變項之單因子變異數分析摘要表」中，可得知三組在共變項的單因子變異數分析，因為顯著性 p 為 .153，高於 .05，故應接受虛無假設，亦即表示三組的共變項平均數，沒有顯著性差異，顯示符合「共變項與自變項具獨立性」，如下圖所示。上述 EXCEL 的統計結果，與圖 3-13 的 SPSS 報表 3 的統計結果是相同的。

報表 4：在 A36 至 F42 欄位的「迴歸係數同質性檢定分析摘要表」中，可知顯著性 p = .130，由於顯著性高於 .05，故應接受虛無假設，亦即三

組的迴歸係數是相同的，顯示符合組內迴歸係數同質，如下圖所示。上述 EXCEL 的統計結果，與圖 3-15 的 SPSS 報表的統計結果是相同的。

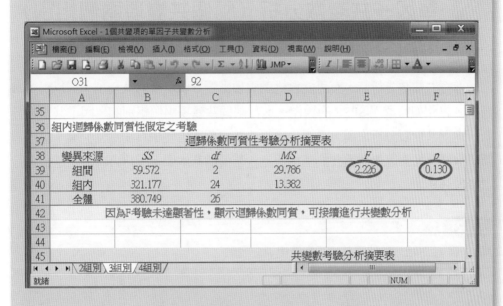

報表 5：在 A45 至 I50 欄位的「共變數檢定分析摘要表」中，可知 $F(2, 26)$ = 4.774, p = .017，顯示三組的調整後平均數有顯著性差異。故由 LSD 事後比較可知，第 1 組（實驗組一）調整後平均數 84.914，顯著低於第 2 組（實驗組二）調整後平均數 90.500，如下圖所示。

上述 EXCEL 的統計結果，與圖 3-17 的 SPSS 報表 3 與報表 4 的統計結果是相同的。

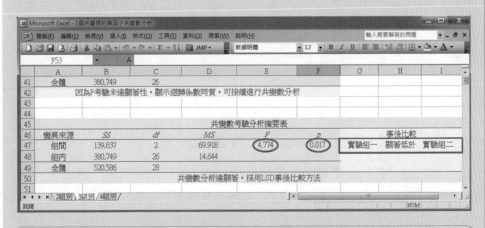

圖 3-19　以表 3-16 所進行的共變數分析 EXCEL 統計報表

　　綜合上述對 SPSS 統計軟體與筆者所寫的 EXCEL 程式，所進行的單因子一個共變項三個組別的共變數分析，兩種統計軟體皆獲得相同的統計結果。

柒、單因子共變數分析（兩個共變項兩個組別）的SPSS操作步驟與報表解讀

　　進行共變數分析時，有可能會挑選兩項影響實驗結果的共變項，茲以表 3-21 為例，說明如何透過 SPSS 的操作，進行兩個共變項兩個組別的單因子共變數分析。進行共變數分析之前，仍應先檢視「共變項與自變項具獨立性」與「組內迴歸係數同質性」等兩個重要的基本假定，若兩個基本假定皆符合時，才適合進行共變數分析。

表 3-21

實驗組與控制組學生的兩共變項與依變項之分數

實驗組				控制組			
編號	X1	X2	Y	編號	X1	X2	Y
1	33	47	73	11	42	29	75
2	42	37	68	12	39	34	87
3	56	20	75	13	39	43	71
4	21	33	69	14	41	55	86
5	41	25	85	15	21	44	83
6	43	24	70	16	32	30	79
7	46	50	70	17	49	38	77
8	30	38	79	18	22	41	76
9	25	34	72	19	39	32	81
10	48	43	76	20	28	29	83

一、共變項與自變項具獨立性的假設檢定

　　檢驗自變項與共變項是否具有獨立性，雖然只有兩個組別，但因有兩個共變項（X1、X2），故需採用獨立樣本單因子多變量變異數分析，檢定兩組在兩個共變項的得分是否有顯著性差異。當兩組在兩個共變項的得分沒有顯著性差異

時，則顯示符合自變項與共變項具獨立性的基本假定。

透過圖 3-20 的 SPSS 的操作程序，即可檢定兩組在兩個共變項的分數是否有顯著性差異。

步驟 1：在「兩個共變項兩個組別的 ancova 實例 .sav」檔案中，點選「分析 (A)」→「一般線性模式 (G)」→「多變量 (M)」，如下圖所示。

步驟 2：在「多變量」對話窗中，將左邊的「組別」移至「固定因子 (F)」，如下圖所示。

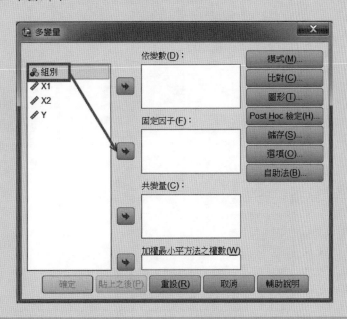

步驟3：在「多變量」對話窗中，將左邊兩個共變項「X1」與「X2」移至「依變數(D)」，並按下「選項(O)」按鍵，如下圖所示。

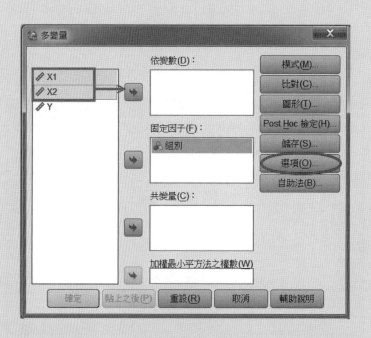

步驟4：在「多變量：選項」對話窗中，點選「顯示」中的「敘述統計(D)」、「SSCP矩陣」等兩個選項，並按下「繼續」的按鍵，如下圖所示。

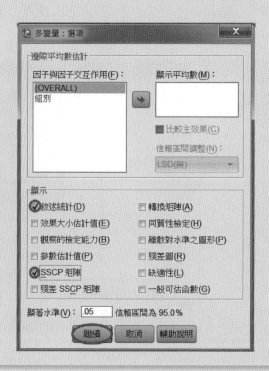

步驟 5：在「多變量」對話窗中，按下「確定」按鍵，如下圖所示。

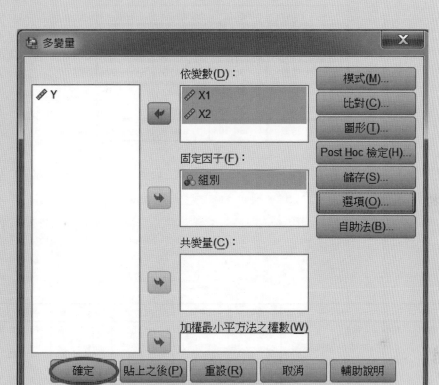

圖 3-20 獨立樣本單因子多變量變異數分析（兩個共變項）的 SPSS 操作程序

經過圖 3-20 的 SPSS 操作步驟，可以得到圖 3-21 的 SPSS 統計報表。

報表 1：在「敘述統計」報表中，可發現兩個共變項「X1」與「X2」的「個數」，組別 1（實驗組）與組別 2（控制組）的受試者皆為 10 位。就共變項「X1」而言，組別 1 的平均數為 38.50，組別 2 的平均數為 35.20；組別 1 的標準差為 10.967，組別 2 的標準差為 9.138。就共變項「X2」而言，組別 1 的平均數為 35.10，組別 2 的平均數為 37.50；組別 1 的標準差為 9.983，組別 2 的標準差為 8.396，如下圖所示。

敘述統計

	組別	平均數	標準離差	個數
X1	1	38.50	10.967	10
	2	35.20	9.138	10
	總數	36.85	9.970	20
X2	1	35.10	9.983	10
	2	37.50	8.396	10
	總數	36.30	9.062	20

報表 2：在「多變量檢定[a]」報表中，可知 Wilk 的 Λ 值為 .958, $p = .697$，由於顯著性 p 大於 .05，顯示兩組的多變量分析沒有顯著性的差異，亦即表 3-21 的資料，符合「共變項與自變項具獨立性」的基本假定，如下圖所示。

多變量檢定[a]

效果		數值	F	假設自由度	誤差自由度	顯著性
截距	Pillai's Trace	.973	309.029[b]	2.000	17.000	.000
	Wilks' Lambda 變數選擇法	.027	309.029[b]	2.000	17.000	.000
	多變量顯著性檢定	36.356	309.029[b]	2.000	17.000	.000
	Roy 的最大平方根	36.356	309.029[b]	2.000	17.000	.000
組別	Pillai's Trace	.042	.369[b]	2.000	17.000	.697
	Wilks' Lambda 變數選擇法	.958	.369[b]	2.000	17.000	.697
	多變量顯著性檢定	.043	.369[b]	2.000	17.000	.697
	Roy 的最大平方根	.043	.369[b]	2.000	17.000	.697

a. Design: 截距 + 組別

b. 精確的統計量

報表 3：在「受試者間 SSCP 矩陣」報表中，可知「組別」的兩個共變項之 SSCP 矩陣為 {54.450, -39.600; -39.600, 28.800}，「誤差」的兩個共變項之 SSCP 矩陣為 {1834.100, -200.500; -200.500, 1531.400}，如下圖所示。

受試者間 SSCP 矩陣

			X1	X2
假設	截距	X1	27158.450	26753.100
		X2	26753.100	26353.800
	組別	X1	54.450	-39.600
		X2	-39.600	28.800
誤差		X1	1834.100	-200.500
		X2	-200.500	1531.400

以型III的平方和為基礎

圖 3-21　獨立樣本單因子多變量變異數分析 (兩個共變項) 的 SPSS 統計報表

將圖 3-21 的獨立樣本單因子多變量變異數分析之統計報表，整理成表 3-22 的統計摘要表。

表 3-22

獨立樣本單因子多變量變異數分析統計摘要表

SV	df	SSCP		Λ	p
組間	1	$\begin{bmatrix} 54.45 & -39.60 \\ -39.60 & 28.80 \end{bmatrix}$		.96	.70
組內	17	$\begin{bmatrix} 1834.10 & -200.50 \\ -200.50 & 1531.40 \end{bmatrix}$			
全體	19	$\begin{bmatrix} 1888.55 & -240.10 \\ -240.10 & 1560.20 \end{bmatrix}$			

由表 3-22 可知，兩組受試者在兩共變項「X1」與「X2」分數，其獨立樣本單因子多變量變異數分析沒有達顯著性的差異，$\Lambda(1, 17) = .96, p = .70$，顯示共變項與自變項符合獨立性的基本假定，適合進行共變數分析。

二、組內迴歸係數同質性假設的檢定

進行兩個共變項的單因子共變數分析，其組內迴歸係數同質性假設的檢定，並無法透過 SPSS 點選的程序，而必須改採 SPSS 的語法，如圖 3-22 所示。

若想使用圖 3-22 的 SPSS 語法，由於語法是直接將自變項的名稱定義為「組別」，將兩個共變項的名稱直接定義為「X1」、「X2」，將依變項的名稱直接定義為「Y」，故讀者在使用者時，得先將自己的自變項、共變項、依變項等名稱更改為圖 3-22 的定義名稱，或是將圖 3-22 的定義名稱，更改為你自己的變項名稱。

```
manova   Y   by 組別 (1, 2) with X1 X2
/analysis = Y
/design = X1, X2, 組別 , pool(X1, X2)  by 組別 .
```

圖 3-22　兩共變項兩組別單因子共變數分析各組迴歸係數同質性的 SPSS 語法

茲以圖 3-23 的 SPSS 操作步驟，來判斷是否符合此假定。

步驟 1：在「兩個共變項兩個組別的 ancova 實例 .sav」檔案中，點選「檔案(F)」→「開啟」→「語法 (S)」，如下圖所示。

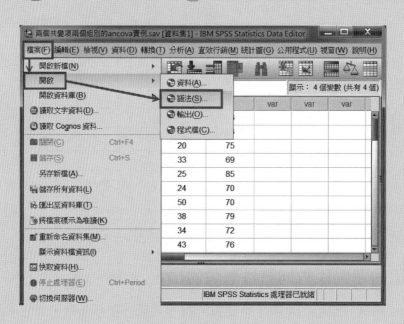

步驟 2：在「開啟語法」對話窗中，先搜尋存放語法的檔案放在哪個資料夾，本例是放在「spss data」的資料夾。接續點選檔案中「兩共變項兩

組別的單因子共變數分析之迴歸係數同質性語法 .sps」檔案，並點選「開啟 (O)」的按鍵，如下圖所示。

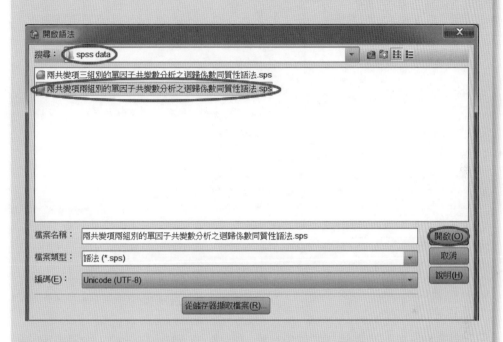

步驟 3：在「兩共變項兩組別的單因子共變數分析之迴歸係數同質性語法 .sps」語法視窗中，點選「執行 (R)」→「全部 (A)」，如下圖所示。

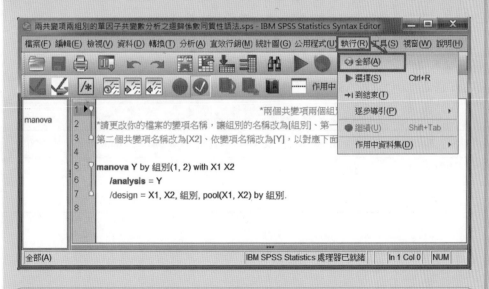

圖 3-23 組內迴歸係數同質性檢定的 SPSS 語法操作程序

經過圖 3-23 的 SPSS 語法操作步驟，即可獲得圖 3-24 的 SPSS 統計報表。

報表：在「Analysis of Variance」報表中，可知「POOL(X1 X2) BY 組」的 F 值為 0.36，顯著性 $p = .702$，由於顯著性高於 .05，故應接受虛無假設，亦即兩組的迴歸係數是相同的，顯示符合組內迴歸係數同質假設，如下圖所示。

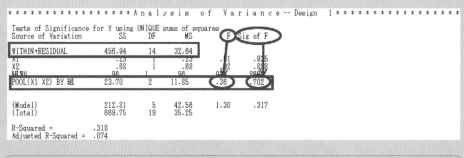

圖 3-24　組內迴歸係數同質性檢定的 SPSS 統計報表

將圖 3-24 的組內迴歸係數同質性檢定結果，可整理成表 3-23 的單因子共變數分析迴歸係數同質性檢定摘要表。從表 3-23 可知，組內迴歸係數同質性檢定結果：$F(2, 14) = 0.36, p = .70$，由於顯著性 p 大於 .05，故應接受虛無假設，即兩組的組內迴歸係數是同質的，顯示適合進行共變數分析。

表 3-23

單因子共變數分析迴歸係數同質性檢定摘要表

SV	SS	df	MS	F	p
迴歸係數異質性	23.70	2	11.85	0.36	.70
誤差	456.94	14	32.64		
總和	480.64	16			

三、單因子共變數分析（兩個共變項兩個組別）之統計
　　檢定

　　前面對「共變項與自變項具獨立性」與「組內迴歸係數同質性」等兩個基本假設的檢定結果顯示，表 3-21 的資料同時符合「共變項與自變項具獨立性」與「組內迴歸係數同質性」兩個基本假定，故接續可進行兩個共變項兩組別的單因子共變數分析。

　　透過圖 3-25 的 SPSS 操作步驟，即可進行單因子兩個共變項兩組別之共變數分析。

步驟 1：在「兩個共變項兩個組別的 ancova 實例 .sav」檔案中，點選「分析
　　　　　(A)」→「一般線性模式 (G)」→「單變量 (U)」，如下圖所示。

步驟 2：在「單變量」對話窗中，將左邊的自變項「組別」，移至右邊的「固
　　　　　定因子 (F)」空格中，如下圖所示。

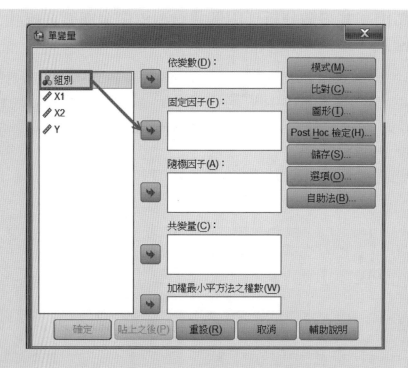

步驟 3：在「單變量」對話窗中，將左邊的兩共變項「X1」與「X2」，移至右邊的「共變量 (C)」空格中，如下圖所示。

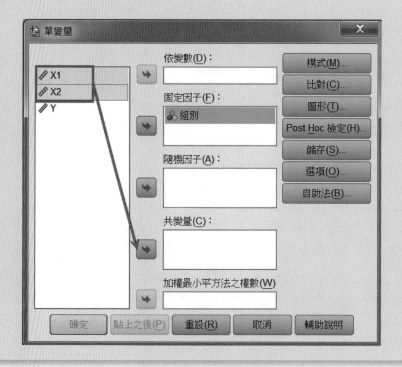

步驟 4：在「單變量」對話窗中，將左邊的依變項「Y」，移至右邊的「依
變項 (D)」空格中，並按下「選項 (O)」的選項，如下圖所示。

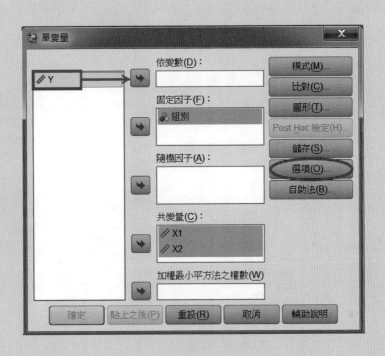

步驟 5：在「單變量：選項」對話窗中，點選左邊「因子與因子交互作用 (F)」
中的「組別」，移至右邊的「顯示平均數 (M)」，如下圖所示。

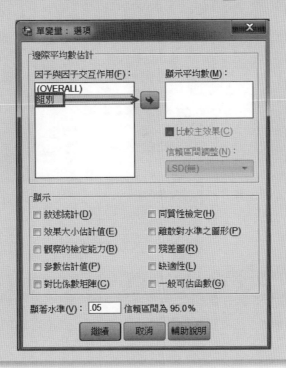

步驟 6：在「單變量：選項」對話窗中，點選「比較主效果 (C)」，以及「顯示」中的「敘述統計 (D)」、「效果大小估計值 (E)」、「觀察的檢定能力 (B)」、「同質性檢定 (H)」等選項，最後按下「繼續」按鍵，如下圖所示。

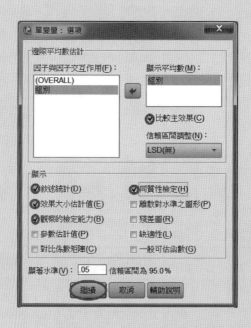

步驟 7：在「單變量」對話窗中，按下「確定」按鍵，如下圖所示。

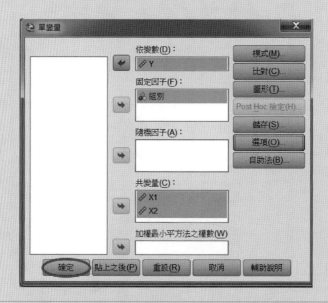

圖 3-25　單因子（兩個共變項兩組別）共變數分析的 SPSS 操作程序

經過圖 3-25 的 SPSS 操作步驟，即可獲得圖 3-26 的 SPSS 統計報表。

報表 1：在「敘述統計」報表中，可知第 1 組（實驗組）的依變項平均數
　　　　為 73.70，標準差為 5.250、第 2 組（控制組）的依變項平均數為
　　　　79.80，標準差為 5.116，如下圖所示。

敘述統計

依變數：Y

組別	平均數	標準離差	個數
1	73.70	5.250	10
2	79.80	5.116	10
總數	76.75	5.937	20

報表 2：在「誤差變異量的 Levene 檢定等式 [a]」報表中，可得知 Levene 變
　　　　異數同質性檢定 $F(1, 18) = 0.087, p = .772$，因為顯著性 p 高於 .05，
　　　　故應接受虛無假設，亦即實驗組與控制組的依變項分數具變異數同
　　　　質性，如下圖所示。

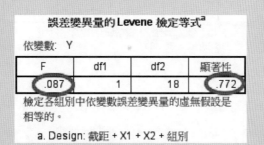

誤差變異量的 Levene 檢定等式 [a]

依變數：Y

F	df1	df2	顯著性
.087	1	18	.772

檢定各組別中依變數誤差變異量的虛無假設是
相等的。

a. Design: 截距 + X1 + X2 + 組別

報表 3：在「受試者間效應項的檢定」報表中，可得知「組別」的顯著性 p
　　　　為 .024，因為顯著性 p 小於 .05，故應拒絕虛無假設，亦即表示實
　　　　驗組與控制組的調整後平均數，有顯著性差異。單因子共變數分析
　　　　的檢定結果為 $F(1, 16) = 6.180, p = .024$，淨相關 Eta 平方（partial
　　　　η^2）為 .279，觀察的檢定能力（統計檢定力）為 .646，如下圖所示。

受試者間效應項的檢定

依變數: Y

來源	型 III 平方和	df	平均平方和	F	顯著性	淨相關 Eta 平方	Noncent. 參數	觀察的檢定能力[b]
校正後的模式	189.110[a]	3	63.037	2.098	.141	.282	6.295	.437
截距	3265.702	1	3265.702	108.712	.000	.872	108.712	1.000
X1	.067	1	.067	.002	.963	.000	.002	.050
X2	2.844	1	2.844	.095	.762	.006	.095	.060
組別	185.643	1	185.643	6.180	.024	.279	6.180	.646
誤差	480.640	16	30.040					
總數	118481.000	20						
校正後的總數	669.750	19						

a. R 平方 = .282 (調過後的 R 平方 = .148)

b. 使用 alpha = .05 計算

報表 4：在「估計值」報表中，可知第 1 組（實驗組）的後測分數調整後平均數為 73.638，第 2 組（控制組）的調整後平均數為 79.862，如下圖所示。

估計值

依變數: Y

組別	平均數	標準誤差	95% 信賴區間 下界	95% 信賴區間 上界
1	73.638[a]	1.752	69.924	77.352
2	79.862[a]	1.752	76.148	83.576

a. 使用下列值估計出現在模式的共變量: X1 = 36.85, X2 = 36.30.

報表 5：在「成對比較」報表中，可知第 1 組（實驗組）的調整後平均數 73.638 與第 2 組（控制組）的調整後平均數 79.862 的差距為 -6.224，因為顯著性 $p = .024$，顯示兩組調整後的平均數，達顯著性差異，亦即第 1 組調整後平均數顯著低於第 2 組調整後平均數，如下圖所示。

成對比較

依變數: Y

(I) 組別	(J) 組別	平均差異 (I-J)	標準誤差	顯著性[b]	差異的 95% 信賴區間[b] 下界	差異的 95% 信賴區間[b] 上界
1	2	-6.224[*]	2.504	.024	-11.532	-.916
2	1	6.224[*]	2.504	.024	.916	11.532

根據估計的邊緣平均數而定

*. 平均差異在 .05 水準是顯著的。

b. 調整多重比較: 最低顯著差異 (等於未調整值)。

図 3-26　以表 3-21 所進行的共變數分析 SPSS 統計報表

將圖 3-26 所獲得的統計結果，整理成表 3-24 的各組平均數摘要表，以及表 3-25 單因子共變數分析摘要表。由表 3-24 與表 3-25 可知，單因子共變數分析的統計結果顯示：$F(1, 16) = 6.18$，$p = .02$，partial η^2 為 .28，統計檢定力為 .65，而事後比較顯示，實驗組的調整後平均數（$M' = 73.64$）顯著低於控制組的調整後平均數（$M' = 79.86$）。

表 3-24

單因子共變數分析之前測平均數、後測平均數、後測調整平均數

組別	人數	X1		X2		Y		
	n	M	SD	M	SD	M	SD	M'
實驗組	10	38.50	10.97	35.10	9.98	73.70	5.25	73.64
控制組	10	35.20	9.14	37.50	8.40	79.80	5.12	79.86

表 3-25

單因子共變數分析摘要表

SV	SS'	df	MS'	F	p	partial η^2	$1 - \beta$
組間	185.64	1	185.64	6.18	.02	.28	.65
組內	480.64	16	30.04				
全體	666.28	17					

捌、單因子共變數分析（兩個共變項兩個組別）的「EZ_ANCOVA」EXCEL操作步驟與報表解讀

對於單因子兩個共變項、兩個組別的共變數分析檢定，除了可透過前面所介紹的 SPSS 統計軟體進行外，也可採用筆者以 EXCEL 所寫的「2 個共變項的單因子共變數分析 .xls」進行。茲同樣以表 3-21 的資料為例，介紹如何透過 EXCEL 的統計軟體操作，進行「共變項與自變項具獨立性」與「組內迴歸係數同質性」等兩個重要基本假設的檢定。一旦兩個基本假定皆符合時，才適合進行共變數分析。

透過圖 3-27 的 EXCEL 操作步驟，即可獲得圖 3-28 的 EXCEL 統計報表。

步驟 1：開啓「2 個共變項的單因子共變數分析 .xls」的檔案，點選下方「2 組別」，如下圖所示。

步驟 2：在「2 個共變項的單因子共變數分析」的視窗中，於 B10 欄位輸入 第 1 的名稱「實驗組」，如下圖所示。

步驟 3：在「2 個共變項的單因子共變數分析」的視窗中，於 B11 欄位輸入第 2 的名稱「控制組」，如下圖所示。

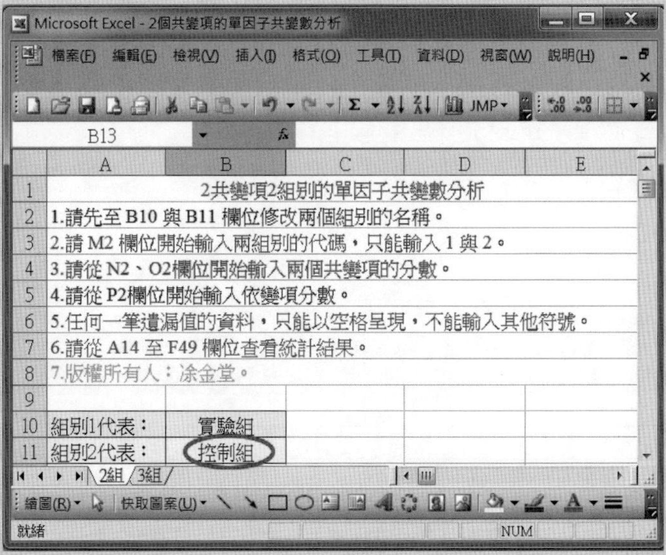

步驟 4：在「2 個共變項的單因子共變數分析」的視窗中，在 M2 欄位開始輸入第一筆資料的組別代碼「1」，在 N2 欄位開始輸入第一筆資料的 X1 共變項分數「33」，在 O2 欄位開始輸入第一筆資料的 X2 共變項分數「47」，在 P2 欄位開始輸入第一筆資料的依變項分數「73」，如下圖所示。

步驟 5：在「2 個共變項的單因子共變數分析」的視窗中，將表 3-21 的
20 筆資料，全部輸入在「組別」、「共變項 (X1)」、「共變
項 (X2)」、「依變項 (Y)」等四個欄位，如下圖所示。

若資料已輸入在 SPSS 時，則可直接先在 SPSS 的視窗，透過滑鼠
右鍵的「複製 (C)」，將表 3-21 的 20 筆資料先複製起來，然後將
游標直接放在 M2 欄位，再按滑鼠右鍵的「貼上」即可獲得如下圖
的結果。

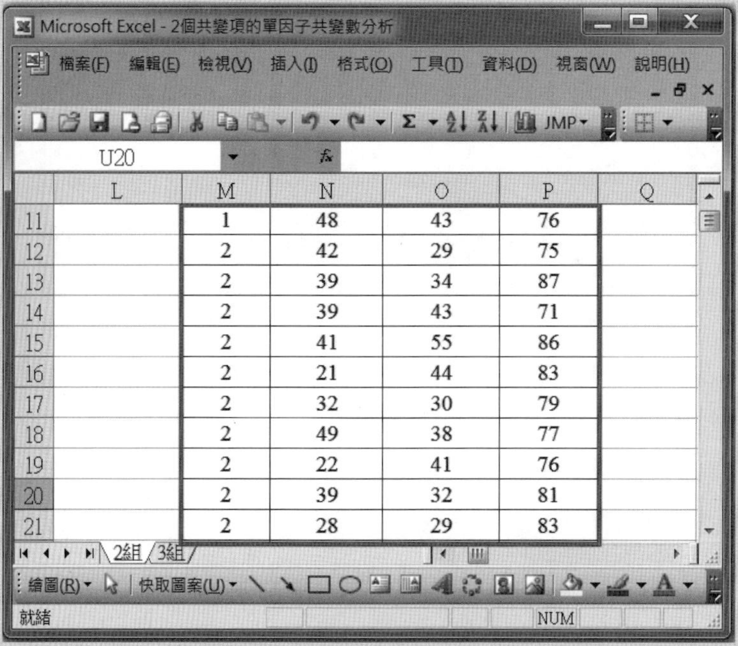

圖 3-27　單因子共變數分析（兩共變項、兩組別）的 EXCEL 操作程序

　　由圖 3-27 的 EXCEL 操作程序可知，只需要輸入兩組別的名稱，以及所有
受試者的組別代碼（只能以 1、2 來表示兩組的組別代碼）、共變項（X1）、共
變項（X2）、依變項等四個數值即可，無須其他的操作步驟。

　　在資料的輸入過程中，有一點要特別注意的事，若資料有遺漏值的話，只能
以空格呈現，不能出現其他的數字或符號（例如「9」或「.」）。當資料是直接
從 SPSS 複製過來的話，因 SPSS 原先設定的遺漏值，會出現一個小黑點「.」，
請刪除小黑點，讓該筆遺漏值的欄位呈現空白。若在 SPSS 統計軟體自行以 9 作

爲遺漏值的話，可透過 EXCEL 的「取代 (P)」功能，將「9」取代成空格。

報表 1：在 A14 至 E17 欄位的「敘述統計分析摘要表」中，可知第 1 組
（實驗組）的人數有 10 位，第一個共變項 X1 的平均數爲 38.50，
標準差爲 10.97；第二個共變項 X2 的平均數爲 35.10，標準差爲
9.98；依變項平均數爲 73.70，標準差爲 5.25，依變項調整後平均
數爲 73.64。第 2 組（控制組）的人數有 10 位，第一個共變項 X1
的平均數爲 35.20，標準差爲 9.14；第二個共變項 X2 的平均數爲
37.50，標準差爲 8.40；依變項成績平均數爲 79.80，標準差爲 5.12，
依變項調整後平均數爲 79.86，如下圖所示。

上述 EXCEL 的統計結果，與圖 3-26 的 SPSS 報表 1 與報表 4 的統
計結果是相同的。

組別	人數	X1		X2		Y		調整平均數
	n	M	SD	M	SD	M	SD	M'
實驗組	10	38.50	10.97	35.10	9.98	73.70	5.25	73.64
控制組	10	35.20	9.14	37.50	8.40	79.80	5.12	79.86

報表 2：在 A20 至 D22 欄位的「Levene 變異數同質性檢定摘要表」中，可
得知 Levene 變異數同質性檢定 $F(1, 18) = 0.087, p = .772$，因爲顯著
性 p 高於 .05，故應接受虛無假設，亦即兩組的依變項分數具變異
數同質性，如下圖所示。

上述 EXCEL 的統計結果，與圖 3-26 的 SPSS 報表 2 的統計結果是
相同的。

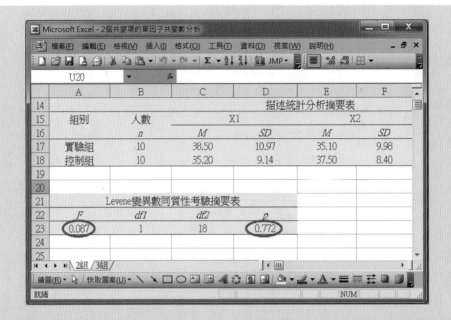

報表 3：在 A26 至 F32 欄位的「共變項之單因子多變量變異數分析摘要表」中，可得知兩組在共變項的單因子變異數分析，因為顯著性 p 為 .697，高於 .05，故應接受虛無假設，亦即表示兩組的共變項 X1 與 X2 的平均數，沒有顯著性差異，顯示符合「共變項與自變項具獨立性」，如下圖所示。

上述 EXCEL 的統計結果，與圖 3-21 的 SPSS 報表 2 的統計結果是相同的。

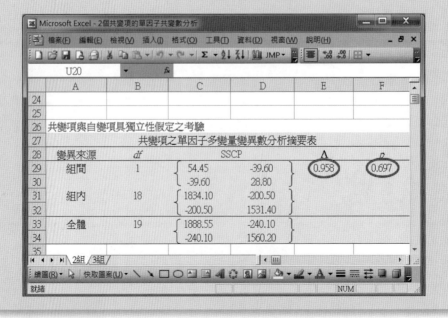

報表 4：在 A36 至 F41 欄位的「迴歸係數同質性檢定分析摘要表」中，可知顯著性 $p = .702$，由於顯著性高於 .05，故應接受虛無假設，亦即兩組的迴歸係數是相同的，顯示符合組內迴歸係數同質，如下圖所示。

上述 EXCEL 的統計結果，與圖 3-24 的 SPSS 報表的統計結果是相同的。

Microsoft Excel - 2個共變項的單因子共變數分析

	A	B	C	D	E	F
33	全體	19	1888.55	-240.10		
34			-240.10	1560.20		
35						
36						
37	組內迴歸係數同質性假定之考驗					
38			迴歸係數同質性考驗分析摘要表			
39	變異來源	*SS*	*df*	*MS*	*F*	*p*
40	組間	23.701	2	11.850	0.363	0.702
41	組內	456.939	14	32.639		
42	全體	480.640	16			
43	因為F考驗未達顯著性，顯示迴歸係數同質，可接續進行共變數分析					

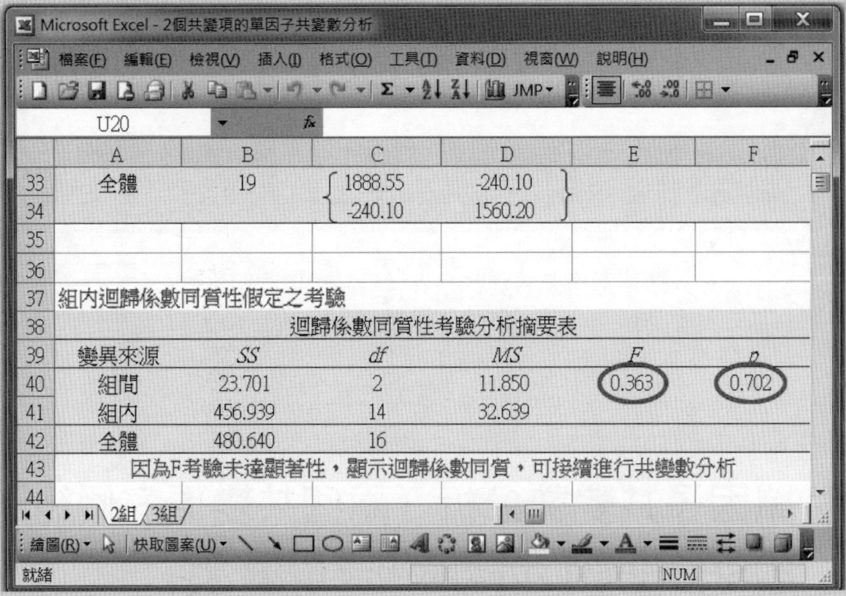

報表 5：在 A45 至 F49 欄位的「共變數檢定分析摘要表」中，可知 $F(1, 16) = 6.180, p = .024$，顯示兩組的調整後平均數有顯著性差異。由於只有兩組，故由報表 1 的第 1 組（實驗組）調整後平均數 73.64，顯著低於第 2 組（控制組）調整後平均數 79.86，如下圖所示。

上述 EXCEL 的統計結果，與圖 3-26 的 SPSS 報表 3 與報表 4 的統計結果是相同的。

圖 3-28 以表 3-21 所進行的共變數分析（兩共變項兩組別）EXCEL 統計報表

玖、單因子共變數分析（兩個共變項三個組別）的SPSS操作步驟與報表解讀

對於兩個共變項三個組別的單因子共變數分析檢定，茲以表 3-26 為例，說明如何透過 SPSS 的操作，進行兩個共變項與三個組別的單因子共變數分析。進行共變數分析之前，仍應先檢視「共變項與自變項具獨立性」與「組內迴歸係數同質性」等兩個重要的基本假定，若兩個基本假定皆符合時，才適合進行共變數分析。

一、共變項與自變項具獨立性的假設檢定

檢驗自變項與共變項是否具有獨立性，雖然只有三個組別，但因有兩個共變項（X1、X2），故需採用獨立樣本單因子多變量變異數分析，檢定三組在兩個共變項的得分是否有顯著性差異。當三組在兩個共變項的得分沒有顯著性差異時，則顯示符合自變項與共變項具獨立性的基本假定。

表 3-26

實驗組一、實驗組二、控制組學生的兩共變項與依變項之分數

實驗組一				實驗組二				控制組			
編號	X1	X2	Y	編號	X1	X2	Y	編號	X1	X2	Y
1	41	30	74	11	32	53	88	21	40	60	79
2	35	32	75	12	35	52	82	22	27	48	88
3	25	37	74	13	37	36	83	23	21	44	81
4	35	43	72	14	41	46	87	24	42	53	85
5	47	44	75	15	25	44	92	25	36	35	84
6	27	41	71	16	31	69	79	26	33	56	96
7	34	51	79	17	23	48	91	27	33	53	80
8	26	36	77	18	34	41	90	28	35	61	89
9	33	43	78	19	40	38	88	29	21	54	92
10	38	56	82	20	41	33	86	30	39	40	88

　　透過圖 3-29 的 SPSS 的操作程序，即可檢定三組在兩個共變項的分數是否有顯著性差異。

步驟 1：在「兩個共變項三個組別的 ancova 實例 .sav」檔案中，點選「分析 (A)」→「一般線性模式 (G)」→「多變量 (M)」，如下圖所示。

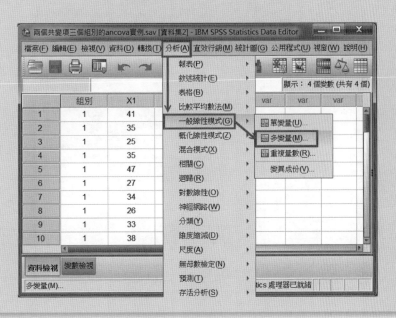

步驟 2：在「多變量」對話窗中，將左邊的「組別」移至「固定因子(F)」，如下圖所示。

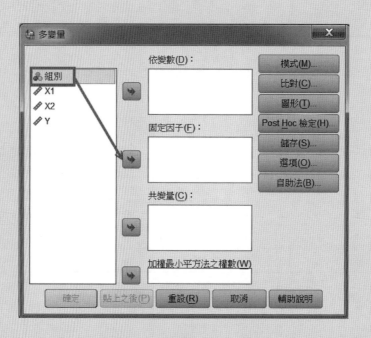

步驟 3：在「多變量」對話窗中，將左邊兩個共變項「X1」與「X2」移至「依變數(D)」，並按下「選項(O)」的按鍵，如下圖所示。

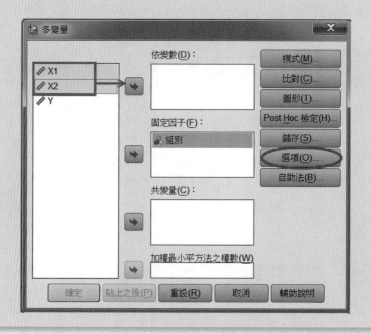

步驟 4：在「多變量：選項」對話窗中，點選「顯示」中的「敘述統計(D)」、「SSCP 矩陣」等兩個選項，並按下「繼續」的按鍵，如下圖所示。

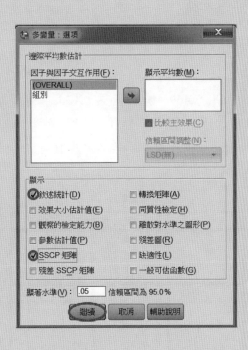

步驟 5：在「多變量」對話窗中，按下「確定」按鍵，如下圖所示。

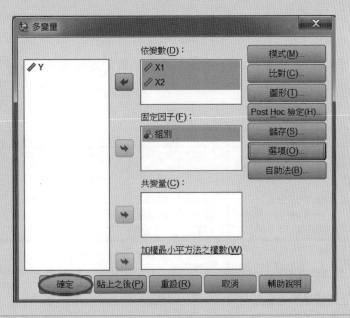

圖 3-29　獨立樣本單因子多變量變異數分析（兩個共變項）的 SPSS 操作程序

經過圖 3-29 的 SPSS 操作步驟，可以得到圖 3-30 的 SPSS 統計報表。

報表 1：在「敘述統計」報表中，可發現兩個共變項「X1」與「X2」的「個數」，三組別的受試者皆為 10 位。就共變項「X1」而言，組別 1 的平均數 34.10，組別 2 的平均數為 33.90，組別 3 的平均數為 32.70；組別 1 的標準差為 6.919，組別 2 的標準差為 6.315，組別 3 的標準差為 7.469。就共變項「X2」而言，組別 1 的平均數為 41.30，組別 2 的平均數為 46.00，組別 3 的平均數為 50.40；組別 1 的標準差為 8.056，組別 2 的標準差為 10.435，組別 3 的標準差為 8.527，如下圖所示。

敘述統計

	組別	平均數	標準離差	個數
X1	1	34.10	6.919	10
	2	33.90	6.315	10
	3	32.70	7.469	10
	總數	33.57	6.704	30
X2	1	41.30	8.056	10
	2	46.00	10.435	10
	3	50.40	8.527	10
	總數	45.90	9.528	30

報表 2：在「多變量檢定 [a]」報表中，可知 Wilk 的 Λ 值為 .839, $p = .325$，由於顯著性 p 大於 .05，顯示兩組的多變量分析沒有顯著性的差異，亦即表 3-26 的資料，符合「共變項與自變項具獨立性」的基本假定，如下圖所示。

多變量檢定 [a]

效果		數值	F	假設自由度	誤差自由度	顯著性
截距	Pillai's Trace	.983	759.880[b]	2.000	26.000	.000
	Wilks' Lambda 變數選擇法	.017	759.880[b]	2.000	26.000	.000
	多變量顯著性檢定	58.452	759.880[b]	2.000	26.000	.000
	Roy 的最大平方根	58.452	759.880[b]	2.000	26.000	.000
組別	Pillai's Trace	.161	1.183	4.000	54.000	.329
	Wilks' Lambda 變數選擇法	.839	1.192[b]	4.000	52.000	.325
	多變量顯著性檢定	.192	1.197	4.000	50.000	.324
	Roy 的最大平方根	.190	2.567[c]	2.000	27.000	.095

a. Design: 截距 + 組別

b. 精確的統計量

c. 統計量為在顯著水準上產生下限之 F 的上限。

報表 3：在「受試者間 SSCP 矩陣」報表中，可知「組別」的兩個共變項之
SSCP 矩陣為 {11.467, -63.200; -63.200, 414.200}，「誤差」的兩個
共變項之 SSCP 矩陣為 {1291.900, -110.100; -110.100, 2218.500}，如
下圖所示。

受試者間 SSCP 矩陣

			X1	X2
假設	截距	X1	33801.633	46221.300
		X2	46221.300	63204.300
	組別	X1	11.467	-63.200
		X2	-63.200	414.200
誤差		X1	1291.900	-110.100
		X2	-110.100	2218.500

以型III的平方和為基礎

圖 3-30　獨立樣本單因子多變量變異數分析（兩個共變項）的 SPSS 統計報表

　　將圖 3-30 的獨立樣本單因子變異數分析之統計報表，整理成表 3-27 的統計
摘要表。

表 3-27

獨立樣本單因子多變量變異數分析統計摘要表

SV	df	SSCP		Λ	p
組間	2	$\begin{pmatrix} 11.47 & -63.20 \\ -63.20 & 414.20 \end{pmatrix}$		.84	.33
組內	27	$\begin{pmatrix} 1291.90 & -110.10 \\ -110.10 & 2218.50 \end{pmatrix}$			
全體	29	$\begin{pmatrix} 1303.37 & -173.30 \\ -173.30 & 2632.70 \end{pmatrix}$			

　　由表 3-27 可知，三組學生在兩共變項「X1」與「X2」分數，其獨立樣本單
因子多變量變異數分析沒有達顯著性的差異，$\Lambda(2, 27) = .84$, $p = .33$，顯示共變項
與自變項符合獨立性的基本假定，適合進行共變數分析。

二、組內迴歸係數同質性假設的檢定

進行兩個共變項的單因子共變數分析，其組內迴歸係數同質性假設的檢定，並無法透過 SPSS 點選的程序，而必須改採 SPSS 的語法，如圖 3-31 所示。若想使用圖 3-31 的 SPSS 語法，由於語法是直接將自變項的名稱定義為「組別」，兩個共變項的名稱直接定義為「X1」、「X2」，依變項的名稱直接定義為「Y」，故讀者在使用時，得先將自己的自變項、共變項、依變項等名稱更改為圖 3-31 的定義名稱，或是將圖 3-31 的定義名稱，更改為你自己的變項名稱。

```
manova   Y   by 組別 (1, 3) with X1 X2
/analysis = Y
/design = X1, X2, 組別 , pool(X1, X2)  by 組別 .
```

圖 3-31　兩共變項三組別單因子共變數分析各組迴歸係數同質性的 SPSS 語法

茲以圖 3-32 的 SPSS 操作步驟，來判斷是否符合此假定。

步驟 1：在「兩個共變項三個組別的 ancova 實例 .sav」檔案中，點選「檔案 (F)」→「開啟」→「語法 (S)」，如下圖所示。

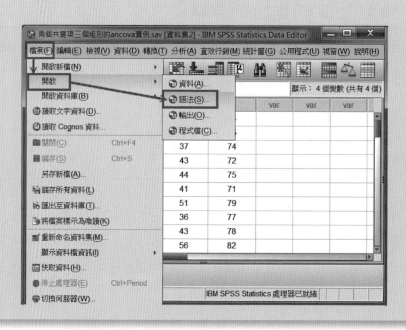

步驟 2：在「開啟語法」對話窗中，先搜尋存放語法的檔案放在哪個資料夾，本例是放在「spss data」的資料夾，接續點選檔案中的「兩共變項三組別的單因子共變數分析之迴歸係數同質性語法 .sps」檔案，並點選「開啟 (O)」的按鍵，如下圖所示。

步驟 3：在「兩共變項三組別的單因子共變數分析之迴歸係數同質性語法 .sps」語法視窗中，點選「執行 (R)」→「全部 (A)」，如下圖所示。

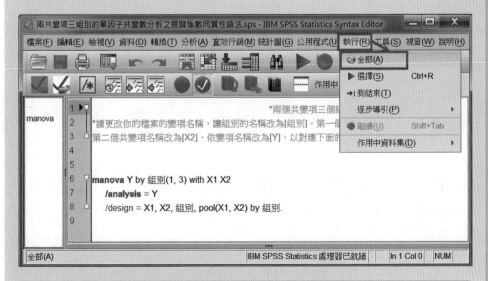

圖 3-32　組內迴歸係數同質性檢定的 SPSS 語法操作程序

經過圖 3-32 的 SPSS 語法操作步驟，即可獲得圖 3-33 的 SPSS 統計報表。

報表：在「Analysis of Variance」的報表中，可知「POOL(X1 X2) BY 組」的 F 值為 1.86，顯著性 $p = .155$，由於顯著性高於 .05，故應接受虛無假設，亦即三組的迴歸係數是相同的，顯示符合組內迴歸係數同質假設，如下圖所示。

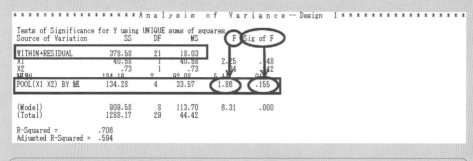

圖 3-33 組內迴歸係數同質性檢定的 SPSS 統計報表

將圖 3-33 的組內迴歸係數同質性檢定結果，整理成表 3-28 的單因子共變數分析迴歸係數同質性檢定摘要表。從表 3-28 可知，組內迴歸係數同質性檢定結果，$F_{(4, 21)} = 1.86$，$p = .16$，由於顯著性 p 大於 .05，故應接受虛無假設，即兩組的組內迴歸係數是同質的，顯示適合進行共變數分析。

表 3-28

單因子共變數分析迴歸係數同質性檢定摘要表

SV	SS	df	MS	F	p
迴歸係數異質性	134.28	4	33.57	1.86	.16
誤差	378.58	21	18.03		
總和	512.87	25			

三、單因子共變數分析（兩個共變項、三個組別）之統計檢定

前面對「共變項與自變項具獨立性」與「組內迴歸係數同質性」等兩個基本假設的檢定結果顯示，表 3-26 的資料，同時符合「共變項與自變項具獨立性」與「組內迴歸係數同質性」兩個基本假定，故接續可進行兩個共變項且自變項為

三組的單因子共變數分析。

　　透過圖 3-34 的 SPSS 操作步驟，即可進行單因子兩個共變項三組別之共變數分析。

步驟 1：在「兩個共變項三個組別的 ancova 實例 .sav」檔案中，點選「分析(A)」→「一般線性模式 (G)」→「單變量 (U)」，如下圖所示。

步驟 2：在「單變量」對話窗中，將左邊的自變項「組別」，移至右邊的「固定因子 (F)」空格中，如下圖所示。

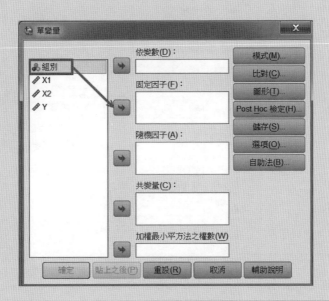

步驟 3：在「單變量」對話窗中，將左邊的兩共變項「X1」與「X2」，移至右邊的「共變量 (C)」空格中，如下圖所示。

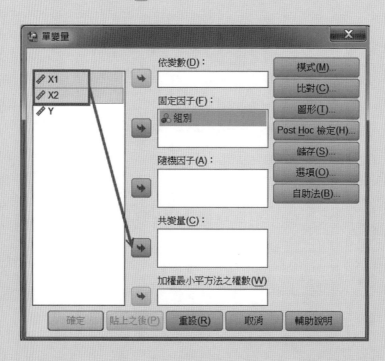

步驟 4：在「單變量」對話窗中，將左邊的依變項「Y」，移至右邊的「依變項 (D)」空格中，並按下「選項 (O)」的選項，如下圖所示。

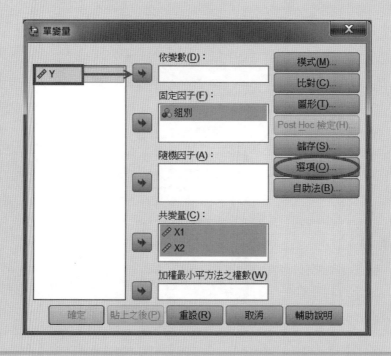

步驟 5：在「單變量：選項」對話窗中，點選左邊「因子與因子交互作用 (F)」中的「組別」，移至右邊的「顯示平均數 (M)」，如下圖所示。

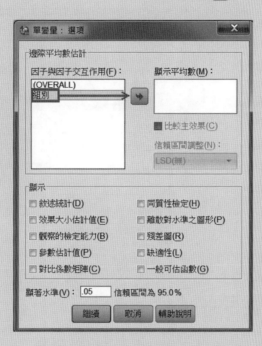

步驟 6：在「單變量：選項」對話窗中，點選「比較主效果 (C)」，以及「顯示」中的「敘述統計 (D)」、「效果大小估計值 (E)」、「觀察的檢定能力 (B)」、「同質性檢定 (H)」等選項，最後按下「繼續」按鍵，如下圖所示。

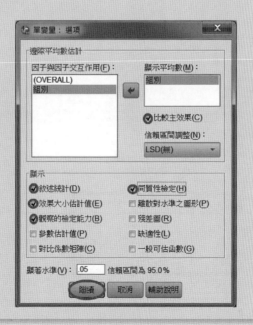

步驟 7：在「單變量」對話窗中，按下「確定」按鍵，如下圖所示。

單變量

依變數(D)：
　Y

固定因子(F)：
　組別

隨機因子(A)：

共變量(C)：
　X1
　X2

加權最小平方法之權數(W)

模式(M)...
比對(C)...
圖形(T)...
Post Hoc 檢定(H)...
儲存(S)...
選項(O)...
自助法(B)...

確定　貼上之後(P)　重設(R)　取消　輔助說明

圖 3-34　單因子（兩個共變項）共變數分析的 SPSS 操作程序

　　經過圖 3-34 的 SPSS 操作步驟，即可獲得圖 3-35 的 SPSS 統計報表。

報表 1：在「敘述統計」報表中，可知第 1 組（實驗組一）的依變項平均數為 75.70，標準差為 3.335、第 2 組（實驗組二）的依變項平均數為 86.60，標準差為 4.169、第 3 組（控制組）的依變項平均數為 86.20，標準差為 5.453，如下圖所示。

敘述統計

依變數：Y

組別	平均數	標準離差	個數
1	75.70	3.335	10
2	86.60	4.169	10
3	86.20	5.453	10
總數	82.83	6.665	30

報表 2：在「誤差變異量的 Levene 檢定等式ᵃ」報表中，可得知 Levene 變異數同質性檢定 $F(2, 27) = 1.121$, $p = .341$，因為顯著性 p 高於 .05，故應接受虛無假設，亦即實驗組一、實驗組二與控制組的依變項分數具變異數同質性，如下圖所示。

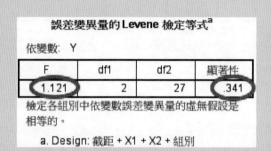

誤差變異量的 Levene 檢定等式ᵃ

依變數: Y

F	df1	df2	顯著性
1.121	2	27	.341

檢定各組別中依變數誤差變異量的虛無假設是相等的。

a. Design: 截距 + X1 + X2 + 組別

報表 3：在「受試者間效應項的檢定」報表中，可得知「組別」的顯著性 p 為 .000，因為顯著性 p 小於 .05，故應拒絕虛無假設，亦即表示實驗組一、實驗組二與控制組的調整後平均數，有顯著性差異。單因子共變數分析的檢定結果為 $F(2, 25) = 16.083$, $p = .000$，淨相關 Eta 平方（partial η^2）為 .563，觀察的檢定能力（統計檢定力）為 .999，如下圖所示。

受試者間效應項的檢定

依變數: Y

來源	型 III 平方和	df	平均平方和	F	顯著性	淨相關 Eta 平方	Noncent. 參數	觀察的檢定能力ᵇ
校正後的模式	775.300ᵃ	4	193.825	9.448	.000	.602	37.792	.998
截距	3688.679	1	3688.679	179.807	.000	.878	179.807	1.000
X1	10.825	1	10.825	.528	.474	.021	.528	.108
X2	.180	1	.180	.009	.926	.000	.009	.051
組別	659.893	2	329.947	16.083	.000	.563	32.167	.999
誤差	512.867	25	20.515					
總數	207129.000	30						
校正後的總數	1288.167	29						

a. R 平方 = .602 (調過後的 R 平方 = .538)

b. 使用 alpha = .05 計算

報表 4：在「估計值」報表中，可知第 1 組（實驗組一）的成就測驗成績調整後平均數為 75.790，第 2 組（實驗組二）的成就測驗成績調整後平均數為 86.630，第 3 組（控制組）的成就測驗成績調整後平均數為 86.080，如下圖所示。

估計值

依變數： Y

組別	平均數	標準誤差	95% 信賴區間 下界	95% 信賴區間 上界
1	75.790[a]	1.500	72.702	78.879
2	86.630[a]	1.433	83.678	89.581
3	86.080[a]	1.498	82.994	89.166

a. 使用下列值估計出現在模式的共變量：X1 = 33.57, X2 = 45.90.

報表 5：在「成對比較」報表中，可知第 1 組（實驗組一）的調整後平均數 75.790 與第 2 組（實驗組二）的調整後平均數 86.630 的差距為 -10.839，因為顯著性 $p = .000$，顯示兩組調整後的平均數，達顯著性差異，亦即第 1 組調整後平均數顯著低於第 2 組調整後平均數。第 1 組（實驗組一）的調整後平均數 75.790 與第 3 組（控制組）的調整後平均數 86.080 的差距為 -10.290，因為顯著性 $p = .000$，顯示兩組調整後的平均數，達顯著性差異，亦即第 1 組調整後平均數顯著低於第 3 組調整後平均數，如下圖所示。

成對比較

依變數： Y

(I) 組別	(J) 組別	平均差異 (I-J)	標準誤差	顯著性[b]	差異的 95% 信賴區間[b] 下界	差異的 95% 信賴區間[b] 上界
1	2	-10.839*	2.075	.000	-15.114	-6.565
	3	-10.290*	2.210	.000	-14.841	-5.738
2	1	10.839*	2.075	.000	6.565	15.114
	3	.550	2.073	.793	-3.720	4.819
3	1	10.290*	2.210	.000	5.738	14.841
	2	-.550	2.073	.793	-4.819	3.720

根據估計的邊緣平均數而定

*. 平均差異在 .05 水準是顯著的。

b. 調整多重比較：最低顯著差異 (等於未調整值)。

圖 3-35　以表 3-26 所進行的共變數分析 SPSS 統計報表

　　將圖 3-35 所獲得的統計結果，整理成表 3-24 的各組平均數摘要表，以及表 3-25 單因子共變數分析摘要表。由表 3-24 與表 3-25 可知，單因子共變數分析的統計結果顯示：$F(2, 25) = 16.08$, $p < .001$，partial η^2 為 .56，統計檢定力為 > .99，而事後比較顯示，實驗組一的調整後平均數（$M' = 75.79$）顯著低於實驗

組二的調整後平均數（$M' = 86.63$）。實驗組一的調整後平均數（$M' = 75.79$）顯著低於控制組的調整後平均數（$M' = 86.08$）。

表 3-24

單因子共變數分析之前測平均數、後測平均數、後測調整平均數

組別	人數	X1		X2		Y		
	n	M	SD	M	SD	M	SD	M'
實驗組一	10	34.10	6.92	41.30	8.06	75.70	3.33	75.79
實驗組二	10	33.90	6.31	46.00	10.43	86.60	4.17	86.63
控制組	10	32.70	7.47	50.40	8.53	86.20	5.45	86.08

表 3-25

單因子共變數分析摘要表

SV	SS'	df	MS'	F	p	partial η^2	$1-\beta$
組間	659.89	2	329.95	16.08	< .001	.56	> .99
組內	512.87	25	20.52				
全體	1172.76	27					

拾、單因子共變數分析（兩個共變項三個組別）的「EZ_ANCOVA」EXCEL操作步驟與報表解讀

對於單因子兩個共變項、三個組別的共變數分析檢定，除了可透過前面所介紹的 SPSS 統計軟體進行外，也可採用筆者以 EXCEL 所寫的「2 個共變項的單因子共變數分析 .xls」進行。茲同樣以表 3-26 的資料為例，介紹如何透過EXCEL 的統計軟體操作，進行「共變項與自變項具獨立性」與「組內迴歸係數同質性」等兩個重要基本假設的檢定。一旦兩個基本假定皆符合時，才適合進行共變數分析。

透過圖 3-36 的 EXCEL 操作步驟，即可獲得圖 3-37 的 EXCEL 統計報表。

步驟 1：開啟「2 個共變項的單因子共變數分析 .xls」檔案，點選下方「3 組別」，如下圖所示。

步驟 2：在「2 個共變項的單因子共變數分析」視窗中，於 B11 欄位輸入第 1 的名稱「實驗組一」，如下圖所示。

步驟 3：在「2 個共變項的單因子共變數分析」視窗中，於 B12 欄位輸入第 2 的名稱「實驗組二」，如下圖所示。

	A	B	C	D	E
	B12		*fx* 實驗組二		
1			2共變項3組別的單因子共變數分析		
2	1.請先至 B11 至 B13 欄位修改三個組別的名稱。				
3	2.請 M2 欄位開始輸入三組別的代碼，只能輸入 1、2 與 3。				
4	3.請從 N2、O2欄位開始輸入兩個共變項的分數。				
5	4.請從 P2欄位開始輸入依變項分數。				
6	5.任何一筆遺漏值的資料，只能以空格呈現，不能輸入其他符號。				
7	6.請從 A16 至 I53 欄位查看統計結果。				
8	7.版權所有人：涂金堂。				
9					
10					
11	組別1代表：	實驗組一			
12	組別2代表：	實驗組二			
13	組別3代表：				

Microsoft Excel - 2個共變項的單因子共變數分析

步驟 4：在「2 個共變項的單因子共變數分析」視窗中，於 B13 欄位輸入第 3 的名稱「控制組」，如下圖所示。

	A	B	C	D	E
	B13		*fx* 控制組		
1			2共變項3組別的單因子共變數分析		
2	1.請先至 B11 至 B13 欄位修改三個組別的名稱。				
3	2.請 M2 欄位開始輸入三組別的代碼，只能輸入 1、2 與 3。				
4	3.請從 N2、O2欄位開始輸入兩個共變項的分數。				
5	4.請從 P2欄位開始輸入依變項分數。				
6	5.任何一筆遺漏值的資料，只能以空格呈現，不能輸入其他符號。				
7	6.請從 A16 至 I53 欄位查看統計結果。				
8	7.版權所有人：涂金堂。				
9					
10					
11	組別1代表：	實驗組一			
12	組別2代表：	實驗組二			
13	組別3代表：	控制組			

Microsoft Excel - 2個共變項的單因子共變數分析

步驟 5：在「2 個共變項的單因子共變數分析」視窗中，在 M2 欄位開始輸入第一筆資料的組別代碼「1」，在 N2 欄位開始輸入第一筆資料的 X1 共變項分數「41」，在 O2 欄位開始輸入第一筆資料的 X2 共變項分數「30」，在 P2 欄位開始輸入第一筆資料的依變項分數「74」，如下圖所示。

	L	M	N	O	P	Q
1		組別	共變項(X1)	共變項(X2)	依變數(Y)	
2		1	41	30	74	
3						
4						
5						
6						
7						
8						
9						
10						
11						

步驟 6：在「2 個共變項的單因子共變數分析」視窗中，將表 3-26 的 30 筆資料，全部輸入在「組別」、「共變項 (X1)」、「共變項 (X2)」、「依變項 (Y)」等四個欄位，如下圖所示。

若資料已輸入在 SPSS 時，則可直接先在 SPSS 的視窗，透過滑鼠右鍵的「複製 (C)」，將表 3-26 的 30 筆資料先複製起來，然後將游標直接放在 M2 欄位，再按滑鼠右鍵的「貼上」即可獲得如下圖的結果。

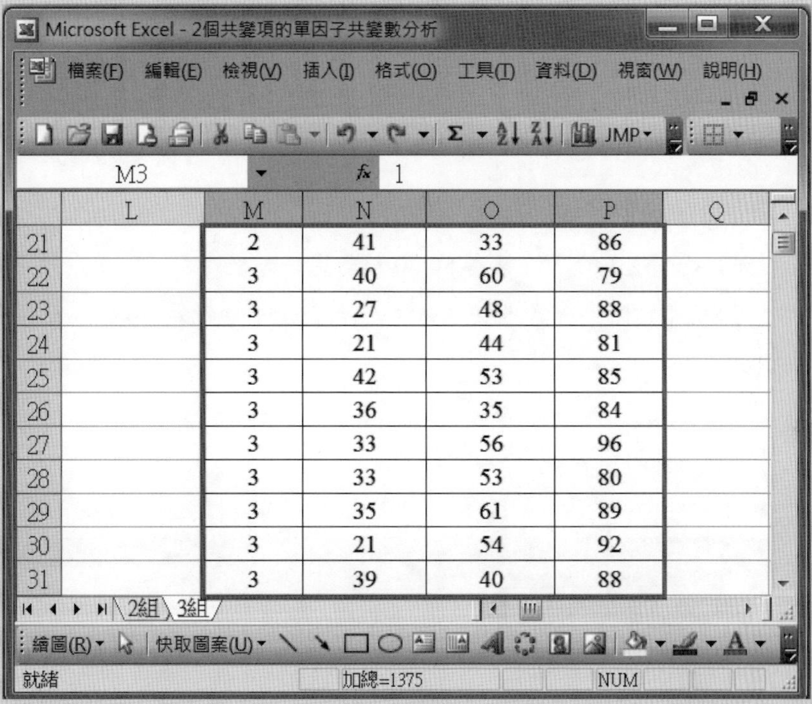

	L	M	N	O	P	Q
21		2	41	33	86	
22		3	40	60	79	
23		3	27	48	88	
24		3	21	44	81	
25		3	42	53	85	
26		3	36	35	84	
27		3	33	56	96	
28		3	33	53	80	
29		3	35	61	89	
30		3	21	54	92	
31		3	39	40	88	

圖 3-36　單因子共變數分析（兩共變項三組別）的 EXCEL 操作程序

由圖 3-36 的 EXCEL 操作程序可知，只需要輸入三組別的名稱，以及所有受試者的組別代碼（只能以 1、2、3 來表示三組的組別代碼）、共變項（X1）、共變項（X2）、依變項等四個數值即可，無須其他的操作步驟。

在資料的輸入過程中，有一點要特別注意的事，若資料有遺漏值的話，只能以空格呈現，不能出現其他的數字或符號（例如「9」或「.」）。當資料是直接從 SPSS 複製過來的話，因 SPSS 原先設定的遺漏值，會出現一個小黑點「.」，請刪除小黑點，讓該筆遺漏值的欄位呈現空白。若在 SPSS 統計軟體自行以 9 作爲遺漏值的話，可透過 EXCEL 的「取代 (P)」功能，將「9」取代成空格。

報表 1：在 A16 至 E20 欄位的「敘述統計分析摘要表」中，可知第 1 組「實驗組一」的人數有 10 位，第一個共變項 X1 的平均數爲 34.10，標準差爲 6.92；第二個共變項 X2 的平均數爲 41.30，標準差爲 8.06；依變項平均數爲 75.700，標準差爲 3.33，依變項調整後平均

數為 75.79。第 2 組「實驗組二」的人數有 10 位，第一個共變項 X1 的平均數為 33.90，標準差為 6.31；第二個共變項 X2 的平均數為 46.00，標準差為 10.43；依變項成績平均數為 86.600，標準差為 4.17，依變項調整後平均數為 86.63。第 3 組「控制組」的人數有 10 位，第一個共變項 X1 的平均數為 32.70，標準差為 7.47；第二個共變項 X2 的平均數為 50.40，標準差為 8.53；依變項成績平均數為 86.20，標準差為 5.45，依變項調整後平均數為 86.08，如下圖所示。

上述 EXCEL 的統計結果，與圖 3-35 的 SPSS 報表 1 與報表 4 的統計結果是相同的。

組別1代表：	實驗組一							
組別2代表：	實驗組二							
組別3代表：	控制組							
描述統計分析摘要表								
組別	人數	X1		X2		Y		調整平均數
	n	M	SD	M	SD	M	SD	M'
實驗組一	10	34.10	6.92	41.30	8.06	75.70	3.33	75.79
實驗組二	10	33.90	6.31	46.00	10.43	86.60	4.17	86.63
控制組	10	32.70	7.47	50.40	8.53	86.20	5.45	86.08

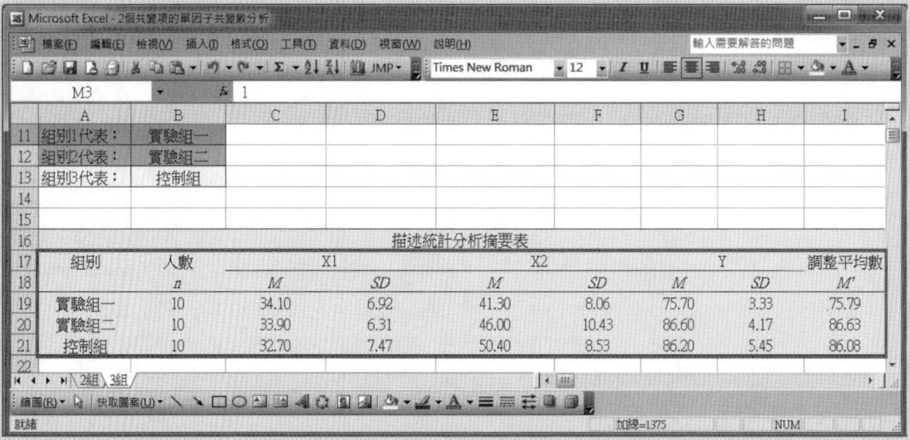

報表 2：在 A23 至 D25 欄位的「Levene 變異數同質性檢定摘要表」中，可得知 Levene 變異數同質性檢定 $F(2, 27) = 1.121, p = .341$，因為顯著性 p 高於 .05，故應接受虛無假設，亦即三組的依變項分數具變異數同質性，如下圖所示。

上述 EXCEL 的統計結果，與圖 3-35 的 SPSS 報表 2 的統計結果是相同的。

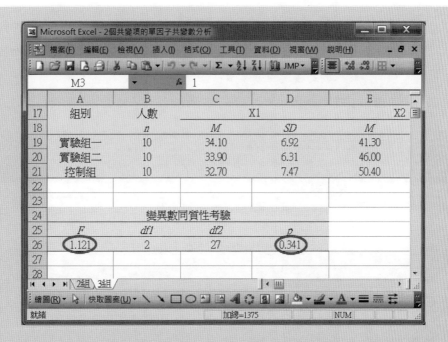

報表 3：在 A29 至 F36 欄位的「共變項之單因子多變量變異數分析摘要表」中，可得知兩組在共變項的單因子變異數分析，因為顯著性 p 為 .325，高於 .05，故應接受虛無假設，亦即表示三組的共變項 X1 與 X2 的平均數，沒有顯著性差異，顯示符合「共變項與自變項具獨立性」，如下圖所示。

上述 EXCEL 的統計結果，與圖 3-30 的 SPSS 報表 2 的統計結果是相同的。

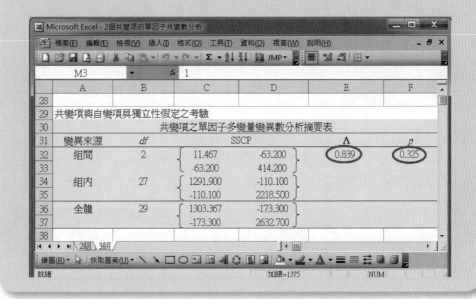

報表 4：在 A40 至 F45 欄位的「迴歸係數同質性檢定分析摘要表」中，可知顯著性 $p = .155$，由於顯著性高於 .05，故應接受虛無假設，亦即三組的迴歸係數是相同的，顯示符合組內迴歸係數同質，如下圖所示。上述 EXCEL 的統計結果，與圖 3-33 的 SPSS 報表的統計結果是相同的。

	A	B	C	D	E	F
39						
40	組內迴歸係數同質性假定之考驗					
41			共變數迴歸係數同質性考驗分析摘要表			
42	變異來源	*SS*	*df*	*MS*	*F*	*p*
43	組間	134.284	4	33.571	1.862	0.155
44	組內	378.582	21	18.028		
45	全體	512.867	25			
46		因為F考驗未達顯著性，顯示迴歸係數同質，可接續進行共變數分析				
47						

報表 5：在 A48 至 F52 欄位的「共變數檢定分析摘要表」中，可知 $F_{(2, 25)} = 16.083, p < .001$，顯示三組的調整後平均數有顯著性差異。經事後比較後，顯示第 1 組（實驗組一）調整後平均數，顯著低於第 2 組（實驗組二）調整後平均數。並且第 1 組（實驗組一）調整後平均數，也顯著低於第 3 組（控制組）調整後平均數，如下圖所示。上述 EXCEL 的統計結果，與圖 3-35 的 SPSS 報表 3 與報表 4 的統計結果是相同的。

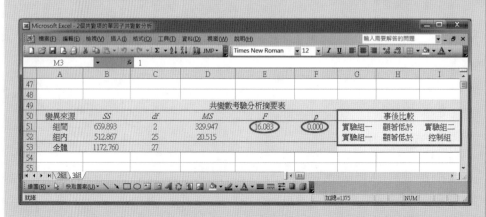

	A	B	C	D	E	F	G	H	I
47									
48									
49				共變數考驗分析摘要表					
50	變異來源	*SS*	*df*	*MS*	*F*	*p*		事後比較	
51	組間	659.893	2	329.947	16.083	0.000	實驗組一	顯著低於	實驗組二
52	組內	512.867	25	20.515			實驗組一	顯著低於	控制組
53	全體	1172.760	27						
54									
55									

圖 3-37　以表 3-26 所進行的共變數分析（兩共變項、三組別）EXCEL 統計報表

4

詹森—内曼法

各組迴歸係數具同質性（亦即表示各組迴歸係數是相等的），是共變數分析一個很重要的基本假定。所以進行共變數分析時，一定要先檢定各組迴歸係數是否同質。只有在符合各組迴歸係數同質性的前提之下，所進行的共變數分析才能獲得正確的結果。一旦各組迴歸係數不同質時，則不能採用共變數分析，必須改用詹森（Johnson）與內曼（Neyman）兩位學者於 1936 年所提出的詹森─內曼法（D'Alonzo, 2004）。

　　對於詹森─內曼的統計方法，由於 SPSS 並沒有內建可以點選的統計程序，造成許多研究者在進行詹森─內曼統計分析時的極大困擾。若想透過 SPSS 進行詹森─內曼的統計方法，只能透過 SPSS 的語法，而 Pedhazur（1997）在其所著 *Multiple regression in behavioral research* 一書第 595 至 596 頁，有提供進行詹森─內曼法的 SPSS 語法，但該語法使用的「Plot」指令，已經被現在 SPSS 版本捨棄，故本書改用吳裕益（2007）所著《心理與教育統計學》一書第 90 至 91 頁，所介紹的「Graph」指令。綜合 Pedhazur 與吳裕益的 SPSS 語法，本章提供讀者一個使用詹森─內曼法的 SPSS：「詹森內曼法的 SPSS 語法」。另外，考量有些讀者不熟悉 SPSS 的語法，故筆者以 EXCEL 程式，寫了一個可以進行詹森─內曼法的程式。希望透過這兩種方式，協助讀者克服使用詹森─內曼法的恐懼。

壹、詹森─內曼法的基本概念

　　所謂各組迴歸係數同質性，是指各組各自以共變項為預測變項，以依變項為效標變項，進行簡單迴歸分析時，各組各自獲得的最適合線，是相互平行的情形。當各組迴歸係數同質時，亦即各組各自迴歸分析的最適合線是相互平行的，則不論共變項 X 的分數高低，實驗組與控制組的依變項 Y 得分差距都是一樣的大小，如圖 4-1 所示。

　　由圖 4-1 可知，X 軸表示共變項的分數，Y 軸表示依變項的分數，由於實驗組與控制組的兩條迴歸分析最適合線是平行的，以共變項 X 的三種分數 X_1、X_2 與 X_3（X_1 的分數最低，X_2 的分數居中，X_3 的分數最高），實驗組與控制組在依變項 Y 的得分差距，在 X_1、X_2 與 X_3 這三種分數，都是一樣大小的。

　　相對地，當各組迴歸係數不同質時，因各組的迴歸分析最適合線是不平行，則實驗組與控制組的依變項得分差距，會因共變項 X 的得分高低，而有不同差距，如圖 4-2 與圖 4-3 所示。

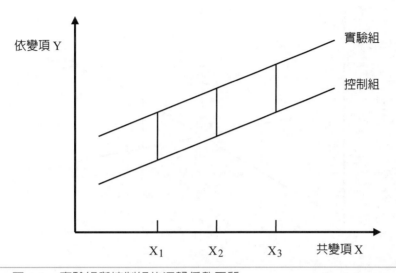

圖 4-1　實驗組與控制組的迴歸係數同質

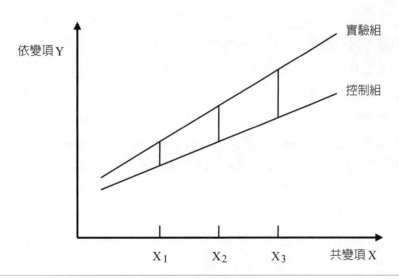

圖 4-2　實驗組與控制組迴歸係數不同質情形 1

　　由圖 4-2 可知，實驗組與控制組的兩條迴歸分析最適合線不平行，共變項 X 在 X_1、X_2 與 X_3 這三種不同分數時，實驗組與控制組在依變項 Y 的得分差距是不相同的。當共變項 X 的得分屬於 X_1 時，實驗組與控制組在依變項 Y 的得分差距是最小的，而共變項 X 得分屬於 X_3 時，實驗組與控制組在依變項 Y 的得分差距是最大的。

　　由圖 4-3 可知，實驗組與控制組的兩條迴歸分析最適合線相交在 X_2 的位置。共變項 X 在 X_1、X_2 與 X_3 這三種不同分數時，實驗組與控制組在依變項 Y 的得

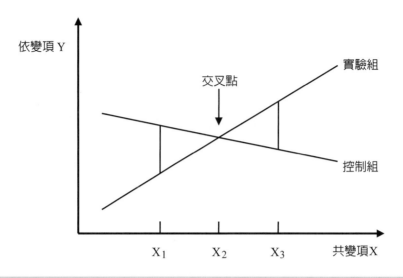

圖 4-3　實驗組與控制組迴歸係數不同質情形 2

分差距也是不相同的。當共變項 X 的得分屬於 X_2 時，實驗組與控制組在依變項 Y 的得分是沒有差距，而共變項 X 得分屬於 X_1 或 X_3 時，實驗組與控制組在依變項 Y 的得分差距是較大的。

　　當組內迴歸係數不同質時，不適合進行共變數分析。針對因組內迴歸係數不同質，而無法進行共變數分析的問題，詹森與內曼兩位學者提出一個可行的方法，即所謂的詹森－內曼法。詹森－內曼法最主要的解決策略，是找出共變項 X 的三個點，以圖 4-4 實驗組與控制組的兩條迴歸分析最適合線為例，即是找出 X_1、X_0 與 X_2 等三個點。其中，共變項為 X_0 的點，表示這兩條最適合線相交的地方，此交叉點顯示實驗組與控制組的依變項 Y 分數是相同的。而 X_1 則為實驗組與控制組在依變項 Y 的分數是否有顯著性差異的臨界點，當共變項分數高於 X_1 時，表示實驗組的依變項分數顯著高於控制組的依變項分數。當共變項分數介於 X_0 與 X_1 之間，表示實驗組的依變項分數雖然高於控制組的依變項分數，但兩者分數未達顯著性的差異。

　　同樣的，X_2 也是實驗組與控制組在依變項 Y 的分數是否有顯著性差異的臨界點，當共變項分數低於 X_2 時，表示實驗組的依變項分數顯著低於控制組的依變項分數，當共變項分數介於 X_2 與 X_0 之間，表示實驗組的依變項分數雖然低於控制組的依變項分數，但兩者分數也未達顯著性的差異。

　　進行詹森－內曼法時，所要找尋的 X_1、X_0 與 X_2 等三個點，交叉點 X_0 可透過公式 4-1 獲得。

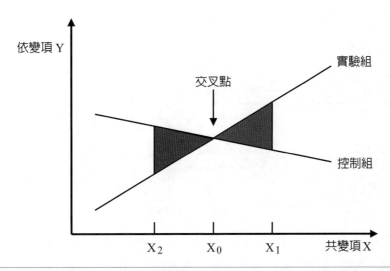

圖 4-4　詹森—內曼法的圖解

$$X_0 = \frac{a_{w2} - a_{w1}}{b_{w1} - b_{w2}}$$ （公式 4-1）

公式 4-1 中的 a_{wj} 代表第 j 組以共變項 X 為預測變項，以依變項 Y 為效標變項，進行迴歸分析所獲得的截距，a_{wj} 可透過公式 4-2 獲得。b_{wj} 代表第 j 組以共變項 X 為預測變項，以依變項 Y 為效標變項，進行迴歸分析所獲得的斜率，b_{wj} 可透過公式 4-3 獲得。

$$a_{wj} = \overline{Y}_{wj} - b_{wj} \times \overline{X}_{wj}$$ （公式 4-2）

$$b_{wj} = \frac{CP_W(X_j Y_j)}{SS_W(X_j)}$$ （公式 4-3）

公式 4-2 中的 $\overline{Y}_{wj}$ 代表第 j 組依變項 Y 的平均數，$\overline{X}_{wj}$ 代表第 j 組共變項 X 的平均數。公式 4-3 中的 $CP_W(X_j Y_j)$ 代表第 j 組共變項與依變項的總交乘積和，$SS_W(X_j)$ 代表第 j 組共變項的總離均差平方和。

臨界點 X_1 與臨界點 X_2 的數值大小，可由公式 4-4 與公式 4-5 求出。

$$X_1 = \frac{-B + \sqrt{B^2 - AC}}{A}$$ （公式 4-4）

$$X_2 = \frac{-B - \sqrt{B^2 - AC}}{A}$$ （公式 4-5）

公式 4-4 與公式 4-5 中的 A、B 與 C 皆是一個數值，可由公式 4-6、公式 4-7 與公式 4-8 獲得。

$$A = \frac{-F1_{1-\alpha(1,N-4)}}{N-4}(SS_{res(i)})(\frac{1}{SS_w(X_1)} + \frac{1}{SS_w(X_2)}) + (b_{w1} - b_{w2})^2 \qquad （公式 4-6）$$

$$B = \frac{F_{1-\alpha(1,N-4)}}{N-4}(SS_{res(i)})(\frac{\overline{X}_1}{SS_w(X_1)} + \frac{\overline{X}_2}{SS_w(X_2)}) + (a_{w1} - a_{w2})(b_{w1} - b_{w2}) \qquad （公式 4-7）$$

$$C = \frac{-F_{1-\alpha(1,N-4)}}{N-4}(SS_{res(i)})(\frac{N}{n_1 \times n_2} + \frac{\overline{X}_1^2}{SS_w(X_1)} + \frac{\overline{X}_2^2}{SS_w(X_1)}) + (a_{w1} - a_{w2})^2 \qquad （公式 4-8）$$

公式 4-6、公式 4-7 與公式 4-8 中的 $F_{1-\alpha(1,N-4)}$ 代表 F 分配在百分點（$1-\alpha$）、$df_1 = 1$、$df_2 = N-4$ 的臨界值；N 代表總人數；$SS_{res(i)}$ 可由公式 4-9 獲得；$SS_w(X_j)$ 代表第 j 組共變項 X 的組內離均差平方和；$\overline{X}_j$ 代表第 j 組共變項 X 的平均數；n_j 代表第 j 組的人數；a_{wj} 可由前面介紹的公式 4-2 獲得；b_{wj} 可由前面介紹的公式 4-3 得到。

$$SS_{res(i)} = SS_w(Y) - \sum_{j=1}^{g} \frac{(CP_w(X_j Y_j))^2}{SS_w(X_j)} \qquad （公式 4-9）$$

為了協助讀者瞭解詹森—內曼法的計算歷程，茲以表 4-1 的資料，說明如何進行詹森—內曼法。為了計算歷程的簡單化，表 4-1 的實驗組與控制組都各只有 6 位受試者。要進行詹森—內曼法前，應先進行組內迴歸係數同質性檢定，若發現組內迴歸係數不同質時，才需進行詹森—內曼法。

表 4-1

詹森—內曼法的計算實例

	實驗組					控制組				
	X	Y	X^2	Y^2	XY	X	Y	X^2	Y^2	XY
1	3	8	9	64	24	3	5	9	25	15
2	4	7	16	49	28	5	4	25	16	20
3	6	4	36	16	24	4	6	16	36	24
4	5	4	25	16	20	4	9	16	81	36
5	7	4	49	16	28	7	9	49	81	63
6	4	9	16	81	36	2	2	4	4	4

表 4-1

（續）

	實驗組					控制組				
	X	Y	X²	Y²	XY	X	Y	X²	Y²	XY
$\sum$	29	36	151	242	160	25	35	119	243	162

$\sum\limits_{i=1}^{6} X_{i1} = 29$	$\sum\limits_{i=1}^{6} X_{i1}^2 = 151$	$\sum\limits_{i=1}^{6} X_{i2} = 25$	$\sum\limits_{i=1}^{6} X_{i2}^2 = 119$
$\sum\limits_{i=1}^{6} Y_{i1} = 36$	$\sum\limits_{i=1}^{6} Y_{i1}^2 = 242$	$\sum\limits_{i=1}^{6} Y_{i2} = 35$	$\sum\limits_{i=1}^{6} Y_{i2}^2 = 243$
$\sum\limits_{i=1}^{6} X_{i1}Y_{i1} = 160$	$\sum\limits_{i=1}^{6} X_{i2}Y_{i2} = 162$		

　　將表 4-1 的相關數據，代入第三章的公式 3-8 至公式 3-13，以進行組內迴歸係數同質性檢定，其計算程序如表 4-2 所示。

表 4-2

組內迴歸係數同質性檢定的計算歷程

步驟一：採用公式 3-11 計算 $SS_w(X)$

$$SS_w(X_1) = \sum_{i=1}^{n} X_{ij}^2 - \frac{\left(\sum\limits_{i=1}^{n} X_{ij}\right)^2}{n_1} = \sum_{i=1}^{6} X_{i1}^2 - \frac{\left(\sum\limits_{i=1}^{6} X_{i1}\right)^2}{n_1} = (151) - \frac{(29)^2}{6} = 10.83$$

$$SS_w(X_2) = \sum_{i=1}^{n} X_{ij}^2 - \frac{\left(\sum\limits_{i=1}^{n} X_{ij}\right)^2}{n_2} = \sum_{i=1}^{6} X_{i2}^2 - \frac{\left(\sum\limits_{i=1}^{6} X_{i2}\right)^2}{n_2} = (119) - \frac{(25)^2}{6} = 14.83$$

$$SS_W(X) = SS_w(X_1) + SS_w(X_2) = 10.83 + 14.83 = 25.66$$

步驟二：採用公式 3-12 計算 $CP_w(XY)$

$$CP_w(X_1Y_1) = \sum_{i=1}^{n}\left(X_{i1} - \overline{X}_{.1}\right) \times \left(Y_{i1} - \overline{Y}_{.1}\right) = \sum_{i=1}^{n} X_{i1}Y_{i1} - \frac{\left(\sum\limits_{i=1}^{n} X_{i1}\right) \times \left(\sum\limits_{i=1}^{n} Y_{i1}\right)}{n_1}$$

$$= (160) - \frac{(29) \times (36)}{6} = -14.00$$

$$CP_w(X_2Y_2) = \sum_{i=1}^{n}\left(X_{i2} - \overline{X}_{.2}\right) \times \left(Y_{i2} - \overline{Y}_{.2}\right) = \sum_{i=1}^{n} X_{i2}Y_{i2} - \frac{\left(\sum\limits_{i=1}^{n} X_{i2}\right) \times \left(\sum\limits_{i=1}^{n} Y_{i2}\right)}{n_2}$$

$$= (162) - \frac{(25) \times (35)}{6} = 16.17$$

$$CP_w(XY) = CP_w(X_1Y_1) + CP_W(X_2Y_2) = -14.00 + 16.17 = 2.17$$

表 4-2

（續）

步驟三：採用公式 3-13 計算 $SS_w(Y)$

$$SS_w(Y_1) = \sum_{i=1}^{n} Y_{ij}^2 - \frac{\left(\sum_{i=1}^{n} Y_{ij}\right)^2}{n_1} = \sum_{i=1}^{6} Y_{i1}^2 - \frac{\left(\sum_{i=1}^{6} Y_{i1}\right)^2}{n_1} = (242) - \frac{(36)^2}{6} = 26.00$$

$$SS_w(Y_2) = \sum_{i=1}^{n} Y_{ij}^2 - \frac{\left(\sum_{i=1}^{n} Y_{ij}\right)^2}{n_2} = \sum_{i=1}^{12} Y_{i2}^2 - \frac{\left(\sum_{i=1}^{12} Y_{i2}\right)^2}{n_2} = (243) - \frac{(35)^2}{6} = 38.83$$

$$SS_w(Y) = SS_W(Y_1) + SS_W(Y_2) = 26.00 + 38.83 = 64.83$$

步驟四：採用公式 3-9 計算 SS_{het}

$$SS_{het} = \sum_{j=1}^{g} \frac{(CP_w(X_j Y_j))^2}{SS_w(X_j)} - \frac{(CP_w(XY))^2}{SS_w(X)}$$

$$= \left[\frac{(CP_w(X_1 Y_1))^2}{SS_w(X_1)} + \frac{(CP_w(X_2 Y_2))^2}{SS_w(X_2)}\right] - \frac{(CP_w(XY))^2}{SS_w(X)}$$

$$= \left[\frac{(-14.00)^2}{10.83} + \frac{(16.17)^2}{14.83}\right] - \frac{(2.17)^2}{25.66}$$

$$= 35.53$$

步驟五：採用公式 3-10 計算 $SS_{res(i)}$

$$SS_{res(i)} = SS_w(Y) - \sum_{j=1}^{g} \frac{(CP_w(X_j Y_j))^2}{SS_w(X_j)}$$

$$= SS_w(Y) - \left[\frac{(CP_w(X_1 Y_1))^2}{SS_w(X_1)} + \frac{(CP_w(X_2 Y_2))^2}{SS_w(X_2)}\right]$$

$$= 64.83 - \left[\frac{(-14.00)^2}{10.83} + \frac{(16.17)^2}{14.83}\right]$$

$$= 64.83 - 35.71$$

$$= 29.12$$

步驟六：採用公式 3-8 計算 F

$$F = \frac{SS_{het} / (g-1)}{SS_{res(i)} / (N-2g)} = \frac{35.53/(2-1)}{29.12/(12-2\times 2)} = \frac{35.53}{3.64} = 9.76$$

　　將表 4-2 的計算結果，整理成表 4-3 的單因子共變數分析迴歸係數同質性檢定摘要表。由表 4-3 的顯著性 p 值為 .01，由於 $p < .05$，應拒絕組內迴歸係數相等的虛無假設，亦即實驗組與控制組的組內迴歸係數是不同質的，故不適合進行共變數分析，應採用詹森—內曼法較合適。

表 **4-3**

單因子共變數分析迴歸係數同質性檢定摘要表

SV	SS	df	MS	F	p
迴歸係數異質性	35.53	1	35.53	9.76	.01
誤差	29.12	8	3.64		
總和	64.65	9			

　　將表 4-1 與表 4-2 的相關數據，代入公式 4-1 至公式 4-8，以進行詹森一內曼法，其計算程序如表 4-4 所示。由表 4-4 的計算結果，實驗組與控制組兩條迴歸分析最適合線的交叉點（X_0）為共變項 X 分數 4.61 的地方。實驗組與控制組的臨界點 X_1 出現在共變項 X 分數 6.29 的地方、實驗組與控制組的臨界點 X_2 出現在共變項 X 分數 3.05 的地方。由此可知，當受試者的共變項 X 分數高於 6.29 時，則實驗組受試者的依變項 Y 分數會顯著低於控制組受試者的依變項 Y 分數；當受試者的共變項 X 分數低於 3.05 時，則實驗組受試者的依變項 Y 分數會顯著高於控制組受試者的依變項 Y 分數；當受試者的共變項 X 分數介於 3.05 與 6.29 之間時，則實驗組受試者與控制組受試者的依變項 Y 分數，沒有顯著性差異。此種實驗結果顯示該實驗具有 Cronbach 與 Snow（1977）所謂的性向處理交互作用（aptitude-treatment interation），亦即沒有一種教學策略適用所有的學習者，一種學習方法可能適用某些學習者，但不適用於另外一些學習者。

表 **4-4**

詹森一內曼法的計算歷程

步驟一：採用公式 4-3 計算 b_w

$$b_{w1} = \frac{CP_W(X_1Y_1)}{SS_W(X_1)} = \frac{-14.00}{10.83} = -1.29$$

$$b_{w2} = \frac{CP_W(X_2Y_2)}{SS_W(X_2)} = \frac{16.17}{14.83} = 1.09$$

步驟二：採用公式 4-2 計算 a_w

$$a_{w1} = \overline{Y}_{w1} - b_{w1} \times \overline{X}_{w1} = 6 - (-1.29) \times 4.83 = 12.25$$

$$a_{w2} = \overline{Y}_{w2} - b_{w2} \times \overline{X}_{w2} = 5.83 - (1.09) \times 4.17 = 1.29$$

步驟三：採用公式 4-1 計算 X_0

$$X_0 = \frac{a_{w2} - a_{w1}}{b_{w1} - b_{w2}} = \frac{1.29 - 12.25}{(-1.29) - 1.09} = 4.61$$

表 4-4

（續）

步驟四：查 F 分配的統計表格，找出 $F_{1-\alpha(1, N-4)}$

$F_{.95}(1, 8) = 5.32$

步驟五：採用公式 4-6 計算 A

$$A = \frac{-F_{1-\alpha(1, N-4)}}{N-4}(SS_{res(i)})(\frac{1}{SS_w(X_1)} + \frac{1}{SS_w(X_2)}) + (b_{w1} - b_{w2})^2$$

$$= \frac{-5.32}{12-4}(29.12)(\frac{1}{10.83} + \frac{1}{14.83}) + (-1.29 - 1.09)^2$$

$$= -3.09 + 5.66$$

$$= 2.57$$

步驟六：採用公式 4-7 計算 B

$$B = \frac{F_{1-\alpha(1, N-4)}}{N-4}(SS_{res(i)})(\frac{\overline{X}_1}{SS_w(X_1)} + \frac{\overline{X}_2}{SS_w(X_2)}) + (a_{w1} - a_{w2})(b_{w1} - b_{w2})$$

$$= \frac{5.32}{12-4}(29.12)(\frac{4.83}{10.83} + \frac{4.17}{14.83}) + (12.25 - 1.29)(-1.29 - 1.09)$$

$$= 14.08 - 26.08$$

$$= -12.00$$

步驟七：採用公式 4-8 計算 C

$$C = \frac{-F_{1-\alpha(1, N-4)}}{N-4}(SS_{res(i)})(\frac{N}{n_1 + n_2} + \frac{\overline{X}_1^2}{SS_w(X_1)} + \frac{\overline{X}_2^2}{SS_w(X_1)}) + (a_{w1} - a_{w2})^2$$

$$= \frac{-5.32}{12-4}(29.12)(\frac{12}{6 \times 6} + \frac{(4.83)^2}{10.83} + \frac{(4.17)^2}{14.83}) + (12.25 - 1.29)^2$$

$$= -70.78 + 120.12$$

$$= 49.34$$

步驟八：採用公式 4-4 計算 X_1

$$X_1 = \frac{-B + \sqrt{B^2 - AC}}{A} = \frac{-(-12.00) + \sqrt{(-12.00)^2 - 2.57 \times 49.34}}{2.57} = 6.29$$

步驟九：採用公式 4-5 計算 X_2

$$X_2 = \frac{-B - \sqrt{B^2 - AC}}{A} = \frac{-(-12.00) - \sqrt{(-12.00)^2 - 2.57 \times 49.34}}{2.57} = 3.05$$

　　將表 4-4 的詹森—內曼法計算結果，以圖 4-5 與表 4-5 的方式呈現。由圖 4-5 與表 4-5 可知，共變項分數高於 6.29 分的受試者中，控制組受試者的依變項表現，顯著優於實驗組受試者的依變項表現。相對的，共變項分數低於 3.05 分的

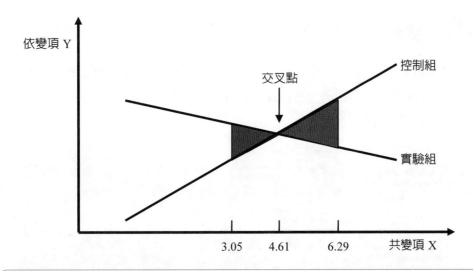

圖 4-5 表 4-1 資料的詹森─內曼法圖解

受試者中，實驗組受試者的依變項表現，顯著優於控制組受試者的依變項表現。而共變項分數界於 3.05 至 4.61 的受試者，雖然實驗組受試者的依變項表現，高於控制組的受試者，但並未達到顯著性的差異。共變項分數界於 4.61 至 6.29 的受試者中，雖然實驗組受試者的依變項表現，低於控制組的受試者，但並未達到顯著性的差異。

表 4-5

詹森─內曼法的統計結果

兩組受試者的共變項分數區間	兩組別受試者在依變項得分高低情形
低於 3.05	實驗組受試者的依變項得分顯著高於控制組
3.05 至 4.61	實驗組受試者的依變項得分未顯著高於控制組
4.61 至 6.29	實驗組受試者的依變項得分未顯著低於控制組
高於 6.29	實驗組受試者的依變項得分顯著低於控制組

　　為了讓讀者瞭解詹森─內曼法的計算歷程，前文以表 4-1 的簡單資料，透過表 4-4 的詹森─內曼法計算歷程，獲得詹森─內曼法的統計結果。茲以 SPSS 的語法，說明如何進行詹森─內曼法。

貳、詹森─內曼法的SPSS統計操作與報表解讀

　　茲以表 4-1 的資料（該筆資料的 SPSS 檔名為：詹森內曼法檢定實例 .sav），說明如何使用 SPSS 的語法，進行詹森─內曼法的統計分析。透過圖 4-6 的 SPSS 操作，即可進行詹森─內曼法。

步驟 1：在「詹森內曼法檢定實例 .sav」檔案中，點選「組別」、「共變項 _X」、「依變項 _Y」等三個變項的所有資料，如下圖所示。

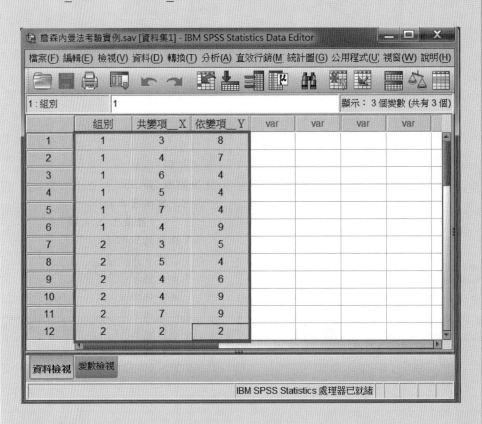

步驟 2：開啟「詹森內曼法對應的 SPSS 資料檔 .sav」檔案，在「Group」變項的第一個空格，按滑鼠右鍵的「貼上 (P)」的按鍵，如下圖所示。由於「詹森內曼法檢定實例 .sav」恰好只有三個變項，故可以一次全部的複製檔案，若讀者自己的檔案中包含許多變項時，請將「組別」、「共變項」、「依變項」等三個變項，逐一的複製到「詹森內曼法對應的 SPSS 資料檔 .sav」檔案。

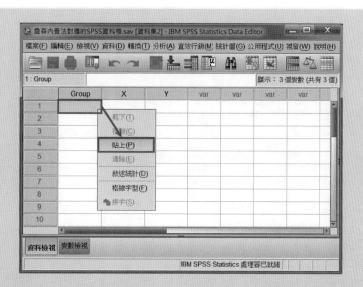

步驟 3：在「詹森內曼法對應的 SPSS 資料檔 .sav」視窗中，請檢視資料是否正確的從「詹森內曼法檢定實例 .sav」檔案中複製過來，如下圖所示。「詹森內曼法對應的 SPSS 資料檔 .sav」檔案中的三個變項：「Group」、「X」、「Y」，分別對應「組別」、「共變項_X」、「依變項_Y」等三個變項。**請注意：不能更改「Group」、「X」、「Y」這三個變項的名稱與位置，因為這三個變項名稱與位置，是對應到 SPSS 的語法。**

步驟 4：在「詹森內曼法對應的 SPSS 資料檔 .sav」視窗中，點選「檔案 (F)」
→「開啟」→「語法 (S)」，如下圖所示。

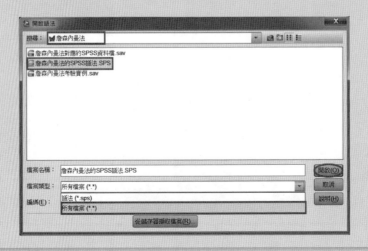

步驟 5：在「開啟語法」對話窗中，先從最上面點選「搜尋」的選項，找
出存放「詹森內曼法的 SPSS 語法 .sps」檔案位置，本檔案存放在
「詹森內曼法」檔案夾中。其次，點選「檔案類型」的選項，點選
「所有檔案 (*.*)」。等出現所有檔案名稱後，點選「詹森內曼法的
SPSS 語法 .sps」，並按下「開啟 (O)」按鍵，如下圖所示。

步驟 6：在「詹森內曼法的 SPSS 語法 .sps」對話窗中，點選「執行(R)」→「全部(A)」，如下圖所示。**請注意：勿更動語法內的任何數據或文字。**

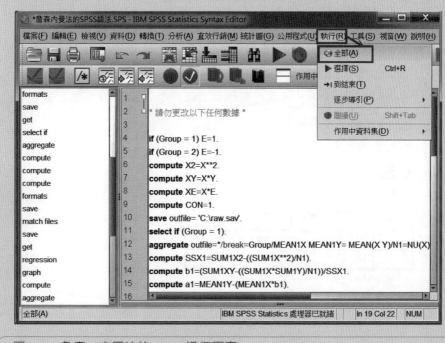

圖 4-6　詹森─內曼法的 SPSS 操作程序

經過圖 4-6 詹森─內曼法的 SPSS 操作步驟，即可獲得圖 4-7 詹森─內曼法的 SPSS 統計報表，以及「RAW.sav」與「未命名標題 .sav」等兩個 SPSS 資料檔（這兩個資料檔是計算過程中的一些數據，不用查看，也不用儲存）。

報表 1：在 SPSS 報表的前兩筆資料，會出現警語，如下圖所示。這是因為原先的 SPSS 語法中，有使用到「get file」的指令，如此可能會造成覆寫其他檔案的疑慮。由於此處並不影響統計結果，請不用擔心警告的部分。

但因檔案覆寫的關係，若想重新進行詹森─內曼法時，則得先關閉所有檔案後，再重新開啟檔案。

```
>警告 # 87. 指令名稱: get file
>其他使用者或程序已使用文件。 如果您變更文件的口容, 則可能覆寫 其他人變更的口容, 其他人也可能覆寫您變更的口容。
>檔案已開口 C:¥PROGRA~2¥IBM¥SPSS¥STATIS~1¥21¥RAW

>警告 # 87. 指令名稱: get file
>其他使用者或程序已使用文件。 如果您變更文件的口容, 則可能覆寫 其他人變更的口容, 其他人也可能覆寫您變更的口容。
>檔案已開口 C:¥PROGRA~2¥IBM¥SPSS¥STATIS~1¥21¥RAW
```

報表 2：在「迴歸」報表中，會出現「選入／刪除的變數[a]」、「模式摘要[b]」、「Anova[a]」、「係數[a]」、「殘差統計量[a]」等五個表格，下圖因版面關係，只呈現前三個表格，如下圖所示。這五個表格是計算詹森—內曼法的過程，可以不用查看的。

迴歸

選入/刪除的變數[a]

模式	選入的變數	刪除的變數	方法
1	XE, X, E[b]	.	選入

a. 依變數: Y

b. 所有要求的變數已輸入。

模式摘要[b]

模式	R	R 平方	調過後的 R 平方	估計的標準誤
1	.743[a]	.551	.383	1.908

a. 預測變數:(常數), XE, X, E

b. 依變數: Y

Anova[a]

模式		平方和	df	平均平方和	F	顯著性
1	迴歸	35.795	3	11.932	3.278	.080[b]
	殘差	29.121	8	3.640		
	總數	64.917	11			

a. 依變數: Y

b. 預測變數:(常數), XE, X, E

報表 3：在「圖形」報表中，會出現實驗組與控制組的散布圖之交叉線，如下圖所示。

圖形

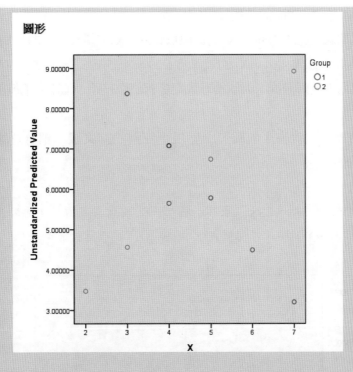

報表 4：在「清單」報表中，可以看到「X_0」的數值為 4.59829，此即為
　　　公式 4-1 的 X_0。「X_low」的數值為 3.03100，此即為公式 4-5 的
　　　X_2。「X_up」的數值為 6.27651，此即為公式 4-4 的 X_1。

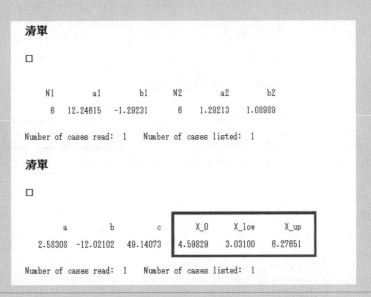

清單

□

N1	a1	b1	N2	a2	b2
6	12.24615	-1.29231	6	1.29213	1.08989

Number of cases read: 1　Number of cases listed: 1

清單

□

a	b	c	X_0	X_low	X_up
2.58308	-12.02102	49.14073	4.59829	3.03100	6.27651

Number of cases read: 1　Number of cases listed: 1

圖 4-7　以表 4-1 所獲得的詹森─內曼法 SPSS 統計報表

將圖 4-7 透過 SPSS 語法所獲得的詹森—內曼統計結果，以四捨五入到小數點第二位，則X_0數值為 4.60，X_1的數值為 6.28，X_2的數值為 3.03。與透過表 4-4 計算結果：X_0數值為 4.61，X_1的數值為 6.29，X_2的數值為 3.05，相互比較後，可清楚看出兩者統計數據，因四捨五入關係有細微差距，但兩者的統計結果是一致的。

　　若想將圖 4-7 報表 3 的圖形，呈現更完整的交叉線，則可透過圖 4-8 的 SPSS 操作獲得。

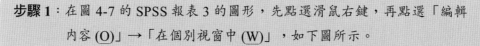

步驟 1：在圖 4-7 的 SPSS 報表 3 的圖形，先點選滑鼠右鍵，再點選「編輯內容 (O)」→「在個別視窗中 (W)」，如下圖所示。

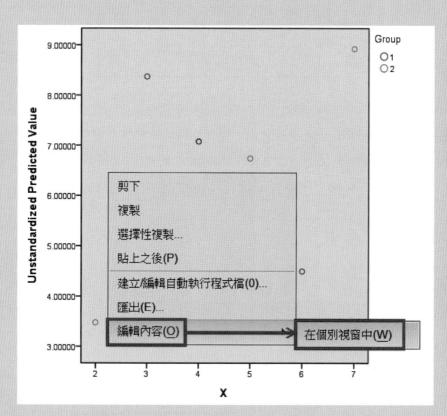

步驟 2：在「圖表編輯器」對話窗中，點選「元素 (M)」→「插補線 (N)」，如下圖所示。

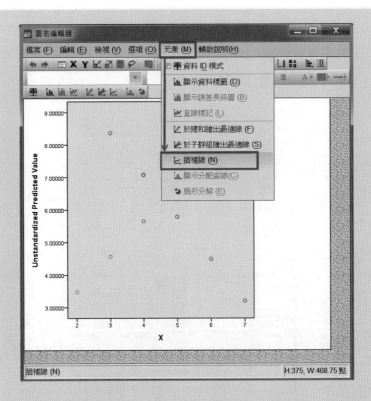

步驟 3：在「內容」對話窗中，將出現「插補線」按鍵的畫面，更改為點選「直線」按鍵，如下圖所示。

步驟 4：在「內容」對話窗中，出現「直線」畫面，將「直線」的「粗細(W)」
由原先內訂的 1 更改為 2，並按下方「套用 (A)」按鍵，最後按右
上方的「」按鍵，如下圖所示。

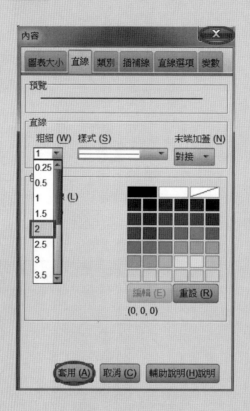

步驟 5：在「圖表編輯器」對話窗中，按右上方的「」按鍵，如下
圖所示。

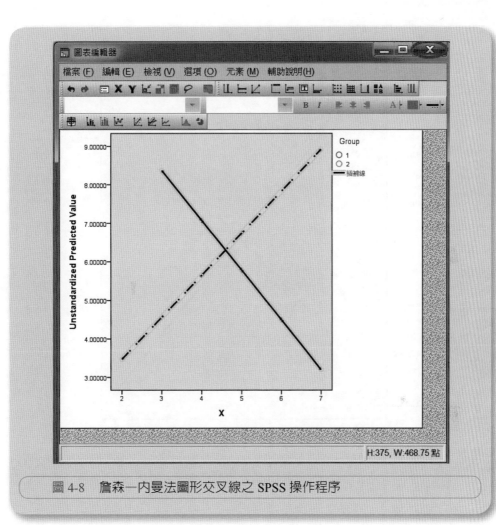

圖 4-8　詹森─內曼法圖形交叉線之 SPSS 操作程序

經過圖 4-8 的 SPSS 操作步驟，即可獲得圖 4-9 的 SPSS 統計報表。

報表：將下圖的圖形，與圖 4-7 報表 3 的圖形相比較，即可發現下圖多了兩條交叉線，更清楚呈現實驗組與控制組的最適合線的交叉情形。

圖形

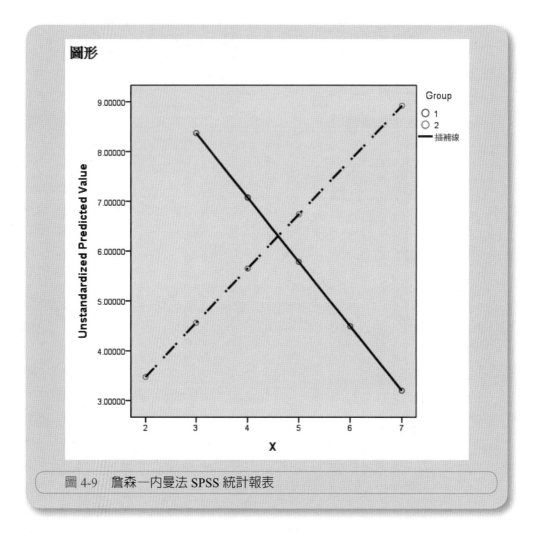

圖 4-9　詹森一內曼法 SPSS 統計報表

　　若想讓每位受試者得分情形更清楚呈現，則可參考第二章圖 2-21 的 SPSS 操作方式，可獲得圖 4-10 的圖形。

報表：將下圖的圖形，與圖 4-9 的圖形相比較，可發現下圖將原先 1 與 2 的代碼，修改成實驗組與控制組，將每個受試者的分數，以加粗與加大的情形呈現，讓圖形更清楚。

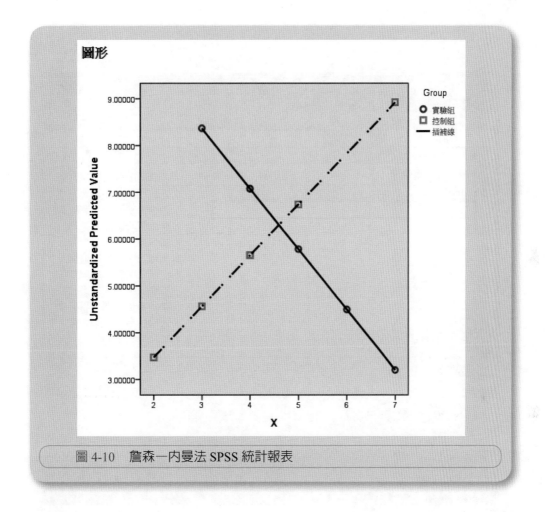

圖形

圖 4-10　詹森─內曼法 SPSS 統計報表

參、 詹森─內曼法的「EZ_ANCOVA」EXCEL統計操作與報表解讀

對於詹森─內曼的統計檢定法，除了可透過圖 4-6 的 SPSS 操作外，也可透過筆者以 EXCEL 所寫的「詹森─內曼法（Johnson-Neyman）.xls」，茲同樣以表 4-1 資料，說明如何透過圖 4-11 的操作，使用「詹森─內曼法（Johnson-Neyman）.xls」，進行詹森─內曼統計分析。

步驟 1：開啟「詹森─內曼法（Johnson-Neyman）.xls」檔案，請從 A3 與 B3 兩欄位，開始輸入實驗組的每筆共變項與依變項資料，請從 C3 與 D3 兩欄位，開始輸入控制組的每筆共變項與依變項資料，如下

圖所示。

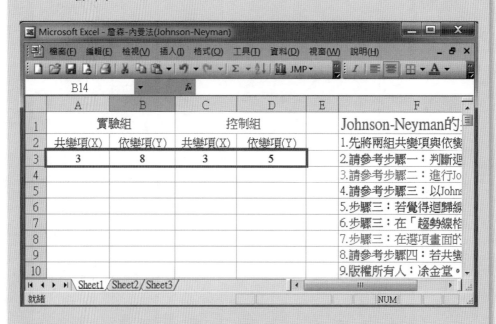

步驟2：在「詹森─內曼法（Johnson-Neyman）.xls」視窗中，完成將表 4-1 的實驗組與控制組的 12 筆資料，如下圖所示。

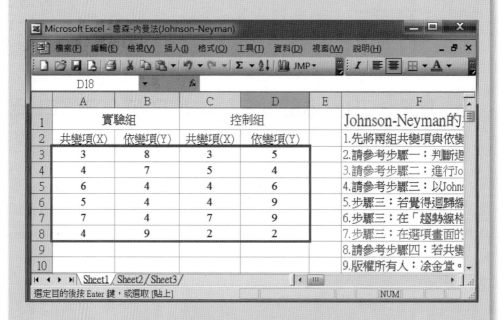

圖 4-11　以表 4-1 所進行的詹森─內曼法 EXCEL 操作程序

　　由圖 4-11 的 EXCEL 操作程序可知，只需要輸入兩組別的共變項與依變項等兩項數值即可，無須其他的操作步驟，即可獲得圖 4-12 的 EXCEL 統計結果。

　　在資料的輸入過程中，有一點要特別注意的事，若資料有遺漏值的話，只能以空格呈現，不能出現其他的數字或符號（例如「9」或「.」）。當資料是直接從 SPSS 複製過來的話，因 SPSS 原先設定的遺漏值，會出現一個小黑點「.」，請刪除小黑點，讓該筆遺漏值的欄位呈現空白。若在 SPSS 統計軟體自行以 9 作為遺漏值的話，可透過 EXCEL 的「取代 (P)」功能，將「9」取代成空格。

> **報表 1**：在 F14 至 K18 欄位的「迴歸係數同質性分析摘要表」中，可知 $F(1, 8) = 9.760$, $p = .014$，由於顯著性 p 值小於 .05，故應拒絕虛無假定，亦即兩組的迴歸係數不同質，如下圖所示。
> 　　上述 EXCEL 的統計結果，與表 4-3 的統計結果是相同的。

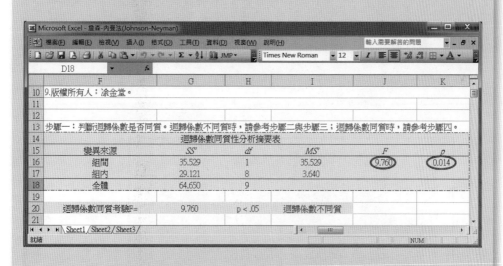

> **報表 2**：在 F23 至 W34 欄位的「迴歸係數不同質時，所進行 Johnson-Neyman 的統計結果」中，可得知兩條迴歸線交於 X_0 為 4.60，且 X_up 為 6.28，X_low 為 3.03。顯示實驗組的共變項得分若高於 6.28 時，則其依變項的得分將顯著低於控制組。而實驗組的共變項得分若低於 3.03 時，則其依變項的得分將顯著高於控制組，如下圖所示。
> 　　上述 EXCEL 的統計結果，與圖 4-7 的 SPSS 報表 4 的統計結果是相同的。

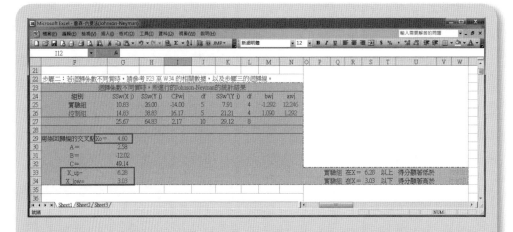

報表 3：在 F38 至 I50 欄位的「以 Johnson-Neyman 所獲得的兩條迴歸線交
　　　　互作用圖形」中，可得知兩條迴歸線的交叉情形，如下圖所示。
　　　　上述 EXCEL 的統計結果，與圖 4-10 報表的統計圖形是相同的。

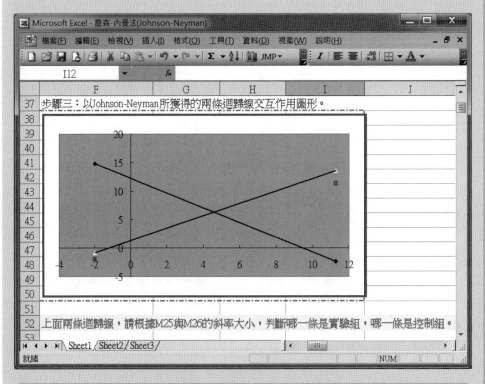

圖 4-12　以表 4-1 所進行的詹森—內曼法之 EXCEL 統計報表

肆、三組別迴歸係數不同質的統計方式

　　前面所介紹的詹森─內曼法，只能適用兩個組別迴歸係數不同質（此時不應該採用共變數分析，而應改採詹森─內曼的統計方法）。但在實驗設計上，若進行三個組別以上的共變數分析時，一旦各組迴歸係數不同質時，則該如何運用詹森─內曼的統計方法？對於此問題，Huitema（2011）提出一個簡單的處理方式：採用兩組分別檢視迴歸係數是否同質，若該兩組的迴歸係數同質，則該兩組進行共變數分析；相對地，若該兩組的迴歸係數不同質，則該兩組進行詹森─內曼法。但此時進行的共變數分析，則應該對犯第一類型錯誤的 α，進行 Bonferroni 的調整。例如進行兩次的兩組共變數分析，則可將原先設定 α 為 .05，改為 $\alpha = .05/2 = .025$。茲以表 4-6 的三組資料，說明如何處理三組別迴歸係數不同質的統計方式。

表 4-6

實驗組一、實驗組二、控制組學生的共變項（X）與依變項（Y）

實驗組一			實驗組二			控制組		
編號	X	Y	編號	X	Y	編號	X	Y
1	33	84	11	41	89	21	49	89
2	35	80	12	34	98	22	40	87
3	41	81	13	46	93	23	32	92
4	44	86	14	44	94	24	40	91
5	47	94	15	31	94	25	41	81
6	37	87	16	44	88	26	48	92
7	39	88	17	43	93	27	39	95
8	38	83	18	44	92	28	37	86
9	40	88	19	46	94	29	42	90
10	46	95	20	50	97	30	40	88

一、三組別組內迴歸係數同質性假設的檢定

　　對於表 4-6 三組資料的組內迴歸係數同質性假定之檢定，可透過圖 4-13 的 SPSS 操作步驟，來判斷是否符合此假定。

步驟 1：在「三個組別迴歸係數不同質的 ancova 實例 .sav」檔案中，點選「分析 (A)」→「一般線性模式 (G)」→「單變量 (U)」，如下圖所示。

步驟 2：在「單變量」對話窗中，將左邊的「組別」移至「固定因子 (F)」，如下圖所示。

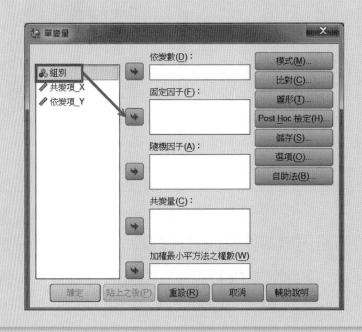

步驟 3：在「單變量」對話窗中，將左邊的「共變項_X」移至「共變量(C)」，
如下圖所示。

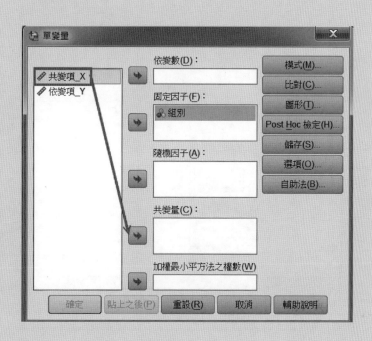

步驟 4：在「單變量」對話窗中，將左邊的「依變項_Y」移至「依變數(D)」，
並點「模式(M)」的按鍵，如下圖所示。

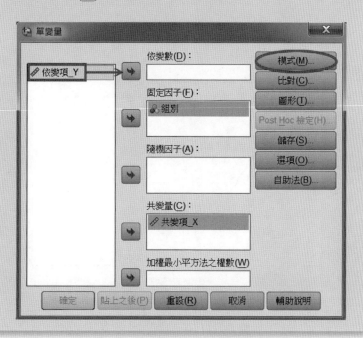

步驟5：在「單變量：模式」對話窗中，將原先「指定模式」的內定「完全因子設計 (A)」選項，更改為「自訂 (C)」選項，如下圖所示。

步驟6：在「單變量：模式」對話窗中，點選左邊「因子與共變量 (F)」中的「組別」，並移至右邊的「模式 (M)」，如下圖所示。

步驟7：在「單變量：模式」對話窗中，點選左邊「因子與共變量(F)」中的「共變項_X」，並移至右邊的「模式(M)」，如下圖所示。

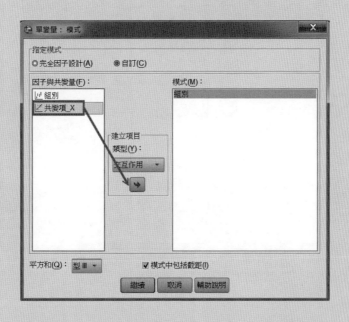

步驟8：在「單變量：模式」對話窗中，同時點選左邊「因子與共變量(F)」中的「組別」與「共變項_X」兩項，並移至右邊的「模式(M)」，最後按下「繼續」按鍵，如下圖所示。

步驟9：在「單變量」對話窗中，按下「確定」按鍵，如下圖所示。

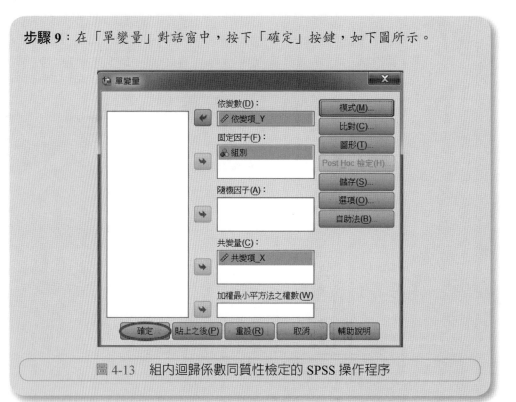

圖 4-13　組內迴歸係數同質性檢定的 SPSS 操作程序

經過圖 4-13 的 SPSS 操作步驟，即可獲得圖 4-14 的 SPSS 統計報表。

報表：在「受試者間效應項的檢定」報表中，可知「組別 * 共變項_X」的顯著性 $p = .043$，由於顯著性小於 .05，故應拒絕虛無假設，亦即三組的迴歸係數是不相同的，顯示不符合組內迴歸係數同質假設，故不適合進行共變數分析，如下圖所示。

受試者間效應項的檢定

依變數：依變項_Y

來源	型 III 平方和	df	平均平方和	F	顯著性
校正後的模式	342.140ᵃ	5	68.428	5.025	.003
截距	2589.562	1	2589.562	190.161	.000
組別	126.335	2	63.167	4.639	.020
共變項_X	36.805	1	36.805	2.703	.113
組別 * 共變項_X	97.949	2	48.974	3.596	.043
誤差	326.826	24	13.618		
總數	241693.000	30			
校正後的總數	668.967	29			

a. R 平方 = .511 (調過後的 R 平方 = .410)

圖 4-14　組內迴歸係數同質性檢定的 SPSS 統計報表

　　圖 4-14 組內迴歸係數同質性檢定結果，可整理成表 4-7 單因子共變數分析迴歸係數同質性檢定摘要表，從表 4-7 可知，組內迴歸係數同質性檢定結果，$F(2, 24) = 3.60, p = .04$，由於顯著性 p 小於 .05，故應拒絕虛無假設，即三組的組內迴歸係數是不同質的，顯示不適合進行共變數分析。

表 4-7

單因子共變數分析迴歸係數同質性檢定摘要表

SV	SS	df	MS	F	p
迴歸係數異質性	97.95	2	48.97	3.60	.04
誤差	326.83	24	13.62		
總和	424.78	26			

　　由於表 4-7 三組實驗結果的資料不符合迴歸係數同質性基本假定，故不適合直接進行共變數分析。茲採用 Huitema（2011）的建議，先分別檢定兩組別是否符合迴歸係數同質性的假定，故底下分別進行「實驗組一與實驗組二」、「實驗組一與控制組」、「實驗組二與控制組」等三次的迴歸係數同質性檢定。

二、實驗組一與實驗組二的組內迴歸係數同質性假設的檢定

　　對於實驗組一與實驗組二的組內迴歸係數同質性假設檢定，接續圖 4-13 操作，可透過圖 4-15 的 SPSS 操作步驟，來判斷是否符合此假定。

步驟 1：在「三個組別迴歸係數不同質的 ancova 實例 .sav」檔案中，點選「資料 (D)」→「選擇觀察值 (S)」，如下圖所示。

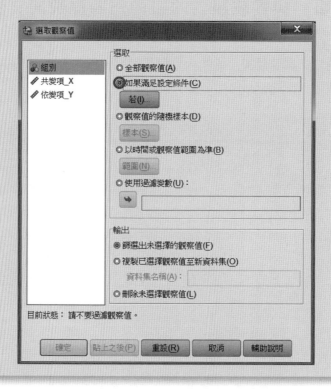

步驟 2：在「選取觀察值」對話窗中，在「選取」的內框中，將原先內定的
「全部觀察值(A)」，更改為「如果滿足設定條件(C)」，並按下「若
(I)」的按鍵，如下圖所示。

步驟 3：在「選取觀察值：If」對話窗中，將左邊的變項「組別」移至右邊的空格，如下圖所示。

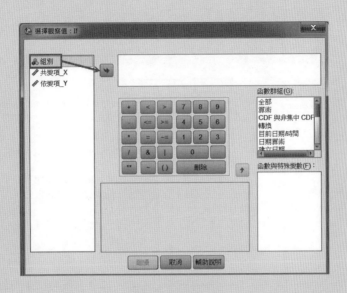

步驟 4：在「選取觀察值：If」對話窗中，先點選「~=」的按鍵，再點選「3」的按鍵，讓右邊空格呈現「組別 ~=3」，如下圖所示。「~=」按鍵表示「不等於」，故「組別 ~=3」表示要挑選「組別代碼不是 3 的受試者」，此處的做法主要是挑選組別代碼為 1 與 2 的受試者，以進行實驗組一與實驗組二等兩組受試者資料的迴歸係數同質性檢定，故得透過排除組別代碼為 3 的受試者。

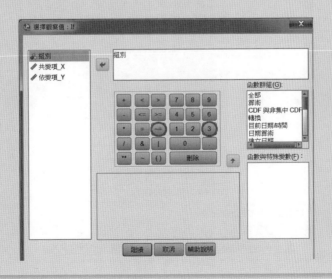

步驟 5：在「選取觀察值：If」對話窗中，請檢查右邊的空格是否呈現「組別 ~=3」的狀態，若是的話，則按下「繼續」按鍵；若不是的話，則回到步驟 4 的操作步驟，如下圖所示。

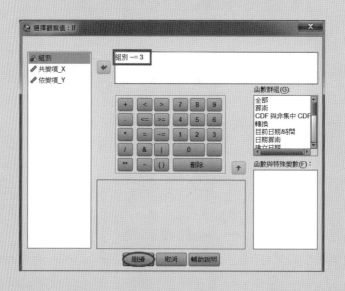

步驟 6：在「選取觀察值」對話窗中，按下「確定」按鍵，如下圖所示。

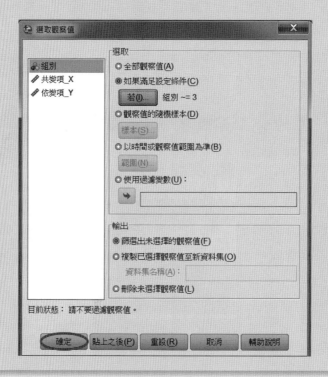

步驟 7：在「資料檢視」視窗中，最左邊可看到組別代碼 3 的受試者，其編號會出現「／」的刪除符號，表示後續的統計分析，將不分析這些受試者，如下圖所示。

步驟 8：點選「分析 (A)」→「一般線性模式 (G)」→「單變量 (U)」，如下圖所示。

步驟 9：在「單變量」對話窗中，將可看到右邊的「依變數 (D)」空格中，
已出現「依變項_Y」、右邊的「固定因子 (F)」空格，已出現「組
別」、右邊的「共變量 (C)」，已出現「共變項_X」，如下圖所
示。這是因為我們接續圖 4-13 的操作步驟。若確定後，則按下「確
定」按鍵，如下圖所示。

若未進行圖 4-13 的操作，則請自行將「依變項_Y」移至右邊的「依
變數 (D)」空格中、將「組別」移至右邊的「固定因子 (F)」空格、
將「共變項_X」移至右邊的「共變量 (C)」，再按下「確定」按鍵。

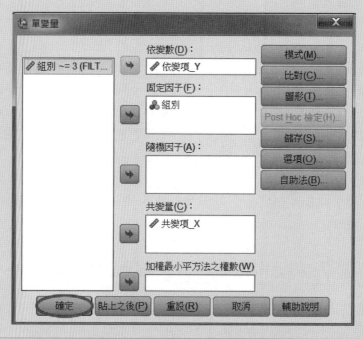

圖 4-15　組內迴歸係數同質性檢定的 SPSS 操作程序

經過圖 4-15 的 SPSS 操作步驟，即可獲得圖 4-16 的 SPSS 統計報表。

報表：在「受試者間效應項的檢定」報表中，可知「組別＊共變項_X」的
顯著性 $p = .016$，由於顯著性低於 .05，故應拒絕虛無假設，亦即兩
組的迴歸係數是不相同的，顯示不符合組內迴歸係數同質假設，如下
圖所示。

受試者間效應項的檢定

依變數: 依變項_Y

來源	型 III 平方和	df	平均平方和	F	顯著性
校正後的模式	337.807ᵃ	3	112.602	9.483	.001
截距	1557.299	1	1557.299	131.146	.000
組別	115.913	1	115.913	9.761	.007
共變項_X	59.180	1	59.180	4.984	.040
組別 * 共變項_X	85.951	1	85.951	7.238	.016
誤差	189.993	16	11.875		
總數	162168.000	20			
校正後的總數	527.800	19			

a. R 平方 = .640 (調過後的 R 平方 = .573)

圖 4-16　組內迴歸係數同質性檢定的 SPSS 統計報表

　　圖 4-16 組內迴歸係數同質性檢定結果，可整理成表 4-8 單因子共變數分析迴歸係數同質性檢定摘要表。從表 4-8 可知，組內迴歸係數同質性檢定結果，$F(1, 16) = 7.24$, $p = .02$，由於顯著性 p 小於 .05，故應拒絕虛無假設，即實驗組一與實驗組二兩組的組內迴歸係數是不同質的，顯示不適合進行共變數分析。

表 4-8

單因子共變數分析迴歸係數同質性檢定摘要表

SV	SS	df	MS	F	p
迴歸係數異質性	85.95	1	85.95	7.24	.02
誤差	189.99	16	11.88		
總和	275.94	21			

三、實驗組一與控制組的組內迴歸係數同質性假設的檢定

　　對於實驗組一與控制組的組內迴歸係數同質性假設的檢定，接續圖 4-15 的操作，可透過圖 4-17 的 SPSS 操作步驟，來判斷是否符合此假定。

步驟 1：在「三個組別迴歸係數不同質的 ancova 實例 .sav」檔案中，點選「資料 (D)」→「選擇觀察值 (S)」，如下圖所示。

步驟 2：在「選取觀察值」對話窗中，在「選取」的內框中，點選「若(I)」
的按鍵，如下圖所示。

步驟 3：在「選取觀察值：If」對話窗中，將右邊空格的「組別 ~=3」，更改為「組別 ~=2」，然後按下「繼續」的按鍵，如下圖所示。「~=」按鍵表示「不等於」，故「組別 ~=2」表示要挑選「組別代碼不是2 的受試者」，此處的做法主要是挑選組別代碼為 1 與 3 的受試者，以進行實驗組一與控制組等兩組受試者資料的迴歸係數同質性檢定，故得透過排除組別代碼為 2 的受試者。

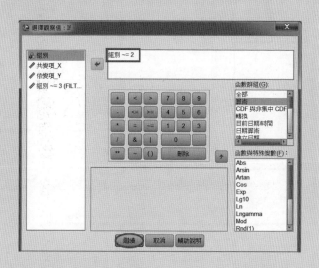

步驟 4：在「選取觀察值」對話窗中，按下「確定」按鍵，如下圖所示。

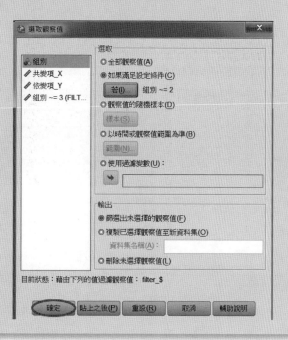

步驟 5：在「資料檢視」視窗中，最左邊可看到組別代碼 2 的受試者，其編號會出現「╱」的刪除符號，表示後續的統計分析，將不分析這些受試者，如下圖所示。

步驟 6：點選「分析 (A)」→「一般線性模式 (G)」→「單變量 (U)」，如下圖所示。

步驟 7：在「單變量」對話窗中，將可看到右邊的「依變數 (D)」空格中，已出現「依變項_Y」、右邊的「固定因子 (F)」空格，已出現「組別」、右邊的「共變量 (C)」，已出現「共變項_X」，如下圖所示。這是因為我們接續圖 4-15 的操作步驟。若確定後，則按下「確定」按鍵，如下圖所示。

若未進行圖 4-15 的操作，則請自行將「依變項_Y」移至右邊的「依變數 (D)」空格中、將「組別」移至右邊的「固定因子 (F)」空格、將「共變項_X」移至右邊的「共變量 (C)」，再按下「確定」按鍵。

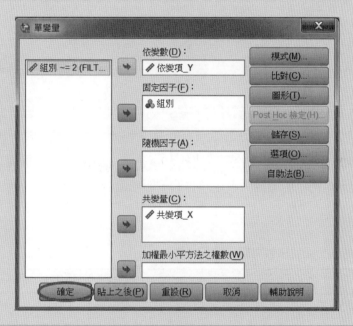

圖 4-17 組內迴歸係數同質性檢定的 SPSS 操作程序

經過圖 4-17 的 SPSS 操作步驟，即可獲得圖 4-18 的 SPSS 統計報表。

報表：在「受試者間效應項的檢定」報表中，可知「組別 * 共變項」的顯著性 $p = .053$，由於顯著性高於 .05，故應接受虛無假設，亦即兩組的迴歸係數是相同的，顯示符合組內迴歸係數同質假設，如下圖所示。

受試者間效應項的檢定

依變數: 依變項_Y

來源	型 III 平方和	df	平均平方和	F	顯著性
校正後的模式	149.737ª	3	49.912	3.289	.048
截距	1289.207	1	1289.207	84.952	.000
組別	74.393	1	74.393	4.902	.042
共變項_X	60.454	1	60.454	3.984	.063
組別 * 共變項_X	66.048	1	66.048	4.352	.053
誤差	242.813	16	15.176		
總數	154745.000	20			
校正後的總數	392.550	19			

a. R 平方 = .381 (調過後的 R 平方 = .265)

圖 4-18　組內迴歸係數同質性檢定的 SPSS 統計報表

圖 4-18 組內迴歸係數同質性檢定結果，可整理成表 4-9 單因子共變數分析迴歸係數同質性檢定摘要表。從表 4-9 可知，組內迴歸係數同質性檢定結果，$F(1, 16) = 4.35$, $p = .053$，由於顯著性 p 大於 .05，故應接受虛無假設，即實驗組一與控制組兩組的組內迴歸係數是同質的，顯示適合進行共變數分析。

表 4-9

單因子共變數分析迴歸係數同質性檢定摘要表

SV	SS	df	MS	F	p
迴歸係數異質性	66.05	1	66.05	4.35	.053
誤差	242.81	16	15.18		
總和	308.86	17			

四、實驗組二與控制組的組內迴歸係數同質性假設的檢定

對於實驗組二與控制組的組內迴歸係數同質性假設的檢定，接續圖 4-17 的操作，可透過圖 4-19 的 SPSS 操作步驟，來判斷是否符合此假定。

步驟 1：在「三個組別迴歸係數不同質的 ancova 實例 .sav」檔案中，點選「資料 (D)」→「選擇觀察值 (S)」，如下圖所示。

步驟 2：在「選取觀察值」對話窗中，在「選取」的內框中，點選「若 (I)」的按鍵，如下圖所示。

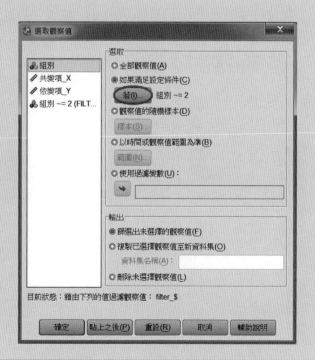

步驟 3：在「選取觀察值：If」對話窗中，將右邊空格的「組別 ~=2」，更改為「組別 ~=1」，然後按下「繼續」的按鍵，如下圖所示。「~=」按鍵表示「不等於」，故「組別 ~=1」表示要挑選「組別代碼不是1的受試者」，此處的做法主要是挑選組別代碼為2與3的受試者，以進行實驗組二與控制組等兩組受試者資料的迴歸係數同質性檢定，故得透過排除組別代碼為1的受試者。

步驟 4：在「選取觀察值」對話窗中，按下「確定」按鍵，如下圖所示。

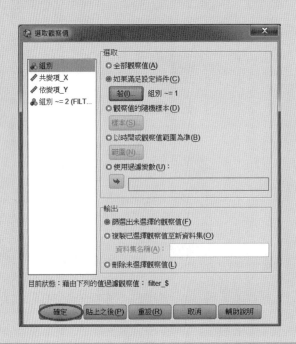

步驟 5：在「資料檢視」視窗中，最左邊可看到組別代碼 1 的受試者，其編號會出現「／」的刪除符號，表示後續的統計分析，將不分析這些受試者，如下圖所示。

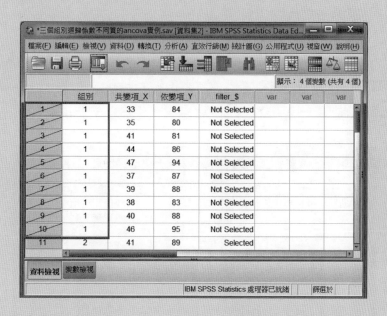

步驟 6：點選「分析 (A)」→「一般線性模式 (G)」→「單變量 (U)」，如下圖所示。

步驟7：在「單變量」對話窗中，將可看到右邊的「依變數 (D)」空格中，已出現「依變項_Y」、右邊的「固定因子 (F)」空格，已出現「組別」、右邊的「共變量 (C)」，已出現「共變項_X」，如下圖所示。這是因為我們接續圖 4-17 的操作步驟。若確定後，則按下「確定」按鍵，如下圖所示。

若未進行圖 4-17 的操作，則請自行將「依變項_Y」移至右邊的「依變數 (D)」空格中、將「組別」移至右邊的「固定因子 (F)」空格、將「共變項_X」移至右邊的「共變量 (C)」，再按下「確定」按鍵。

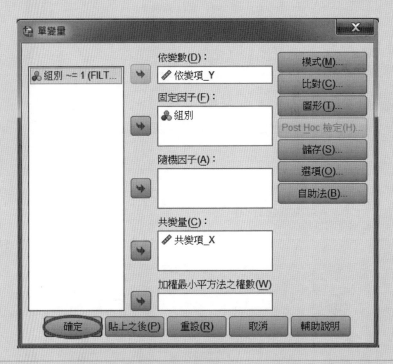

圖 4-19　組內迴歸係數同質性檢定的 SPSS 操作程序

經過圖 4-19 的 SPSS 操作步驟，即可獲得圖 4-20 的 SPSS 統計報表。

報表：在「受試者間效應項的檢定」報表中，可知「組別＊共變項」的顯著性 $p = .868$，由於顯著性高於 .05，故應接受虛無假設，亦即兩組的迴歸係數是相同的，顯示符合組內迴歸係數同質假設，如下圖所示。

受試者間效應項的檢定

依變數: 依變項_Y

來源	型 III 平方和	df	平均平方和	F	顯著性
校正後的模式	85.703[a]	3	28.568	2.070	.145
截距	2486.040	1	2486.040	180.109	.000
組別	3.027	1	3.027	.219	.646
共變項_X	1.034	1	1.034	.075	.788
組別 * 共變項_X	.392	1	.392	.028	.868
誤差	220.847	16	13.803		
總數	166473.000	20			
校正後的總數	306.550	19			

a. R 平方 = .280 (調過後的 R 平方 = .144)

圖 4-20　組內迴歸係數同質性檢定的 SPSS 統計報表

圖 4-20 的組內迴歸係數同質性檢定結果，可整理成表 4-10 的單因子共變數分析迴歸係數同質性檢定摘要表。從表 4-10 可知，組內迴歸係數同質性檢定結果，$F(1, 16) = 0.03, p = .87$，由於顯著性 p 大於 .05，故應接受虛無假設，即實驗組二與控制組兩組的組內迴歸係數是同質的，顯示適合進行共變數分析。

表 4-10

單因子共變數分析迴歸係數同質性檢定摘要表

SV	*SS*	*df*	*MS*	*F*	*p*
迴歸係數異質性	0.39	1	0.39	0.03	.87
誤差	220.85	16	13.80		
總和	221.24	17			

茲將上述三次的兩兩組別之迴歸係數同質性檢定，整理成表 4-11。由表 4-11 可知，實驗組一與實驗組二的迴歸係數不同質，故不適合進行共變數分析，而改採詹森—內曼法。而實驗組一與控制組，以及實驗組二與控制組等則符合迴歸係數同質性檢定，故直接採用共變數分析，但因同時進行兩次的共變數分析，故每次的共變數分析犯第一類型錯誤 α 的 .05，將更改為 $\alpha/2 = .025$。

表 4-11

兩兩組別的迴歸係數同質性檢定結果

組別	迴歸係數同質性檢定結果
實驗組一與實驗組二	迴歸係數不同質
實驗組一與控制組	迴歸係數同質
實驗組二與控制組	迴歸係數同質

五、實驗組一與實驗組二的詹森—內曼法

針對實驗組一與實驗組二的詹森—內曼法的統計分析，可採用 SPSS 統計軟體與筆者以 EXCEL 所寫的「詹森—內曼法（Johnson-Neyman）.xls」。

(一) 以SPSS進行詹森—內曼法

茲以圖 4-21SPSS 操作，說明如何透過 SPSS 的操作程序，進行實驗組一與實驗組二的詹森—內曼法。

步驟 1：在「三個組別迴歸係數不同質的 ancova 實例 .sav」檔案中，點選第 1 組與第 2 組的受試者之「組別」、「共變項_X」、「依變項_Y」等三個變項的資料，如下圖所示。請注意：不能點選第 3 組別的受試者，因為只要進行實驗組一與實驗組二兩組受試者的詹森—內曼法。另外，第 1 組的受試者雖有刪除的符號，但因只是複製現有的資料，並不進行統計分析，故不會影響複製的動作。

	組別	共變項_X	依變項_Y	filter_$	var	var	var
9	1	40	88	Not Selected			
10	1	46	95	Not Selected			
11	2	41	89	Selected			
12	2	34	98	Selected			
13	2	46	93	Selected			
14	2	44	94	Selected			
15	2	31	94	Selected			
16	2	44	88	Selected			
17	2	43	93	Selected			
18	2	44	92	Selected			
19	2	46	94	Selected			
20	2	50	97	Selected			
21	3	49	89	Selected			

步驟 2：開啟「詹森內曼法對應的 SPSS 資料檔 .sav」檔案，在「Group」變項的第一個空格，按滑鼠右鍵的「貼上(P)」的按鍵，如下圖所示。由於「三個組別迴歸係數不同質的 ancova 實例 .sav」恰好只有三個變項，故可以一次全部的複製檔案，若讀者自己的檔案中包含許多變項時，請將「組別」、「共變項」、「依變項」等三個變項，逐一的複製到「詹森內曼法對應的 SPSS 資料檔 .sav」檔案。

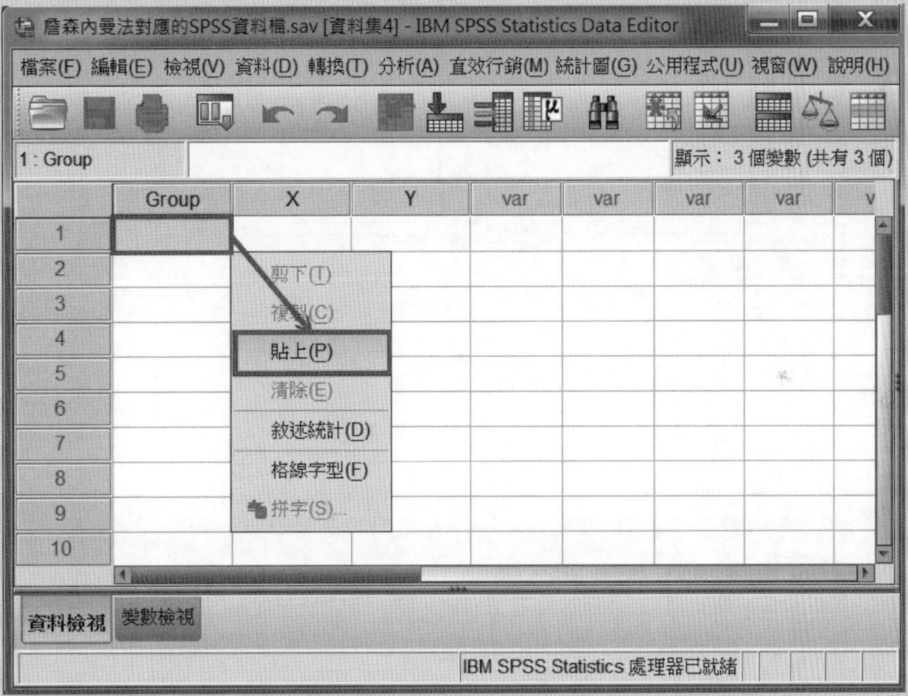

步驟 3：在「詹森內曼法對應的 SPSS 資料檔 .sav」視窗中，請檢視資料是否正確的從「三個組別迴歸係數不同質的 ancova 實例 .sav」檔案中，只複製第 1 組與第 2 組的過來，如下圖所示。「詹森內曼法對應的 SPSS 資料檔 .sav」檔案中的三個變項：「Group」、「X」、「Y」，分別對應「組別」、「共變項_X」、「依變項_Y」等三個變項。**請注意：不能更改「Group」、「X」、「Y」這三個變項的名稱與位置，因為這三個變項名稱與位置，是對應到 SPSS 的語法。**

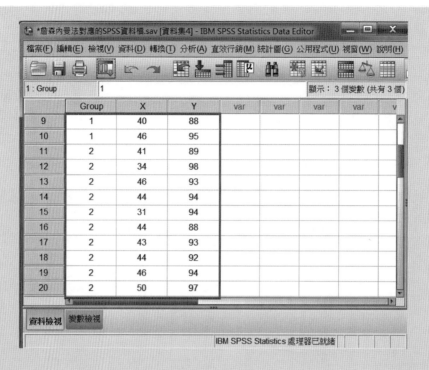

步驟 4：在「詹森內曼法對應的 SPSS 資料檔 .sav」視窗中，點選「檔案 (F)」
→「開啟」→「語法 (S)」，如下圖所示。

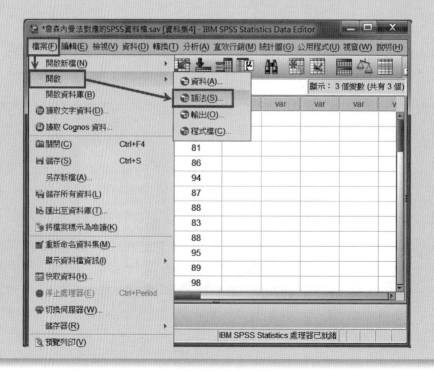

步驟 5：在「開啟語法」對話窗中，先從最上面點選「搜尋」選項，找出存
放「詹森內曼法的 SPSS 語法 .sps」檔案位置，本檔案存放在「詹
森內曼法」的檔案夾中。其次，點選「檔案類型」的選項，點選「所
有檔案 (*.*)」。等出現所有的檔案名稱後，點選「詹森內曼法的
SPSS 語法 .sps」，並按下「開啟 (O)」按鍵，如下圖所示。

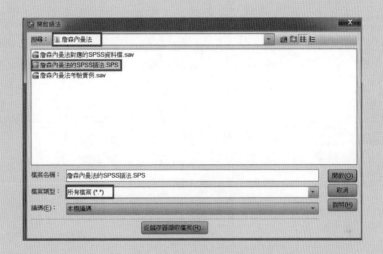

步驟 6：在「詹森內曼法的 SPSS 語法 .sps」對話窗中，點選「執行 (R)」→「全
部 (A)」，如下圖所示。請注意：勿更動語法內的任何數據或文字。

圖 4-21　詹森—內曼法的 SPSS 操作程序

經過圖 4-21 詹森—內曼法的 SPSS 操作步驟，即可獲得圖 4-22 的詹森—內曼法的 SPSS 統計報表，以及「RAW.sav」與「未命名標題 .sav」等兩個 SPSS 資料檔（這兩個資料檔是計算過程中的一些數據，不用查看，也不用儲存）。

報表1：在 SPSS 報表的前兩筆資料，會出現警語，如下圖所示。這是因為原先的 SPSS 語法中，有使用到「get file」的指令，如此可能會造成覆寫其他檔案的疑慮。由於此處並不影響統計結果，請不用擔心警告的部分。

但因檔案覆寫的關係，若想重新進行詹森—內曼法時，則得先關閉所有的檔案後，再重新開啟檔案。

```
>警告 #87. 指令名稱: get file
>其他使用者或程序已使用文件。 如果您變更文件的囗容，則可能覆寫 其他人變更的囗容，其他人也可能覆寫您變更的囗容。
>檔案已開囗 C:¥raw.sav
>警告 #87. 指令名稱: get file
>其他使用者或程序已使用文件。 如果您變更文件的囗容，則可能覆寫 其他人變更的囗容，其他人也可能覆寫您變更的囗容。
>檔案已開囗 C:¥raw.sav
```

報表2：在「迴歸」報表中，會出現「選入 / 刪除的變數ᵃ」、「模式摘要ᵇ」、「Anovaᵃ」、「係數ᵃ」、「殘差統計量ᵃ」等五個表格，下圖因版面關係，只呈現前三個表格，如下圖所示。這五個表格是計算詹森—內曼法的過程，可以不用查看的。

迴歸

選入/刪除的變數ᵃ

模式	選入的變數	刪除的變數	方法
1	XE, X, Eᵇ	.	選入

a. 依變數: Y

b. 所有要求的變數已輸入。

模式摘要ᵇ

模式	R	R平方	調過後的 R 平方	估計的標準誤
1	.800ᵃ	.640	.573	3.446

a. 預測變數:(常數), XE, X, E

b. 依變數: Y

Anovaᵃ

模式		平方和	df	平均平方和	F	顯著性
1	迴歸	337.807	3	112.602	9.483	.001ᵇ
	殘差	189.993	16	11.875		
	總數	527.800	19			

a. 依變數: Y

b. 預測變數:(常數), XE, X, E

報表 3：在「圖形」報表中，會出現實驗組與控制組的散布圖之交叉線，如下圖所示。

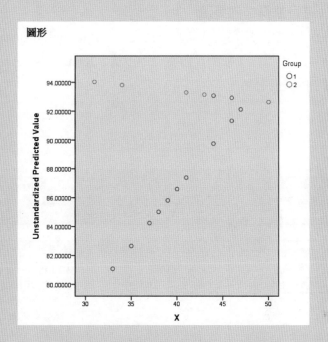

報表 4：在「清單」報表中，可以看到「X_0」的數值為 47.84422，此即為公式 4-1 的 X_0。「X_low」的數值為 43.46376，此即為公式 4-5 的 X_2。「X_up」的數值為 74.95926，此即為公式 4-4 的 X_1。

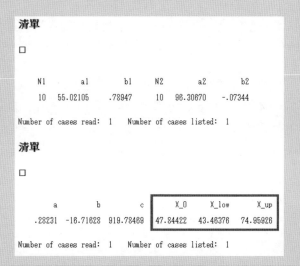

圖 4-22 以實驗組一與實驗組二受試者所進行的詹森一內曼法 SPSS 統計報表

若想將圖 4-22 報表 3 的圖形，獲得兩條相交的線段，請參考前面圖 4-8 的 SPSS 操作步驟。

(二) 以EXCEL進行詹森—內曼法

茲以筆者用 EXCEL 所寫的「詹森—內曼法（Johnson-Neyman）.xls」，說明如何透過圖 4-23 的操作，使用「詹森—內曼法（Johnson-Neyman）.xls」，進行詹森—內曼法的統計分析。

步驟 1：開啟「詹森—內曼法（Johnson-Neyman）.xls」檔案，如下圖所示。

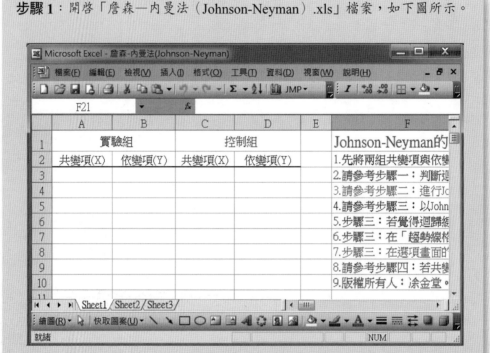

步驟 2：在「三個組別迴歸係數不同質的 ancova 實例 .sav」檔案中，將第 1 組的「共變項 _X」與「依變項 _Y」等兩項資料，進行「複製」的動作，如下圖所示。

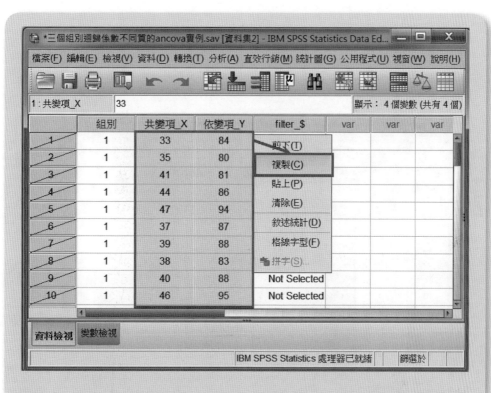

步驟 3：在「詹森—內曼法（Johnson-Neyman）.xls」視窗中，點選 A3 的欄位後，按滑鼠右鍵，進行「貼上」的動作，如下圖所示。

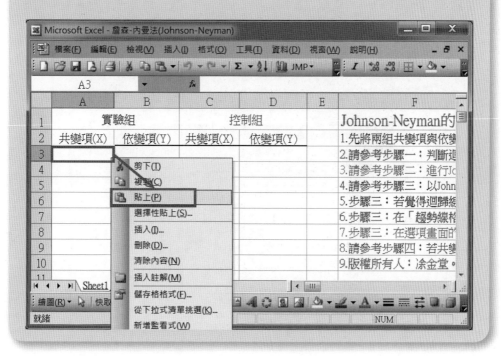

步驟4：在「三個組別迴歸係數不同質的 ancova 實例 .sav」檔案中，將第 2
組的「共變項_X」與「依變項_Y」等兩項資料，進行「複製」的
動作，如下圖所示。

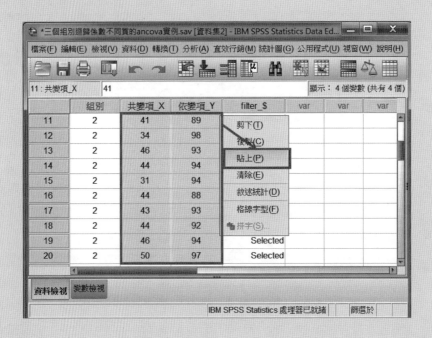

步驟5：在「詹森─內曼法（Johnson-Neyman）.xls」視窗中，點選 C3 的欄
位後，按滑鼠右鍵，進行「貼上」的動作，如下圖所示。

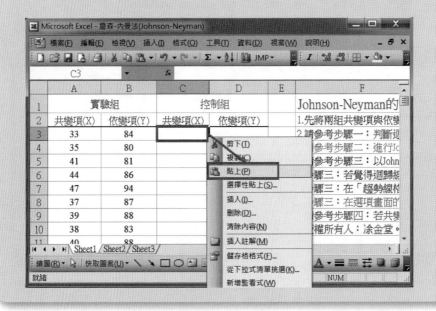

步驟 6：在「詹森─內曼法（Johnson-Neyman）.xls」視窗中，完成實驗組
一與實驗組二的 20 筆資料，如下圖所示。

	Microsoft Excel - 詹森-內曼法(Johnson-Neyman)	

圖 4-23　以實驗組一與實驗組二受試者所進行的詹森─內曼法 EXCEL 操作程序

由圖 4-23 的 EXCEL 操作程序可知，只需要輸入兩組別的共變項與依變項
等兩項數值即可，無須其他的操作步驟，即可獲得圖 4-24 的 EXCEL 統計結果。

在資料的輸入過程中，有一點要特別注意的事，若資料有遺漏值的話，只能
以空格呈現，不能出現其他的數字或符號（例如「9」或「.」）。當資料是直接
從 SPSS 複製過來的話，因 SPSS 原先設定的遺漏值，會出現一個小黑點「.」，
請刪除小黑點，讓該筆遺漏值的欄位呈現空白。若在 SPSS 統計軟體自行以 9 作
為遺漏值的話，可透過 EXCEL 的「取代 (P)」功能，將「9」取代成空格。

報表 1：在 F14 至 K18 欄位的「迴歸係數同質性分析摘要表」中，可知 $F_{(1,}$
$_{16)} = 7.238$, $p = .016$，由於顯著性 p 值小於 .05，故應拒絕虛無假
定，亦即兩組的迴歸係數不同質，如下圖所示。
上述EXCEL 的統計結果，與圖 4-16 統計報表的統計結果是相同的。

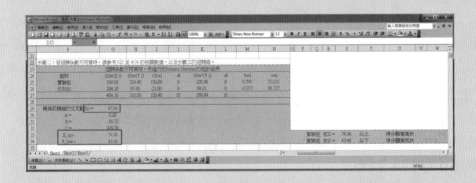

報表 2：在 F23 至 W34 欄位的「迴歸係數不同質時，所進行 Johnson-
　　　　Neyman 的統計結果」中，可得知兩條迴歸線交於 X_0 為 47.84，且
　　　　X_up 為 74.96，X_low 為 43.46。顯示實驗組的共變項得分若高於
　　　　74.96 時，則其依變項的得分將顯著高於控制組。而實驗組的共變
　　　　項得分若低於 43.46 時，則其依變項的得分將顯著低於控制組，如
　　　　下圖所示。

　　　　上述 EXCEL 的統計結果，與圖 4-22 的 SPSS 報表 4 的統計結果是
　　　　相同的。

報表 3：在 F38 至 I50 欄位的「以 Johnson-Neyman 所獲得的兩條迴歸線交
　　　　互作用圖形」中，可得知兩條迴歸線的交叉情形，如下圖所示。

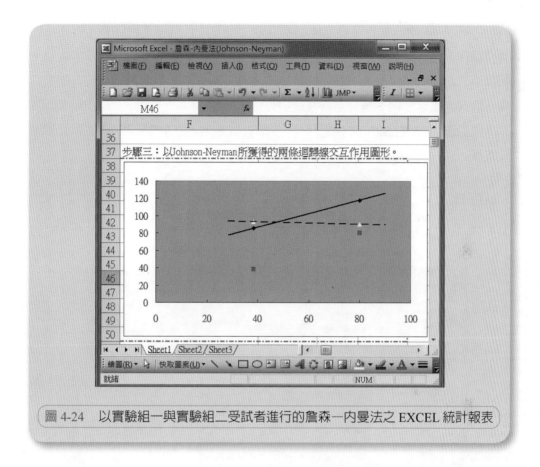

圖 4-24　以實驗組一與實驗組二受試者進行的詹森－內曼法之 EXCEL 統計報表

六、實驗組一與控制組的共變數分析

　　針對實驗組一與控制組的共變數分析，可採用 SPSS 統計軟體與筆者以 EXCEL 所寫的「1 個共變項的單因子共變數分析 .xls」，進行共變數分析。

(一) 以SPSS進行實驗組一與控制組的單因子共變項分析

　　在進行實驗組一與控制組的共變數分析前，除了前面已確定實驗組一與控制組的資料符合「各組迴歸係數同質性」外，還得確定實驗組一與控制組的共變項與自變項是否具有獨立性的假定。一旦確定共變項與自變項具獨立性假定後，才進行共變數分析，若不符合共變項與自變項具獨立性假定，則改用 Huitema（2011）建議的「準共變數分析」，請參考第二章圖 2-49 至圖 2-53。

1. 共變項與自變項具獨立性的假設檢定

　　檢驗自變項與共變項是否具有獨立性，因為只有實驗組與控制組兩組，故可

直接透過獨立樣本 t 檢定，檢定兩組在共變項得分是否有顯著性差異。當兩組在共變項得分沒有顯著性差異時，則顯示符合自變項與共變項具獨立性基本假定。相對地，當兩組在共變項得分有顯著性差異時，則顯示不符合自變項與共變項具獨立性基本假定，則不適合進行共變數分析。

　　透過圖 4-25 的 SPSS 的操作程序，即可檢定兩組在共變項分數是否有顯著性差異。

步驟 1：在「三個組別迴歸係數不同質的 ancova 實例 .sav」檔案中，點選「資料 (D)」→「選擇觀察值 (S)」，如下圖所示。

步驟 2：在「選取觀察值」對話窗中，在「選取」的內框中，點選「若 (I)」的按鍵，如下圖所示。

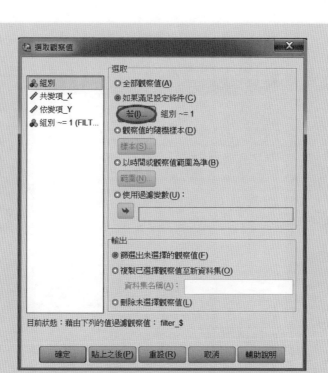

步驟 3：在「選取觀察值：If」對話窗中，將右邊空格的「組別 ~=1」，更改為「組別 ~=2」，然後按下「繼續」的按鍵，如下圖所示。「~=」按鍵表示「不等於」，故「組別 ~=2」表示要挑選「組別代碼不是 2 的受試者」，此處的做法主要是挑選組別代碼為 1 與 3 的受試者，以進行實驗組一與控制組等兩組受試者資料的「自變項與共變項具獨立性的基本假定」，故得透過排除組別代碼為 2 的受試者。

步驟 4：在「選取觀察值」對話窗中，按下「確定」按鍵，如下圖所示。

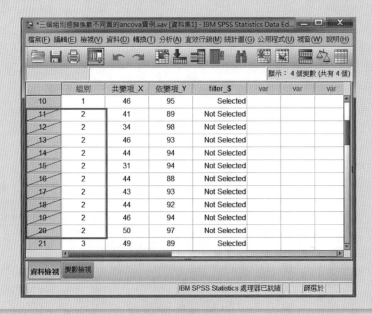

步驟 5：在「資料檢視」視窗中，最左邊可看到組別代碼 2 的受試者，其編號會出現「╱」的刪除符號，表示後續的統計分析，將不分析這些受試者，如下圖所示。

步驟 6：點選「分析 (A)」→「比較平均數 (M)」→「獨立樣本 T 檢定 (T)」，
如下圖所示。

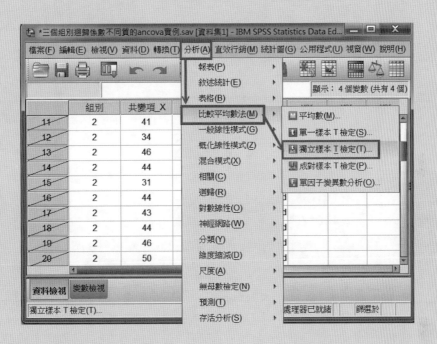

步驟 7：在「獨立樣本 T 檢定」對話窗中，將左邊的「組別」移至「分組變
數 (G)」，如下圖所示。

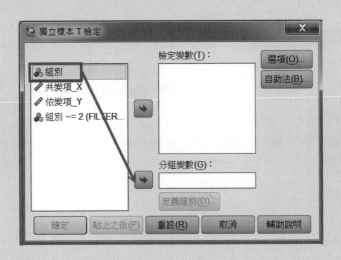

步驟 8：在「獨立樣本 T 檢定」的對話窗中，點選下方的「定義組別
(D)……」，如下圖所示。

步驟 9：在「定義組別」對話窗中，在「組別 <u>1</u>(1)：」的左邊空格中，輸入「1」，在「組別 <u>2</u>(2)：」的左邊空格中，輸入「3」，再按下「繼續」的按鍵，如下圖所示。**請注意：此處要檢定實驗組一與控制組的獨立樣本 t 檢定，由於實驗組一的代碼為 1，控制組的代碼為 3，故在「定義組別」的對話窗中，兩組的代碼是輸入 1 與 3。**

步驟 10：在「獨立樣本 T 檢定」對話窗中，將左邊的「共變項_X」移至「檢定變數 (T)」，如下圖所示。

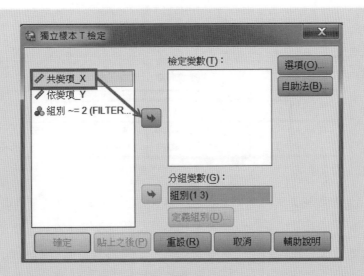

步驟11：在「獨立樣本 T 檢定」對話窗中，按下「確定」按鍵，如下圖所示。

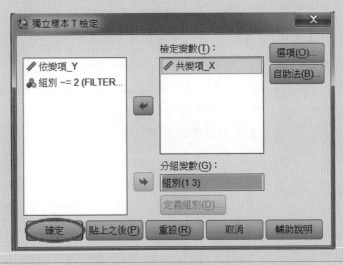

圖 4-25　獨立樣本 *t* 檢定（共變項）的 SPSS 操作程序

　　經過圖 4-25 的 SPSS 操作步驟，可以得到圖 4-26 的 SPSS 統計報表。

報表1：在「組別統計量」報表中，可從「組別」得知，有代碼 1 與代碼 3
　　　　兩組，1 為實驗組一，3 為控制組。從「個數」得知，組別 1 與組
　　　　別 3 的受試者皆有 10 位。從「平均數」得知，組別 1 的平均數為
　　　　40.00，組別 3 的平均數為 40.80。從「標準差」得知，組別 1 的標

準差爲 4.595，組別 3 的標準差爲 4.917，如下圖所示。

組別統計量

	組別	個數	平均數	標準差	平均數的標準誤
共變項_X	1	10	40.00	4.595	1.453
	3	10	40.80	4.917	1.555

報表 2：在「獨立樣本檢定」報表中，SPSS 同時呈現「假設變異數相等」與「不假設變異數相等」兩種統計結果的數值。在獨立樣本 t 檢定的報表解讀上，第 1 步驟要先查看「變異數相等的 Levene 檢定」中的「顯著性」，以判斷實驗組與控制組兩組的變異數是否相等。當「變異數相等的 Levene 檢定」中的「顯著性」數值大於 .05，表示兩組的變異數相等。若「變異數相等的 Levene 檢定」中的「顯著性」數值小於 .05，表示兩組的變異數不相等。第 2 步驟則查看「平均數相等的 t 檢定」中的「顯著性（雙尾）」，當「平均數相等的 t 檢定」中的「顯著性（雙尾）」數值大於 .05，表示兩組的平均數相等。若「平均數相等的 t 檢定」中的「顯著性（雙尾）」數值小於 .05，表示兩組的平均數不相等。

由下圖可知，「變異數相等的 Levene 檢定」中的「顯著性」數值爲 .861 高於 .05，顯示兩組變異數相等。接續查看「平均數相等的 t 檢定」中「假設變異數相等」的「顯著性（雙尾）」數值爲 .711，高於 .05，顯示兩組的平均數相等，其對應的 t 值爲 -0.376，其對應的 95% 信賴區間爲 [-5.271, 3.671]，如下圖所示。

獨立樣本檢定

		變異數相等的 Levene 檢定		平均數相等的 t 檢定					
		F 檢定	顯著性	t	自由度	顯著性（雙尾）	平均差異	標準誤差異	差異的 95% 信賴區間 下界	上界
共變項_X	假設變異數相等	.031	.861	-.376	18	.711	-.800	2.128	-5.271	3.671
	不假設變異數相等			-.376	17.918	.711	-.800	2.128	-5.272	3.672

圖 4-26　獨立樣本 t 檢定（共變項）的 SPSS 統計報表

將圖 4-26 的獨立樣本 t 檢定之統計報表，整理成表 4-12 統計摘要表。

獨立樣本 t 檢定統計摘要表

變項	實驗組一 ($n = 10$)		控制組 ($n = 10$)		$t(9)$	p	95% CI	
	M	SD	M	SD			LL	UL
共變項	40.00	4.60	40.80	4.92	-0.38	.711	-5.27	3.67

由表 4-12 可知，實驗組一與控制組學生在「共變項」得分，其獨立樣本 t 檢定沒有達顯著性差異，$t(18) = -0.38$, $p = .711$, 95%CI[-5.271, 3.671]，實驗組一受試者的共變項分數（$M = 40.00$），沒有顯著低於控制組受試者的共變項分數（$M = 40.80$），顯示共變項與自變項符合獨立性基本假定，適合進行共變數分析。

由於前面對「共變項與自變項具獨立性」與「組內迴歸係數同質性」等兩個基本假設的檢定結果顯示，實驗組一與控制組資料，同時符合「共變項與自變項具獨立性」與「組內迴歸係數同質性」兩個基本假定，故接續可進行一個共變項且自變項為兩組的單因子共變數分析。

接續圖 4-19 與圖 4-25 的 SPSS 操作步驟，透過圖 4-27 的 SPSS 操作步驟，即可進行單因子共變數分析。

步驟 1：在「三個組別迴歸係數不同質的 ancova 實例 .sav」檔案中，點選「分析 (A)」 →「一般線性模式 (G)」 →「單變量 (U)」，如下圖所示。

步驟2：在「單變量」對話窗中，將可看到右邊的「依變數 (D)」空格中，已出現「依變項_Y」、右邊的「固定因子 (F)」空格，已出現「組別」、右邊的「共變量 (C)」，已出現「共變項_X」，如下圖所示。這是因為我們接續圖 4-19 的操作步驟。若確定後，則按下「模式 (M)」按鍵，如下圖所示。

若未進行圖 4-19 的操作，則請自行將「依變項_Y」移至右邊的「依變數 (D)」空格中、將「組別」移至右邊的「固定因子 (F)」空格、將「共變項_X」移至右邊的「共變量 (C)」，再按下「模式 (M)」按鍵。

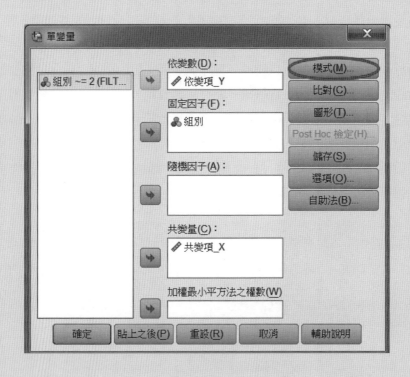

步驟3：在「單變量：模式」對話窗中，將圖 4-19 操作步驟中，點選「指定模式」中的「自訂 (C)」，更改為指定「完全因子設計 (A)」，再按下「繼續」按鍵。若未接續圖 4-19 的操作步驟，則維持原本指定「完全因子設計 (A)」選項的狀態，並按下「繼續」按鍵，如下圖所示。

步驟4：在「單變量」對話窗中，點選「選項 (O)」按鍵，如下圖所示。

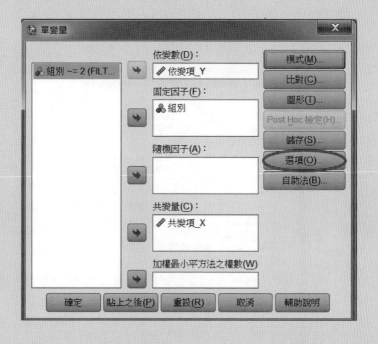

步驟5：在「單變量：選項」對話窗中，點選左邊「因子與因子交互作用 (F)」
　　　　中的「組別」，移至右邊的「顯示平均數 (M)」，如下圖所示。

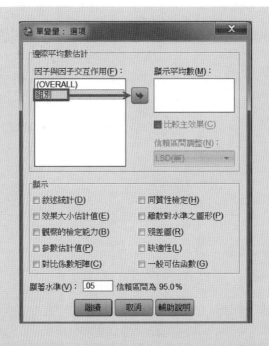

步驟 6：在「單變量：選項」對話窗中，點選「比較主效果 (C)」，以及「顯示」中的「敘述統計 (D)」、「效果大小估計值 (E)」、「觀察的檢定能力 (B)」、「同質性檢定 (H)」等選項，最後按下「繼續」按鍵，如下圖所示。

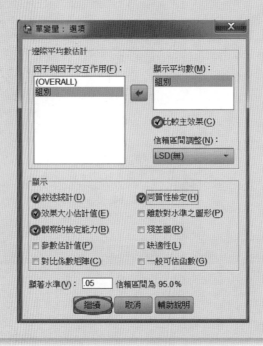

步驟 7：在「單變量」對話窗中，按下「確定」按鍵，如下圖所示。

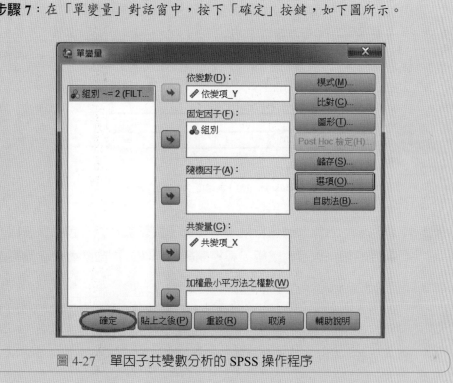

圖 4-27　單因子共變數分析的 SPSS 操作程序

　　經過圖 4-27 的 SPSS 操作步驟，即可獲得圖 4-28 的 SPSS 統計報表。

報表 1：在「敘述統計」報表中，可知第 1 組（實驗組一）依變項平均數
　　　　為 86.60，標準差為 4.993。第 3 組（控制組）依變項平均數為
　　　　89.10，標準差為 3.900，如下圖所示。

敘述統計

依變數: 依變項_Y

組別	平均數	標準離差	個數
1	86.60	4.993	10
3	89.10	3.900	10
總數	87.85	4.545	20

報表 2：在「誤差變異量的 Levene 檢定等式 [a]」報表中，可得知 Levene
　　　　變異數同質性檢定 $F(1, 18) = 0.001$, $p = .972$，因為顯著性 p 高於

.05，故應接受虛無假設，亦即實驗組一與控制組的依變項分數具變異數同質性，如下圖所示。

誤差變異量的Levene 檢定等式[a]

依變數：依變項_Y

F	df1	df2	顯著性
.001	1	18	.972

檢定各組別中依變數誤差變異量的虛無假設是相等的。

a. Design: 截距 + 共變項_X + 組別

報表 3：請注意：由於同時進行兩次的單因子共變數分析（包括實驗組一與控制組，以及實驗組二與控制組共兩次），故顯著性 p 設定為 .05/2 = .025。在「受試者間效應項的檢定」報表中，可得知「組別」的顯著性 p 為 .263，因為顯著性 p 高於 .025，故應接受虛無假設，亦即表示實驗組一與控制組的調整後平均數，沒有顯著性差異。單因子共變數分析的檢定結果為 $F(1, 17) = 1.34$, $p = .26$，如下圖所示。

受試者間效應項的檢定

依變數：依變項_Y

來源	型 III 平方和	df	平均平方和	F	顯著性	淨相關 Eta 平方	Noncent. 參數	觀察的檢定能力[b]
校正後的模式	83.690[a]	2	41.845	2.303	.130	.213	4.606	.402
截距	1327.365	1	1327.365	73.060	.000	.811	73.060	1.000
共變項_X	52.440	1	52.440	2.886	.108	.145	2.886	.361
組別	24.297	1	24.297	1.337	.263	.073	1.337	.194
誤差	308.860	17	18.168					
總數	154745.000	20						
校正後的總數	392.550	19						

a. R 平方 = .213 (調過後的 R 平方 = .121)

b. 使用 alpha = .05 計算

報表 4：在「估計值」報表中，可知第 1 組（實驗組一）依變項成績調整後平均數為 86.743，第 3 組（控制組）依變項成績調整後平均數為 88.957，如下圖所示。

估計值

依變數：依變項_Y

組別	平均數	標準誤差	95% 信賴區間	
			下界	上界
1	86.743[a]	1.351	83.894	89.593
3	88.957[a]	1.351	86.107	91.806

a. 使用下列值估計出現在模式的共變量：共變項_X = 40.40.

報表 5：在「成對比較」報表中，可知第 1 組（實驗組一）調整後平均數 86.743 與第 3 組（控制組）調整後平均數 88.957 的差距為 -2.213，因為顯著性 $p = .263$，顯示兩組調整後的平均數，未達顯著性差異，亦即第 1 組調整後平均數未顯著低於第 3 組調整後平均數，如下圖所示。

成對比較

依變數：依變項_Y

(I) 組別	(J) 組別	平均差異 (I-J)	標準誤差	顯著性[a]	差異的 95% 信賴區間[a]	
					下界	上界
1	3	-2.213	1.914	.263	-6.251	1.824
3	1	2.213	1.914	.263	-1.824	6.251

根據估計的邊緣平均數而定

a. 調整多重比較：最低顯著差異 (等於未調整值)。

圖 4-28　以實驗組一與控制組受試者所進行的共變數分析 SPSS 統計報表

將圖 4-28 所獲得的統計結果，整理成表 4-13 各組平均數摘要表，以及表 4-14 單因子共變數分析摘要表。由表 4-13 與表 4-14 可知，單因子共變數分析的統計結果顯示：$F(1, 17) = 1.34$, $p = .26$，實驗組一調整後平均數（$M' = 86.74$）未顯著低於控制組調整後平均數（$M' = 88.96$）。

表 4-13

單因子共變數分析之前測平均數、後測平均數、後測調整平均數

組別	人數	前測分數		後測分數		後測調整分數
	n	M	SD	M	SD	M'
實驗組一	10	40.00	5.60	86.60	4.99	86.74
控制組	10	40.80	4.92	89.10	3.90	88.96

表 4-14

實驗組一與控制組的單因子共變數分析摘要表

SV	SS'	df	MS'	F	p
組間	24.30	1	24.30	1.34	.26
組內	308.86	17	18.17		
全體	333.16	18			

(二) 以EXCEL進行實驗組一與控制組的單因子共變項分析

　　對於實驗組一與控制組的兩組別單因子共變數分析檢定，除了可透過前面所介紹的 SPSS 統計軟體進行外，也可採用筆者以 EXCEL 所寫的「1 個共變項的單因子共變數分析 .xls」進行。

　　透過圖 4-29 的 EXCEL 操作步驟，即可獲得圖 4-30 的 EXCEL 統計報表。

步驟 1：開啓「1 個共變項的單因子共變數分析 .xls」檔案，點選下方「2 組別」，如下圖所示。

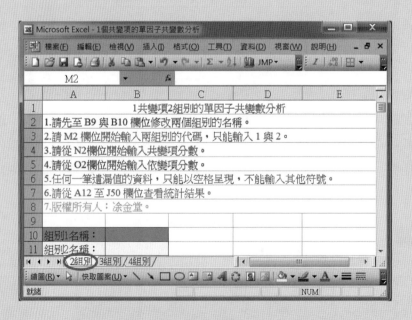

步驟 2：在「1 個共變項的單因子共變數分析」視窗中，於 B10 欄位輸入第 1 的名稱「實驗組一」，如下圖所示。

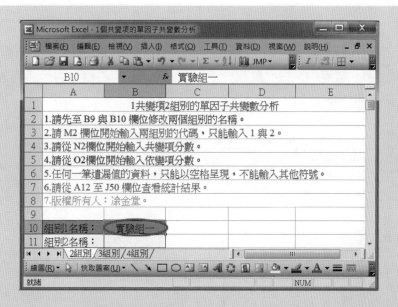

步驟 3：在「1 個共變項的單因子共變數分析」視窗中，於 B11 欄位輸入第 2 的名稱「控制組」，如下圖所示。

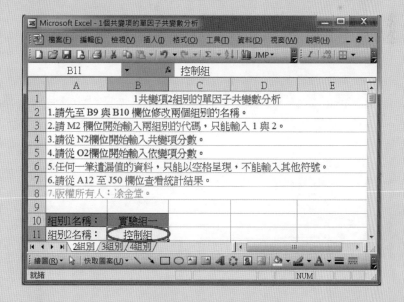

步驟 4：在「1 個共變項的單因子共變數分析」視窗中，在 M2 欄位開始輸入「實驗組一」的 10 筆資料，實驗組一的組別代碼「1」。接著，在 M12 欄位開始輸入「控制組」的 10 筆資料，控制組的組別代碼「2」，如下圖所示。

請注意：雖然控制組在「三個組別迴歸係數不同質的 ancova 實例 .sav」檔案中的代碼為 **3**，但因「**1** 個共變項的單因子共變數分析」檔案中，只允許代碼使用 **1** 與 **2**，故實驗組一的代碼為 **1**，控制組的代碼則改為 **2**。

步驟5：在「三個組別迴歸係數不同質的 ancova 實例 .sav」檔案中，將第 1 組的「共變項_X」與「依變項_Y」等兩項資料，進行「複製」的動作，如下圖所示。

步驟 6：在「1 個共變項的單因子共變數分析 .xls」視窗中，點選 N2 的欄位
後，按滑鼠右鍵，進行「貼上」的動作，如下圖所示。

步驟 7：在「三個組別迴歸係數不同質的 ancova 實例 .sav」檔案中，將第 3
組的「共變項 _X」與「依變項 _Y」等兩項資料，進行「複製」的
動作，如下圖所示。

步驟 8：在「1 個共變項的單因子共變數分析 .xls」視窗中，點選 N12 的欄位後，按滑鼠右鍵，進行「貼上」的動作，如下圖所示。

步驟 9：在「1 個共變項的單因子共變數分析」視窗中，將「三個組別迴歸係數不同質的 ancova 實例 .sav」檔案中，第 1 組與第 3 組的資料，複製到「組別」、「共變項 (X)」、「依變項 (Y)」等三個欄位，如下圖所示。

圖 4-29 單因子共變數分析（實驗組一與控制組）的 EXCEL 操作程序

　　由圖 4-29 的 EXCEL 操作程序可知，只需要輸入兩組別的名稱，以及所有受試者的組別代碼（**請注意，在 EXCEL 的程式中，只能以 1 或 2 來表示兩組的組別代碼，故控制組原先的代碼為 3，需要更改為 2**）、共變項、依變項等三個數值即可，無須其他的操作步驟。

　　在資料輸入過程中，有一點要特別注意的事，若資料有遺漏值的話，只能以空格呈現，不能出現其他的數字或符號（例如「9」或「.」）。當資料是直接從 SPSS 複製過來的話，因 SPSS 原先設定的遺漏值，會出現一個小黑點「.」，請刪除小黑點，讓該筆遺漏值的欄位呈現空白。若在 SPSS 統計軟體自行以 9 作為遺漏值的話，可透過 EXCEL 的「取代 (P)」功能，將「9」取代成空格。

報表 1：在 A13 至 G17 欄位的「敘述統計分析摘要表」中，可知實驗組一的人數有 10 位，前測分數（即共變數分數）平均數為 40.00，標準差為 4.59。依變項平均數為 86.60，標準差為 4.99，依變項調整後平均數為 86.74。控制組的人數有 10 位，前測分數（即共變數分數）平均數為 40.80，標準差為 4.92。依變項成績平均數為 89.10，標準差為 3.90，依變項調整後平均數為 88.96，如下圖所示。

上述 EXCEL 的統計結果，與圖 4-28 的 SPSS 報表 1 與報表 4 統計結果是相同的。

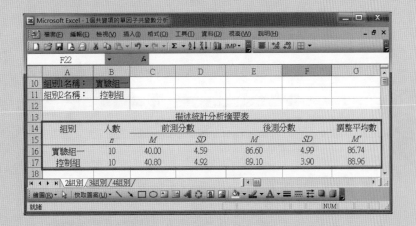

報表 2：在 A19 至 D21 欄位的「Levene 變異數同質性檢定摘要表」中，可得知 Levene 變異數同質性檢定 $F(1, 18) = 0.001, p = .972$，因為顯著性 p 高於 .05，故應接受虛無假設，亦即實驗組一與控制組的依變項分數具變異數同質性，如下圖所示。

上述 EXCEL 的統計結果，與圖 4-28 的 SPSS 報表 2 的統計結果是相同的。

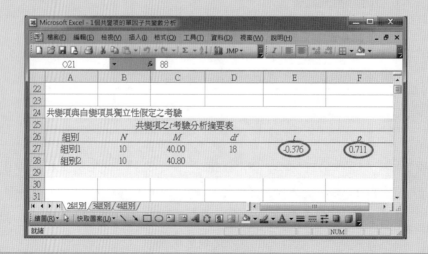

報表 3：在 A25 至 F28 欄位的「共變項之 t 檢定分析摘要表」中，可得知兩組在共變項的 t 檢定，因為顯著性 p 大於 .05，故應接受虛無假設，亦即表示實驗組一與控制組的共變項平均數，沒有顯著性差異，顯示符合「共變項與自變項具獨立性」，如下圖所示。

上述 EXCEL 的統計結果，與圖 4-26 的 SPSS 報表 2 的統計結果是相同的。

報表 4：在 A33 至 F38 欄位的「迴歸係數同質性檢定分析摘要表」中，可知顯著性 $p = .053$，由於顯著性高於 .05，故應接受虛無假設，亦即兩組迴歸係數是相同的，顯示符合組內迴歸係數同質，如下圖所示。上述 EXCEL 的統計結果，與圖 4-18 的 SPSS 報表的統計結果是相同的。

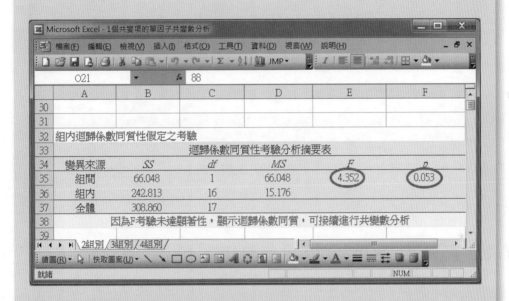

報表 5：在 A42 至 F46 欄位的「共變數檢定分析摘要表」中，可知 $F(1, 17) = 1.337, p = .263$，顯示兩組的調整後平均數沒有顯著性差異。故由報表 1 可知，實驗組一調整後平均數 86.743，沒有顯著低於控制組調整後平均數 88.957，如下圖所示。

上述 EXCEL 的統計結果，與圖 4-28 的 SPSS 報表 3 與報表 4 的統計結果是相同的。

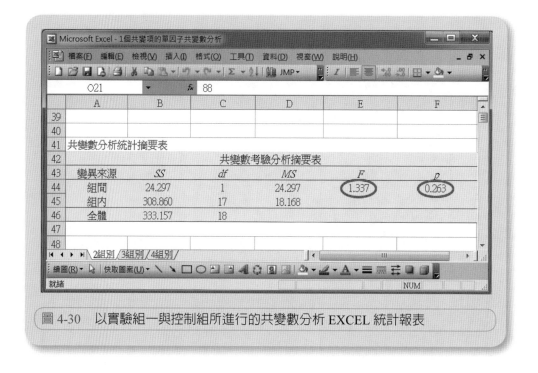

圖 4-30　以實驗組一與控制組所進行的共變數分析 EXCEL 統計報表

七、實驗組二與控制組的共變數分析

　　針對實驗組二與控制組的共變數分析，可採用 SPSS 統計軟體與筆者以 EXCEL 所寫的「1 個共變項的單因子共變數分析 .xls」，進行共變數分析。

(一) 以SPSS進行實驗組二與控制組的單因子共變項分析

　　在進行實驗組二與控制組的共變數分析前，除了前面已確定實驗組二與控制組的資料符合「各組迴歸係數同質性」外，還得確定實驗組二與控制組的共變項與自變項是否具有獨立性的假定。一旦確定共變項與自變項具獨立性假定後，才進行共變數分析，若不符合共變項與自變項具獨立性假定，則改用 Huitema（2011）建議的「準共變數分析」，請參考第二章圖 2-49 至圖 2-53。

1. 共變項與自變項具獨立性的假設檢定

　　檢驗自變項與共變項是否具有獨立性，因為只有實驗組與控制組兩組，故可直接透過獨立樣本 t 檢定，檢定兩組在共變項得分是否有顯著性差異。當兩組在共變項得分沒有顯著性差異時，則顯示符合自變項與共變項具獨立性基本假定。相對地，當兩組在共變項得分有顯著性差異時，則顯示不符合自變項與共變項具獨立性基本假定，則不適合進行共變數分析。

透過圖 4-31 的 SPSS 的操作程序，即可檢定兩組在共變項的分數是否有顯著性差異。

步驟 1：在「三個組別迴歸係數不同質的 ancova 實例 .sav」檔案中，點選「資料 (D)」→「選擇觀察值 (S)」，如下圖所示。

步驟 2：在「選取觀察值」對話窗中，在「選取」的內框中，點選「若 (I)」的按鍵，如下圖所示。

選取觀察值

選取
- ○ 全部觀察值(A)
- ◉ 如果滿足設定條件(C)
  - [若(I)...] 組別 ~=2
- ○ 觀察值的隨機樣本(D)
  - [樣本(S)]
- ○ 以時間或觀察值範圍為準(B)
  - [範圍(N)]
- ○ 使用過濾變數(U):
  - [→] [ ]

組別
共變項_X
依變項_Y
組別 ~= 2 (FILT...

輸出
- ◉ 篩選出未選擇的觀察值(F)
- ○ 複製已選擇觀察值至新資料集(O)
  - 資料集名稱(A): [ ]
- ○ 刪除未選擇觀察值(L)

目前狀態:藉由下列的值過濾觀察值:filter_$

[確定] [貼上之後(P)] [重設(R)] [取消] [輔助說明]

步驟 3:在「選取觀察值:If」對話窗中,將右邊空格的「組別 ~=2」,更改為「組別 ~=1」,然後按下「繼續」的按鍵,如下圖所示。「~=」按鍵表示「不等於」,故「組別 ~=1」表示要挑選「組別代碼不是1的受試者」,此處的做法主要是挑選組別代碼為2與3的受試者,以進行實驗組一與控制組等兩組受試者資料的「自變項與共變項具獨立性的基本假定」,故得透過排除組別代碼為1的受試者。

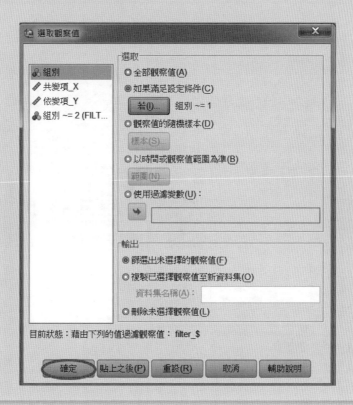

步驟 4：在「選取觀察值」對話窗中，按下「確定」按鍵，如下圖所示。

步驟 5：在「資料檢視」視窗中，最左邊可看到組別代碼 1 的受試者，其編號會出現「/」的刪除符號，表示後續的統計分析，將不分析這些受試者，如下圖所示。

步驟 6：點選「分析 (A)」→「比較平均數 (M)」→「獨立樣本 T 檢定 (T)」，如下圖所示。

步驟 7：在「獨立樣本 T 檢定」對話窗中，將可看到右邊「檢定變數 (T)」的空格中已出現「共變項_X」，這是因為接續圖 4-25 的操作步驟。若未接續圖 4-25 的操作，則請將左邊的「共變項_X」移至右邊的「檢定變數 (T)」空格中。接著請點選「分組變數 (G)」的「組別 (1 3)」，然後再點選「定義組別 (D)…… 」，如下圖所示。**請注意：若未先點選「分組變數 (G)」的「組別 (1 3)」，則無法點選「定義組別 (D)… 」的選項。**

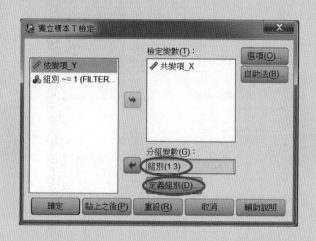

步驟 8：在「定義組別」對話窗中，將「組別 1(1)：」原先的數據 1 更改為 2，「組別 2(2)：」原先的數據的 3 則維持不變，再按下「繼續」的按鍵，如下圖所示。若未接續圖 4-25 的操作，則請在「組別 1(1)：」的空格中輸入 2；在「組別 2(2)：」的空格中輸入 3，如下圖所示。**請注意：此處要檢定實驗組二與控制組的獨立樣本 t 檢定，由於實驗組二的代碼為 2，控制組的代碼為 3，故在「定義組別」的對話窗中，兩組的代碼是輸入 2 與 3。**

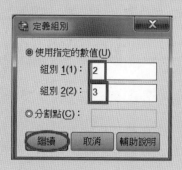

步驟 9：在「獨立樣本 T 檢定」對話窗中，按下「確定」按鍵，如下圖所示。

圖 4-31　獨立樣本 *t* 檢定（共變項）的 SPSS 操作程序

經過圖 4-31 的 SPSS 操作步驟，可以得到圖 4-32 的 SPSS 統計報表。

報表 1：在「組別統計量」報表中，可從「組別」得知，有代碼 2 與代碼 3 兩組，代碼 2 為實驗組二，代碼 3 為控制組。從「個數」得知，組別 2 與組別 3 的受試者皆有 10 位。從「平均數」得知，組別 2 的平均數為 42.30，組別 3 的平均數為 40.80。從「標準差」得知，組別 2 的標準差為 5.716，組別 3 的標準差為 4.917，如下圖所示。

組別統計量

	組別	個數	平均數	標準差	平均數的標準誤
共變項_X	2	10	42.30	5.716	1.808
	3	10	40.80	4.917	1.555

報表 2：在「獨立樣本檢定」報表中，SPSS 同時呈現「假設變異數相等」與「不假設變異數相等」兩種統計結果的數值。在獨立樣本 *t* 檢定的報表解讀上，第 1 步驟要先查看「變異數相等的 Levene 檢定」

中的「顯著性」，以判斷實驗組與控制組兩組的變異數是否相等。當「變異數相等的 Levene 檢定」中的「顯著性」數值大於 .05，表示兩組的變異數相等。若「變異數相等的 Levene 檢定」中的「顯著性」數值小於 .05，表示兩組的變異數不相等。第 2 步驟則查看「平均數相等的 t 檢定」中的「顯著性（雙尾）」，當「平均數相等的 t 檢定」中的「顯著性（雙尾）」數值大於 .05，表示兩組的平均數相等。若「平均數相等的 t 檢定」中的「顯著性（雙尾）」數值小於 .05，表示兩組的平均數不相等。

由下圖可知，「變異數相等的 Levene 檢定」中的「顯著性」數值為 .610 高於 .05，顯示兩組變異數相等。接續查看「平均數相等的 t 檢定」中「假設變異數相等」的「顯著性（雙尾）」數值為 .537，高於 .05，顯示兩組的平均數相等，其對應的 t 值為 0.629，其對應的 95% 信賴區間為 [-3.510, 6.510]，如下圖所示。

	變異數相等的 Levene 檢定		平均數相等的 t 檢定					差異的 95% 信賴區間	
	F 檢定	顯著性	t	自由度	顯著性(雙尾)	平均差異	標準誤差異	下界	上界
共變項_X 假設變異數相等	.370	.610	.629	18	.537	1.500	2.384	-3.510	6.510
不假設變異數相等			.629	17.606	.537	1.500	2.384	-3.518	6.518

圖 4-32　獨立樣本 t 檢定（共變項）的 SPSS 統計報表

將圖 4-32 的獨立樣本 t 檢定之統計報表，整理成表 4-15 的統計摘要表。

表 4-15

獨立樣本 t 檢定統計摘要表

	實驗組二 (n = 10)		控制組 (n = 10)		t(18)	p	95% CI	
	M	SD	M	SD			LL	UL
共變項	42.30	5.72	40.80	4.92	0.63	.537	-3.51	6.51

由表 4-15 可知，實驗組二與控制組學生在「共變項」得分，其獨立樣本 t 檢定沒有達顯著性差異，$t(18) = 0.63$, $p = .537$, 95%CI[-3.51, 6.51]，實驗組二受

試者的共變項分數（*M* = 42.30），沒有顯著高於控制組受試者的共變項分數（*M* = 40.80），顯示共變項與自變項符合獨立性基本假定，適合進行共變數分析。

由於前面對「共變項與自變項具獨立性」與「組內迴歸係數同質性」等兩個基本假設的檢定結果顯示，實驗組二與控制組的資料，同時符合「共變項與自變項具獨立性」與「組內迴歸係數同質性」兩個基本假定，故接續可進行一個共變項且自變項為兩組的單因子共變數分析。

接續圖 4-27 與圖 4-31 的 SPSS 操作步驟，透過圖 4-33 的 SPSS 操作步驟，即可進行單因子共變數分析。

步驟 1：在「三個組別迴歸係數不同質的 ancova 實例 .sav」檔案中，點選「分析 (A)」→「一般線性模式 (G)」→「單變量 (U)」，如下圖所示。

請注意：由於此步驟是直接接續圖 4-27 與圖 4-31，所以在「三個組別迴歸係數不同質的 ancova 實例 .sav」的檔案中，應該是呈現第 1 組受試者被排除，亦即第 1 組受試者左邊的編號會呈現「/」的狀態，若出現其他組別受試者呈現排除的狀態，則請更改為第 1 組受試者為排除狀態。

步驟 2：在「單變量」對話窗中，將可看到右邊的「依變數 (D)」空格中，
已出現「依變項_Y」、右邊的「固定因子 (F)」空格，已出現「組
別」、右邊的「共變量 (C)」，已出現「共變項_X」，如下圖所
示。這是因為我們接續圖 4-27 的操作步驟。若確定後，則按下「模
式 (M)」按鍵，如下圖所示。

若未進行圖 4-27 的操作，則請自行將「依變項_Y」移至右邊的「依
變數 (D)」空格中、將「組別」移至右邊的「固定因子 (F)」空格、
將「共變項_X」移至右邊的「共變量 (C)」，再按下「模式 (M)」
按鍵。

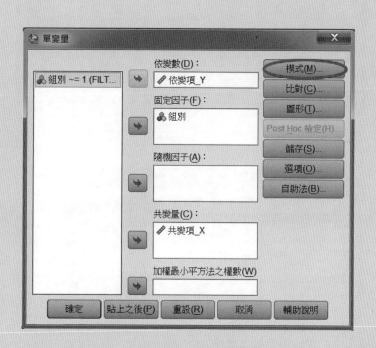

步驟 3：在「單變量：模式」對話窗中，請確認是否處於「指定模式」中的「完
全因子設計 (A)」選項的狀態，若是的話，則再按下「繼續」按鍵。
若是處於「自訂 (C)」選項的狀態，則更改為指定「完全因子設計
(A)」選項的狀態，並按下「繼續」按鍵，如下圖所示。

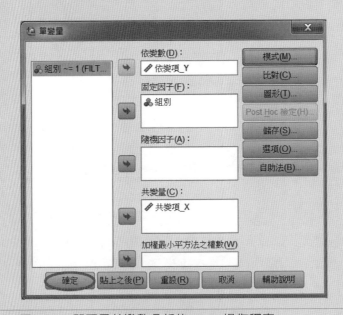

步驟 4：在「單變量」對話窗中，按下「確定」按鍵，如下圖所示。

圖 4-33　單因子共變數分析的 SPSS 操作程序

經過圖 4-33 的 SPSS 操作步驟，即可獲得圖 4-34 的 SPSS 統計報表。

報表 1：在「敘述統計」報表中，可知第 2 組（實驗組二）的依變項平均數為 93.20，標準差為 3.084。第 3 組（控制組）的依變項平均數為 89.10，標準差為 3.900，如下圖所示。

敘述統計

依變數：依變項_Y

組別	平均數	標準離差	個數
2	93.20	3.084	10
3	89.10	3.900	10
總數	91.15	4.017	20

報表 2：在「誤差變異量的 Levene 檢定等式[a]」報表中，可得知 Levene 變異數同質性檢定 $F(1, 18) = 0.636, p = .436$，因為顯著性 p 高於 .05，故應接受虛無假設，亦即實驗組二與控制組的依變項分數具變異數同質性，如下圖所示。

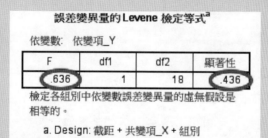

誤差變異量的 Levene 檢定等式[a]

依變數：依變項_Y

F	df1	df2	顯著性
.636	1	18	.436

檢定各組別中依變數誤差變異量的虛無假設是相等的。

a. Design: 截距 + 共變項_X + 組別

報表 3：請注意：由於同時進行兩次的單因子共變數分析（包括實驗組一與控制組，以及實驗組二與控制組共兩次），故顯著性 **p** 設定為 .05/2 = .025。在「受試者間效應項的檢定」報表中，可得知「組別」的顯著性 p 為 .020，因為顯著性 p 小於 .025，故應拒絕虛無假設，亦即表示實驗組二與控制組的調整後平均數，有顯著性差異。單因子共變數分析的檢定結果為 $F(1, 17) = 6.551, p = .020$，淨相關 Eta 平方（partial η^2）為 .278，觀察的檢定能力（統計檢定力）為 .675，如下圖所示。

受試者間效應項的檢定

依變數：依變項_Y

來源	型 III 平方和	df	平均平方和	F	顯著性	淨相關 Eta 平方	Noncent. 參數	觀察的檢定能力[b]
校正後的模式	85.311[a]	2	42.655	3.278	.063	.278	6.555	.544
截距	2537.655	1	2537.655	194.993	.000	.920	194.993	1.000
共變項_X	1.261	1	1.261	.097	.759	.006	.097	.060
組別	85.256	1	85.256	6.551	.020	.278	6.551	.675
誤差	221.239	17	13.014					
總數	166473.000	20						
校正後的總數	306.550	19						

a. R 平方 = .278 (調過後的 R 平方 = .193)

b. 使用 alpha = .05 計算

報表 4：在「估計值」報表中，可知第 2 組（實驗組二）的依變項成績調整後平均數為 93.237，第 3 組（控制組）的依變項成績調整後平均數為 89.063，如下圖所示。

估計值

依變數：依變項_Y

組別	平均數	標準誤差	95% 信賴區間 下界	95% 信賴區間 上界
2	93.237[a]	1.147	90.817	95.657
3	89.063[a]	1.147	86.643	91.483

a. 使用下列值估計出現在模式的共變量：共變項_X = 41.55.

報表 5：在「成對比較」報表中，可知第 2 組（實驗組二）調整後平均數 93.237 與第 3 組（控制組）調整後平均數 89.063 的差距為 4.174，因為顯著性 $p = .020$，顯示兩組調整後的平均數，達顯著性差異，亦即第 2 組調整後平均數顯著高於第 3 組調整後平均數，如下圖所示。

成對比較

依變數：依變項_Y

(I) 組別	(J) 組別	平均差異 (I-J)	標準誤差	顯著性[b]	差異的 95% 信賴區間[b] 下界	差異的 95% 信賴區間[b] 上界
2	3	4.174*	1.631	.020	.733	7.615
3	2	-4.174*	1.631	.020	-7.615	-.733

根據估計的邊緣平均數而定

*. 平均差異在 .05 水準是顯著的。

b. 調整多重比較：最低顯著差異 (等於未調整值)。

圖 4-34　以實驗組二與控制組受試者所進行的共變數分析 SPSS 統計報表

將圖 4-34 所獲得的統計結果，整理成表 4-16 的各組平均數摘要表，以及表 4-17 單因子共變數分析摘要表。由表 4-16 與表 4-17 可知，單因子共變數分析的統計結果顯示：$F(1, 17) = 6.55, p = .02$，淨相關 Eta 平方為 .278，觀察的檢定能力為 .675，實驗組二調整後平均數（$M' = 93.24$）顯著高於控制組調整後平均數（$M' = 89.06$）。

表 4-16

單因子共變數分析之前測平均數、後測平均數、後測調整平均數

組別	人數	前測分數		後測分數		後測調整分數
	n	M	SD	M	SD	M'
實驗組二	10	42.30	5.72	93.20	3.08	93.24
控制組	10	40.80	4.92	89.10	3.90	89.06

表 4-17

實驗組二與控制組的單因子共變數分析摘要表

SV	SS'	df	MS'	F	p
組間	85.26	1	85.26	6.55	.02
組內	221.24	17	13.01		
全體	306.50	18			

(二) 以EXCEL進行實驗組二與控制組的單因子共變項分析

對於實驗組二與控制組的兩組別單因子共變數分析檢定，除了可透過前面所介紹的 SPSS 統計軟體進行外，也可採用筆者以 EXCEL 所寫的「1 個共變項的單因子共變數分析 .xls」進行。

透過圖 4-35 的 EXCEL 操作步驟，即可獲得圖 4-36 的 EXCEL 統計報表。

步驟 1：開啟「1 個共變項的單因子共變數分析 .xls」檔案，點選下方「2 組別」，如下圖所示。

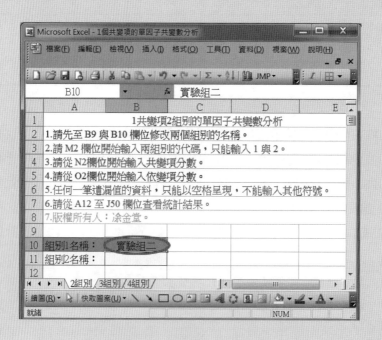

步驟2：在「1個共變項的單因子共變數分析」的視窗中，於 B10 欄位輸入
第 1 的名稱「實驗組二」，如下圖所示。

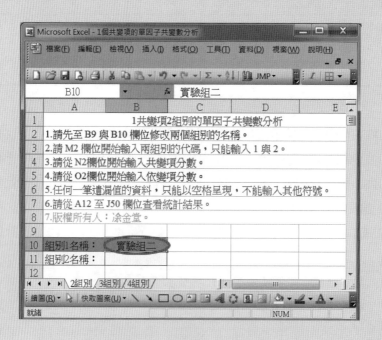

步驟3：在「1個共變項的單因子共變數分析」的視窗中，於 B11 欄位輸入
第 2 的名稱「控制組」，如下圖所示。

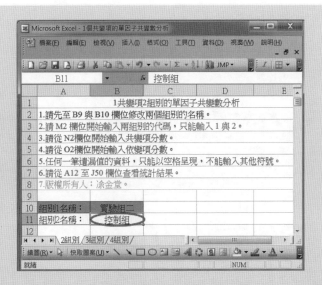

步驟 4：在「1 個共變項的單因子共變數分析」的視窗中，在 M2 欄位開始
輸入「實驗組二」的 10 筆資料，實驗組二的組別代碼「1」。接著，
在 M12 欄位開始輸入「控制組」的 10 筆資料，控制組的組別代碼
「2」，如下圖所示。

請注意：雖然實驗組二與控制組在「三個組別迴歸係數不同質的
ancova 實例 .sav」檔案中的代碼分別為 2 與 3，但因「1 個共變項
的單因子共變數分析」檔案中，只允許代碼使用 1 與 2，故實驗組
二的代碼改為 1，控制組的代碼則改為 2。

步驟5：在「三個組別迴歸係數不同質的 ancova 實例.sav」檔案中，將第 2 組的「共變項_X」與「依變項_Y」等兩項資料，進行「複製」的動作，如下圖所示。

步驟6：在「1 個共變項的單因子共變數分析.xls」視窗中，點選 N2 的欄位後，按滑鼠右鍵，進行「貼上」的動作，如下圖所示。

步驟 7：在「三個組別迴歸係數不同質的 ancova 實例 .sav」檔案中，將第 3 組的「共變項 _X」與「依變項 _Y」等兩項資料，進行「複製」的動作，如下圖所示。

步驟 8：在「1 個共變項的單因子共變數分析 .xls」視窗中，點選 N12 的欄位後，按滑鼠右鍵，進行「貼上」的動作，如下圖所示。

步驟9：在「1 個共變項的單因子共變數分析」視窗中，將「三個組別迴歸
係數不同質的 ancova 實例 .sav」檔案中，第 2 組與第 3 組的資料，
複製到「組別」、「共變項 (X)」、「依變項 (Y)」等三個欄位，如
下圖所示。

組別	共變項(X)	依變數(Y)
1	41	89
1	34	98
1	46	93
1	44	94
1	31	94
1	44	88
1	43	93
1	44	92
1	46	94
1	50	97
2	49	89
2	40	87
2	32	92
2	40	91
2	41	81
2	48	92
2	39	95
2	37	86
2	42	90
2	40	88

圖 4-35　單因子共變數分析（實驗組二與控制組）的 EXCEL 操作程序

　　由圖 4-35 的 EXCEL 操作程序可知，只需要輸入兩組別的名稱，以及所有
受試者的組別代碼（**請注意，由於 EXCEL 程式只能以 1 或 2 來表示兩組的組別
代碼，故實驗組二與控制組原先的代碼為 2 與 3，需要更改為 1 與 2**）、共變項、
依變項等三個數值即可，無須其他的操作步驟。

　　在資料的輸入過程中，有一點要特別注意的事，若資料有遺漏值的話，只能
以空格呈現，不能出現其他的數字或符號（例如「9」或「.」）。當資料是直接
從 SPSS 複製過來的話，因 SPSS 原先設定的遺漏值，會出現一個小黑點「.」，

請刪除小黑點，讓該筆遺漏值的欄位呈現空白。若在 SPSS 統計軟體自行以 9 作爲遺漏值的話，可透過 EXCEL 的「取代 (P)」功能，將「9」取代成空格。

報表 1：在 A13 至 E16 欄位的「敘述統計分析摘要表」中，可知實驗組二的人數有 10 位，前測分數（即共變數分數）平均數爲 42.30，標準差爲 5.72。依變項平均數爲 93.20，標準差爲 3.08，依變項調整後平均數爲 93.24。控制組的人數有 10 位，前測分數（即共變數分數）平均數爲 40.80，標準差爲 4.92。依變項成績平均數爲 89.10，標準差爲 3.90，依變項調整後平均數爲 89.06，如下圖所示。

上述 EXCEL 的統計結果，與圖 4-34 的 SPSS 報表 1 與報表 4 的統計結果是相同的。

	A	B	C	D	E	F	G
10	組別1名稱：	實驗組二					
11	組別2名稱：	控制組					
12							
13	描述統計分析摘要表						
14	組別	人數	前測分數		後測分數		調整平均數
15		n	M	SD	M	SD	M'
16	實驗組二	10	42.30	5.72	93.20	3.08	93.24
17	控制組	10	40.80	4.92	89.10	3.90	89.06
18							

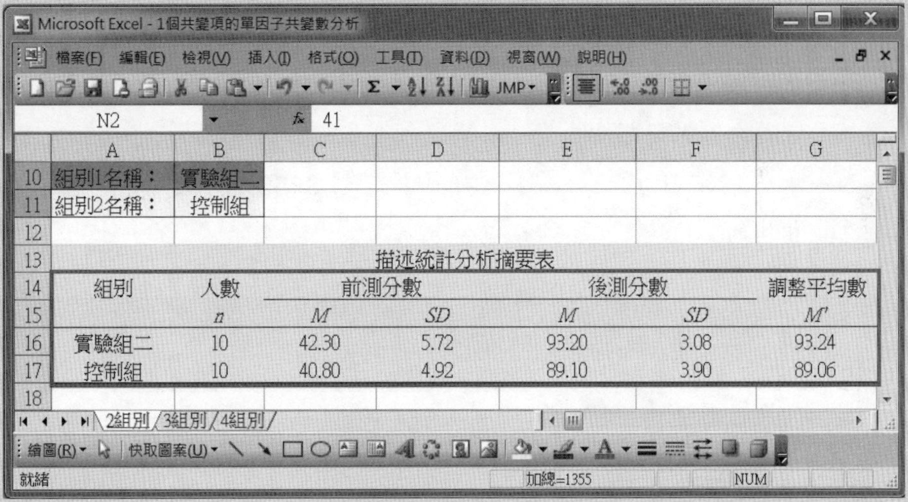

報表 2：在 A19 至 D21 欄位的「Levene 變異數同質性檢定摘要表」中，可得知 Levene 變異數同質性檢定 $F(1, 18) = 0.636, p = .436$，因爲顯著性 p 高於 .05，故應接受虛無假設，亦即實驗組二與控制組的依變項分數具變異數同質性，如下圖所示。

上述 EXCEL 的統計結果，與圖 4-34 的 SPSS 報表 2 的統計結果是相同的。

報表 3：在 A25 至 F28 欄位的「共變項之 t 檢定分析摘要表」中，可得知兩組在共變項的 t 檢定，因為顯著性 p 大於 .05，故應接受虛無假設，亦即表示實驗組二與控制組的共變項平均數，沒有顯著性差異，顯示符合「共變項與自變項具獨立性」，如下圖所示。

上述 EXCEL 的統計結果，與圖 4-32 的 SPSS 報表 2 的統計結果是相同的。

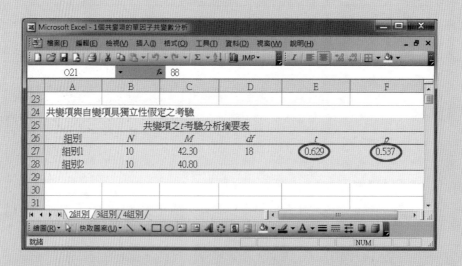

報表 4：在 A33 至 F38 欄位的「迴歸係數同質性檢定分析摘要表」中，可知顯著性 p = .868，由於顯著性高於 .05，故應接受虛無假設，亦即兩組的迴歸係數是相同的，顯示符合組內迴歸係數同質，如下圖所示。

上述 EXCEL 的統計結果，與圖 4-20 的 SPSS 報表的統計結果是相同的。

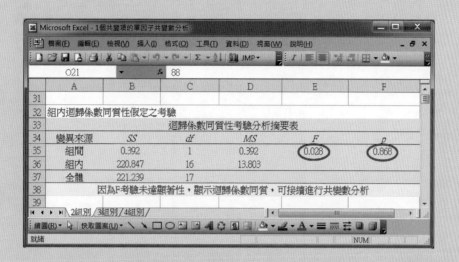

報表 5：在 A42 至 F46 欄位的「共變數檢定分析摘要表」中，可知 $F(1, 17)$ = 6.551, p = .020，顯示兩組的調整後平均數有顯著性差異。故由報表 1 可知，實驗組二調整後平均數 93.237，顯著高於控制組調整後平均數 89.063，如下圖所示。

上述 EXCEL 的統計結果，與圖 4-34 的 SPSS 報表 3 與報表 4 的統計結果是相同的。

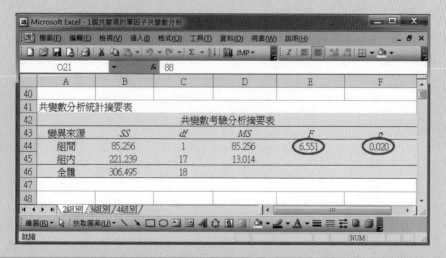

圖 4-36　以實驗組二與控制組所進行的共變數分析 EXCEL 統計報表

雙因子共變數分析的
基本概念

壹、雙因子共變數分析的基本假定

貳、雙因子共變數分析的基本概念

　　進行單因子共變數分析,只能從單一自變項的層面(例如只能從「組別」這個層面),探討排除共變項的影響後,不同組別之實驗處理效果。然而有些實驗處理,可能想同時探究兩個不同自變項的交互作用(例如除了不同實驗的「組別」這個層面,再加上不同男女的「性別」這個層面),探討排除共變項的影響因素後,不同性別與不同組別的實驗效果是否具有交互作用,此即所謂的雙因子共變數分析。

　　茲介紹雙因子共變數分析的基本假定與基本概念,以及如何透過 SPSS、EXCEL 統計軟體進行雙因子共變數分析。

壹、雙因子共變數分析的基本假定

　　如同單因子共變數分析一樣,雙因子共變數分析也須符合獨立性、變異數同質性、常態分配、線性關係、自變項屬固定效果模式、自變項與共變項具獨立性、共變項沒有測量誤差、迴歸係數同質性等基本假定(Huitema, 2011; Lomax & Hahs-Vaughn, 2012)。在上述的這些基本假定中,「迴歸係數同質性」這項基本假定,是對研究結果有較嚴重的影響,故底下及介紹這項基本假設的檢定方式,其他六項的基本假定,請參考第二章「三、共變數分析的基本假定」的介紹。

一、雙因子共變數分析之迴歸係數同質性檢定的基本概念

　　茲以表 5-1 的資料,來說明如何進行「迴歸係數同質性」這項基本假設的檢定。表 5-1 包含「實驗組別」與「性別」等兩個層面,「實驗組別」分成實驗組與控制組兩組,「性別」分成男生與女生兩組。X 分數表示共變項,Y 分數表示依變項。

表 5-1

雙因子共變數分析的資料

	男生		女生	
	X	Y	X	Y
實驗組	4	6	4	5
	5	6	6	7
	6	9	7	8
	4	6	8	7

表 5-1

（續）

	男生		女生	
	X	Y	X	Y
	7	9	5	6
	7	6	7	7
	8	7	5	8
控制組	9	9	6	6
	7	8	7	9
	8	8	6	5

雙因子共變數分析的組內迴歸係數同質性檢定，其檢定方法為公式 5-1。

$$F = \frac{SS_{het}/(gq-1)}{SS_{res(i)}/gq(n-2)}$$ （公式 5-1）

公式 5-1 中的 SS_{het}，代表由迴歸係數異質性所得到的離均差平方和，可透過公式 5-2 獲得，$SS_{res(i)}$ 則表示各組殘差離均差平方和，可透過公式 5-3 獲得。公式 5-1 中的 g 為 A 因子的組別個數，q 為 B 因子的組別個數，n 為每個細格的人數。

$$SS_{het} = \sum_{j=1}^{g}\sum_{k=1}^{q}\frac{(CP_w(X_{jk}Y_{jk}))^2}{SS_w(X_{jk})} - \frac{(CP_w(XY))^2}{SS_w(X)}$$ （公式 5-2）

$$SS_{res(i)} = SS_w(Y) - \sum_{j=1}^{g}\sum_{k=1}^{q}\frac{(CP_w(X_{jk}Y_{jk}))^2}{SS_w(X_{jk})}$$ （公式 5-3）

公式 5-2 中的 $(CP_w(X_{jk}Y_{jk}))^2$ 是指 A 因子第 j 組與 B 因子第 k 組組內的各個細格（cell）共變項與依變項交乘積和之平方和；$(CP_w(XY))^2$ 是指 A 因子與 B 因子的各個細格（cell）共變項與依變項總交乘積和之平方。$SS_w(X_{jk})$ 是指 A 因子與 B 因子組內的各個細格共變項的離均差平方和；$SS_w(X)$ 是指 A 因子與 B 因子組內的各個細格共變項的總離均差平方和。$SS_w(Y)$ 是指 A 因子與 B 因子組內的各個細格依變項的總離均差平方和。公式 5-2 與公式 5-3 的實際計算歷程，請參考表 5-3 與表 5-4

　　根據公式 5-1 至公式 5-3 的計算結果，可整理成表 5-2 的雙因子共變數分析迴歸係數同質性檢定摘要表。

表 5-2

雙因子共變數分析迴歸係數同質性檢定摘要表的格式

SV	SS	df	MS	F	p
迴歸係數異質性	SS_{het}	$gq-1$	$SS_{het}/(gq-1)$	$MS_{het}/MS_{res(i)}$	
誤差	$SS_{res(i)}$	$gq(n-2)$	$SS_{res(i)}/gq(n-2)$		
總和	$SS_{res(w)}$	$gq(n-1)-1$			

　　由於檢定組內迴歸係數的虛無假設為各組迴歸係數是相等的，故我們期待公式 5-1 的 F 檢定是未顯著的，如此才不會拒絕虛無假設。亦即我們希望表 5-2 的最右邊欄位顯著性 p 是大於 .05，若表 5-2 的顯著性 p 大於 .05，顯示各組迴歸係數是相同的，則能進行雙因子共變數分析。相反地，若表 5-2 的顯著性 p 小於 .05，即表示各組迴歸係數是不相等的，則不適合進行雙因子共變數分析。

　　茲以表 5-1 的資料，配合公式 5-1 至公式 5-3，介紹雙因子共變數分析之組內迴歸係數同質性檢定。表 5-1 的兩個因子分別是「實驗組別」與「性別」，「實驗組別」分成實驗組與控制組，以 A 因子表示。「性別」分成男生與女生，以 B 因子表示。因而表 5-1 有 4 個細格：實驗組男生（5 名）、實驗組女生（5 名）、控制組男生（5 名）、與控制組女生（5 名）。

　　表 5-3 是針對表 5-1 的 20 筆資料，進行共變項 X 與依變項 Y 的基本計算。而表 5-4 則是針對表 5-3 的基本計算結果，進行總和的計算。

表 5-3

雙因子共變數分析之組內迴歸係數同質性檢定的計算歷程 1

		男生						女生			
	X	Y	X^2	Y^2	XY	X	Y	X^2	Y^2	XY
	4	6	16	36	24	4	5	16	25	20
實	5	6	25	36	30	6	7	36	49	42
驗	6	9	36	81	54	7	8	49	64	56
組	4	6	16	36	24	8	7	64	49	56
	7	9	49	81	63	5	6	25	36	30

表 5-3

（續）

	男生					女生				
	X	Y	X²	Y²	XY	X	Y	X²	Y²	XY
控制組	7	6	49	36	42	7	7	49	49	49
	8	7	64	49	56	5	8	25	64	40
	9	9	81	81	81	6	6	36	36	36
	7	8	49	64	56	7	9	49	81	63
	8	8	64	64	64	6	5	36	25	30

表 5-4

雙因子共變數分析之組內迴歸係數同質性檢定的計算歷程 2

	男生	女生	全部實驗組／全部控制組
實驗組	$\sum_{i=1}^{n} X_{i11} = 26$	$\sum_{i=1}^{n} X_{i12} = 30$	$\sum_{i=1}^{n}\sum_{k=1}^{q} X_{i1k} = 56$
	$\sum_{i=1}^{n} Y_{i11} = 36$	$\sum_{i=1}^{n} Y_{i12} = 33$	$\sum_{i=1}^{n}\sum_{k=1}^{q} Y_{i1k} = 69$
	$\sum_{i=1}^{n} X_{i11}^{2} = 142$	$\sum_{i=1}^{n} X_{i12}^{2} = 190$	$\sum_{i=1}^{n}\sum_{k=1}^{q} X_{i1k}^{2} = 332$
	$\sum_{i=1}^{n} Y_{i11}^{2} = 270$	$\sum_{i=1}^{n} Y_{i12}^{2} = 223$	$\sum_{i=1}^{n}\sum_{k=1}^{q} Y_{i1k}^{2} = 493$
	$\sum_{i=1}^{n} X_{i11}Y_{i11} = 195$	$\sum_{i=1}^{n} X_{i12}Y_{i12} = 204$	$\sum_{i=1}^{n}\sum_{k=1}^{q} X_{i1k}Y_{i1k} = 399$
控制組	$\sum_{i=1}^{n} X_{i21} = 39$	$\sum_{i=1}^{n} X_{i22} = 31$	$\sum_{i=1}^{n}\sum_{k=1}^{q} X_{i2k} = 70$
	$\sum_{i=1}^{n} Y_{i21} = 38$	$\sum_{i=1}^{n} Y_{i22} = 35$	$\sum_{i=1}^{n}\sum_{k=1}^{q} Y_{i2k} = 73$
	$\sum_{i=1}^{n} X_{i21}^{2} = 307$	$\sum_{i=1}^{n} X_{i22}^{2} = 195$	$\sum_{i=1}^{n}\sum_{k=1}^{q} X_{i2k}^{2} = 502$
	$\sum_{i=1}^{n} Y_{i21}^{2} = 294$	$\sum_{i=1}^{n} Y_{i22}^{2} = 255$	$\sum_{i=1}^{n}\sum_{k=1}^{q} Y_{i2k}^{2} = 549$
	$\sum_{i=1}^{n} X_{i21}Y_{i21} = 299$	$\sum_{i=1}^{n} X_{i22}Y_{i22} = 218$	$\sum_{i=1}^{n}\sum_{k=1}^{q} X_{i2k}Y_{i2k} = 517$
全部男生／全部女生	$\sum_{i=1}^{n}\sum_{j=1}^{g} X_{ij1} = 65$	$\sum_{i=1}^{n}\sum_{j=1}^{g} X_{ij2} = 61$	$\sum_{i=1}^{n}\sum_{j=1}^{g}\sum_{k=1}^{q} X_{ijk} = 126$
	$\sum_{i=1}^{n}\sum_{j=1}^{g} Y_{ij1} = 74$	$\sum_{i=1}^{n}\sum_{j=1}^{g} Y_{ij2} = 68$	$\sum_{i=1}^{n}\sum_{j=1}^{g}\sum_{k=1}^{q} Y_{ijk} = 142$
	$\sum_{i=1}^{n}\sum_{j=1}^{g} X_{ij1}^{2} = 449$	$\sum_{i=1}^{n}\sum_{j=1}^{g} X_{ij2}^{2} = 385$	$\sum_{i=1}^{n}\sum_{j=1}^{g}\sum_{k=1}^{q} X_{ijk}^{2} = 834$
	$\sum_{i=1}^{n}\sum_{j=1}^{g} Y_{ij1}^{2} = 564$	$\sum_{i=1}^{n}\sum_{j=1}^{g} Y_{ij2}^{2} = 478$	$\sum_{i=1}^{n}\sum_{j=1}^{g}\sum_{k=1}^{q} Y_{ijk}^{2} = 1042$
	$\sum_{i=1}^{n}\sum_{j=1}^{g} X_{ij1}Y_{ij1} = 494$	$\sum_{i=1}^{n}\sum_{j=1}^{g} X_{ij2}Y_{ij2} = 422$	$\sum_{i=1}^{n}\sum_{j=1}^{g}\sum_{k=1}^{q} (X_{ijk}Y_{ijk}) = 916$

表 5-5 則是將表 5-4 的計算數據，代入公式 5-1 至公式 5-3，以求出雙因子共變數分析之迴歸係數同質性檢定結果。

表 5-5

雙因子共變數分析之組內迴歸係數同質性檢定的計算歷程 3

步驟一：計算 $SS_w(X)$

$$SS_w(X_{11}) = \sum_{i=1}^{n} X_{ijk}^2 - \frac{\left(\sum_{i=1}^{n} X_{ijk}\right)^2}{n_{11}} = \sum_{i=1}^{5} X_{i11}^2 - \frac{\left(\sum_{i=1}^{5} X_{i11}\right)^2}{n_{11}} = (142) - \frac{(26)^2}{5} = 6.80$$

$$SS_w(X_{12}) = \sum_{i=1}^{n} X_{ijk}^2 - \frac{\left(\sum_{i=1}^{n} X_{ijk}\right)^2}{n_{12}} = \sum_{i=1}^{5} X_{i12}^2 - \frac{\left(\sum_{i=1}^{5} X_{i12}\right)^2}{n_{12}} = (190) - \frac{(30)^2}{5} = 10.00$$

$$SS_w(X_{21}) = \sum_{i=1}^{n} X_{ijk}^2 - \frac{\left(\sum_{i=1}^{n} X_{ijk}\right)^2}{n_{21}} = \sum_{i=1}^{5} X_{i21}^2 - \frac{\left(\sum_{i=1}^{5} X_{i21}\right)^2}{n_{21}} = (307) - \frac{(39)^2}{5} = 2.80$$

$$SS_w(X_{22}) = \sum_{i=1}^{n} X_{ijk}^2 - \frac{\left(\sum_{i=1}^{n} X_{ijk}\right)^2}{n_{22}} = \sum_{i=1}^{5} X_{i22}^2 - \frac{\left(\sum_{i=1}^{5} X_{i22}\right)^2}{n_{22}} = (195) - \frac{(31)^2}{5} = 2.80$$

$$SS_w(X) = SS_w(X_{11}) + SS_w(X_{12}) + SS_w(X_{21}) + SS_w(X_{22})$$
$$= 6.80 + 10.00 + 2.80 + 2.80$$
$$= 22.4$$

步驟二：計算 $CP_w(XY)$

$$CP_w(X_{11}Y_{11}) = \sum_{i=1}^{n} X_{ijk} Y_{ijk} - \frac{\left(\sum_{i=1}^{n} X_{ijk}\right)\left(\sum_{i=1}^{n} Y_{ijk}\right)}{n_{11}} = \sum_{i=1}^{5} X_{i11} Y_{i11} - \frac{\left(\sum_{i=1}^{5} X_{i11}\right)\left(\sum_{i=1}^{5} Y_{i11}\right)}{n_{11}} = (195) - \frac{(26)(36)}{5} = 7.80$$

$$CP_w(X_{12}Y_{12}) = \sum_{i=1}^{n} X_{ijk} Y_{ijk} - \frac{\left(\sum_{i=1}^{n} X_{ijk}\right)\left(\sum_{i=1}^{n} Y_{ijk}\right)}{n_{12}} = \sum_{i=1}^{5} X_{i12} Y_{i12} - \frac{\left(\sum_{i=1}^{5} X_{i12}\right)\left(\sum_{i=1}^{5} Y_{i12}\right)}{n_{12}} = (204) - \frac{(30)(33)}{5} = 6.00$$

$$CP_w(X_{21}Y_{21}) = \sum_{i=1}^{n} X_{ijk} Y_{ijk} - \frac{\left(\sum_{i=1}^{n} X_{ijk}\right)\left(\sum_{i=1}^{n} Y_{ijk}\right)}{n_{21}} = \sum_{i=1}^{5} X_{i21} Y_{i21} - \frac{\left(\sum_{i=1}^{5} X_{i21}\right)\left(\sum_{i=1}^{5} Y_{i21}\right)}{n_{21}} = (299) - \frac{(39)(38)}{5} = 2.60$$

$$CP_w(X_{22}Y_{22}) = \sum_{i=1}^{n} X_{ijk} Y_{ijk} - \frac{\left(\sum_{i=1}^{n} X_{ijk}\right)\left(\sum_{i=1}^{n} Y_{ijk}\right)}{n_{22}} = \sum_{i=1}^{5} X_{i22} Y_{i22} - \frac{\left(\sum_{i=1}^{5} X_{i22}\right)\left(\sum_{i=1}^{5} Y_{i22}\right)}{n_{22}} = (218) - \frac{(31)(35)}{5} = 1.00$$

$$CP_w(XY) = CP_w(X_{11}Y_{11}) + CP_w(X_{12}Y_{12}) + CP_w(X_{21}Y_{21}) + CP_w(X_{22}Y_{22})$$
$$= 7.80 + 6.00 + 2.60 + 1.00$$
$$= 17.40$$

步驟三：計算 $SS_w(Y)$

$$SS_w(Y_{11}) = \sum_{i=1}^{n} Y_{ijk}^2 - \frac{\left(\sum_{i=1}^{n} Y_{ijk}\right)^2}{n_{11}} = \sum_{i=1}^{5} Y_{i11}^2 - \frac{\left(\sum_{i=1}^{5} Y_{i11}\right)^2}{n_{11}} = (270) - \frac{(36)^2}{5} = 10.80$$

表 5-5

（續）

$$SS_w(Y_{12}) = \sum_{i=1}^{n} Y_{ijk}^2 - \frac{\left(\sum\limits_{i=1}^{n} Y_{ijk}\right)^2}{n_{12}} = \sum_{i=1}^{5} Y_{i12}^2 - \frac{\left(\sum\limits_{i=1}^{5} Y_{i12}\right)^2}{n_{12}} = (223) - \frac{(33)^2}{5} = 5.20$$

$$SS_w(Y_{21}) = \sum_{i=1}^{n} Y_{ijk}^2 - \frac{\left(\sum\limits_{i=1}^{n} Y_{ijk}\right)^2}{n_{21}} = \sum_{i=1}^{5} Y_{i21}^2 - \frac{\left(\sum\limits_{i=1}^{5} Y_{i21}\right)^2}{n_{21}} = (294) - \frac{(38)^2}{5} = 5.20$$

$$SS_w(Y_{22}) = \sum_{i=1}^{n} Y_{ijk}^2 - \frac{\left(\sum\limits_{i=1}^{n} Y_{ijk}\right)^2}{n_{22}} = \sum_{i=1}^{5} Y_{i22}^2 - \frac{\left(\sum\limits_{i=1}^{5} Y_{i22}\right)^2}{n_{22}} = (255) - \frac{(35)^2}{5} = 10.00$$

$$SS_w(Y) = SS_w(Y_{11}) + SS_w(Y_{12}) + SS_w(Y_{21}) + SS_w(Y_{22})$$
$$= 10.80 + 5.20 + 5.20 + 10.00$$
$$= 31.20$$

步驟四：採用公式 5-2 計算 SS_{het}

$$SS_{het} = \sum_{j=1}^{g} \sum_{k=1}^{q} \frac{(CP_w(X_{jk}Y_{jk}))^2}{SS_w(X_{jk})} - \frac{(CP_w(XY))^2}{SS_w(X)}$$
$$= \frac{(7.80)^2}{6.80} + \frac{(6.00)^2}{10.00} + \frac{(2.60)^2}{2.80} + \frac{(1.00)^2}{2.80} - \frac{(17.40)^2}{22.40}$$
$$= 8.95 + 3.60 + 2.41 + 0.36 - 13.52$$
$$= 1.80$$

步驟五：採用公式 5-3 計算 $SS_{res(i)}$

$$SS_{res(i)} = SS_w(Y) - \sum_{j=1}^{g} \sum_{k=1}^{q} \frac{(CP_w(X_{jk}Y_{jk}))^2}{SS_w(X_{jk})}$$
$$= 31.20 - (8.95 + 3.60 + 2.41 + 0.36)$$
$$= 15.88$$

步驟六：採用公式 5-1 計算 F

$$F = \frac{SS_{het} / (gq-1)}{SS_{res(i)} / gq(n-2)} = \frac{1.80 / (4-1)}{15.88 / 4(5-2)} = \frac{0.61}{1.32} = 0.46$$

　　根據表 5-5 的計算結果，可整理成表 5-6 的雙因子共變數分析迴歸係數同質性檢定摘要表。由表 5-6 的顯著性 $p > .05$，表示各組的迴歸係數是同質的，適合繼續進行雙因子共變數分析。

表 5-6

雙因子共變數分析之組內迴歸係數同質性檢定摘要表

SV	SS	df	MS	F	p
迴歸係數異質性	1.80	3	0.61	0.46	.72
誤差	15.88	12	1.32		
總和	17.68	15			

二、雙因子共變數分析之迴歸係數同質性檢定的SPSS操作步驟

茲將介紹如何透過 SPSS 進行雙因子共變數分析之組內迴歸係數同質性的檢定，將表 5-1 的資料，輸入到統計軟體 SPSS，如圖 5-1 所示。

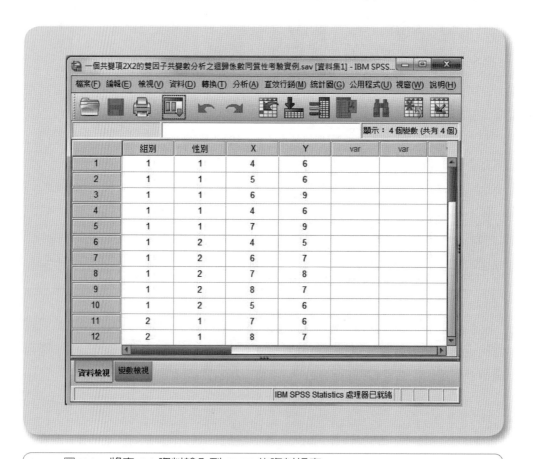

圖 5-1　將表 5-1 資料輸入到 SPSS 的資料視窗

　　進行一個共變項的雙因子共變數分析，其組內迴歸係數同質性假設的檢定，並無法透過 SPSS 點選的程序，而必須改採 SPSS 的語法，如圖 5-2 所示。若想使用圖 5-2 的 SPSS 語法，由於語法是將兩個自變項的名稱直接定義為「組別」與「性別」，共變項的名稱直接定義為「X」，依變項的名稱直接定義為「Y」，故讀者在使用時，得先將自己的自變項、共變項、依變項等名稱更改為圖 5-2 的定義名稱，或是將圖 5-2 的定義名稱，更改為你自己的變項名稱。

---

manova Y by 組別 (1, 2) 性別 (1, 2) with X
/analysis = Y
/design = X, 組別 , 性別 , 組別 by 性別 , X by 組別 + X by 性別 + X by 組別 by 性別 .

圖 5-2　一個共變項 2×2 的雙因子共變數分析各組迴歸係數同質性的 SPSS 語法

　　茲以圖 5-3 的 SPSS 操作步驟，來判斷是否符合此假定。

步驟 1：在「一個共變項 2×2 的雙因子共變數分析之迴歸係數同質性檢定實例 .sav」檔案中，點選「檔案 (F)」→「開啟」→「語法 (S)」，如下圖所示。

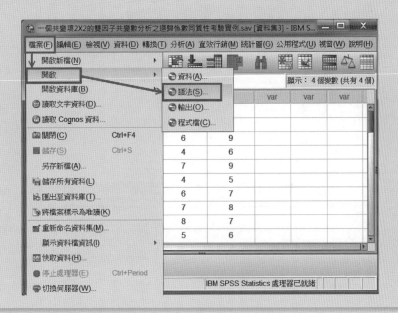

步驟 2：在「開啟語法」對話窗中，先搜尋存放語法的檔案放在哪個資料夾，本例是放在「spss data」的資料夾，接續點選檔案中的「一個共變項 2×2 的雙因子共變數分析之迴歸係數同質性語法 .sps」檔案，並點選「開啟 (O)」按鍵，如下圖所示。

步驟 3：在「一個共變項 2×2 的雙因子共變數分析之迴歸係數同質性語法 .sps」語法視窗中，點選「執行 (R)」→「全部 (A)」，如下圖所示。

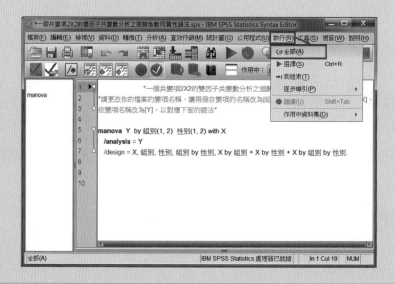

圖 5-3　雙因子共變數分析之迴歸係數同質性檢定的 SPSS 語法操作程序

經過圖 5-3 的 SPSS 語法操作步驟，即可獲得圖 5-4 的 SPSS 統計報表。

報表：在「Analysis of Variance」報表中，可知「X BY 組別 + X BY 性別 + X BY 組別 BY 性別」的 F 值為 0.45，顯著性 p = .719，由於顯著性高於 .05，故應接受虛無假設，亦即符合組內迴歸係數同質假設，如下圖所示。

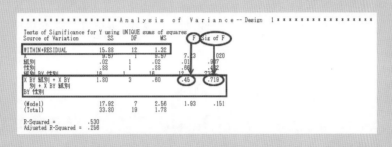

圖 5-4　雙因子共變數分析之迴歸係數同質性檢定的 SPSS 統計報表

將圖 5-4 組內迴歸係數同質性檢定結果，可整理成表 5-7 的雙因子共變數分析迴歸係數同質性檢定摘要表。從表 5-7 可知，組內迴歸係數同質性檢定結果，$F_{(3, 12)}$ = 0.45, p = .72，由於顯著性 p 大於 .05，故應接受虛無假設，即迴歸係數是同質的，顯示適合進行雙因子共變數分析。

表 5-7

2×2 雙因子共變數分析之迴歸係數同質性檢定摘要表

SV	SS	df	MS	F	p
迴歸係數異質性	1.80	3	0.6	0.45	.72
誤差	15.88	12	1.32		
總和	17.68	15			

請將表 5-7 由採用 SPSS 語法所計算的結果，與表 5-6 由代公式所計算的結果相比較，除了因四捨五入的關係，導致有一點小誤差，統計結果是一致的。

貳、 雙因子共變數分析的基本概念

一、雙因子共變數分析的基本概念

　　進行雙因子共變數分析時，每位受試者的依變項分數（Y），都可由六種分數所組成，包括所有受試者的依變項平均數（μ）、A 因子的依變項平均數（α）、B 因子的依變項平均數（γ）、A 因子與 B 因子的依變項交互作用數值（αγ）、由迴歸係數 β 乘以每位受試者共變項分數與所有受試者共變項平均數的差異分數（$X_{ijk} - \overline{X}..$），以及誤差分數（ε_{ijk}）等六種分數，如公式 5-4 所示。

$$Y_{ijk} = \mu + \alpha_j + \gamma_k + \alpha_j\gamma_k + \beta(X_{ijk} - \overline{X}_{..}) + \varepsilon_{ijk} \qquad （公式 5\text{-}4）$$

　　公式 5-4 中的 Y_{ijk} 代表 A 因子第 j 組與 B 因子第 k 組的第 i 個受試者之依變項分數；μ 代表所有受試者的依變項平均數；α_j 代表 A 因子第 j 組受試者的依變項平均數；γ_k 代表 B 因子第 k 組受試者的依變項平均數；$\alpha_j\gamma_k$ 代表 A 因子第 j 組與 B 因子第 k 組受試者的依變項交互作用數值；β 代表以所有受試者以共變項為預測變項，依變項為效標變項，所求出的迴歸方程式之斜率；X_{ijk} 代表 A 因子第 j 組與 B 因子第 k 組的第 i 個受試者之共變項分數；$\overline{X}..$ 代表所有受試者的共變項平均數；ε_{ijk} 代表 A 因子第 j 組與 B 因子第 k 組的第 i 個受試者之誤差項分數。

　　在統計分析上，單因子變異數分析是將依變項總離均差平方和，區分成組間離均差平方和與組內離均差平方和，故單因子變異數分析的依變項總離均差平方和等於組間離均差平方和加上組內離均差平方和，亦即為 $SS_t = SS_b + SS_w$。而雙因子變異數分析是檢定兩個獨立因子（A 因子與 B 因子）的交互作用是否有顯著性，故雙因子變異數分析又將組間離均差平方和細分成三個來源：A 因子的離均差平方和（SS_A）、B 因子的離均差平方和（SS_B），以及 A×B 交互作用的離均差平方和（$SS_{A×B}$），因此，雙因子變異數分析的依變項總離均差平方和等於 A 因子離均差平方和，加上 B 因子離均差平方和，加上 A×B 交互作用離均差平方和，再加上組內離均差平方和，亦即為 $SS_t = SS_A + SS_B + SS_{A×B} + SS_w$，如圖 5-5 所示，圖 5-5 的圓形面積代表雙因子變異數分析的依變項總離均差平方和。

　　將 A 因子的離均差平方和（SS_A）除以 A 因子的自由度（df_A），即可得到 A 因子的均方（MS_A）。將 B 因子的離均差平方和（SS_B）除以 B 因子的自由度（df_B），即可得到 B 因子的均方（MS_B）。將 A×B 因子的離均差平方和（$SS_{A×B}$）除以 A×B 因子的自由度（$df_{A×B}$），即可得到 A×B 因子的均方

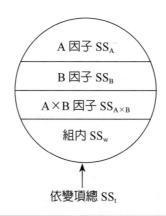

圖 5-5　雙因子變異數分析的依變項總離均差平均和之組成成分

（$MS_{A \times B}$）。將組內離均差平方和（SS_W）除以組內自由度（df_W），即可得到組內均方（MS_W）。最後，將 A 因子的均方（MS_A）、B 因子的均方（MS_B），以及 A×B 因子的均方（$MS_{A \times B}$），分別除以組內均方（MS_W），即可獲得 A 因子的 F 值、B 因子的 F 值與 A×B 因子的 F 值，表 5-8 即為雙因子變異數分析摘要表的格式。

表 5-8

雙因子變異數分析摘要表的格式

SV	*SS*	*df*	*MS*	*F*	*p*
A 因子	SS_A	$g-1$	$SS_A/(g-1)$	MS_A/MS_W	
B 因子	SS_B	$q-1$	$SS_B/(q-1)$	MS_B/MS_W	
A×B 因子	$SS_{A \times B}$	$(g-1)(q-1)$	$SS_{A \times B}/(g-1)(q-1)$	$MS_{A \times B}/MS_W$	
組內	SS_W	$N-gq$	$SS_W/(N-gq)$		
全體	SS_t	$N-1$			

註：g 代表 A 因子的組別數，q 代表 B 因子的組別數，N 代表總人數。

　　雙因子共變數分析與雙因子變異數分析，同樣是將依變項之總離均差平方和，切割成 A 因子的離均差平方和、B 因子的離均差平方和、A×B 交互作用的離均差平方和，以及組內離均差平方和等四部分。但雙因子共變數分析因為多了一個共變項，因此，在分割 A 因子的離均差平方和、B 因子的離均差平方和、A×B 交互作用的離均差平方和，以及組內離均差平方和時，得先扣掉共變項與

依變項相交集的離均差平方和，此交集的大小，即為共變項與依變項兩者積差相
關的平方（即是決定係數），而依變項總離均差平分和扣掉與共變項交集的部分
後，即為依變項調整後的總離均差平方和，如圖 5-6 所示。

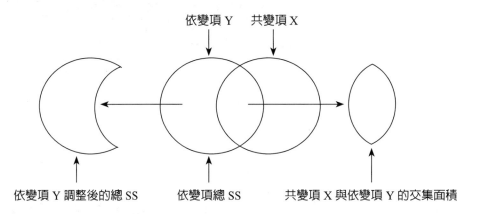

圖 5-6　雙因子共變數分析依變項 Y 總離均差平方和的切割方式

　　依變項調整後的總離均差平方和，同樣也等於調整後 A 因子的離均差平方
和，加上調整後 B 因子的離均差平方和，加上調整後 A×B 交互作用的離均差平
方和，加上調整後組內離均差平方和。圖 5-7 弦月的圖形面積，代表依變項調整
後的總離均差平方和。

圖 5-7　依變項調整後的總離均差平方和的可能分割關係

　　將調整後 A 因子離均差平方和除以 A 因子自由度，即可得到調整後 A 因子
均方。將調整後 B 因子離均差平方和除以 B 因子自由度，即可得到調整後 B 因
子均方。將調整後 A×B 因子離均差平方和除以 A×B 因子自由度，即可得到調
整後 A×B 因子均方。將調整後的組內離均差平方和除以組內自由度，即可得到
調整後的組內均方。最後，將調整後 A 因子均方、調整後 B 因子均方、調整後

A×B因子均方，分別除以調整後的組內均方，即可獲得調整後A因子的F值、調整後B因子的F值，以及調整後A×B因子的F值，表5-9即為雙因子共變數分析摘要表的格式。

表 5-9

雙因子共變數分析摘要表的格式

SV	SS'	df	MS'	F	p
A 因子	SS'_A	$g-1$	$SS'_A/(g-1)$	MS'_A/MS'_w	
B 因子	SS'_B	$q-1$	$SS'_B/(q-1)$	MS'_B/MS'_w	
A×B 因子	$SS'_{A\times B}$	$(g-1)(q-1)$	$SS'_{A\times B}/(g-1)(q-1)$	$MS'_{A\times B}/MS'_w$	
組內	SS'_w	$N-gq-1$	$SS'_w/(N-gq-1)$		
全體	SS'_t	$N-2$			

註：SS'代表調整後的離均差平方和，MS'代表調整後的均方，g代表A因子的組別數，q代表B因子的組別數，N代表總人數。

表5-9的「依變項調整後的總離均差平方和（SS'_t）」之計算方式，可透過公式5-5獲得；「依變項調整後的組內離均差平方和（SS'_w）」之計算方式，可透過公式5-6獲得；「依變項調整後的A因子離均差平方和（SS'_{b_A}）」之計算方式，可透過公式5-7獲得；「依變項調整後的B因子離均差平方和（SS'_{b_B}）」之計算方式，可透過公式5-8獲得；「依變項調整後的A×B因子離均差平方和（$SS'_{b_{A\times B}}$）」之計算方式，可透過公式5-9獲得。

$$SS'_t(Y) = SS_t(Y) - \frac{(CP_t(XY))^2}{SS_t(X)} \qquad \text{（公式 5-5）}$$

$$SS'_w(Y) = SS_w(Y) - \frac{(CP_w(XY))^2}{SS_w(X)} \qquad \text{（公式 5-6）}$$

$$SS'_{b_A}(Y) = (SS_{b_A}(Y) + SS_w(Y)) - \frac{(CP_{b_A}(XY) + CP_w(XY))^2}{(SS_{b_A}(X) + SS_w(X))} - SS'_w(Y) \quad \text{（公式 5-7）}$$

$$SS'_{b_B}(Y) = (SS_{b_B}(Y) + SS_w(Y)) - \frac{(CP_{b_B}(XY) + CP_w(XY))^2}{(SS_{b_B}(X) + SS_w(X))} - SS'_w(Y) \quad \text{（公式 5-8）}$$

$$SS'_{b_{AB}}(Y) = (SS_{b_{AB}}(Y) + SS_w(Y)) - \frac{(CP_{b_{AB}}(XY) + CP_w(XY))^2}{(SS_{b_{AB}}(X) + SS_w(X))} - SS'_w(Y) \quad \text{（公式 5-9）}$$

　　公式 5-5 中的 $SS_t(Y)$ 為依變項的總離均差平方和，$(CP_t(XY))^2$ 是共變項與依變項的總交乘積和的平方，$SS_t(X)$ 為共變項的總離均差平方和。公式 5-6 中的 $SS_w(Y)$ 為依變項的組內離均差平方和，$(CP_w(XY))^2$ 是共變項與依變項的組內交乘積和的平方，$SS_w(X)$ 為共變項的組內離均差平方和。公式 5-7 中的 $S_{b_A}(Y)$ 為依變項的 A 因子離均差平方和，$S_{b_A}(X)$ 為共變項的 A 因子離均差平方和，$CP_{b_A}(XY)$ 為共變項與依變項的 A 因子交乘積和。公式 5-8 中的 $S_{b_B}(Y)$ 為依變項的 B 因子離均差平方和，$S_{b_B}(X)$ 為共變項的 B 因子離均差平方和，$CP_{b_B}(XY)$ 為共變項與依變項的 B 因子交乘積和。公式 5-9 中的 $S_{b_{A\times B}}(Y)$ 為依變項的 A×B 因子離均差平方和，$S_{b_{A\times B}}(X)$ 為共變項的 A×B 因子離均差平方和，$CP_{b_{A\times B}}(XY)$ 為共變項與依變項的 A×B 因子交乘積和。

　　至於 A 因子各細格（A_j）的調整後平均數，則是透過公式 5-10 獲得；B 因子各細格（B_k）的調整後平均數，則是透過公式 5-11 獲得。公式 5-10 與公式 5-11 中 b_w 代表組內迴歸係數，可透過公式 5-12 獲得。

$$\overline{Y}'_{A_j} = \overline{Y}_{A_j} - b_w(\overline{X}_j - \overline{X}_{..}) \qquad （公式 5-10）$$

$$\overline{Y}'_{B_k} = \overline{Y}_{B_k} - b_w(\overline{X}_k - \overline{X}_{..}) \qquad （公式 5-11）$$

$$b_w = \frac{CP_w(XY)}{SS_w(X)} \qquad （公式 5-12）$$

　　公式 5-10 與公式 5-11 的 $\overline{Y}'_j$ 代表第 j 組依變項的調整後平均數；$\overline{Y}_j$ 代表第 j 組依變項的平均數；$\overline{X}_j$ 代表第 j 組共變項的平均數；$\overline{X}_{..}$ 代表所有受試者的共變項平均數。

　　茲以表 5-1 的資料，介紹雙因子共變數分析的檢定。將表 5-3 與表 5-4 的計算資料，代入公式 5-6，即可求出依變項調整後的總離均差平方和（SS'_t），其整個計算歷程，如表 5-10 所示。

表 5-10

雙因子共變數分析之依變項調整後總離均差平方和計算歷程

步驟一：計算 $SS_t(X)$

$$SS_t(X) = \sum_{i=1}^{n}\sum_{j=1}^{g}\sum_{k=1}^{q}\left(X_{ijk} - \overline{X}_{...}\right)^2 = \sum_{i=1}^{N}X_i^2 - \frac{\left(\sum_{i=1}^{N}X_i\right)^2}{N} = (834) - \frac{(126)^2}{20} = 40.20$$

表 5-10

（續）

步驟二：計算 $SS_t(Y)$

$$SS_t(Y) = \sum_{i=1}^{n}\sum_{j=1}^{g}\sum_{k=1}^{q} \left(Y_{ijk} - \overline{Y}_{...}\right)^2 = \sum_{i=1}^{N} Y_i^2 - \frac{\left(\sum_{i=1}^{N} Y_i\right)^2}{N} = (1042) - \frac{(142)^2}{20} = 33.80$$

步驟三：計算 $CP_t(XY)$

$$CP_t(XY) = \sum_{i=1}^{n}\sum_{j=1}^{g}\sum_{k=1}^{q} \left(X_{ijk} - \overline{X}_{...}\right)\left(Y_{ijk} - \overline{Y}_{...}\right) = \sum_{i=1}^{N} X_i Y_i - \frac{\left(\sum_{i=1}^{N} X_i\right)\left(\sum_{i=1}^{N} Y_i\right)}{N} = (916) - \frac{(126)(142)}{20} = 21.40$$

步驟四：計算 $SS'_t(Y)$

$$SS'_t(Y) = SS_t(Y) - \frac{(CP_t(XY))^2}{SS_t(X)} = 33.80 - \frac{(21.40)^2}{40.20} = 22.41$$

　　將表 5-3 與表 5-4 的計算資料，代入公式 5-5，即可求出依變項調整後的組內離均差平方和 $SS'_w(Y)$，其整個計算歷程，如表 5-11 所示。

表 5-11

雙因子共變數分析之依變項調整後的組內離均差平方和計算歷程

步驟一：計算 $SS_w(X)$

$$SS_w(X_{11}) = \sum_{i=1}^{n} X_{ijk}^2 - \frac{\left(\sum_{i=1}^{n} X_{ijk}\right)^2}{n_{11}} = \sum_{i=1}^{5} X_{i11}^2 - \frac{\left(\sum_{i=1}^{5} X_{i11}\right)^2}{n_{11}} = (142) - \frac{(26)^2}{5} = 6.80$$

$$SS_w(X_{12}) = \sum_{i=1}^{n} X_{ijk}^2 - \frac{\left(\sum_{i=1}^{n} X_{ijk}\right)^2}{n_{12}} = \sum_{i=1}^{5} X_{i12}^2 - \frac{\left(\sum_{i=1}^{5} X_{i12}\right)^2}{n_{12}} = (190) - \frac{(30)^2}{5} = 10.00$$

$$SS_w(X_{21}) = \sum_{i=1}^{n} X_{ijk}^2 - \frac{\left(\sum_{i=1}^{n} X_{ijk}\right)^2}{n_{21}} = \sum_{i=1}^{5} X_{i21}^2 - \frac{\left(\sum_{i=1}^{5} X_{i21}\right)^2}{n_{21}} = (307) - \frac{(39)^2}{5} = 2.80$$

$$SS_w(X_{22}) = \sum_{i=1}^{n} X_{ijk}^2 - \frac{\left(\sum_{i=1}^{n} X_{ijk}\right)^2}{n_{22}} = \sum_{i=1}^{5} X_{i22}^2 - \frac{\left(\sum_{i=1}^{5} X_{i22}\right)^2}{n_{22}} = (195) - \frac{(31)^2}{5} = 2.80$$

$$SS_w(X) = SS_w(X_{11}) + SS_w(X_{12}) + SS_w(X_{21}) + SS_w(X_{22})$$

$$= 6.80 + 10.00 + 2.80 + 2.80$$

$$= 22.40$$

表 5-11

（續）

步驟二：計算 $SS_w(Y)$

$$SS_w(Y_{11}) = \sum_{i=1}^{n} Y_{ijk}^2 - \frac{\left(\sum_{i=1}^{n} Y_{ijk}\right)^2}{n_{11}} = \sum_{i=1}^{5} Y_{i11}^2 - \frac{\left(\sum_{i=1}^{5} Y_{i11}\right)^2}{n_{11}} = (270) - \frac{(36)^2}{5} = 10.80$$

$$SS_w(Y_{12}) = \sum_{i=1}^{n} Y_{ijk}^2 - \frac{\left(\sum_{i=1}^{n} Y_{ijk}\right)^2}{n_{12}} = \sum_{i=1}^{5} Y_{i12}^2 - \frac{\left(\sum_{i=1}^{5} Y_{i12}\right)^2}{n_{12}} = (223) - \frac{(33)^2}{5} = 5.20$$

$$SS_w(Y_{21}) = \sum_{i=1}^{n} Y_{ijk}^2 - \frac{\left(\sum_{i=1}^{n} Y_{ijk}\right)^2}{n_{21}} = \sum_{i=1}^{5} Y_{i21}^2 - \frac{\left(\sum_{i=1}^{5} Y_{i21}\right)^2}{n_{21}} = (294) - \frac{(38)^2}{5} = 5.20$$

$$SS_w(Y_{22}) = \sum_{i=1}^{n} Y_{ijk}^2 - \frac{\left(\sum_{i=1}^{n} Y_{ijk}\right)^2}{n_{22}} = \sum_{i=1}^{5} Y_{i22}^2 - \frac{\left(\sum_{i=1}^{5} Y_{i22}\right)^2}{n_{22}} = (255) - \frac{(35)^2}{5} = 10.00$$

$SS_w(Y) = SS_w(Y_{11}) + SS_w(Y_{12}) + SS_w(Y_{21}) + SS_w(Y_{22})$

$\qquad = 10.80 + 5.20 + 5.20 + 10.00$

$\qquad = 31.20$

步驟三：計算 $CP_w(XY)$

$$CP_w(X_{11}Y_{11}) = \sum_{i=1}^{n} X_{ijk}Y_{ijk} - \frac{\left(\sum_{i=1}^{n} X_{ijk}\right)\left(\sum_{i=1}^{n} Y_{ijk}\right)}{n_{11}} = \sum_{i=1}^{5} X_{i11}Y_{i11} - \frac{\left(\sum_{i=1}^{5} X_{i11}\right)\left(\sum_{i=1}^{5} Y_{i11}\right)}{n_{11}} = (195) - \frac{(26)(36)}{5} = 7.80$$

$$CP_w(X_{12}Y_{12}) = \sum_{i=1}^{n} X_{ijk}Y_{ijk} - \frac{\left(\sum_{i=1}^{n} X_{ijk}\right)\left(\sum_{i=1}^{n} Y_{ijk}\right)}{n_{12}} = \sum_{i=1}^{5} X_{i12}Y_{i12} - \frac{\left(\sum_{i=1}^{5} X_{i12}\right)\left(\sum_{i=1}^{5} Y_{i12}\right)}{n_{12}} = (204) - \frac{(30)(33)}{5} = 6.00$$

$$CP_w(X_{21}Y_{21}) = \sum_{i=1}^{n} X_{ijk}Y_{ijk} - \frac{\left(\sum_{i=1}^{n} X_{ijk}\right)\left(\sum_{i=1}^{n} Y_{ijk}\right)}{n_{21}} = \sum_{i=1}^{5} X_{i21}Y_{i21} - \frac{\left(\sum_{i=1}^{5} X_{i21}\right)\left(\sum_{i=1}^{5} Y_{i21}\right)}{n_{21}} = (299) - \frac{(39)(38)}{5} = 2.60$$

$$CP_w(X_{22}Y_{22}) = \sum_{i=1}^{n} X_{ijk}Y_{ijk} - \frac{\left(\sum_{i=1}^{n} X_{ijk}\right)\left(\sum_{i=1}^{n} Y_{ijk}\right)}{n_{22}} = \sum_{i=1}^{5} X_{i22}Y_{i22} - \frac{\left(\sum_{i=1}^{5} X_{i22}\right)\left(\sum_{i=1}^{5} Y_{i22}\right)}{n_{22}} = (218) - \frac{(31)(35)}{5} = 1.00$$

$CP_w(XY) = CP_w(X_{11}Y_{11}) + CP_w(X_{12}Y_{12}) + CP_w(X_{21}Y_{21}) + CP_w(X_{22}Y_{22})$

$\qquad = 7.80 + 6.00 + 2.60 + 1.00$

$\qquad = 17.40$

步驟四：計算 $SS'_w(Y)$

$$SS'_w(Y) = SS_w(Y) - \frac{(CP_w(XY))^2}{SS_w(X)} = 31.20 - \frac{(17.40)^2}{22.40} = 17.68$$

　　將表 5-3 與表 5-4 的計算資料，代入公式 5-7，即可求出依變項調整後的 A 因子離均差平方和（SS'_A），其整個計算歷程，如表 5-12 所示。

表 5-12

雙因子共變數分析之依變項調整後的 A 因子離均差平方和計算歷程

步驟一：計算 $SS_{b(A)}(X)$

$$SS_{b_A}(X) = \frac{\left(\sum_{i=1}^{n}\sum_{k=1}^{q}X_{i1k}\right)^2}{n_A} + \frac{\left(\sum_{i=1}^{n}\sum_{k=1}^{q}X_{i2k}\right)^2}{n_A} - \frac{\left(\sum_{i=1}^{N}X_i\right)^2}{N}$$

$$= \frac{(56)^2}{10} + \frac{(70)^2}{10} - \frac{(126)^2}{20}$$

$$= 313.60 + 490.00 - 793.80$$

$$= 9.80$$

步驟二：計算 $SS_{b(A)}(Y)$

$$SS_{b_A}(Y) = \frac{\left(\sum_{i=1}^{n}\sum_{k=1}^{q}Y_{i1k}\right)^2}{n_A} + \frac{\left(\sum_{i=1}^{n}\sum_{k=1}^{q}Y_{i2k}\right)^2}{n_A} - \frac{\left(\sum_{i=1}^{N}Y_i\right)^2}{N}$$

$$= \frac{(69)^2}{10} + \frac{(73)^2}{10} - \frac{(142)^2}{20}$$

$$= 476.10 + 532.90 - 1008.20$$

$$= 0.80$$

步驟三：計算 $CP_{b(A)}(XY)$

$$CP_{b_A}(XY) = \frac{\left(\sum_{i=1}^{n}\sum_{k=1}^{q}X_{i1k}\right)\left(\sum_{i=1}^{n}\sum_{k=1}^{q}Y_{i1k}\right)}{n_A} + \frac{\left(\sum_{i=1}^{n}\sum_{k=1}^{q}X_{i2k}\right)\left(\sum_{i=1}^{n}\sum_{k=1}^{q}Y_{i2k}\right)}{n_A} - \frac{\left(\sum_{i=1}^{N}X_i\right)\left(\sum_{i=1}^{N}Y_i\right)}{N}$$

$$= \frac{(56)(69)}{10} + \frac{(70)(73)}{10} - \frac{(126)(142)}{20}$$

$$= 386.40 + 511.00 - 894.60$$

$$= 2.80$$

步驟四：計算 $SS'_{b(A)}(Y)$

$$SS'_{b(A)}(Y) = (SS_{b_A}(Y) + SS_w(Y)) - \frac{(CP_{b_A}(XY) + CP_w(XY))^2}{(SS_{b_A}(X) + SS_w(X))} - SS'_w(Y)$$

$$= (0.80 + 31.20) - \frac{(2.80 + 17.40)^2}{(9.80 + 22.40)} - 17.68$$

$$= 1.65$$

　　將表 5-3 與表 5-4 的計算資料，代入公式 5-8，即可求出依變項調整後的 B 因子離均差平方和（SS'_B），其整個計算歷程，如表 5-13 所示。

表 5-13

雙因子共變數分析之依變項調整後的 B 因子離均差平方和計算歷程

步驟一：計算 $SS_{b(B)}(X)$

$$SS_{b_B}(X) = \frac{\left(\sum\limits_{i=1}^{n}\sum\limits_{j=1}^{g}X_{ij1}\right)^2}{n_B} + \frac{\left(\sum\limits_{i=1}^{n}\sum\limits_{j=1}^{g}X_{ij2}\right)^2}{n_B} - \frac{\left(\sum\limits_{i=1}^{N}X_i\right)^2}{N}$$

$$= \frac{(65)^2}{10} + \frac{(61)^2}{10} - \frac{(126)^2}{20}$$

$$= 422.50 + 372.10 - 793.80$$

$$= 0.8$$

步驟二：計算 $SS_{b(B)}(Y)$

$$SS_{b_B}(Y) = \frac{\left(\sum\limits_{i=1}^{n}\sum\limits_{j=1}^{g}X_{ij1}\right)^2}{n_B} + \frac{\left(\sum\limits_{i=1}^{n}\sum\limits_{j=1}^{g}X_{ij2}\right)^2}{n_B} - \frac{\left(\sum\limits_{i=1}^{N}X_i\right)^2}{N}$$

$$= \frac{(74)^2}{10} + \frac{(68)^2}{10} - \frac{(142)^2}{20}$$

$$= 547.60 + 462.40 - 1008.20$$

$$= 1.80$$

步驟三：計算 $CP_{b(B)}(XY)$

$$CP_{b_B}(XY) = \frac{\left(\sum\limits_{i=1}^{n}\sum\limits_{j=1}^{g}X_{ij1}\right)\left(\sum\limits_{i=1}^{n}\sum\limits_{j=1}^{g}Y_{ij1}\right)}{n_B} + \frac{\left(\sum\limits_{i=1}^{n}\sum\limits_{j=1}^{g}X_{ij2}\right)\left(\sum\limits_{i=1}^{n}\sum\limits_{j=1}^{g}Y_{ij2}\right)}{n_B} - \frac{\left(\sum\limits_{i=1}^{N}X_i\right)\left(\sum\limits_{i=1}^{N}Y_i\right)}{N}$$

$$= \frac{(65)(74)}{10} + \frac{(61)(68)}{10} - \frac{(126)(142)}{20}$$

$$= 481.00 + 414.80 - 894.60$$

$$= 1.20$$

步驟四：計算 $SS'_{b(B)}(Y)$

$$SS'_{b_B}(Y) = (SS_{b_B}(Y) + SS_w(Y)) - \frac{(CP_{b_B}(XY) + CP_w(XY))^2}{(SS_{b_B}(X) + SS_w(X))} - SS'_w(Y)$$

$$= (1.80 + 31.20) - \frac{(1.20 + 17.40)^2}{(0.80 + 22.40)} - 17.68$$

$$= 0.41$$

　　將表 5-3 與表 5-4 的計算資料，代入公式 5-9，即可求出依變項調整後的 A×B 因子離均差平方和（$SS'_{A \times B}$），其整個計算歷程，如表 5-14 所示。

表 5-14

雙因子共變數分析之依變項調整後的 A×B 因子離均差平方和計算歷程

步驟一：計算 $SS_{b(A×B)}(X)$

$$SS_{b_{AB}}(X) = \frac{\left(\sum_{i=1}^{n}X_{i11}\right)^2 + \left(\sum_{i=1}^{n}X_{i12}\right)^2 + \left(\sum_{i=1}^{n}X_{i21}\right)^2 + \left(\sum_{i=1}^{n}X_{i22}\right)^2}{n_{A×B}}$$

$$- \frac{\left(\sum_{i=1}^{n}\sum_{k=1}^{q}X_{i1k}\right)^2 + \left(\sum_{i=1}^{n}\sum_{k=1}^{q}X_{i2k}\right)^2}{n_A}$$

$$- \frac{\left(\sum_{i=1}^{n}\sum_{j=1}^{g}X_{ij1}\right)^2 + \left(\sum_{i=1}^{n}\sum_{j=1}^{g}X_{ij2}\right)^2}{n_B} + \frac{\left(\sum_{i=1}^{N}X_i\right)^2}{N}$$

$$= \frac{(26)^2 + (30)^2 + (39)^2 + (31)^2}{5} - \frac{(56)^2 + (70)^2}{10}$$

$$- \frac{(65)^2 + (61)^2}{10} + \frac{(126)^2}{20}$$

$$= 811.60 - 803.60 - 794.60 + 793.80$$

$$= 7.20$$

步驟二：計算 $SS_{b(A×B)}(Y)$

$$SS_{b_{AB}}(Y) = \frac{\left(\sum_{i=1}^{n}Y_{i11}\right)^2 + \left(\sum_{i=1}^{n}Y_{i12}\right)^2 + \left(\sum_{i=1}^{n}Y_{i21}\right)^2 + \left(\sum_{i=1}^{n}Y_{i22}\right)^2}{n_{A×B}}$$

$$- \frac{\left(\sum_{i=1}^{n}\sum_{k=1}^{q}Y_{i1k}\right)^2 + \left(\sum_{i=1}^{n}\sum_{k=1}^{q}Y_{i2k}\right)^2}{n_A}$$

$$- \frac{\left(\sum_{i=1}^{n}\sum_{j=1}^{g}Y_{ij1}\right)^2 + \left(\sum_{i=1}^{n}\sum_{j=1}^{g}Y_{ij2}\right)^2}{n_B} + \frac{\left(\sum_{i=1}^{N}Y_i\right)^2}{N}$$

$$= \frac{(36)^2 + (33)^2 + (38)^2 + (35)^2}{5} - \frac{(69)^2 + (73)^2}{10}$$

$$- \frac{(74)^2 + (68)^2}{10} + \frac{(142)^2}{20}$$

$$= 1010.80 - 1009 - 1010 + 1008.20$$

$$= 0.00$$

步驟三：計算 $CP_{b(A×B)}(XY)$

$$CP_{b_{AB}}(XY) = \frac{\left(\sum_{i=1}^{n}X_{i11}\right)\left(\sum_{i=1}^{n}Y_{i11}\right) + \left(\sum_{i=1}^{n}X_{i12}\right)\left(\sum_{i=1}^{n}Y_{i12}\right)}{n_{A×B}}$$

$$+ \frac{\left(\sum_{i=1}^{n}X_{i21}\right)\left(\sum_{i=1}^{n}Y_{i21}\right) + \left(\sum_{i=1}^{n}X_{i22}\right)\left(\sum_{i=1}^{n}Y_{i22}\right)}{n_{A×B}}$$

表 5-14

（續）

$$
-\frac{\left(\sum_{i=1}^{n}\sum_{k=1}^{q}X_{i1k}\right)\left(\sum_{i=1}^{n}\sum_{k=1}^{q}Y_{i1k}\right)+\left(\sum_{i=1}^{n}\sum_{k=1}^{q}X_{i2k}\right)\left(\sum_{i=1}^{n}\sum_{k=1}^{q}Y_{i2k}\right)}{n_A}
$$

$$
-\frac{\left(\sum_{i=1}^{n}\sum_{j=1}^{g}X_{ij1}\right)\left(\sum_{i=1}^{n}\sum_{j=1}^{g}X_{ij1}\right)+\left(\sum_{i=1}^{n}\sum_{j=1}^{g}X_{ij2}\right)\left(\sum_{i=1}^{n}\sum_{j=1}^{g}X_{ij2}\right)}{n_B}
$$

$$
+\frac{\left(\sum_{i=1}^{N}X_{i}\right)\left(\sum_{i=1}^{N}Y_{i}\right)}{N}
$$

$$
=\frac{(26)(36)+(30)(33)+(39)(38)+(31)(35)}{5}-\frac{(56)(69)+(70)(73)}{10}
$$

$$
-\frac{(65)(74)+(61)(68)}{10}+\frac{(126)(142)}{20}
$$

$$
=898.60-897.40-895.80+894.60
$$

$$
=0.00
$$

步驟四：計算 $SS'_{b(A\times B)}(Y)$

$$
SS'_{b_{AB}}(Y)=(SS_{b_{AB}}(Y)+SS_{w}(Y))-\frac{(CP_{b_{AB}}(XY)+CP_{w}(XY))^2}{(SS_{b_{AB}}(X)+SS_{w}(X))}-SS'_{w}(Y)
$$

$$
=(0.00+31.20)-\frac{(0.00+17.40)^2}{(7.2+22.40)}-17.68
$$

$$
=3.29
$$

經過表 5-10 至表 5-14 的計算歷程後，可將雙因子共變數分析的結果，呈現在表 5-15。

表 5-15

雙因子共變數分析摘要表

SV	SS'	df	MS'	F
A 因子	1.65	1	1.65	1.40
B 因子	0.41	1	0.41	0.35
A×B 因子	3.29	1	3.29	2.79
組內	17.68	15	1.18	
全體	23.03	18		

註：SS' 代表調整後的離均差平方和，MS' 代表調整後的均方，F' 代表調整後的 F 值，g 代表 A 因子的組別數，q 代表 B 因子的組別數，N 代表總人數。

二、雙因子共變數分析的SPSS操作步驟

茲以表 5-1 的雙因子共變數分析資料，說明如何透過 SPSS 統計軟體的操作，獲得統計結果。透過圖5-8的SPSS操作步驟，即可進行雙因子共變數分析。

步驟1：在「一個共變項 2×2 的雙因子共變數分析之迴歸係數同質性檢定實例 .sav」檔案中，點選「分析 (A)」→「一般線性模式 (G)」→「單變量 (U)」，如下圖所示。

步驟2：在「單變量」對話窗中，將左邊的自變項「組別」與「性別」，移至右邊的「固定因子 (F)」空格中，如下圖所示。

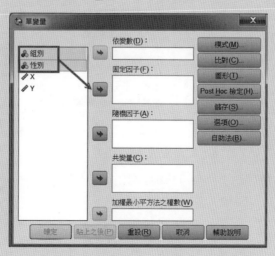

步驟 3：在「單變量」對話窗中，將左邊的共變項「X」，移至右邊的「共變量 (C)」空格中，如下圖所示。

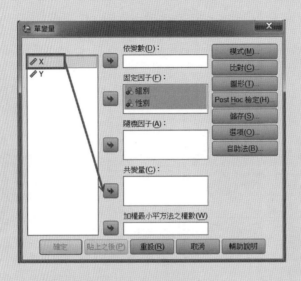

步驟 4：在「單變量」對話窗中，將左邊的依變項「Y」，移至右邊的「依變項 (D)」空格中，並按下「選項 (O)」選項，如下圖所示。

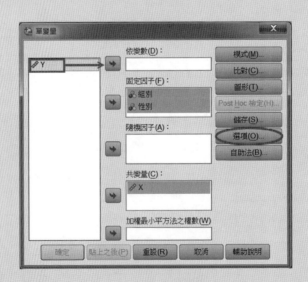

步驟 5：在「單變量：選項」對話窗中，點選左邊「因子與因子交互作用 (F)」中的「組別」，移至右邊的「顯示平均數 (M)」，如下圖所示。

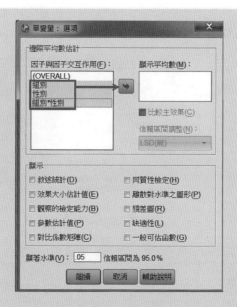

步驟 6：在「單變量：選項」對話窗中，點選「比較主效果 (C)」，以及「顯示」中的「敘述統計 (D)」、「效果大小估計值 (E)」、「觀察的檢定能力 (B)」、「同質性檢定 (H)」等選項，最後按下「繼續」按鍵，如下圖所示。

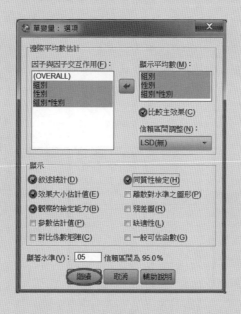

步驟 7：在「單變量」對話窗中，按下「確定」按鍵，如下圖所示。

圖 5-8   雙因子共變數分析的 SPSS 操作程序

經過圖 5-8 的 SPSS 操作步驟，即可獲得圖 5-9 的 SPSS 統計報表。

報表 1：在「敘述統計」報表中，可知實驗組男生依變項平均數為 7.20，標準差為 1.643；實驗組女生依變項平均數為 6.60，標準差為 1.140。控制組男生依變項平均數為 7.60，標準差為 1.140；控制組女生依變項平均數為 7.00，標準差為 1.581，如下圖所示。

敘述統計

依變數：Y

組別	性別	平均數	標準離差	個數
1	1	7.20	1.643	5
	2	6.60	1.140	5
	總數	6.90	1.370	10
2	1	7.60	1.140	5
	2	7.00	1.581	5
	總數	7.30	1.337	10
總數	1	7.40	1.350	10
	2	6.80	1.317	10
	總數	7.10	1.334	20

報表 2：在「誤差變異量的 Levene 檢定等式[a]」報表中，可得知 Levene 變異數同質性檢定 $F_{(3, 16)} = 3.298$, $p = .048$，因為顯著性 p 小於

．05，故應拒絕虛無假設，亦即實驗組與控制組的依變項分數不具變異數同質性，如下圖所示。**由於實驗組與控制組依變項變異數不同質，可能影響統計結果，故應謹慎的解釋統計結果。**

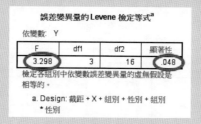

報表3：在「受試者間效應項的檢定」報表中，可得知「組別＊性別」的單純主要效果檢定結果為 $F(1, 15) = 2.79$, $p = .12$，由於顯著性 p 高於 .05，故應接受虛無假設，亦即組別與性別的調整後平均數，並未產生交互作用。由於單純主要效果為不顯著，故接續分別查看「組別」與「性別」的主要效果檢定。「組別」的主要效果檢定結果為 $F(1, 15) = 1.40$, $p = .26$，由於顯著性 p 高於 .05，故應接受虛無假設，亦即實驗組與控制組的調整後平均數，沒有顯著性差異。「性別」的主要效果檢定結果為 $F(1, 15) = 0.34$, $p = .57$，由於顯著性 p 高於 .05，故應接受虛無假設，亦即男生與女生的調整後平均數，沒有顯著性差異，如下圖所示。

受試者間效應項的檢定

依變數：Y

來源	型 III 平方和	df	平均平方和	F	顯著性	淨相關 Eta 平方	Noncent. 參數	觀察的檢定能力[b]
校正後的模式	16.116[a]	4	4.029	3.418	.036	.477	13.670	.717
截距	2.672	1	2.672	2.266	.153	.131	2.266	.291
X	13.516	1	13.516	11.465	.004	.433	11.465	.885
組別	1.644	1	1.644	1.395	.256	.085	1.395	.198
性別	.404	1	.404	.343	.567	.022	.343	.085
組別＊性別	3.288	1	3.288	2.789	.116	.157	2.789	.346
誤差	17.684	15	1.179					
總數	1042.000	20						
校正後的總數	33.800	19						

a. R 平方 = .477 (調過後的 R 平方 = .337)

b. 使用 alpha = .05 計算

報表4：在「估計的邊緣平均數」報表中「組別＊性別」，可知組別 1（實驗組）性別 1（男生）的依變項成績調整後平均數為 8.054，組別 1（實驗組）性別 2（女生）的依變項成績調整後平均數為 6.833。

組別 2（控制組）性別 1（男生）的依變項成績調整後平均數為 6.435，組別 2（控制組）性別 2（女生）的依變項成績調整後平均數為 7.078，如下圖所示。

3. 組別 * 性別

依變數：Y

組別	性別	平均數	標準誤差	95% 信賴區間 下界	95% 信賴區間 上界
1	1	8.054[a]	.547	6.888	9.221
	2	6.833[a]	.490	5.788	7.878
2	1	6.435[a]	.595	5.166	7.703
	2	7.078[a]	.486	6.042	8.114

a. 使用下列值估計出現在模式的共變量：X = 6.30.

圖 5-9　雙因子共變數分析的 SPSS 統計報表

將圖 5-9 的統計結果，整理成表 5-16 與表 5-17 的雙因子共變數分析摘要表。

表 5-16

雙因子共變數分析之前測平均數、後測平均數、後測調整平均數

組別 (A)	組別 (B)	人數 n	前測分數 M	前測分數 SD	後測分數 M	後測分數 SD	後測調整分數 M′
實驗組	男生	5	5.20	1.30	7.20	1.64	8.05
	女生	5	6.00	1.58	6.60	1.14	6.83
控制組	男生	5	7.80	0.84	7.60	1.14	6.44
	女生	5	6.20	0.84	7.00	1.58	7.08

表 5-17

雙因子共變數分析摘要表

SV	SS′	df	MS′	F	p
組別	1.64	1	1.64	1.40	.26
性別	0.40	1	0.40	0.34	.57
組別 × 性別	3.29	1	3.29	2.79	.12
誤差	17.68	15	1.18		

三、雙因子共變數分析的「EZ_ANCOVA」EXCEL操作步驟

對於雙因子共變數分析的統計分析，除了可透過圖 5-8 的 SPSS 操作步驟，也可採用筆者以 EXCEL 所寫的「2 個共變項的雙因子共變數分析 .xlsx」進行。**由於此程式是以 EXCEL 2010 版本所撰寫，而此程式有使用到 EXCEL 2010 版本的擴充欄位，故此程式只能在 EXCEL 2007 以後的版本才能使用（亦即 EXCEL 的附檔名必須為 .xlsx），EXCEL 2007 以前的版本則無法使用。**

茲以表 5-1 的雙因子共變數分析資料，說明如何透過圖 5-10 的 EXCEL 操作步驟，即可獲得圖 5-11 的 EXCEL 統計報表。

步驟 1：開啓「1 個共變項的雙因子共變數分析 .xlsx」檔案，點選下方「雙因子 2×2」，如下圖所示。

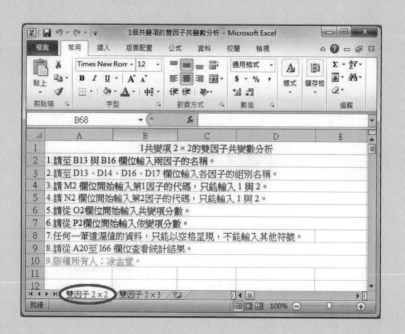

步驟 2：在「1 個共變項的雙因子共變數分析」視窗中，於 B13 欄位輸入第 1 個因子的名稱「組別」，並於 D13、D14 欄位，分別輸入兩個組別的名稱「實驗組」、「控制組」，如下圖所示。

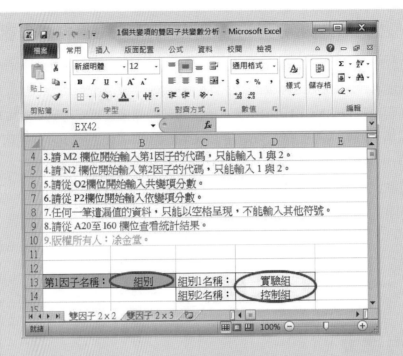

步驟 3：在「1 個共變項的雙因子共變數分析」的視窗中，於 B16 欄位輸入
第 2 個因子的名稱「性別」，並於 D16、D17 欄位，分別輸入兩個
組別的名稱「男生」、「女生」，如下圖所示。

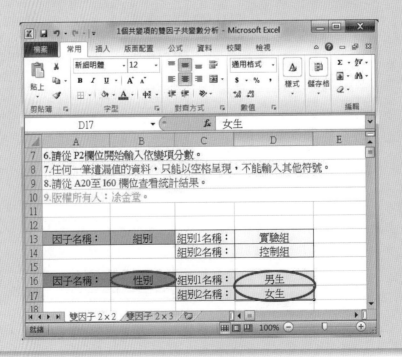

步驟 4：在「1 個共變項的雙因子共變數分析」視窗中，在 M2 欄位開始輸入第一個因子「組別」的 20 筆資料，其中，實驗組的組別代碼「1」，控制組的組別代碼「2」，如下圖所示。**請注意：因「1 個共變項的雙因子共變數分析」檔案中，只允許代碼使用 1 與 2，故實驗組的代碼為 1，控制組的代碼為 2。**

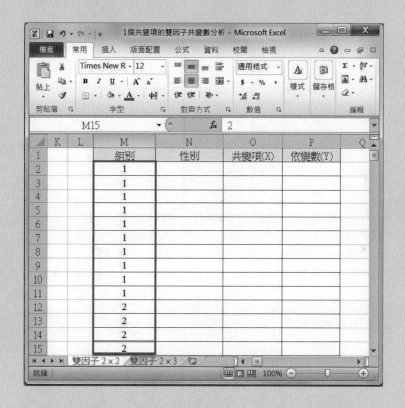

步驟 5：在「1 個共變項的雙因子共變數分析」視窗中，在 N2 欄位開始輸入第二個因子「性別」的 20 筆資料，其中，男生的組別代碼「1」，女生的組別代碼「2」，如下圖所示。**請注意：因「1 個共變項的雙因子共變數分析」檔案中，只允許代碼使用 1 與 2，故男生的代碼為 1，女生的代碼為 2。**

步驟 6：在「一個共變項 2×2 的雙因子共變數分析之迴歸係數同質性檢定
實例 .sav」檔案中，將「X」與「Y」等兩項資料，進行「複製」的
動作，如下圖所示。

步驟7：在「1 個共變項的雙因子共變數分析」視窗中，點選 O2 的欄位後，將游標點到右上角的「貼上」，如下圖所示。

步驟8：在「1 個共變項的雙因子共變數分析」視窗中，可見到「組別」、「性別」、「共變項 (X)」、「依變項 (Y)」等四個欄位，如下圖所示。

圖 5-10　雙因子共變數分析的 EXCEL 操作程序

由圖 5-10 的 EXCEL 操作程序可知，只需要輸入兩個因子與兩組別的名稱，以及所有受試者的組別代碼（請注意只能以 1 或 2 來表示各組的組別代碼）、共變項、依變項等三個數值即可，無須其他的操作步驟。

　　在資料的輸入過程中，有一點要特別注意的事，若資料有遺漏值的話，只能以空格呈現，不能出現其他的數字或符號（例如「9」或「.」）。當資料是直接從 SPSS 複製過來的話，因 SPSS 原先設定的遺漏值，會出現一個小黑點「.」，請刪除小黑點，讓該筆遺漏值的欄位呈現空白。若在 SPSS 統計軟體自行以 9 作為遺漏值的話，可透過 EXCEL 的「取代 (P)」功能，將「9」取代成空格。

> **報表 1**：在 A20 至 H26 欄位的「敘述統計分析摘要表 _ 主要效果」中，可知實驗組男生人數有 5 位，前測分數（即共變項分數）平均數為 5.20，標準差為 1.30；後測分數（即依變項分數）平均數為 7.20，標準差為 1.64，依變項調整後平均數為 8.05。實驗組女生人數也有 5 位，前測分數（即共變項分數）平均數為 6.00，標準差為 1.58；後測分數（即依變項分數）平均數為 6.60，標準差為 1.14，依變項調整後平均數為 6.83。控制組男生人數有 5 位，前測分數（即共變項分數）平均數為 7.80，標準差為 0.84；後測分數（即依變項分數）平均數為 7.60，標準差為 1.14，依變項調整後平均數為 6.43。控制組女生人數也有 5 位，前測分數（即共變項分數）平均數為 6.20，標準差為 0.84；後測分數（即依變項分數）平均數為 7.00，標準差為 1.58，依變項調整後平均數為 7.08，如下圖所示。
>
> 上述 EXCEL 的統計結果，與圖 5-9 的 SPSS 報表 1 與報表 4 的統計結果是相同的。

		人數	前測分數		後測分數		後測調整平均數
組別(A)	組別(B)	*n*	*M*	*SD*	*M*	*SD*	*M'*
實驗組	男生	5	5.20	1.30	7.20	1.64	8.05
	女生	5	6.00	1.58	6.60	1.14	6.83
控制組	男生	5	7.80	0.84	7.60	1.14	6.43
	女生	5	6.20	0.84	7.00	1.58	7.08

描述統計分析摘要表 主要效果

報表 2：在 A42 至 D44 欄位的「Levene 變異數同質性檢定摘要表」中，可得知 Levene 變異數同質性檢定 $F(3, 16) = 3.298, p = .048$，因為顯著性 p 小於 .05，故應拒絕虛無假設，亦即各組依變項分數變異數不同質性，如下圖所示。**由於實驗組與控制組依變項變異數不同質，可能影響統計結果，故應謹慎的解釋統計結果。**

上述 EXCEL 的統計結果，與圖 5-9 的 SPSS 報表 2 的統計結果是相同的。

報表 3：在 A47 至 F53 欄位的「迴歸係數同質性檢定分析摘要表」中，可知顯著性 p = .719，由於顯著性高於 .05，故應接受虛無假設，亦即各組的迴歸係數是相同的，顯示符合組內迴歸係數同質，如下圖所示。

上述 EXCEL 的統計結果，與圖 5-4 的 SPSS 報表的統計結果是相同的。

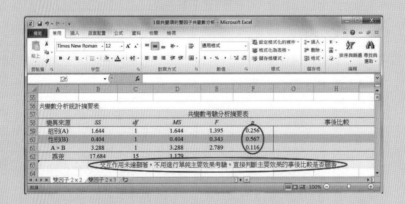

報表 4：在 A56 至 I63 欄位的「共變數檢定分析摘要表」中，可知組別與性別的交互作用未達顯著水準：$F(1, 15) = 2.79, p = .116$，如下圖所示。上述 EXCEL 的統計結果，與圖 5-9 的 SPSS 報表 3 的統計結果是相同的。

圖 5-11　以 2×2 雙因子所進行的共變數分析 EXCEL 統計報表

Chapter

雙因子共變數分析的
統計軟體操作

壹、一個共變項的2×2雙因子共變數分析
（單純主要效果顯著）

貳、一個共變項的2×3雙因子共變數分析
（單純主要效果顯著）

為了讓讀者瞭解如何透過統計軟體進行雙因子共變數分析，底下將舉兩個實例來說明。雙因子共變數分析會有單純主要效果（simple main effect）與主要效果（main effect）兩種統計結果，以 A×B 的雙因子共變數分析為例，針對 A×B 的實驗效果是否存在交互作用效果，即是探討 A×B 的單純主要效果；若是探究 A 因子不同組別的實驗效果是否有顯著性差異，則是探討 A 因子的主要效果；若是探究 B 因子不同組別的實驗效果是否有顯著性差異，則是探討 B 因子的主要效果。

對於雙因子共變數分析的兩種統計結果，應優先檢視是否存在 A×B 的單純主要效果，一旦 A×B 的單純主要效果存在，則會只探究 A×B 的單純主要效果，不會繼續探究 A 因子的主要效果或 B 因子的主要效果。相對地，當不存在 A×B 的單純主要效果時，則會繼續檢視是否存在 A 因子的主要效果或 B 因子的主要效果。

底下將介紹一個共變數的雙因子變異數分析，分別以 2×2 的雙因子共變數分析單純主要效果顯著、2×3 的雙因子共變數分析單純主要效果顯著兩個實例，介紹如何進行雙因子共變數分析。

壹、 一個共變項的2×2雙因子共變數分析（單純主要效果顯著）

茲以表 6-1 資料，說明如何進行一個共變項 2×2 的雙因子共變數分析。表 6-1 資料，在自變項部分，包含組別與性別兩個因子，其中組別有實驗組與控制組兩組，而性別有男生與女生兩組。在共變項與依變項的部分，皆只有一個共變項與一個依變項，故形成一個共變項 2×2 的雙因子共變數分析。

表 6-1

雙因子共變數分析的資料

	男生		女生	
	X	Y	X	Y
實驗組	49	88	48	78
	43	84	50	76
	40	82	44	72

表 6-1

（續）

	男生		女生	
	X	Y	X	Y
	43	86	46	73
	41	81	47	79
	44	74	38	89
	43	71	40	85
控制組	49	75	41	86
	44	72	42	83
	42	73	40	81

底下將分別以 SPSS 與 EXCEL 等兩種不同的統計軟體，介紹如何透過這兩種統計軟體進行一個共變項 2×2 的雙因子共變數分析。

一、以SPSS進行一個共變項的2×2雙因子共變數分析

進行雙因子共變數分析時，「組內迴歸係數是否同質」是一項很重要的基本假定，故進行雙因子共變數分析之前，應先進行迴歸係數是否同質性的檢定。一旦確定各組迴歸係數是同質的，才能進行雙因子共變數分析，否則就不適合進行雙因子共變數分析。

(一) 一個共變項2×2雙因子共變數分析迴歸係數同質性檢定

茲介紹如何透過 SPSS 進行雙因子共變數分析之組內迴歸係數同質性檢定，請將表 6-1 資料，輸入到統計軟體 SPSS，如圖 6-1 所示。

進行一個共變項的雙因子共變數分析，其組內迴歸係數同質性假設的檢定，並無法透過 SPSS 點選的程序，而必須改採 SPSS 的語法，如圖 6-2 所示。若想使用圖 6-2 的 SPSS 語法，由於語法是將兩個自變項的名稱直接定義為「組別」與「性別」，共變項的名稱直接定義為「X」，依變項的名稱直接定義為「Y」，故讀者在使用時，得先將自己的自變項、共變項、依變項等名稱更改為圖 6-2 的定義名稱，或是將圖 6-2 的定義名稱，更改為你自己的變項名稱。

圖 6-1　將表 6-1 資料輸入到 SPSS 的資料視窗

```
manova  Y  by 組別 (1, 2)  性別 (1, 2) with X
/analysis = Y
/design = X, 組別 , 性別 , 組別 by 性別 , X  by 組別 + X by 性別 + X by 組別
by 性別 .
```

圖 6-2　一共變項 2×2 的雙因子共變數分析各組迴歸係數同質性的 SPSS 語法

　　茲以圖 6-3 的 SPSS 操作步驟，來判斷是否符合此假定。

步驟 1：在「一個共變項 2×2 的雙因子共變數分析（單純主要效果顯著）
　　　　實例 .sav」檔案中，點選「檔案 (F)」→「開啓」→「語法 (S)」，
　　　　如下圖所示。

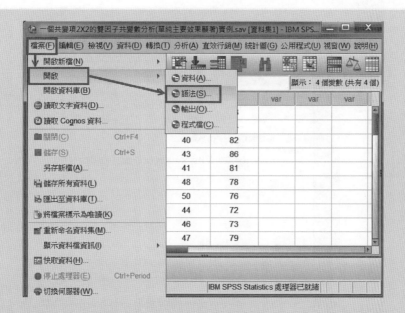

步驟2：在「開啟語法」對話窗中，先搜尋存放語法的檔案放在哪個資料夾，
　　　　本例是放在「spss data」的資料夾，接續點選檔案中的「一個共變
　　　　項2×2的雙因子共變數分析之迴歸係數同質性語法.sps」檔案，並
　　　　點選「開啟(O)」按鍵，如下圖所示。

步驟3：在「一個共變項2×2的雙因子共變數分析之迴歸係數同質性語
　　　　法.sps」語法視窗中，點選「執行(R)」→「全部(A)」，如下圖所示。

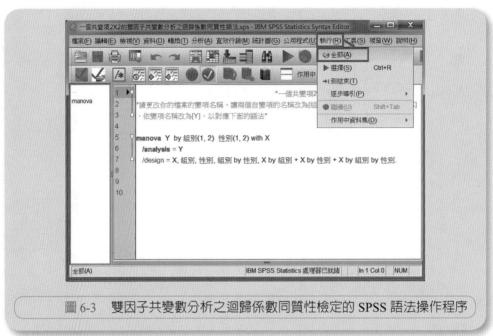

圖 6-3　雙因子共變數分析之迴歸係數同質性檢定的 SPSS 語法操作程序

經過圖 6-3 的 SPSS 語法操作步驟，即可獲得圖 6-4 的 SPSS 統計報表。

報表：在「Analysis of Variance」報表中，可知「X BY 組別 + X BY 性別 +
　　　X BY 組別 BY 性別」的 F 值為 2.18，顯著性 $p = .143$，由於顯著性
　　　高於 .05，故應接受虛無假設，亦即符合組內迴歸係數同質假設，如
　　　下圖所示。

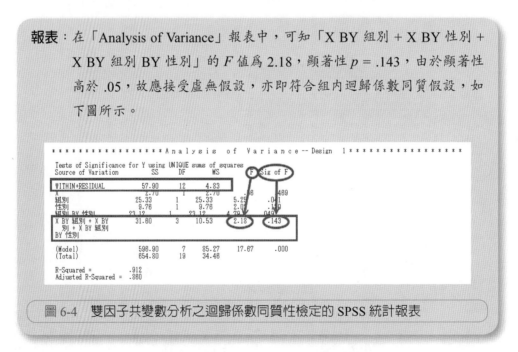

圖 6-4　雙因子共變數分析之迴歸係數同質性檢定的 SPSS 統計報表

將圖 6-4 組內迴歸係數同質性檢定結果，可整理成表 6-2 雙因子共變數分析
迴歸係數同質性檢定摘要表。從表 6-2 可知，組內迴歸係數同質性檢定結果，

$F(3, 12) = 2.18, p = .14$，由於顯著性 p 大於 .05，故應接受虛無假設，即迴歸係數是同質的，顯示適合進行雙因子共變數分析。

表 6-2

2×2 雙因子共變數分析之迴歸係數同質性檢定摘要表

SV	SS	df	MS	F	p
迴歸係數異質性	31.60	3	10.53	2.18	.14
誤差	57.90	12	4.83		
總和	89.50	15			

(二) 一個共變項2×2雙因子共變數分析檢定

由表 6-2 顯示表 6-1 雙因子共變數分析的資料符合組內迴歸係數同質性，故適合繼續進行雙因子共變數分析，茲以圖 6-5 的 SPSS 操作步驟，說明如何進行一個共變項 2×2 的雙因子共變數分析。

步驟 1：在「一個共變項 2×2 的雙因子共變數分析（單純主要效果顯著）實例 .sav」檔案中，點選「分析 (A)」→「一般線性模式 (G)」→「單變量 (U)」，如下圖所示。

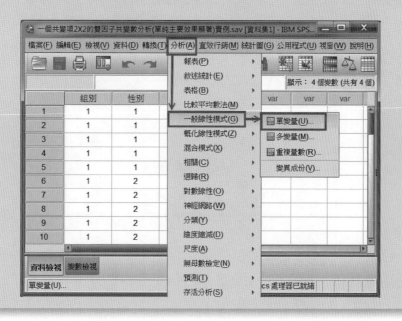

步驟 2：在「單變量」對話窗中，將左邊的自變項「組別」與「性別」，移至右邊的「固定因子 (F)」空格中，如下圖所示。

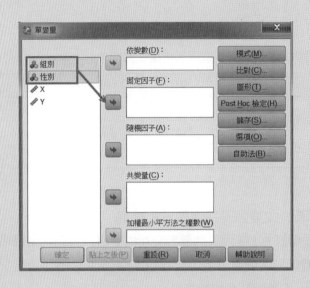

步驟 3：在「單變量」對話窗中，將左邊的共變項「X」，移至右邊的「共變量 (C)」空格中，如下圖所示。

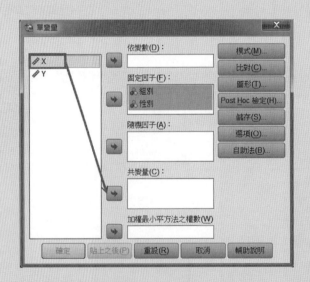

步驟 4：在「單變量」對話窗中，將左邊的依變項「Y」，移至右邊的「依變項 (D)」空格中，並按下「選項 (O)」選項，如下圖所示。

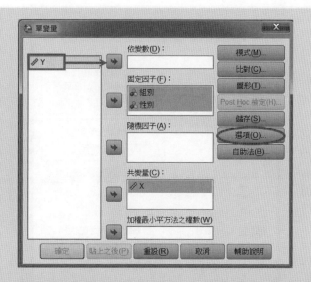

步驟 5：在「單變量：選項」對話窗中，點選左邊「因子與因子交互作用(F)」
中的「組別」，移至右邊的「顯示平均數(M)」，如下圖所示。

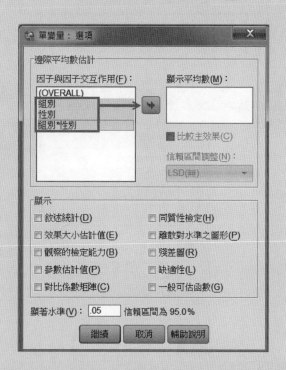

步驟 6：在「單變量：選項」對話窗中，點選「比較主效果(C)」，以及「顯
示」中的「敘述統計(D)」、「效果大小估計值(E)」、「觀察的檢
定能力(B)」、「同質性檢定(H)」等選項，最後按下「繼續」按鍵，
如下圖所示。

步驟7：在「單變量」對話窗中，按下「確定」按鍵，如下圖所示。

圖 6-5　雙因子共變數分析的 SPSS 操作程序

經過圖 6-5 的 SPSS 操作步驟，即可獲得圖 6-6 的 SPSS 統計報表。

報表 1：在「敘述統計」報表中，可知組別 1（實驗組）性別 1（男生）的依變項平均數為 84.20，標準差為 2.864；組別 1（實驗組）性別 2（女生）的依變項平均數為 75.60，標準差為 3.050。組別 2（控制組）性別 1（男生）的依變項平均數為 73.00，標準差為 1.581；組別 2（控制組）性別 2（女生）的依變項平均數為 84.80，標準差為 3.033，如下圖所示。

敘述統計

依變數: Y

組別	性別	平均數	標準離差	個數
1	1	84.20	2.864	5
	2	75.60	3.050	5
	總數	79.90	5.322	10
2	1	73.00	1.581	5
	2	84.80	3.033	5
	總數	78.90	6.624	10
總數	1	78.60	6.293	10
	2	80.20	5.633	10
	總數	79.40	5.871	20

報表 2：在「誤差變異量的 Levene 檢定等式[a]」報表中，可得知 Levene 變異數同質性檢定 $F(3, 16) = 2.061, p = .146$，因為顯著性 p 高於 .05，故應接受虛無假設，亦即實驗組與控制組的依變項分數具變異數同質性，如下圖所示。

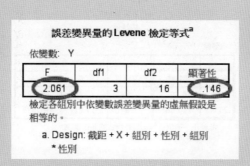

誤差變異量的 Levene 檢定等式[a]

依變數: Y

F	df1	df2	顯著性
2.061	3	16	.146

檢定各組別中依變數誤差變異量的虛無假設是相等的。

a. Design: 截距 + X + 組別 + 性別 + 組別 * 性別

報表 3：在「受試者間效應項的檢定」報表中，可得知「組別 * 性別」的單

純主要效果檢定結果為 $F(1, 15) = 71.576, p < .001$，由於顯著性 p 小於 $.05$，故應拒絕虛無假設，亦即組別與性別的調整後平均數，有產生交互作用。而「組別」的主要效果檢定結果為 $F(1, 15) = 0.106$，$p = .749$，由於顯著性 p 高於 $.05$，表示「組別」的主要效果未顯著。「性別」的主要效果檢定結果為 $F(1, 15) = 2.421$，$p = .141$，由於顯著性 p 高於 $.05$，表示「性別」的主要效果未顯著，如下圖所示。由於單純主要效果為顯著，故接續應進行單純主要效果的檢定。

受試者間效應項的檢定

依變數：Y

來源	型 III 平方和	df	平均平方和	F	顯著性	淨相關 Eta 平方	Noncent. 參數	觀察的檢定能力[b]
校正後的模式	565.303[a]	4	141.326	23.687	.000	.863	94.747	1.000
截距	183.136	1	183.136	30.694	.000	.672	30.694	.999
X	27.303	1	27.303	4.576	.049	.234	4.576	.517
組別	.632	1	.632	.106	.749	.007	.106	.061
性別	14.442	1	14.442	2.421	.141	.139	2.421	.308
組別 * 性別	427.054	1	427.054	71.576	.000	.827	71.576	1.000
誤差	89.497	15	5.966					
總數	126742.000	20						
校正後的總數	654.800	19						

a. R 平方 = .863 (調過後的 R 平方 = .827)

b. 使用 alpha = .05 計算

報表 4：在「組別」的「估計值」報表中，可得知「實驗組」依變項調整後平均數為 79.192，「控制組」依變項調整後平均數為 79.608，如下圖所示。

1. 組別

估計值

依變數：Y

組別	平均數	標準誤差	95% 信賴區間 下界	95% 信賴區間 上界
1	79.192[a]	.840	77.401	80.983
2	79.608[a]	.840	77.817	81.399

a. 使用下列值估計出現在模式的共變量：X = 43.70.

報表 5：在「性別」的「估計值」報表中，可得知「男生」依變項調整後平

均數為 78.549，「女生」依變項調整後平均數為 80.251，如下圖所示。

2. 性別

估計值

依變數：Y

性別	平均數	標準誤差	95% 信賴區間 下界	95% 信賴區間 上界
1	78.549[a]	.773	76.902	80.197
2	80.251[a]	.773	78.603	81.898

a. 使用下列值估計出現在模式的共變量：X = 43.70.

報表 6：在「組別 * 性別」的「估計值」報表中，可得知「實驗組男生」依變項調整後平均數為 84.453，「實驗組女生」依變項調整後平均數為 73.931；「控制組男生」依變項調整後平均數為 72.646，「控制組女生」依變項調整後平均數為 86.570，如下圖所示。

3. 組別 * 性別

依變數：Y

組別	性別	平均數	標準誤差	95% 信賴區間 下界	95% 信賴區間 上界
1	1	84.453[a]	1.099	82.111	86.795
	2	73.931[a]	1.342	71.070	76.792
2	1	72.646[a]	1.105	70.291	75.001
	2	86.570[a]	1.370	83.649	89.490

a. 使用下列值估計出現在模式的共變量：X = 43.70.

圖 6-6　雙因子共變數分析的 SPSS 統計報表

　　由於圖 6-6「組別 * 性別」的單純主要效果 $F(1, 15) = 71.58$, $p < .001$，達顯著性的水準，故接續進行交互作用顯著的檢定。進行交互作用顯著性的檢定，要分別針對「組別」與「性別」兩個向度考量。針對「組別」的考量，主要是想檢定實驗組男生與控制組男生的調整後分數是否有顯著性差異？實驗組女生與控制組女生的調整後分數是否有顯著性差異？而針對「性別」的考量，主要是想檢定實驗組男生與實驗組女生的調整後分數是否有顯著性差異？控制組男生與控制組

女生的調整後分數是否有顯著性差異？

(三) 一個共變項2×2雙因子共變數分析單純主要效果檢定（以分割檔案方式，進行「組別」因子效果檢定）

　　底下將先介紹如何透過對「組別」的考量，探究實驗組男生與控制組男生的調整後分數是否有顯著性差異？實驗組女生與控制組女生的調整後分數是否有顯著性差異。進行雙因子共變數分析的單純主要效果檢定，最簡便的方式是透過SPSS的「分割檔案」操作程序，由於此處是考量「組別」的差異情形，故可透過將「性別」加以分割，然後再透過獨立樣本單因子共變數分析，即可同時檢定上述兩個問題。整個分割檔案的步驟，如圖 6-7 所示。

步驟 1：在「一個共變項 2×2 的雙因子共變數分析（單純主要效果顯著）實例 .sav」檔案中，點選「資料 (D)」→「分割檔案 (F)」，如下圖所示。

步驟 2：在「分割檔案」對話窗中，將原先內定「⊙分析所有觀察值，勿建立群組 (A)」，改為勾選「比較群組 (C)」。並從左方變數清單中，

將「性別」這個變項，移至右方「依此群組(G)」的空格，如下圖所示。

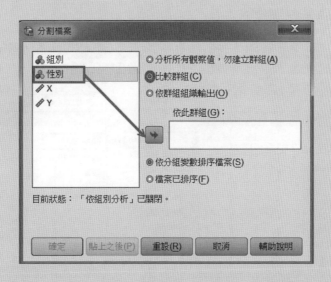

步驟 3：在「分割檔案」對話窗中，按「確定」按鈕，如下圖所示。

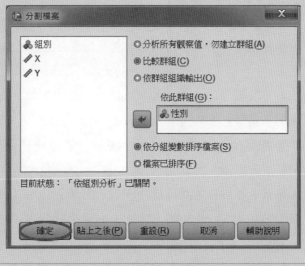

圖 6-7　雙因子共變數分析的分割檔案之 SPSS 操作程序

　　經過圖 6-7 對「性別」進行的分割檔案，即可進行單因子共變數分析。接續圖 6-5 雙因子共變數分析的 SPSS 操作程序，進行單因子共變數分析時，可透過圖 6-8 的 SPSS 操作步驟。

步驟1：在「一個共變項 2×2 的雙因子共變數分析（單純主要效果顯著）實例 .sav」檔案中，點選「分析 (A)」→「一般線性模式 (G)」→「單變量 (U)」，如下圖所示。

步驟2：在「單變量」對話窗中，將已在右邊「固定因子 (F)」空格中的「性別」，移回左邊的空格，只讓「組別」保留在右邊「固定因子 (F)」空格中。

由於此處是接續圖 6-5 與圖 6-7 的操作，故看到的畫面，「組別」與「性別」應該已在右邊「固定因子 (F)」空格中、「X」應該已在右邊「共變量 (C)」空格中、「Y」應該已在右邊「依變數 (D)」空格中，如下圖所示。

若未接續圖 6-5 與圖 6-7 的操作步驟，則請自行將「組別」移至右邊「固定因子 (F)」空格中（請注意，「性別」不能移至右邊「固定因子 (F)」的空格）。請自行將「X」移至右邊「共變量 (C)」空格中；請自行將「Y」移至右邊「依變數 (D)」空格中。

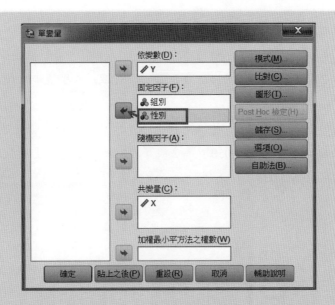

步驟 3：在「單變量」對話窗中，按下「確定」按鍵，如下圖所示。

圖 6-8　單純主要效果的單因子共變數分析的 SPSS 操作程序

經過圖 6-8 的 SPSS 操作步驟，即可獲得圖 6-9 的 SPSS 統計報表。

報表 1：在「敘述統計」報表中，可看到因為圖 6-7 透過對「性別」的分割
　　　　檔案，所以分別呈現性別代碼 1（男生）與性別代碼 2（女生）的

統計結果。

在性別為 1（男生）的這組中，第 1 組（實驗組）依變項平均數為 84.20，標準差為 2.864；第 2 組（控制組）依變項平均數為 73.00，標準差為 1.581。

在性別為 2（女生）的這組中，第 1 組（實驗組）依變項平均數為 75.60，標準差為 3.050；第 2 組（控制組）依變項平均數為 84.80，標準差為 3.033，如下圖所示。

敘述統計

依變數: Y

性別	組別	平均數	標準離差	個數
1	1	84.20	2.864	5
	2	73.00	1.581	5
	總數	78.60	6.293	10
2	1	75.60	3.050	5
	2	84.80	3.033	5
	總數	80.20	5.633	10

報表 2：在「誤差變異量的 Levene 檢定等式 [a]」報表中，可得知在性別為 1（男生）這組中，Levene 變異數同質性檢定 $F_{(1, 8)} = 0.250$, $p = .631$，因為顯著性 p 高於 .05，故應接受虛無假設，亦即實驗組與控制組的男生依變項分數具變異數同質性。而在性別為 2（女生）這組，Levene 變異數同質性檢定 $F_{(1, 8)} = 0.021$, $p = .888$，因為顯著性 p 高於 .05，故應接受虛無假設，亦即實驗組與控制組的女生依變項分數具變異數同質性，如下圖所示。

誤差變異量的 Levene 檢定等式 [a]

依變數: Y

性別	F	df1	df2	顯著性
1	.250	1	8	.631
2	.021	1	8	.888

檢定各組別中依變數誤差變異量的虛無假設是 相等的。

a. Design: 截距 + X + 組別

報表3：在「受試者間效應項的檢定」報表中，在性別為1（男生）這組中，可得知「組別」的顯著性 $p < .001$，因為顯著性 p 小於 .05，故應拒絕虛無假設，亦即表示實驗組與控制組男生的依變項調整後平均數，有顯著性差異。單因子共變數分析的檢定結果為 $F(1, 7) = 176.421$, $p < .001$，淨相關 Eta 平方（partial η^2）為 .962，觀察的檢定能力（統計檢定力）為 > .99。而在性別為2（女生）這組，可得知「組別」的顯著性 $p = .052$，因為顯著性 p 高於 .05，故應接受虛無假設，亦即表示實驗組與控制組的女生依變項調整後平均數，沒有顯著性差異。單因子共變數分析的檢定結果為 $F(1, 7) = 5.462$, $p = .052$。

受試者間效應項的檢定

依變數：Y

性別	來源	型 III 平方和	df	平均平方和	F	顯著性	淨相關 Eta 平方	Noncent. 參數	觀察的檢定能力[b]
1	校正後的模式	342.893[a]	2	171.446	88.851	.000	.962	177.702	1.000
	截距	108.479	1	108.479	56.219	.000	.889	56.219	1.000
	X	29.293	1	29.293	15.181	.006	.684	15.181	.914
	組別	340.422	1	340.422	176.421	.000	.962	176.421	1.000
	誤差	13.507	7	1.930					
	總數	62136.000	10						
	校正後的總數	356.400	9						
2	校正後的模式	212.935[c]	2	106.467	10.256	.008	.746	20.512	.904
	截距	75.858	1	75.858	7.308	.030	.511	7.308	.642
	X	1.335	1	1.335	.129	.730	.018	.129	.061
	組別	56.702	1	56.702	5.462	.052	.438	5.462	.522
	誤差	72.665	7	10.381					
	總數	64606.000	10						
	校正後的總數	285.600	9						

a. R 平方 = .962（調過後的 R 平方 = .951）

b. 使用 alpha = .05 計算

c. R 平方 = .746（調過後的 R 平方 = .673）

報表4：在「估計值」報表中，可知在性別為1（男生）這組中，組別為1（實驗組）的依變項調整平均數為 84.568，組別為2（控制組）的依變項調整平均數為 72.632。在性別為2（女生）這組，組別為1（實驗組）的依變項調整平均數為 74.868，組別為2（控制組）的依變項調整平均數為 85.532，如下圖所示。

估計值

依變數: Y

性別	組別	平均數	標準誤差	95% 信賴區間 下界	95% 信賴區間 上界
1	1	84.568[a]	.628	83.082	86.054
	2	72.632[a]	.628	71.146	74.118
2	1	74.868[b]	2.499	68.960	80.776
	2	85.532[b]	2.499	79.624	91.440

a. 使用下列值估計出現在模式的共變量: X = 43.80.

b. 使用下列值估計出現在模式的共變量: X = 43.60.

報表5：在「成對比較」報表中，可知在性別為 1（男生）的這組中，組別為 1（實驗組）依變項調整平均數 84.569 與組別為 2（控制組）依變項調整平均數 72.632 的差距為 11.935，因為顯著性 $p < .001$，顯示兩組依變項調整平均數，達顯著性差異，亦即實驗組男生依變項調整平均數顯著高於控制組男生依變項調整平均數。

在性別為 2（女生）這組，組別為 1（實驗組）依變項調整平均數 74.868 與組別為 2（控制組）依變項調整平均數 85.532 的差距為 −10.664，因為顯著性 $p = .052$，顯示兩組依變項調整平均數，未達顯著性差異，如下圖所示。

成對比較

依變數: Y

性別	(I) 組別	(J) 組別	平均差異 (I-J)	標準誤差	顯著性[b]	差異的 95% 信賴區間[b] 下界	差異的 95% 信賴區間[b] 上界
1	1	2	11.935*	.899	.000	9.811	14.060
	2	1	-11.935*	.899	.000	-14.060	-9.811
2	1	2	-10.664	4.563	.052	-21.453	.125
	2	1	10.664	4.563	.052	-.125	21.453

根據估計的邊緣平均數而定

*. 平均差異在 .05 水準是顯著的。

b. 調整多重比較：最低顯著差異 (等於未調整值)。

圖 6-9　單純主要效果所進行的共變數分析 SPSS 統計報表

(四) 一個共變項2×2雙因子共變數分析單純主要效果檢定（以分割檔案方式，進行「性別」因子效果檢定）

　　前面已介紹從對「組別」考量，探究實驗組男生與控制組男生的依變項調整分數是否有顯著性差異？實驗組女生與控制組女生的依變項調整分數是否有顯著性差異。底下則介紹從對「性別」的考量，探究實驗組男生與實驗組女生的依變項調整分數是否有顯著性差異？控制組男生與控制組女生的依變項調整分數是否有顯著性差異。

　　進行雙因子共變數分析的單純主要效果檢定，最簡便方式是透過 SPSS 的「分割檔案」操作程序，由於此處是考量「性別」差異情形，故可透過將「組別」加以分割，然後再透過獨立樣本單因子共變數分析，即可同時檢定上述兩個問題。接續「圖 6-7 雙因子共變數分析的分割檔案之 SPSS 操作程序」，整個分割檔案的步驟，如圖 6-10 所示。

步驟 1：在「一個共變項 2×2 的雙因子共變數分析（單純主要效果顯著）實例 .sav」檔案中，點選「資料 (D)」→「分割檔案 (F)」，如下圖所示。

步驟 2：在「分割檔案」對話窗中，將右方「依此群組(G)」空格的「性別」，
移回至左方的空格中，如下圖所示。

由於此處是接續圖 6-7 的操作，故看到的畫面，「性別」應該已在
右邊「依此群組 (G)」空格中，如下圖所示。若未接續圖 6-7 的操
作步驟，則不用進行將右方「依此群組 (G)」空格的「性別」，移
回至左方空格的動作。

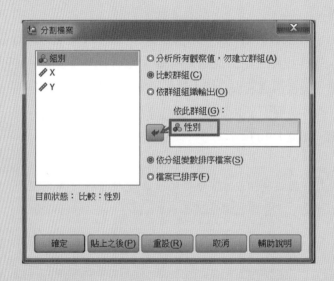

步驟 3：在「分割檔案」對話窗中，將左方變數清單中，將「組別」這個變
項，移至右方「依此群組 (G)」的空格，如下圖所示。

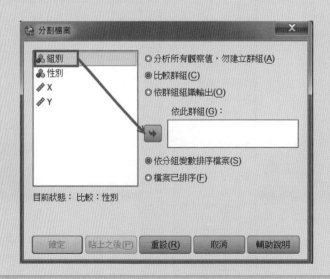

步驟 4：在「分割檔案」對話窗中，按「確定」按鈕，如下圖所示。

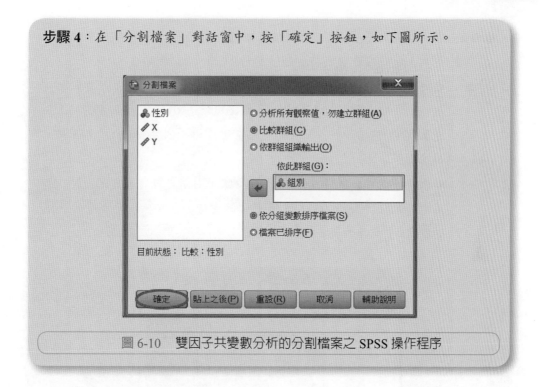

圖 6-10 雙因子共變數分析的分割檔案之 SPSS 操作程序

經過圖 6-10 對「組別」進行分割檔案，即可進行單因子共變數分析。接續圖 6-8 單純主要效果的單因子共變數分析的 SPSS 操作程序，可透過圖 6-11 的 SPSS 操作步驟，以進行單因子共變數分析。

步驟 1：在「一個共變項 2×2 的雙因子共變數分析（單純主要效果顯著）實例 .sav」檔案中，點選「分析 (A)」→「一般線性模式 (G)」→「單變量 (U)」，如下圖所示。

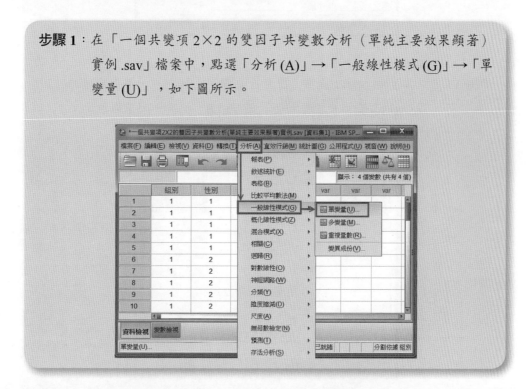

步驟 2：在「單變量」對話窗中，將已在右邊「固定因子 (F)」空格中的「組別」，移回左邊的空格。

由於此處是接續圖 6-8 與圖 6-10 的操作，故看到的畫面，「組別」應該已在右邊的「固定因子 (F)」空格中、「X」應該已在右邊的「共變量 (C)」空格中、「Y」應該已在右邊的「依變數 (D)」空格中，如下圖所示。

若未接續圖 6-8 與圖 6-10 的操作步驟，則請自行將左邊的「X」移至右邊的「共變量 (C)」空格中，將左邊的「Y」移至右邊的「依變數 (D)」空格。

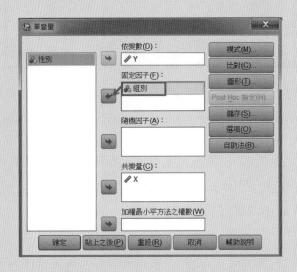

步驟 3：在「單變量」對話窗中，將左邊的變項「性別」，移至右邊的「固定因子 (F)」空格中，並按下「選項 (O)」按鍵，如下圖所示。

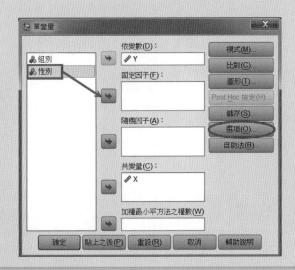

步驟4：在「單變量：選項」對話窗中，點選左邊「因子與因子交互作用(F)」中的「性別」，移至右邊的「顯示平均數(M)」，如下圖所示。

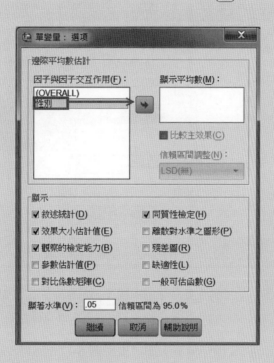

步驟5：在「單變量：選項」對話窗中，點選「比較主效果(C)」，並按下「繼續」的按鍵，如下圖所示。

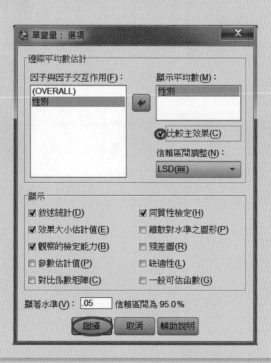

步驟 6：在「單變量」對話窗中，按下「確定」按鍵，如下圖所示。

圖 6-11　單純主要效果的單因子共變數分析的 SPSS 操作程序

經過圖 6-11 的 SPSS 操作步驟，即可獲得圖 6-12 的 SPSS 統計報表。

報表 1：在「敘述統計」報表中，可看到因為圖 6-10 透過對「組別」的分割檔案，所以分別呈現組別代碼 1（實驗組）與組別代碼 2（控制組）的統計結果。

在組別為 1（實驗組）的這組中，第 1 組（男生）的依變項平均數為 84.20，標準差為 2.864；第 2 組（女生）的依變項平均數為 75.60，標準差為 3.050。

在組別為 2（控制組）的這組中，第 1 組（男生）的依變項平均數為 73.00，標準差為 1.581；第 2 組（女生）的依變項平均數為 84.80，標準差為 3.033，如下圖所示。

敘述統計

依變數：Y

組別	性別	平均數	標準離差	個數
1	1	84.20	2.864	5
	2	75.60	3.050	5
	總數	79.90	5.322	10
2	1	73.00	1.581	5
	2	84.80	3.033	5
	總數	78.90	6.624	10

報表 2：在「誤差變異量的 Levene 檢定等式[a]」報表中，可得知在組別為 1 （實驗組）這組中，Levene 變異數同質性檢定 $F(1, 8) = 4.801$, $p = .060$，因為顯著性 p 高於 .05，故應接受虛無假設，亦即實驗組男生與女生的依變項分數具變異數同質性。而在組別為 2（控制組）這組，Levene 變異數同質性檢定 $F(1, 8) = 1.641$, $p = .236$，因為顯著性 p 高於 .05，故應接受虛無假設，亦即控制組男生與女生的依變項分數具變異數同質性，如下圖所示。

誤差變異量的 Levene 檢定等式[a]

依變數：Y

組別	F	df1	df2	顯著性
1	4.801	1	8	.060
2	1.641	1	8	.236

檢定各組別中依變數誤差變異量的虛無假設是 相等的。

a. Design: 截距 + X + 性別

報表 3：在「受試者間效應項的檢定」報表中，在組別為 1 （實驗組）這組中，可得知「性別」的顯著性 $p < .001$，因為顯著性 p 小於 .05，故應拒絕虛無假設，亦即表示實驗組男生與女生的依變項調整後平均數，有顯著性差異。單因子共變數分析的檢定結果為 $F(1, 7) = 51.637$, $p < .001$，淨相關 Eta 平方（partial η^2）為 .881，觀察的檢定能力（統計檢定力）為 > .99。而在組別為 2（控制組）這組，可得知「性別」的顯著性 $p = .002$，因為顯著性 p 小於 .05，故應拒絕虛無假設，亦即表示控制組男生與女生的依變項調整後平均數，有顯著性差異。單因子共變數分析的檢定結果為 $F(1, 7) = 24.664$, $p = .002$，淨相關 Eta 平方（partial η^2）為 .779，觀察的檢定能力（統計

檢定力）為 = .99。

受試者間效應項的檢定

依變數: Y

組別	來源	型 III 平方和	df	平均平方和	F	顯著性	淨相關 Eta 平方	Noncent. 參數	觀察的檢定能力[b]
(1)	校正後的模式	225.421[a]	2	112.710	26.764	.001	.884	53.528	1.000
	截距	69.142	1	69.142	16.418	.005	.701	16.418	.933
	X	40.521	1	40.521	9.622	.017	.579	9.622	.758
	性別	217.459	1	217.459	51.637	.000	.881	51.637	1.000
	誤差	29.479	7	4.211					
	總數	64095.000	10						
	校正後的總數	254.900	9						
(2)	校正後的模式	348.138[c]	2	174.069	26.057	.001	.882	52.114	.999
	截距	127.498	1	127.498	19.086	.003	.732	19.086	.961
	X	.038	1	.038	.006	.942	.001	.006	.050
	性別	164.760	1	164.760	24.664	.002	.779	24.664	.988
	誤差	46.762	7	6.680					
	總數	62647.000	10						
	校正後的總數	394.900	9						

a. R 平方 = .884 (調過後的 R 平方 = .851)

b. 使用 alpha = .05 計算

c. R 平方 = .882 (調過後的 R 平方 = .848)

報表 4：在「估計值」報表中，可知在組別為 1（實驗組）的這組中，性別為 1（男生）的依變項調整後平均數為 85.685，性別為 2（女生）的依變項調整後平均數為 74.142。在組別為 2（控制組）的這組中，性別為 1（男生）的依變項調整後平均數為 72.934，性別為 2（女生）的依變項調整後平均數為 84.866，如下圖所示。

估計值

依變數: Y

組別	性別	平均數	標準誤差	95% 信賴區間 下界	95% 信賴區間 上界
(1)	1	85.658[a]	1.031	83.220	88.096
	2	74.142[a]	1.031	71.704	76.580
(2)	1	72.934[b]	1.453	69.498	76.370
	2	84.866[b]	1.453	81.430	88.302

a. 使用下列值估計出現在模式的共變量: X = 45.10.

b. 使用下列值估計出現在模式的共變量: X = 42.30.

報表 5：在「成對比較」報表中，可知在組別為 1（實驗組）的這組中，性別為 1（男生）依變項調整後平均數 85.658 與性別為 2（女生）依變項調整後平均數 74.142 的差距為 11.516，因為顯著性 $p < .001$，

顯示兩組依變項調整後的平均數，達顯著性差異，亦即男生依變項調整後平均數顯著高於女生依變項調整後平均數。

在組別為 2（控制組）的這組中，性別為 1（男生）依變項調整後平均數 72.934 與性別為 2（女生）依變項調整後平均數 84.866 的差距為 -11.933，因為顯著性 $p = .002$，顯示兩組依變項調整後的平均數，達顯著性差異，亦即男生依變項調整後平均數顯著低於女生依變項調整後平均數，如下圖所示。

成對比較

依變數: Y

組別	(I) 性別	(J) 性別	平均差異 (I-J)	標準誤差	顯著性[b]	差異的 95% 信賴區間[b]	
						下界	上界
1	1	2	11.516*	1.603	.000	7.727	15.306
	2	1	-11.516*	1.603	.000	-15.306	-7.727
2	1	2	-11.933*	2.403	.002	-17.614	-6.251
	2	1	11.933*	2.403	.002	6.251	17.614

根據估計的邊緣平均數而定

*. 平均差異在 .05 水準是顯著的。

b. 調整多重比較: 最低顯著差異 (等於未調整值)。

圖 6-12　單純主要效果所進行的共變數分析 SPSS 統計報表

由於共變數分析的結果呈現，常需要同時呈現共變項的平均數與標準差，故還需要透過圖 6-13 的 SPSS 操作步驟，獲得共變項的平均數與標準差之統計數據，才能完成共變數分析的統計摘要表。

步驟 1：在「一個共變項 2×2 的雙因子共變數分析（單純主要效果顯著）實例 .sav」檔案中，點選「資料 (D)」→「分割檔案 (F)」，如下圖所示。

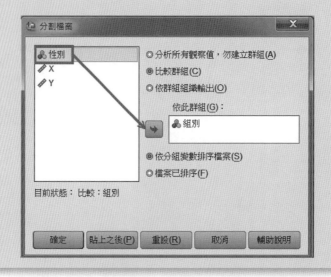

步驟 2：在「分割檔案」對話窗中，將左邊「性別」，移至右邊「依此群組
(G)」的空格，讓「依此群組 (G)」空格，同時有「組別」與「性別」
兩個變項，如下圖所示。

由於此處是接續圖 6-7 與圖 6-10 的操作，故看到的畫面，「組別」
應該已在右邊的「依此群組 (G)」空格中，如下圖所示。若未接續
圖 6-7 與圖 6-10 的操作步驟，請自行將「組別」與「性別」兩個變
項移至右邊「依此群組 (G)」空格中。

步驟 3：在「分割檔案」對話窗中，檢查右邊「依此群組 (G)」空格，是否
同時有「組別」與「性別」兩個變項。若是的話，則按下「確定」
按鍵，如下圖所示。

若不是的話，則自行將「組別」與「性別」同時移至右邊的「依此
群組 (G)」空格中。

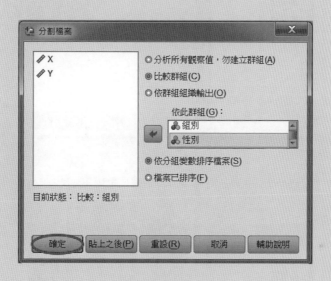

步驟 4：在「一個共變項 2×2 的雙因子共變數分析（單純主要效果顯著）
實例 .sav」檔案中，點選「分析 (A)」→「敘述統計 (E)」→「描述
性統計量 (D)」，如下圖所示。

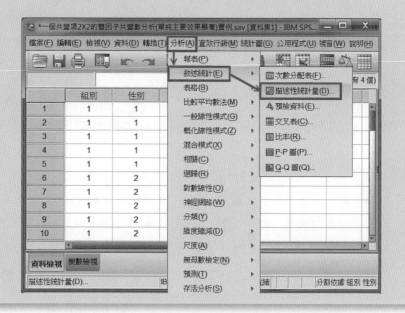

步驟 5：在「描述性統計量」對話窗中，將 X 變項移至右邊的「變數 (V)」
空格中，如下圖所示。

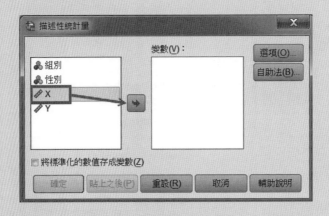

步驟 6：在「描述性統計量」對話窗中，按下「確定」按鍵，如下圖所示。

圖 6-13　雙因子共變數分析的共變項敘述統計摘要之 SPSS 操作程序

經過圖 6-13 的 SPSS 操作步驟，即可獲得圖 6-14 的 SPSS 統計報表。

報表 1：在「敘述統計」報表中，可看到組別為 1（實驗組）這組中，第 1
組（男生）共變項平均數為 43.20，標準差為 3.493；第 2 組（女生）
共變項平均數為 47.00，標準差為 2.236。
在組別為 2（控制組）這組，第 1 組（男生）共變項平均數為
44.40，標準差為 2.702；第 2 組（女生）共變項平均數為 40.20，標

準差為 1.483，如下圖所示。

敘述統計

組別	性別		個數	最小值	最大值	平均數	標準差
1	1	X	5	40	49	43.20	3.493
		有效的 N (完全排除)	5				
	2	X	5	44	50	47.00	2.236
		有效的 N (完全排除)	5				
2	1	X	5	42	49	44.40	2.702
		有效的 N (完全排除)	5				
	2	X	5	38	42	40.20	1.483
		有效的 N (完全排除)	5				

圖 6-14　雙因子共變數分析的共變項敘述統計摘要之 SPSS 統計報表

　　綜合上述圖 6-6 雙因子共變數分析統計結果，圖 6-9 與圖 6-12 單純主要效果檢定統計結果，以及圖 6-14 共變數敘述統計摘要，整理成表 6-3 各組平均數摘要表、表 6-4 雙因子共變數分析摘要表、表 6-5 單純主要效果共變數分析摘要表。

表 6-3

雙因子共變數分析之前測平均數、後測平均數、後測調整平均數

組別 (A)	組別 (B)	人數	前測分數		後測分數		後測調整分數
		n	M	SD	M	SD	M'
實驗組							
	男生	5	43.20	3.49	84.20	2.86	85.66
	女生	5	47.00	2.24	75.60	3.05	74.14
控制組							
	男生	5	44.40	2.70	73.00	1.58	72.93
	女生	5	40.20	1.48	84.80	3.03	84.87
男生							
	實驗組	5	43.20	3.49	84.20	2.86	84.57
	控制組	5	44.40	2.70	73.00	1.58	72.63
女生							
	實驗組	5	47.00	2.24	75.60	3.05	74.87
	控制組	5	40.20	1.48	84.80	3.03	85.53

由表 6-4 可知，雙因子共變數分析的統計結果顯示，組別與性別的交互作用達顯著水準：$F(1, 15) = 71.58$, $p < .001$，partial η^2 為 .83，統計檢定力為 > .99。由於雙因子共變數分析的交互作用有顯著，故繼續進行單純主要效果的檢定，檢定結果如表 6-5 的統計摘要表。

表 6-4

雙因子共變數分析摘要表

SV	SS'	df	MS'	F	p	partial η^2	$1 - \beta$
組別	0.63	1	0.63	0.11	.75		
性別	14.44	1	14.44	2.42	.14		
組別 × 性別	427.05	1	427.05	71.58	< .001	.83	> .99
誤差	84.50	15	5.97				

由表 6-5 可知，在男生方面，實驗組依變項調整分數（$M' = 84.57$）顯著高於控制組依變項調整分數（$M' = 72.63$）。在女生方面，實驗組與控制組的依變項調整分數沒有顯著性差異。在實驗組方面，男生依變項調整分數（$M' = 85.66$）顯著高於女生依變項調整分數（$M' = 74.14$）。在控制組方面，男生依變項調整分數（$M' = 72.93$）顯著低於女生依變項調整分數（$M' = 84.87$）。

表 6-5

單純主要效果共變數分析摘要表

SV	S'	df	MS'	F	p	事後比較
組別因子						
在男生	340.42	1	340.42	176.42	< .001	實驗組 > 控制組
在女生	56.70	1	56.70	5.46	.052	
性別因子						
在實驗組	217.46	1	217.46	51.64	< .001	男生 > 女生
在控制組	164.76	1	164.76	24.66	.002	男生 < 女生

二、以「EZ_ANCOVA」EXCEL進行一個共變項的2×2雙因子共變數分析

　　針對 2×2 雙因子共變數分析檢定，除了可透過前面介紹的 SPSS 統計軟體進行外，也可採用筆者以 EXCEL 所寫的「2 個共變項的雙因子共變數分析.xlsx」進行。**由於此程式是以 EXCEL 2010 版本所撰寫，而此程式有使用到 EXCEL 2010 版本的擴充欄位，故此程式只能在 EXCEL 2007 以後的版本才能使用（亦即 EXCEL 的附檔名必須為 .xlsx），EXCEL 2007 以前的版本則無法使用。**

　　透過圖 6-15 的 EXCEL 操作步驟，即可獲得圖 6-16 的 EXCEL 統計報表。

步驟 1：開啓「1 個共變項的雙因子共變數分析.xlsx」檔案，點選下方「雙因子 2×2」，如下圖所示。

步驟 2：在「1 個共變項的雙因子共變數分析」視窗中，於 B13 欄位輸入第 1 個因子的名稱「組別」，並於 D13、D14 欄位，分別輸入兩個組別的名稱「實驗組」、「控制組」，如下圖所示。

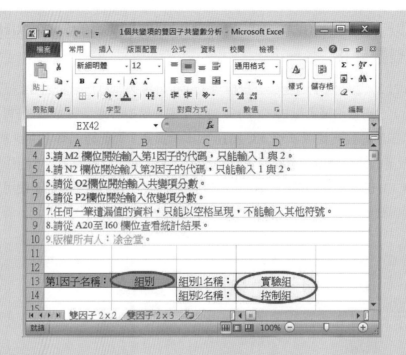

步驟 3：在「1 個共變項的雙因子共變數分析」視窗中，於 B16 欄位輸入第
2 個因子的名稱「性別」，並於 D16、D17 欄位，分別輸入兩個組
別的名稱「男生」、「女生」，如下圖所示。

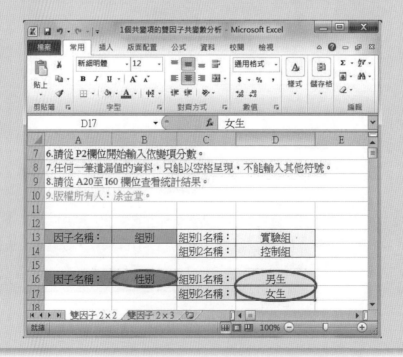

步驟 4：在「1 個共變項的雙因子共變數分析」視窗中，在 M2 欄位開始
　　　　輸入第一個因子「組別」的 20 筆資料，其中，實驗組的組別代碼
　　　　「1」，控制組的組別代碼「2」，如下圖所示。**請注意：因「1 個
　　　　共變項的雙因子共變數分析」檔案中，只允許代碼使用 1 與 2，故
　　　　實驗組的代碼為 1，控制組的代碼為 2。**

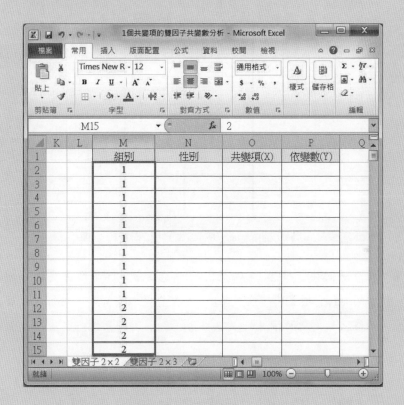

步驟 5：在「1 個共變項的雙因子共變數分析」視窗中，在 N2 欄位開始輸
　　　　入第二個因子「性別」的 20 筆資料，其中，男生的組別代碼「1」，
　　　　女生的組別代碼「2」，如下圖所示。**請注意：因「1 個共變項的雙
　　　　因子共變數分析」檔案中，只允許代碼使用 1 與 2，故男生的代碼
　　　　為 1，女生的代碼為 2。**

步驟 6：在「一個共變項 2×2 的雙因子共變數分析（單純主要效果顯著）
　　　　實例 .sav」檔案中，將「X」與「Y」等兩項資料，進行「複製」的
　　　　動作，如下圖所示。

步驟 7：在「1 個共變項的雙因子共變數分析」視窗中，點選 O2 的欄位後，將游標點到右上角的「貼上」，如下圖所示。

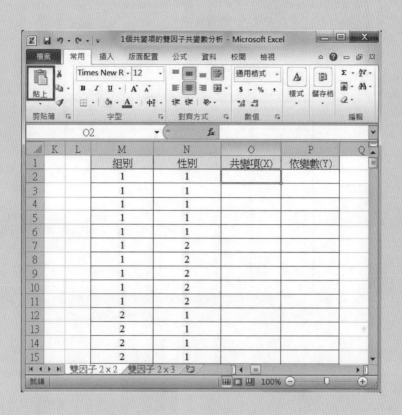

步驟 8：在「1 個共變項的雙因子共變數分析」視窗中，可見到「組別」、「性別」、「共變項 (X)」、「依變項 (Y)」等四個欄位，如下圖所示。

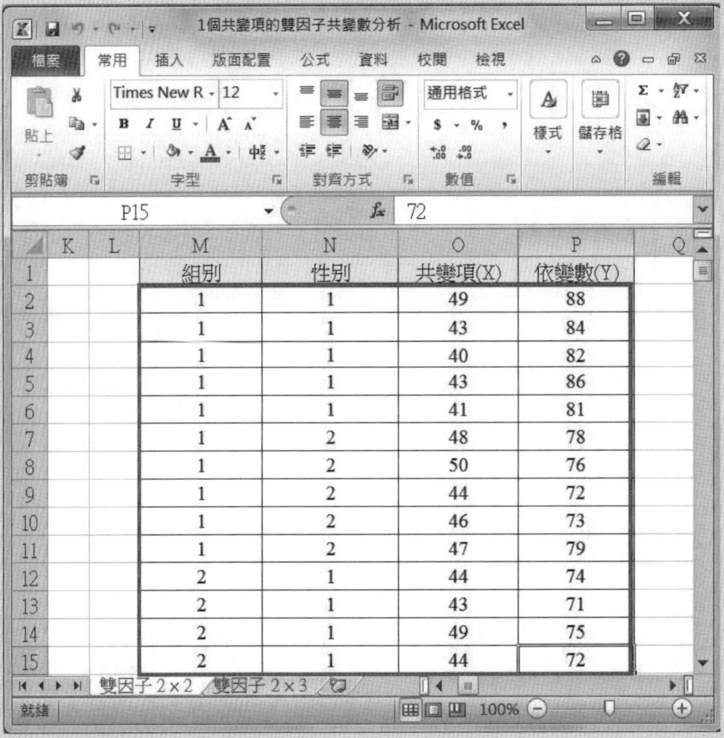

	K	L	M	N	O	P	Q
1			組別	性別	共變項(X)	依變數(Y)	
2			1	1	49	88	
3			1	1	43	84	
4			1	1	40	82	
5			1	1	43	86	
6			1	1	41	81	
7			1	2	48	78	
8			1	2	50	76	
9			1	2	44	72	
10			1	2	46	73	
11			1	2	47	79	
12			2	1	44	74	
13			2	1	43	71	
14			2	1	49	75	
15			2	1	44	72	

圖 6-15 雙因子共變數分析的 EXCEL 操作程序

由圖 6-15 的 EXCEL 操作程序可知，只需要輸入兩個因子與兩組別的名稱，以及所有受試者的組別代碼（請注意，只能以 1 或 2 來表示各組的組別代碼）、共變項、依變項等三個數值即可，無須其他的操作步驟。

在資料的輸入過程中，有一點要特別注意的事，若資料有遺漏值的話，只能以空格呈現，不能出現其他的數字或符號（例如「9」或「.」）。當資料是直接從 SPSS 複製過來的話，因 SPSS 原先設定的遺漏值，會出現一個小黑點「.」，請刪除小黑點，讓該筆遺漏值的欄位呈現空白。若在 SPSS 統計軟體自行以 9 作爲遺漏值的話，可透過 EXCEL 的「取代 (P)」功能，將「9」取代成空格。

報表 1：在 A29 至 H39 欄位的「敘述統計分析摘要表_單純主要效果」中，可知實驗組的男生人數有 5 位，前測分數（即共變項分數）平均數爲 43.20，標準差爲 3.49，後測分數（即依變項分數）平均數爲 84.20，標準差爲 2.86，依變項調整後平均數爲 85.66。實驗組的女生人數也有 5 位，前測分數（即共變項分數）平均數爲 47.00，標

準差為 2.24，後測分數（即依變項分數）平均數為 75.60，標準差為 3.05，依變項調整後平均數為 74.14。控制組的男生人數有 5 位，前測分數（即共變項分數）平均數為 44.40，標準差為 2.70，後測分數（即依變項分數）平均數為 73.00，標準差為 1.58，依變項調整後平均數為 72.93。控制組的女生人數也有 5 位，前測分數（即共變項分數）平均數為 40.20，標準差為 1.48，後測分數（即依變項分數）平均數為 84.80，標準差為 3.03，依變項調整後平均數為 84.87，如下圖所示。

而在男生方面，實驗組的人數有 5 位，前測分數（即共變項分數）平均數為 43.20，標準差為 3.49，後測分數（即依變項分數）平均數為 84.20，標準差為 2.86，依變項調整後平均數為 84.57。控制組的人數也有 5 位，前測分數（即共變項分數）平均數為 44.40，標準差為 2.70，後測分數（即依變項分數）平均數為 73.00，標準差為 1.58，後測分數調整後平均數為 72.63。在女生方面，實驗組人數有 5 位，前測分數（即共變項分數）平均數為 47.00，標準差為 2.24，後測分數（即依變項分數）平均數為 75.60，標準差為 3.05，依變項調整後平均數為 74.87。控制組的人數也有 5 位，前測分數（即共變項分數）平均數為 40.20，標準差為 1.48，後測分數（即依變項分數）平均數為 84.80，標準差為 3.03，依變項調整後平均數為 85.53，如下圖所示。

上述 EXCEL 的統計結果，與圖 6-9 和圖 6-12 的 SPSS 報表 1 與報表 4 的統計結果是相同的。

報表 2：在 A42 至 D44 欄位的「Levene 變異數同質性檢定摘要表」中，可
知 Levene 變異數同質性檢定 $F(3, 16) = 2.061$, $p = .146$，因為顯著性
p 高於 .05，故應接受虛無假設，亦即各組依變項分數具變異數同
質性，如下圖所示。

上述 EXCEL 的統計結果，與圖 6-6 的 SPSS 報表 2 的統計結果是相
同的。

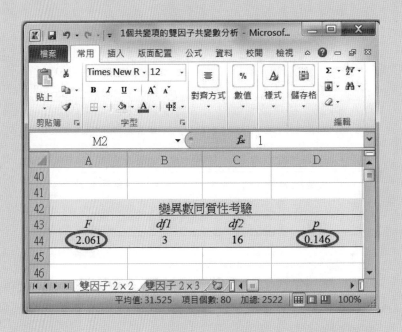

報表 3：在 A47 至 F53 欄位的「迴歸係數同質性檢定分析摘要表」中，可
知顯著性 $p = .143$，由於顯著性高於 .05，故應接受虛無假設，亦即
各組的迴歸係數是相同的，顯示符合組內迴歸係數同質，如下圖所
示。

上述 EXCEL 的統計結果，與圖 6-4 的 SPSS 報表的統計結果是相同
的。

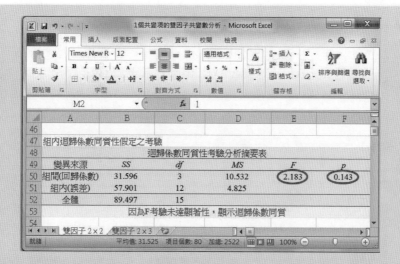

報表4：在 A55 至 I63 欄位的「共變數檢定分析摘要表」中，可知組別與性
別的交互作用達顯著水準：$F(1, 15) = 71.58, p < .001$，如下圖所示。
上述 EXCEL 的統計結果，與圖 6-6 的 SPSS 報表 3 的統計結果是相
同的。

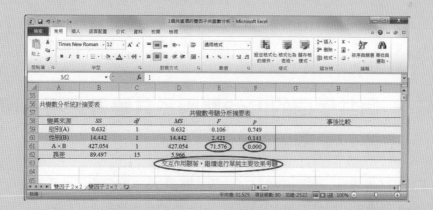

報表5：在 A66 至 I74 欄位的「單純主要效果共變數分析摘要表」中，可知
在男生方面，F 值為 176.421, $p < .001$，顯示兩組的依變項調整後平
均數有顯著性差異，實驗組依變項調整分數（$M' = 84.57$）顯著高
於控制組依變項調整分數（$M' = 72.63$），此結果與圖 6-9 的 SPSS
報表 4 是相同的。在實驗組方面，F 值為 51.637, $p < .001$，顯示兩
組的依變項調整後平均數有顯著性差異，男生依變項調整分數（M'
= 85.66）顯著高於女生依變項調整分數（$M' = 74.14$）。在控制組

方面，F 值為 24.664, $p < .001$，顯示兩組的依變項調整後平均數有顯著性差異，男生依變項調整分數（$M' = 72.934$）顯著低於女生依變項調整分數（$M' = 84.866$），此結果與圖 6-12 的 SPSS 報表 4 是相同的。

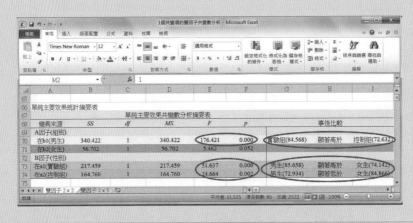

圖 6-16　以 2×2 雙因子所進行的共變數分析 EXCEL 統計報表

將圖 6-16 的共變數分析 EXCEL 統計報表，與透過 SPSS 統計報表整理後的表 6-3、表 6-4、表 6-5 相互對照，會發現透過兩者的統計結果是相同的。

貳、一個共變項的2×3雙因子共變數分析（單純主要效果顯著）

茲以表 6-6 資料，說明如何進行一個共變項 2×3 的雙因子共變數分析。表 6-6 資料，自變項包含性別與組別兩個因子，性別有男生與女生兩組，組別包括實驗組一、實驗組二與控制組三組。在共變項與依變項的部分，皆只有一個共變項與一個依變項，故形成一個共變項 2×3 的雙因子共變數分析。

表 6-6

雙因子共變數分析的資料

	實驗組一		實驗組二		控制組	
	X	Y	X	Y	X	Y
男生	25	64	30	79	47	85

表 6-6

（續）

	實驗組一		實驗組二		控制組	
	X	Y	X	Y	X	Y
	32	74	33	82	38	82
	31	71	34	80	51	92
	42	77	36	83	35	82
	48	79	36	80	39	78
	42	83	45	92	43	95
	41	88	54	97	49	85
女生	37	82	37	87	50	86
	48	92	34	84	38	78
	43	86	34	81	47	87

　　底下將分別以 SPSS 與 EXCEL 等兩種不同統計軟體，介紹如何透過這兩種統計軟體進行一個共變項 2×3 的雙因子共變數分析。

一、以SPSS進行一個共變項的2×3雙因子共變數分析

　　進行雙因子共變數分析時，「組內迴歸係數是否同質」是一項很重要的基本假定，故進行雙因子共變數分析之前，應先進行迴歸係數是否同質性的檢定。一旦確定各組迴歸係數是同質的，才能進行雙因子共變數分析，否則不適合進行雙因子共變數分析。

(一) 一個共變項2×3雙因子共變數分析迴歸係數同質性檢定

　　茲將介紹如何透過 SPSS 進行雙因子共變數分析之組內迴歸係數同質性的檢定，將表 6-6 的資料，輸入到統計軟體 SPSS，如圖 6-17 所示。

　　進行一個共變項雙因子共變數分析，其組內迴歸係數同質性假設的檢定，並無法透過 SPSS 點選的程序，必須改採 SPSS 語法，如圖 6-18 所示。若想使用圖 6-18 的 SPSS 語法，由於語法是將兩個自變項的名稱直接定義為「組別」與「性別」，共變項的名稱直接定義為「X」，依變項的名稱直接定義為「Y」，故讀者在使用時，得先將自己的自變項、共變項、依變項等名稱更改為圖 6-18 的定義名稱，或是將圖 6-18 的定義名稱，更改為你自己的變項名稱。

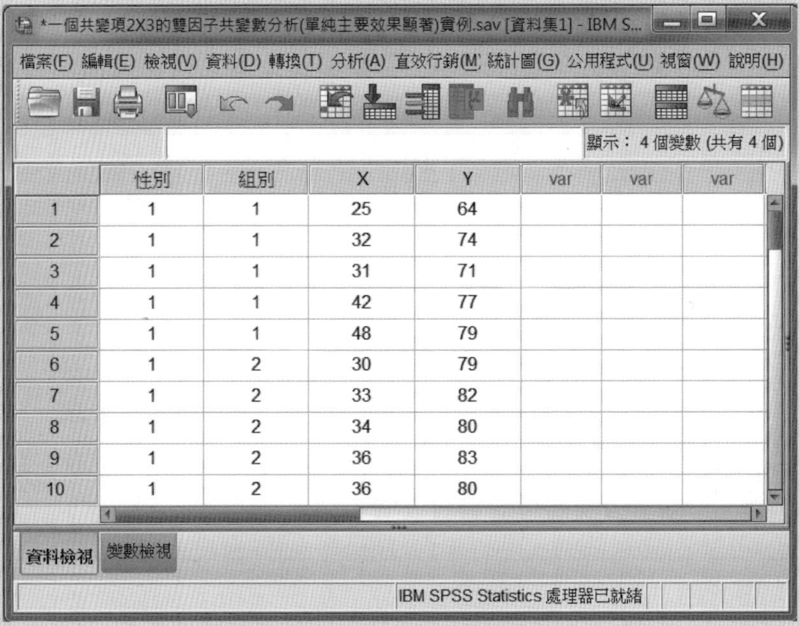

圖 6-17　將表 6-6 資料輸入到 SPSS 的資料視窗

manova Y by 性別 (1, 2) 組別 (1, 3) with X
/analysis = Y
/design = X, 性別 , 組別 , 性別 by 組別 , X by 性別 + X by 組別 + X by 性別 by 組別 .

圖 6-18　一共變項 2×3 的雙因子共變數分析各組迴歸係數同質性的 SPSS 語法

茲以圖 6-19 的 SPSS 操作步驟，來判斷是否符合此假定。

步驟 1：在「一個共變項 2×3 的雙因子共變數分析（單純主要效果顯著）
　　　　實例 .sav」檔案中，點選「檔案 (F)」→「開啟」→「語法 (S)」，
　　　　如下圖所示。

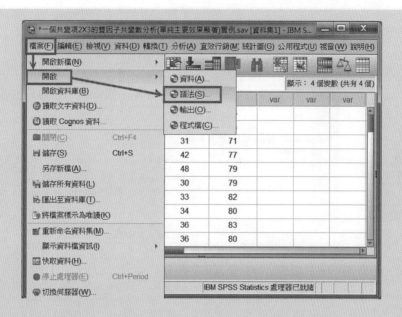

步驟 2：在「開啟語法」對話窗中，先搜尋存放語法的檔案放在哪個資料夾，
本例是放在「spss data」的資料夾，接續點選檔案中的「一個共變
項 2×3 的雙因子共變數分析之迴歸係數同質性語法 .sps」檔案，並
點選「開啟 (O)」按鍵，如下圖所示。

步驟 3：在「一個共變項 2×3 的雙因子共變數分析之迴歸係數同質性語
法 .sps」語法視窗中，點選「執行 (R)」→「全部 (A)」，如下圖所示。

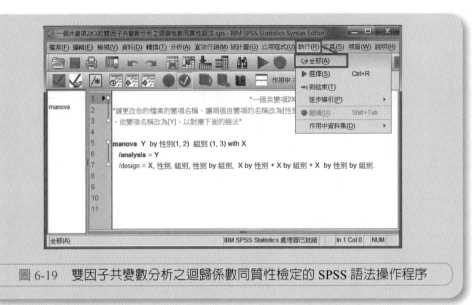

圖 6-19　雙因子共變數分析之迴歸係數同質性檢定的 SPSS 語法操作程序

經過圖 6-19 的 SPSS 語法操作步驟，即可獲得圖 6-20 的 SPSS 統計報表。

報表：在「Analysis of Variance」報表中，可知「X BY 組別 + X BY 性別 + X BY 組別 BY 性別」的 F 值為 0.24，顯著性 $p = .940$，由於顯著性高於 .05，故應接受虛無假設，亦即符合組內迴歸係數同質假設，如下圖所示。

```
****************A n a l y s i s   o f   V a r i a n c e -- Design   1 **

Tests of Significance for Y using UNIQUE sums of squares
Source of Variation        SS        DF        MS         F     Sig of F

WITHIN+RESIDUAL          221.74       18       12.32
X                        159.34        1      159.34      12.94     .002
性別                        .01        1         .01        .00     .974
組別                      11.69        2        5.84        .47     .630
性別 BY 組別                7.09        2        3.55        .29     .752

X BY 性別 + X BY          14.78        5        2.95        .24     .940
  別 + X BY 性別
BY 組別

(Model)                 1175.23       11      106.84       8.67     .000
(Total)                 1396.97       29       48.17

R-Squared =        .841
Adjusted R-Squared =    .744
```

圖 6-20　雙因子共變數分析之迴歸係數同質性檢定的 SPSS 統計報表

將圖 6-20 組內迴歸係數同質性檢定結果，可整理成表 6-7 雙因子共變數分析迴歸係數同質性檢定摘要表。從表 6-7 可知，組內迴歸係數同質性檢定結果，

$F(5, 18) = 0.24$, $p = .94$，由於顯著性 p 大於 .05，故應接受虛無假設，即迴歸係數是同質的，顯示適合進行雙因子共變數分析。

表 6-7

2×3 雙因子共變數分析之迴歸係數同質性檢定摘要表

SV	SS	df	MS	F	p
迴歸係數異質性	014.76	05	02.95	0.24	.94
誤差	221.74	18	12.32		
總和	236.50	23			

(二) 一個共變項2×3雙因子共變數分析檢定

　　由於表 6-7 顯示表 6-6 雙因子共變數分析資料符合組內迴歸係數同質性，故適合繼續進行雙因子共變數分析，茲以圖 6-21 的 SPSS 操作步驟，說明如何進行一個共變項 2×3 的雙因子共變數分析。

步驟 1：在「一個共變項 2×3 的雙因子共變數分析（單純主要效果顯著）實例 .sav」檔案中，點選「分析 (<u>A</u>)」→「一般線性模式 (<u>G</u>)」→「單變量 (<u>U</u>)」，如下圖所示。

步驟 2：在「單變量」對話窗中，將左邊的自變項「組別」與「性別」，移至右邊的「固定因子 (F)」空格中，如下圖所示。

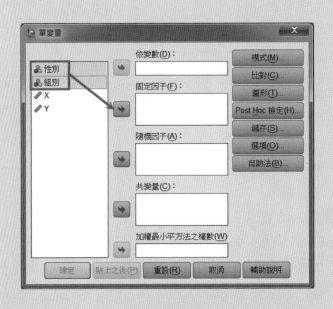

步驟 3：在「單變量」對話窗中，將左邊的共變項「X」，移至右邊的「共變量 (C)」空格中，如下圖所示。

步驟 4：在「單變量」對話窗中，將左邊的依變項「Y」，移至右邊的「依變項 (D)」空格中，並按下「選項 (O)」按鍵，如下圖所示。

步驟 5：在「單變量：選項」對話窗中，點選左邊「因子與因子交互作用 (F)」中的「組別」，移至右邊的「顯示平均數 (M)」，如下圖所示。

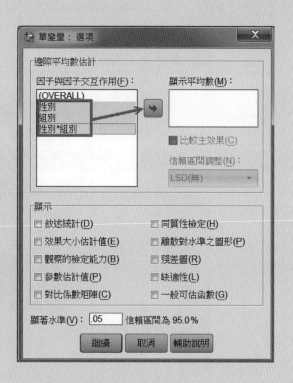

步驟 6：在「單變量：選項」對話窗中，點選「比較主效果 (C)」，以及「顯示」中的「敘述統計 (D)」、「效果大小估計值 (E)」、「觀察的檢

定能力(B)」、「同質性檢定(H)」等選項，最後按下「繼續」按鍵，如下圖所示。

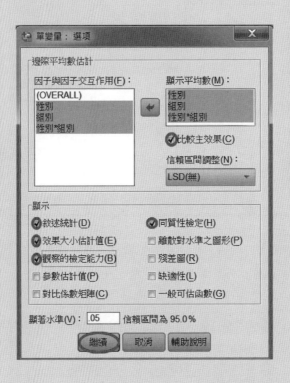

步驟 7：在「單變量」對話窗中，按下「確定」按鍵，如下圖所示。

圖 6-21　雙因子共變數分析的 SPSS 操作程序

經過圖 6-21 的 SPSS 操作步驟，即可獲得圖 6-22 的 SPSS 統計報表。

報表 1：在「敘述統計」報表中，可知實驗組一男生依變項平均數為
73.00，標準差為 5.874；實驗組二男生依變項平均數為 80.80，標準
差為 1.643；控制組男生依變項平均數為 83.80，標準差為 5.215。
實驗組一女生依變項平均數為 86.20，標準差為 4.025；實驗組二女
生依變項平均數為 88.20，標準差為 6.380；控制組女生依變項平均
數為 86.20，標準差為 6.058，如下圖所示。

敘述統計

依變數: Y

性別	組別	平均數	標準離差	個數
1	1	73.00	5.874	5
	2	80.80	1.643	5
	3	83.80	5.215	5
	總數	79.20	6.372	15
2	1	86.20	4.025	5
	2	88.20	6.380	5
	3	86.20	6.058	5
	總數	86.87	5.263	15
總數	1	79.60	8.422	10
	2	84.50	5.874	10
	3	85.00	5.477	10
	總數	83.03	6.941	30

報表 2：在「誤差變異量的 Levene 檢定等式 [a]」報表中，可得知 Levene
變異數同質性檢定 $F(5, 24) = 1.840$, $p = .143$，因為顯著性 p 高於
.05，故應接受虛無假設，亦即實驗組一、實驗組二與控制組的依變
項分數具變異數同質性，如下圖所示。

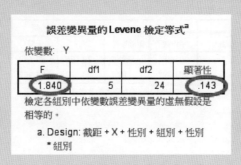

誤差變異量的 Levene 檢定等式[a]

依變數: Y

F	df1	df2	顯著性
1.840	5	24	.143

檢定各組別中依變數誤差變異量的虛無假設是
相等的。

a. Design: 截距 + X + 性別 + 組別 + 性別
　* 組別

報表 3：在「受試者間效應項的檢定」報表中，可得知「性別 * 組別」的單純主要效果檢定結果為 $F(2, 23) = 4.879$, $p = .017$，由於顯著性 p 小於 .05，故應拒絕虛無假設，亦即性別與組別的調整後平均數，有產生交互作用。而「性別」的主要效果檢定結果為 $F(1, 23) = 9.946$, $p = .004$，由於顯著性 p 低於 .05，表示「性別」的主要效果有顯著性差異。「組別」的主要效果檢定結果為 $F(2, 23) = 8.393$, $p = .002$，由於顯著性 p 低於 .05，表示「組別」的主要效果有顯著性差異，如下圖所示。

由於單純主要效果為顯著，故接續應進行單純主要效果的檢定。

受試者間效應項的檢定

依變數：Y

來源	型 III 平方和	df	平均平方和	F	顯著性	淨相關 Eta 平方	Noncent. 參數	觀察的檢定能力[b]
校正後的模式	1160.472[a]	6	193.412	18.810	.000	.831	112.861	1.000
截距	2069.707	1	2069.707	201.287	.000	.897	201.287	1.000
X	395.506	1	395.506	38.464	.000	.626	38.464	1.000
性別	102.269	1	102.269	9.946	.004	.302	9.946	.855
組別	172.593	2	86.296	8.393	.002	.422	16.785	.939
性別 * 組別	100.337	2	50.169	4.879	.017	.298	9.758	.748
誤差	236.494	23	10.282					
總數	208233.000	30						
校正後的總數	1396.967	29						

a. R 平方 = .831 (調過後的 R 平方 = .787)

b. 使用 alpha = .05 計算

報表 4：在「性別」的「估計值」報表中，可得知「男生」的依變項調整後平均數為 80.978，「女生」的依變項調整後平均數為 85.089，如下圖所示。

1. 性別

估計值

依變數：Y

性別	平均數	標準誤差	95% 信賴區間	
			下界	上界
1	80.978[a]	.876	79.165	82.790
2	85.089[a]	.876	83.277	86.902

a. 使用下列值估計出現在模式的共變量：X = 39.97.

報表5：在「組別」的「估計值」報表中，可得知「實驗組一」的依變項調整後平均數為 80.269，「實驗組二」的依變項調整後平均數為 86.173，「控制組」的依變項調整後平均數為 82.658，如下圖所示。

2. 組別

估計值

依變數：Y

組別	平均數	標準誤差	95% 信賴區間	
			下界	上界
1	80.269[a]	1.020	78.160	82.379
2	86.173[a]	1.049	84.002	88.344
3	82.658[a]	1.082	80.419	84.896

a. 使用下列值估計出現在模式的共變量：X = 39.97.

報表6：在「性別 * 組別」的「估計值」報表中，可得知「實驗組一男生」的依變項調整後平均數為 75.740，「實驗組二男生」的依變項調整後平均數為 84.669，「控制組男生」的依變項調整後平均數為 82.524。

「實驗組一女生」的依變項調整後平均數為 84.799，「實驗組二女生」的依變項調整後平均數為 87.677，「控制組女生」的依變項調整後平均數為 82.791，如下圖所示。

3. 性別 * 組別

依變數：Y

性別	組別	平均數	標準誤差	95% 信賴區間	
				下界	上界
1	1	75.740[a]	1.501	72.636	78.844
	2	84.669[a]	1.564	81.434	87.904
	3	82.524[a]	1.449	79.527	85.521
2	1	84.799[a]	1.452	81.796	87.802
	2	87.677[a]	1.437	84.706	90.649
	3	82.791[a]	1.536	79.614	85.968

a. 使用下列值估計出現在模式的共變量：X = 39.97.

圖 6-22　雙因子共變數分析的 SPSS 統計報表

(三) 一個共變項2×3雙因子共變數分析單純主要效果檢定（以分割檔案方式，進行「性別」因子效果檢定）

由於圖 6-22「性別 * 組別」的單純主要效果 $F(2, 23) = 4.88$, $p = .02$，達顯著性的水準，故應接續進行交互作用顯著的檢定。進行交互作用顯著性的檢定，要分別針對「性別」與「組別」兩個向度考量。針對「性別」的考量，主要是想檢定「實驗組一」男生與「實驗組一」女生的依變項調整後分數是否有顯著性差異？「實驗組二」男生與「實驗組二」女生的依變項調整後分數是否有顯著性差異？「控制組」男生與「控制組」女生的依變項調整後分數是否有顯著性差異？而針對「組別」的考量，則是檢定「實驗組一」男生、「實驗組二」男生與「控制組」男生的依變項調整後分數是否有顯著性差異？檢定「實驗組一」女生、「實驗組二」女生與「控制組」女生的依變項調整後分數是否有顯著性差異？

底下將先介紹如何透過對「性別」的考量，探究「實驗組一」男生與「實驗組一」女生的調整後分數是否有顯著性差異？「實驗組二」男生與「實驗組二」女生的依變項調整後分數是否有顯著性差異？「控制組」男生與「控制組」女生的依變項調整後分數是否有顯著性差異？進行雙因子共變數分析的單純主要效果檢定，最簡便的方式是透過 SPSS 的「分割檔案」操作程序，由於此處是考量「性別」的差異情形，故可透過將「組別」加以分割，然後再透過獨立樣本單因子共變數分析，即可同時檢定上述兩個問題。整個分割檔案的步驟，如圖 6-23 所示。

> **步驟 1**：在「一個共變項 2×3 的雙因子共變數分析（單純主要效果顯著）實例 .sav」檔案中，點選「資料 (D)」→「分割檔案 (F)」，如下圖所示。

步驟 2：在「分割檔案」對話窗中，將原先內定「⊙分析所有觀察值，勿建立群組 (A)」，改為勾選「比較群組 (C)」。並且從左方變數清單中，將「組別」這個變項，移至右方「依此群組 (G)」的空格，如下圖所示。

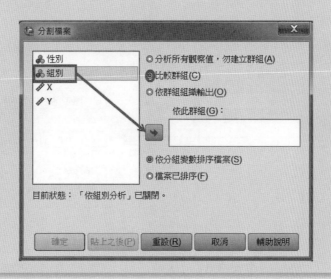

步驟3：在「分割檔案」對話窗中，按「確定」按鈕，如下圖所示。

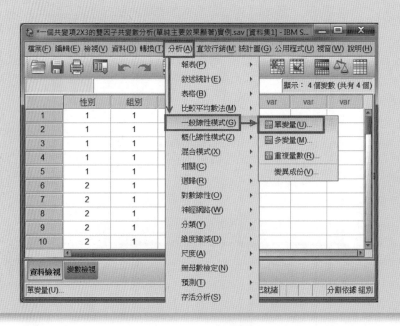

圖 6-23　雙因子共變數分析的分割檔案之 SPSS 操作程序

　　經過圖 6-23 對「組別」進行的分割檔案，接續可進行單因子共變數分析。
進行單因子共變數分析時，可透過圖 6-24 的 SPSS 操作步驟。

步驟1：在「一個共變項 2×3 的雙因子共變數分析（單純主要效果顯著）
　　　　實例 .sav」檔案中，點選「分析 (A)」→「一般線性模式 (G)」→「單
　　　　變量 (U)」，如下圖所示。

步驟 2：在「單變量」對話窗中，將已在右邊「固定因子 (F)」空格中的「組別」，移回左邊的空格，只讓「性別」保留在右邊「固定因子 (F)」空格中。

由於此處是接續圖 6-21 的操作，故看到的畫面，「性別」與「組別」應該已在右邊的「固定因子 (F)」空格中、「X」應該已在右邊的「共變量 (C)」空格中、「Y」應該已在右邊的「依變數 (D)」空格中，如下圖所示。若未接續圖 6-21 的操作步驟，則請自行將「組別」移至右邊的「固定因子 (F)」空格中、自行將「X」移至右邊的「共變量 (C)」空格中、自行「Y」移至右邊的「依變數 (D)」空格。

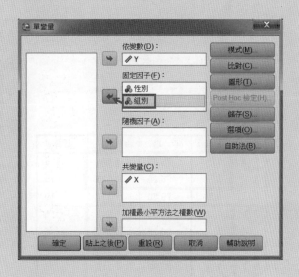

步驟 3：在「單變量」對話窗中，按下「確定」按鍵，如下圖所示。

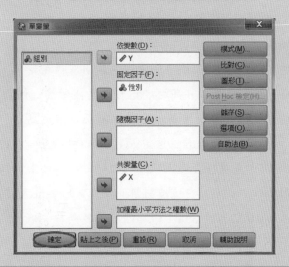

圖 6-24　單純主要效果的單因子共變數分析的 SPSS 操作程序

經過圖 6-24 的 SPSS 操作步驟，即可獲得圖 6-25 的 SPSS 統計報表。

報表 1：在「敘述統計」報表中，可看到因為圖 6-23 透過對「組別」的分割檔案，所以分別呈現組別代碼 1（實驗組一）、組別代碼 2（實驗組二）、與組別代碼 3（控制組）的統計結果。

在組別為 1（實驗組一）這組中，第 1 組（男生）依變項平均數為 73.00，標準差為 5.874；第 2 組（女生）依變項平均數為 86.20，標準差為 4.025。在組別為 2（實驗組二）這組，第 1 組（男生）依變項平均數為 80.80，標準差為 1.643；第 2 組（女生）依變項平均數為 88.20，標準差為 6.380。在組別為 3（控制組）這組，第 1 組（男生）依變項平均數為 83.80，標準差為 5.215；第 2 組（女生）依變項平均數為 86.20，標準差為 6.058，如下圖所示。

敘述統計

依變數： Y

組別	性別	平均數	標準離差	個數
1	1	73.00	5.874	5
	2	86.20	4.025	5
	總數	79.60	8.422	10
2	1	80.80	1.643	5
	2	88.20	6.380	5
	總數	84.50	5.874	10
3	1	83.80	5.215	5
	2	86.20	6.058	5
	總數	85.00	5.477	10

報表 2：在「誤差變異量的 Levene 檢定等式[a]」報表中，可得知在組別為 1（實驗組一）這組中，Levene 變異數同質性檢定 $F(1, 8) = 0.085$, $p = .779$，因為顯著性 p 高於 .05，故應接受虛無假設，亦即男生與女生的依變項分數具變異數同質性。而在組別為 2（實驗組二）這組，Levene 變異數同質性檢定 $F(1, 8) = 0.123$, $p = .735$，因為顯著性 p 高於 .05，故應接受虛無假設，亦即男生與女生的依變項分數具變異數同質性。組別為 3（控制組）這組，Levene 變異數同質性檢定 $F(1, 8) = 0.982$, $p = .351$，因為顯著性 p 高於 .05，故應接受虛無假設，亦即男生與女生的依變項分數具變異數同質性，如下圖所示。

誤差變異量的 Levene 檢定等式[a]

依變數: Y

組別	F	df1	df2	顯著性
1	.085	1	8	.779
2	.123	1	8	.735
3	.982	1	8	.351

檢定各組別中依變數誤差變異量的虛無假設是 相等的。

a. Design: 截距 + X + 性別

報表 3：在「受試者間效應項的檢定」報表中，在組別為 1（實驗組一）的這組中，可得知「性別」的顯著性 $p = .001$，因為顯著性 p 小於 .05，故應拒絕虛無假設，亦即表示男生與女生的依變項調整後平均數，有顯著性差異。單因子共變數分析的檢定結果為 $F(1, 7) = 26.742$, $p = .001$，淨相關 Eta 平方（partial η^2）為 .793，觀察的檢定能力（統計檢定力）為 = .992。在組別為 2（實驗組二）這組，可得知「性別」的顯著性 $p = .079$，因為顯著性 p 高於 .05，故應接受虛無假設，亦即表示男生與女生的依變項調整後平均數，沒有顯著性差異。單因子共變數分析的檢定結果為 $F(1, 7) = 4.228$, $p = .079$。而在組別為 3（控制組）這組中，可得知「性別」的顯著性 $p = .877$，因為顯著性 p 高於 .05，故應接受虛無假設，亦即表示男生與女生的調整後平均數，沒有顯著性差異。單因子共變數分析的檢定結果為 $F(1, 7) = 0.026$, $p = .877$，如下圖所示。

受試者間效應項的檢定

依變數: Y

組別	來源	型 III 平方和	df	平均平方和	F	顯著性	淨相關 Eta 平方	Noncent. 參數	觀察的檢定能力[b]
1	校正後的模式	596.301[a]	2	298.150	49.574	.000	.934	99.149	1.000
	截距	788.510	1	788.510	131.108	.000	.949	131.108	1.000
	X	160.701	1	160.701	26.720	.001	.792	26.720	.992
	性別	160.834	1	160.834	26.742	.001	.793	26.742	.992
	誤差	42.099	7	6.014					
	總數	64000.000	10						
	校正後的總數	638.400	9						
2	校正後的模式	290.574[c]	2	145.287	51.040	.000	.936	102.080	1.000
	截距	785.773	1	785.773	276.046	.000	.975	276.046	1.000
	X	153.674	1	153.674	53.987	.000	.885	53.987	1.000
	性別	12.035	1	12.035	4.228	.079	.377	4.228	.427
	誤差	19.926	7	2.847					
	總數	71713.000	10						
	校正後的總數	310.500	9						
3	校正後的模式	98.407[d]	2	49.204	2.007	.205	.364	4.014	.286
	截距	531.396	1	531.396	21.678	.002	.756	21.678	.977
	X	84.007	1	84.007	3.427	.107	.329	3.427	.360
	性別	.632	1	.632	.026	.877	.004	.026	.052
	誤差	171.593	7	24.513					
	總數	72520.000	10						
	校正後的總數	270.000	9						

a. R 平方 = .934 (調過後的 R 平方 = .915)

b. 使用 alpha = .05 計算

c. R 平方 = .936 (調過後的 R 平方 = .917)

d. R 平方 = .364 (調過後的 R 平方 = .183)

報表 4：在「估計值」報表中，可知在組別為 1（實驗組一）的這組中，男生的依變項調整後平均數為 75.081，女生的依變項調整後平均數為 84.1169。在組別為 2（實驗組二）的這組中，男生的依變項調整後平均數為 83.212，女生的依變項調整後平均數為 85.788。而在組別為 3（控制組）的這組中，男生的依變項調整後平均數為 84.736，女生的依變項調整後平均數為 85.264，如下圖所示。

估計值

依變數：Y

組別	性別	平均數	標準誤差	95% 信賴區間	
				下界	上界
1	1	75.081[a]	1.168	72.319	77.844
	2	84.119[a]	1.168	81.356	86.881
2	1	83.212[b]	.823	81.266	85.158
	2	85.788[b]	.823	83.842	87.734
3	1	84.736[c]	2.271	79.365	90.106
	2	85.264[c]	2.271	79.894	90.635

a. 使用下列值估計出現在模式的共變量：X = 38.90.
b. 使用下列值估計出現在模式的共變量：X = 37.30.
c. 使用下列值估計出現在模式的共變量：X = 43.70.

報表 5：在「成對比較」報表中，可知在組別為 1（實驗組一）這組中，男生依變項調整後平均數 75.081 與女生依變項調整後平均數 84.119 的差距為 -9.037，因為顯著性 $p = .001$，顯示兩組調整後的平均數，達顯著性差異，亦即男生依變項調整後平均數顯著低於女生依變項調整後平均數。

在組別為 2（實驗組二）這組，男生依變項調整後平均數 83.212 與女生依變項調整後平均數 85.788 的差距為 –2.576，因為顯著性 $p = .079$，顯示兩組依變項調整後的平均數，未達顯著性差異。

在組別為 3（控制組）這組，男生依變項調整後平均數 84.736 與女生依變項調整後平均數 85.264 的差距為 –0.528，因為顯著性 $p = .877$，顯示兩組依變項調整後的平均數，未達顯著性差異，如下圖所示。

成對比較

依變數：Y

組別	(I) 性別	(J) 性別	平均差異 (I-J)	標準誤差	顯著性[b]	差異的 95% 信賴區間[b]	
						下界	上界
1	1	2	-9.037[*]	1.748	.001	-13.170	-4.905
	2	1	9.037[*]	1.748	.001	4.905	13.170
2	1	2	-2.576	1.253	.079	-5.539	.386
	2	1	2.576	1.253	.079	-.386	5.539
3	1	2	-.528	3.291	.877	-8.309	7.253
	2	1	.528	3.291	.877	-7.253	8.309

根據估計的邊緣平均數而定

*. 平均差異在 .05 水準是顯著的。

b. 調整多重比較：最低顯著差異 (等於未調整值)。

圖 6-25　單純主要效果所進行的共變數分析 SPSS 統計報表

(四) 一個共變項 2×3 雙因子共變數分析單純主要效果檢定（以分割檔案方式，進行「組別」因子效果檢定）

　　前面已介紹從對「性別」的考量，探究「實驗組一男生」與「實驗組一女生」的調整後分數是否有顯著性差異？「實驗組二男生」與「實驗二組女生」的調整後分數是否有顯著性差異？「控制組男生」與「控制組女生」的調整後分數是否有顯著性差異？底下則介紹從對「組別」的考量，而針對「組別」的考量，則是檢定「實驗組一男生」、「實驗組二男生」與「控制組男生」的調整後分數是否有顯著性差異？檢定「實驗組一女生」、「實驗組二女生」與「控制組女生」的調整後分數是否有顯著性差異？

　　進行雙因子共變數分析的單純主要效果檢定，最簡便的方式是透過 SPSS 的「分割檔案」操作程序，由於此處是考量「組別」的差異情形，故可透過將「性別」加以分割，然後再透過獨立樣本單因子共變數分析，即可同時檢定上述兩個問題。整個分割檔案的步驟，如圖 6-26 所示。

步驟 1：在「一個共變項 2×3 的雙因子共變數分析（單純主要效果顯著）實例 .sav」檔案中，點選「資料 (D)」→「分割檔案 (F)」，如下圖所示。

步驟 2：在「分割檔案」對話窗中，將右方「依此群組(G)」空格的「組別」，
移回至左方空格，如下圖所示。

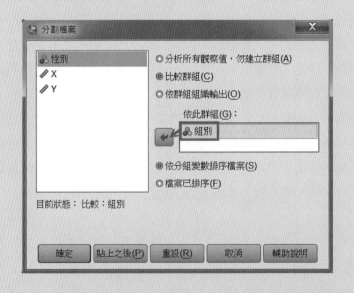

步驟 3：在「分割檔案」對話窗中，將左方變數清單中，將「性別」這個變
項，移至右方「依此群組(G)」的空格，如下圖所示。

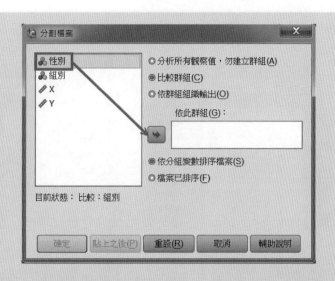

步驟 4：在「分割檔案」對話窗中，按「確定」按鈕，如下圖所示。

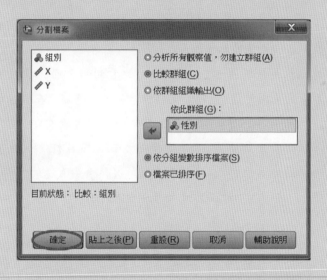

圖 6-26　雙因子共變數分析的分割檔案之 SPSS 操作程序

　　經過圖 6-26 對「組別」進行分割檔案，接續可進行單因子共變數分析。進行單因子共變數分析時，可透過圖 6-27 的 SPSS 操作步驟。

步驟 1：在「一個共變項 2×3 的雙因子共變數分析（單純主要效果顯著）實例 .sav」檔案中，點選「分析 (<u>A</u>)」→「一般線性模式 (<u>G</u>)」→「單變量 (<u>U</u>)」，如下圖所示。

步驟 2：在「單變量」對話窗中，將已在右邊「固定因子 (F)」空格中的「性別」，移回左邊空格。

由於此處是接續圖 6-24 的操作，故看到的畫面，「性別」應該已在右邊的「固定因子 (F)」空格中、「X」應該已在右邊的「共變量 (C)」空格中、「Y」應該已在右邊的「依變數 (D)」空格中，如下圖所示。若未接續圖 6-24 的操作步驟，請自行將「性別」移至右邊的「固定因子 (F)」空格中、將「X」移至右邊的「共變量 (C)」空格中、將「Y」移至右邊的「依變數 (D)」空格。

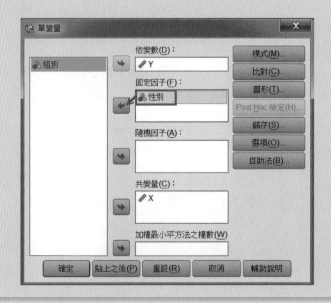

步驟 3：在「單變量」對話窗中，將左邊的變項「組別」，移至右邊的「固定因子 (F)」空格中，並按下「選項 (O)」按鍵，如下圖所示。

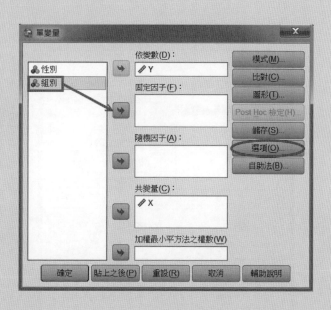

步驟 4：在「單變量：選項」對話窗中，點選左邊「因子與因子交互作用 (F)」中的「組別」，移至右邊的「顯示平均數 (M)」，如下圖所示。

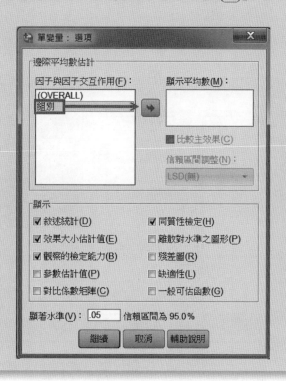

步驟 5：在「單變量：選項」對話窗中，點選「比較主效果(C)」，並按下「繼續」按鍵，如下圖所示。

步驟 6：在「單變量」對話窗中，按下「確定」按鍵，如下圖所示。

圖 6-27　單純主要效果的單因子共變數分析的 SPSS 操作程序

經過圖 6-27 的 SPSS 操作步驟，即可獲得圖 6-28 的 SPSS 統計報表。

報表 1：在「敘述統計」報表中，可看到因爲圖 6-26 透過對「性別」的分割檔案，所以分別呈現組別代碼 1（男生）與組別代碼 2（女生）的統計結果。

在性別爲 1（男生）這組中，第 1 組（實驗組一）依變項平均數爲 73.00，標準差爲 5.874；第 2 組（實驗組二）依變項平均數爲 80.80，標準差爲 1.643；第 3 組（控制組）依變項平均數爲 83.80，標準差爲 5.215。

在性別爲 2（女生）這組，第 1 組（實驗組一）依變項平均數爲 86.20，標準差爲 4.025；第 2 組（實驗組二）依變項平均數爲 88.20，標準差爲 6.380；第 3 組（控制組）依變項平均數爲 86.20，標準差爲 6.058，如下圖所示。

敘述統計

依變數: Y

性別	組別	平均數	標準離差	個數
1	1	73.00	5.874	5
	2	80.80	1.643	5
	3	83.80	5.215	5
	總數	79.20	6.372	15
2	1	86.20	4.025	5
	2	88.20	6.380	5
	3	86.20	6.058	5
	總數	86.87	5.263	15

報表 2：在「誤差變異量的 Levene 檢定等式[a]」報表中，可得知在性別爲 1（男生）這組中，Levene 變異數同質性檢定 $F(2, 12) = 1.292$, $p = .310$，因爲顯著性 p 高於 .05，故應接受虛無假設，亦即實驗組一、實驗組二與控制組的依變項分數具變異數同質性。而在性別爲 2（女生）這組，Levene 變異數同質性檢定 $F(2, 12) = 2.387$, $p = .134$，因爲顯著性 p 高於 .05，故應接受虛無假設，亦即實驗組一、實驗組二與控制組的依變項分數具變異數同質性，如下圖所示。

誤差變異量的 Levene 檢定等式[a]

依變數： Y

性別	F	df1	df2	顯著性
1	1.292	2	12	.310
2	2.387	2	12	.134

檢定各組別中依變數誤差變異量的虛無假設是 相等的。

a. Design: 截距 + X + 組別

報表 3：在「受試者間效應項的檢定」報表中，在性別爲 1（男生）這組中，可得知「組別」的顯著性 $p < .001$，因爲顯著性 p 小於 .05，故應拒絕虛無假設，亦即表示實驗組一、實驗組二與控制組的調整後平均數，有顯著性差異。單因子共變數分析的檢定結果爲 $F(2, 11) = 19.315, p < .001$，淨相關 Eta 平方（partial η^2）爲 .778，觀察的檢定能力（統計檢定力）爲 > .99。而在性別爲 2（女生）的這組中，可得知「組別」的顯著性 $p = .205$，因爲顯著性 p 高於 .05，故應接受虛無假設，亦即表示實驗組一、實驗組二與控制組的調整後平均數，沒有顯著性差異。單因子共變數分析的檢定結果爲 $F(2, 11) = 1.835, p = .205$，如下圖所示。

受試者間效應項的檢定

依變數： Y

性別	來源	型 III 平方和	df	平均平方和	F	顯著性	淨相關 Eta 平方	Noncent. 參數	觀察的檢定能力[b]
1	校正後的模式	506.401[a]	3	168.800	29.949	.000	.891	89.847	1.000
	截距	1252.300	1	1252.300	222.187	.000	.953	222.187	1.000
	X	195.601	1	195.601	34.704	.000	.759	34.704	1.000
	組別	217.727	2	108.864	19.315	.000	.778	38.630	.999
	誤差	61.999	11	5.636					
	總數	94658.000	15						
	校正後的總數	568.400	14						
2	校正後的模式	214.233[c]	3	71.411	4.528	.027	.553	13.583	.737
	截距	844.346	1	844.346	53.532	.000	.830	53.532	1.000
	X	200.900	1	200.900	12.737	.004	.537	12.737	.900
	組別	57.879	2	28.939	1.835	.205	.250	3.670	.302
	誤差	173.500	11	15.773					
	總數	113575.000	15						
	校正後的總數	387.733	14						

a. R 平方 = .891（調過後的 R 平方 = .861）

b. 使用 alpha = .05 計算

c. R 平方 = .553（調過後的 R 平方 = .430）

報表 4：在「估計值」報表中，可知在性別爲 1（男生）這組中，實驗組一後測分數調整後平均數爲 73.918，實驗組二後測分數調整後平均

數為 82.795，控制組後測分數調整後平均數為 80.887。在性別為 2
（女生）這組，實驗組一後測分數調整後平均數為 86.597，實驗組
二後測分數調整後平均數為 89.523，控制組後測分數調整後平均數
為 84.480，如下圖所示。

估計值

依變數: Y

性別	組別	平均數	標準誤差	95% 信賴區間	
				下界	上界
1	1	73.918[a]	1.073	71.556	76.280
	2	82.795[a]	1.114	80.342	85.248
	3	80.887[a]	1.171	78.309	83.465
2	1	86.597[b]	1.780	82.680	90.514
	2	89.523[b]	1.814	85.530	93.517
	3	84.480[b]	1.840	80.429	88.530

a. 使用下列值估計出現在模式的共變量: X = 37.13.
b. 使用下列值估計出現在模式的共變量: X = 42.80.

報表 5：在「成對比較」報表中，可知在性別為 1（男生）這組中，實驗組
一後測分數調整後平均數 73.918 與實驗組二後測分數調整後平均
數 82.795 的差距為 −8.877，因為顯著性 $p < .001$，顯示兩組後測分
數調整後的平均數，達顯著性差異，亦即實驗組一後測分數調整後
平均數顯著低於實驗組二後測分數調整後平均數。並且實驗組一後
測分數調整後平均數 73.918 與控制組後測分數調整後平均數 80.887
的差距為 −6.969，因為顯著性 $p = .001$，顯示兩組後測分數調整後
的平均數，達顯著性差異，亦即實驗組一後測分數調整後平均數顯
著低於控制組後測分數調整後平均數。

在性別為 2（女生）的這組中，實驗組一、實驗組二與控制組的後
測分數調整後平均數，兩兩之間皆沒有達到顯著性的差異，如下圖
所示。

成對比較

依變數：Y

性別	(I) 組別	(J) 組別	平均差異 (I-J)	標準誤差	顯著性[b]	差異的 95% 信賴區間[b]	
						下界	上界
1	1	2	-8.877*	1.513	.000	-12.207	-5.548
		3	-6.969*	1.636	.001	-10.571	-3.368
	2	1	8.877*	1.513	.000	5.548	12.207
		3	1.908	1.717	.290	-1.871	5.687
	3	1	6.969*	1.636	.001	3.368	10.571
		2	-1.908	1.717	.290	-5.687	1.871
2	1	2	-2.926	2.525	.271	-8.484	2.631
		3	2.118	2.581	.429	-3.563	7.798
	2	1	2.926	2.525	.271	-2.631	8.484
		3	5.044	2.653	.084	-.794	10.882
	3	1	-2.118	2.581	.429	-7.798	3.563
		2	-5.044	2.653	.084	-10.882	.794

根據估計的邊緣平均數而定

*. 平均差異在 .05 水準是顯著的。

b. 調整多重比較：最低顯著差異 (等於未調整值)。

圖 6-28　單純主要效果所進行的共變數分析 SPSS 統計報表

由於共變數分析的結果呈現，常需要同時呈現共變項的平均數與標準差，故還需要透過圖 6-29 的 SPSS 操作步驟，來獲得共變項的平均數與標準差之統計數據，才能完成共變數分析的統計摘要表。

步驟 1：在「一個共變項 2×3 的雙因子共變數分析（單純主要效果顯著）實例 .sav」檔案中，點選「資料 (D)」→「分割檔案 (F)」，如下圖所示。

步驟 2：在「分割檔案」對話窗中，將左邊「組別」，移至右邊「依此群組
(G)」的空格，讓「依此群組 (G)」的空格，同時有「組別」與「性
別」兩個變項，如下圖所示。

由於此處是接續圖 6-26 與圖 6-27 的操作，故看到的畫面，「性別」
應該已在右邊的「依此群組 (G)」空格中，如下圖所示。

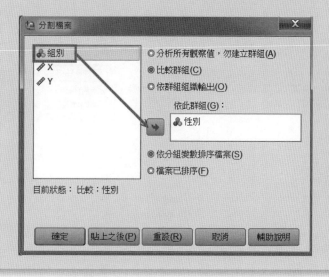

步驟 3：在「分割檔案」對話窗中，檢查右邊「依此群組 (G)」的空格，是否同時有「性別」與「組別」兩個變項。若是的話，則按下「確定」的按鍵，如下圖所示。

　　　　　若不是的話，則自行將「性別」與「組別」同時移至右邊的「依此群組 (G)」空格中。

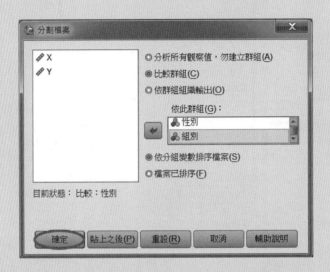

步驟 4：在「一個共變項 2×3 的雙因子共變數分析（單純主要效果顯著）實例 .sav」檔案中，點選「分析 (A)」→「敘述統計 (E)」→「描述性統計量 (D)」，如下圖所示。

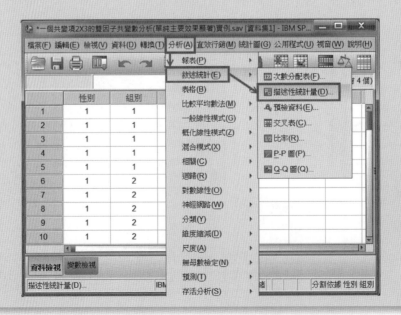

步驟 5：在「描述性統計量」對話窗中，將 X 變項移至右邊的「變數 (V)」
空格中，如下圖所示。

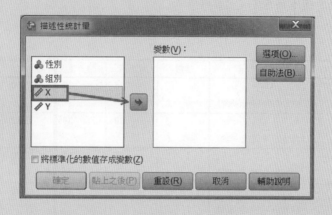

步驟 6：在「描述性統計量」對話窗中，按下「確定」按鍵，如下圖所示。

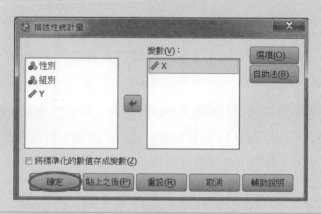

圖 6-29 雙因子共變數分析的共變項敘述統計摘要之 SPSS 操作程序

經過圖 6-29 的 SPSS 操作步驟，即可獲得圖 6-30 的 SPSS 統計報表。

報表 1：在「敘述統計」報表中，可看到性別為 1（男生）這組中，第 1 組（實
驗組一）共變項平均數為 35.60，標準差為 9.236；第 2 組（實驗組
二）共變項平均數為 33.80，標準差為 2.490；第 3 組（控制組）共
變項平均數為 42.00，標準差為 6.708。

在性別為 2（女生）這組，第 1 組（實驗組一）共變項平均數

爲 42.20，標準差爲 3.962；第 2 組（實驗組二）共變項平均數爲 40.80，標準差爲 8.643；第 3 組（控制組）共變項平均數爲 45.40，標準差爲 4.930，如下圖所示。

敘述統計

性別	組別		個數	最小值	最大值	平均數	標準差
1	1	X	5	25	48	35.60	9.236
		有效的 N (完全排除)	5				
	2	X	5	30	36	33.80	2.490
		有效的 N (完全排除)	5				
	3	X	5	35	51	42.00	6.708
		有效的 N (完全排除)	5				
2	1	X	5	37	48	42.20	3.962
		有效的 N (完全排除)	5				
	2	X	5	34	54	40.80	8.643
		有效的 N (完全排除)	5				
	3	X	5	38	50	45.40	4.930
		有效的 N (完全排除)	5				

圖 6-30　雙因子共變數分析的共變項敘述統計摘要之 SPSS 統計報表

　　綜合上述圖 6-22 雙因子共變數分析統計結果，圖 6-25 與圖 6-28 單純主要效果檢定統計結果，以及圖 6-30 的共變數敘述統計摘要，整理成表 6-8 的各組平均數摘要表、表 6-9 雙因子共變數分析摘要表、表 6-10 單純主要效果共變數分析摘要表。

表 6-8

雙因子共變數分析之前測平均數、後測平均數、後測調整平均數

組別 (A)	組別 (B)	人數 n	前測分數 M	前測分數 SD	後測分數 M	後測分數 SD	後測調整分數 M'
男生							
	實驗組一	5	35.60	9.24	73.00	5.87	73.92
	實驗組二	5	33.80	2.49	80.80	1.64	82.80
	控制組	5	42.00	6.71	83.80	5.22	80.89
女生							
	實驗組一	5	42.20	3.96	86.20	4.02	86.60

表 6-8

（續）

組別 (A)	組別 (B)	人數	前測分數		後測分數		後測調整分數
		n	*M*	*SD*	*M*	*SD*	*M'*
	實驗組二	5	40.80	8.64	88.20	6.38	89.52
	控制組	5	45.40	4.93	86.20	6.06	84.48
實驗組一							
	男生	5	35.60	9.24	73.00	5.87	75.08
	女生	5	42.20	3.96	86.20	4.02	84.12
實驗組二							
	男生	5	33.80	2.49	80.80	1.64	83.21
	女生	5	40.80	8.64	88.20	6.38	85.79
控制組							
	男生	5	42.00	6.71	83.80	5.22	84.74
	女生	5	45.40	4.93	86.20	6.06	85.26

由表 6-9 可知，雙因子共變數分析的統計結果顯示，性別與組別的交互作用達顯著水準：$F(2, 23) = 4.88, p = .02$，partial η^2 為 .30，統計檢定力為 .75。由於雙因子共變數分析的交互作用有顯著，故繼續進行單純主要效果的檢定，檢定結果如表 6-10 的統計摘要表。

表 6-9

雙因子共變數分析摘要表

SV	SS'	df	MS'	F	p	partial η^2	$1 - \beta$
性別	102.27	1	102.27	9.95	.004	.30	.86
組別	172.59	2	086.30	8.39	.002	.42	.94
性別 × 組別	100.34	2	050.17	4.88	.017	.30	.75
誤差	236.49	23	010.28				

由表 6-10 與表 6-8 可知，在實驗組一方面，男生後測調整分數（$M' = 75.08$）顯著低於女生後測分數調整分數（$M' = 84.12$）。在實驗組二方面，男生與女生的後測調整分數沒有顯著性差異。在控制組方面，男生與女生的後測調整分數也沒有顯著性差異。

在男生方面，實驗組一後測調整分數（$M' = 73.92$）顯著低於實驗組二後測調整分數（$M' = 82.80$）。實驗組一後測調整分數（$M' = 73.92$）顯著低於控制組後測調整分數（$M' = 80.89$）。在女生方面，實驗組一、實驗組二與控制組的後測調整分數，並沒有顯著性差異。

表 6-10

單純主要效果共變數分析摘要表

SV	SS'	df	MS'	F	p	事後比較
性別因子						
在實驗組一	160.83	1	160.83	26.74	.001	男生＜女生
在實驗組二	012.04	1	012.04	04.23	.079	
在控制組	000.63	1	000.63	00.03	.877	
組別因子						
在男生	217.73	2	108.86	19.32	＜.001	實驗組一＜實驗組二 實驗組一＜控制組一
在女生	057.88	2	028.94	01.84	.205	

二、以「EZ_ANCOVA」EXCEL進行一個共變項的2×3雙因子共變數分析

針對 2×3 雙因子共變數分析檢定，除了可透過前面所介紹的 SPSS 統計軟體進行外，也可採用筆者以 EXCEL 所寫的「2 個共變項的雙因子共變數分析 .xlsx」進行。**由於此程式是以 EXCEL 2010 版本所撰寫，而此程式有使用到 EXCEL 2010 版本的擴充欄位，故此程式只能在 EXCEL 2007 以後的版本才能使用（亦即 EXCEL 的附檔名必須為 .xlsx），EXCEL 2007 以前的版本則無法使用。**

透過圖 6-31 的 EXCEL 操作步驟，即可獲得圖 6-32 的 EXCEL 統計報表。

步驟 1：開啟「1 個共變項的雙因子共變數分析 .xlsx」檔案，點選下方「雙因子 2×3」，如下圖所示。

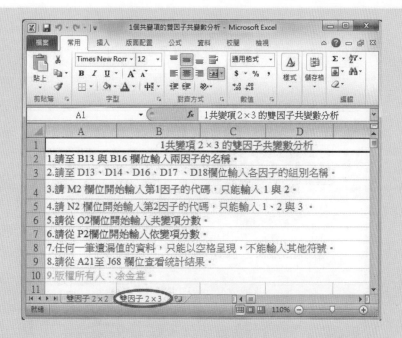

步驟 2：在「1 個共變項的雙因子共變數分析」視窗中，於 B13 欄位輸入第
1 個因子的名稱「性別」，並於 D13、D14 欄位，分別輸入兩個組
別的名稱「男生」、「女生」，如下圖所示。

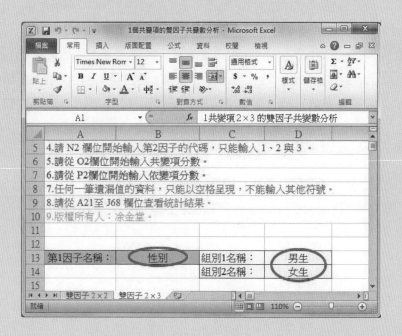

步驟 3：在「1 個共變項的雙因子共變數分析」視窗中，於 B16 欄位輸入第

2 個因子的名稱「組別」，並於 D16、D17、D18 欄位，分別輸入三個組別的名稱「實驗組一」、「實驗組二」、「控制組」，如下圖所示。

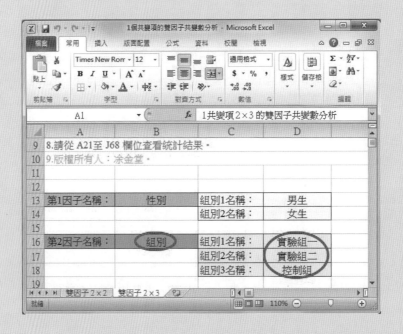

步驟 4：在「1 個共變項的雙因子共變數分析」視窗中，在 M2 欄位開始輸入第一個因子「性別」的 30 筆資料，其中，男生的組別代碼「1」，女生的組別代碼「2」，如下圖所示。**請注意：因「1 個共變項的雙因子共變數分析」檔案中，只允許代碼使用 1 與 2，故男生的代碼為 1，女生的代碼為 2。**

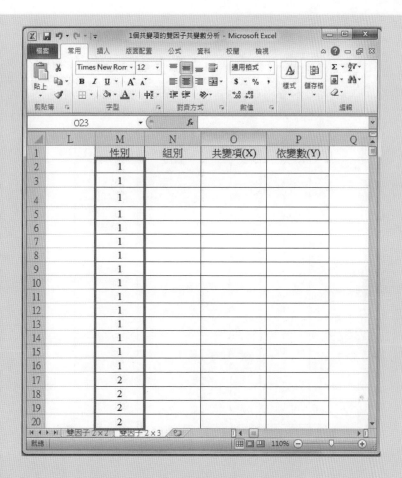

步驟 5：在「1 個共變項的雙因子共變數分析」視窗中，在 N2 欄位開始輸入第二個因子「組別」的 30 筆資料，其中，實驗組一的組別代碼「1」，實驗組二的組別代碼「2」，控制組的組別代碼「3」，如下圖所示。**請注意：因「1 個共變項的雙因子共變數分析」檔案中，只允許代碼使用 1、2 與 3，故實驗組一的代碼為 1，實驗組二的代碼為 2，控制組的代碼為 3。**

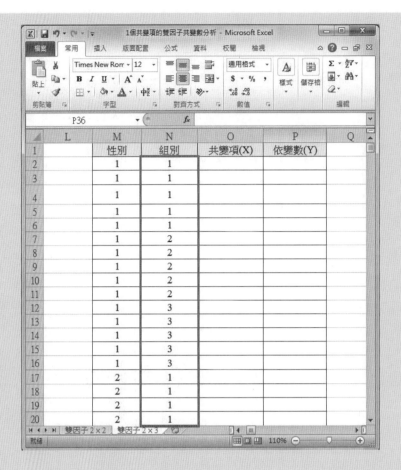

步驟 6：在「一個共變項 2×3 的雙因子共變數分析（單純主要效果顯著）實例 .sav」檔案中，將「X」與「Y」等兩項資料，進行「複製」的動作，如下圖所示。

步驟 7：在「1 個共變項的雙因子共變數分析」視窗中，點選 O2 的欄位後，將游標點到右上角的「貼上」，如下圖所示。

步驟 8：在「1 個共變項的雙因子共變數分析」視窗中，可見到「性別」、
　　　　「組別」、「共變項 (X)」、「依變項 (Y)」等四個欄位，如下圖所
　　　　示。

	L	M	N	O	P	Q
1		性別	組別	共變項(X)	依變數(Y)	
2		1	1	25	64	
3		1	1	32	74	
4		1	1	31	71	
5		1	1	42	77	
6		1	1	48	79	
7		1	2	30	79	
8		1	2	33	82	
9		1	2	34	80	
10		1	2	36	83	
11		1	2	36	80	
12		1	3	47	85	
13		1	3	38	82	
14		1	3	51	92	
15		1	3	35	82	
16		1	3	39	78	
17		2	1	42	83	
18		2	1	41	88	
19		2	1	37	82	
20		2	1	48	92	

圖 6-31　雙因子共變數分析的 EXCEL 操作程序

　　由圖 6-31 的 EXCEL 操作程序可知，只需要輸入兩個因子與兩組別的名稱，
以及所有受試者的組別代碼（請注意只能以 1 或 2 或 3 來表示各組的組別代碼）、
共變項、依變項等三個數值即可，無須其他的操作步驟。

　　在資料的輸入過程中，有一點要特別注意的事，若資料有遺漏值的話，只能
以空格呈現，不能出現其他的數字或符號（例如「9」或「.」）。當資料是直接
從 SPSS 複製過來的話，因 SPSS 原先設定的遺漏值，會出現一個小黑點「.」，
請刪除小黑點，讓該筆遺漏值的欄位呈現空白。若在 SPSS 統計軟體自行以 9 作
為遺漏值的話，可透過 EXCEL 的「取代 (P)」功能，將「9」取代成空格。

報表 1：在 A32 至 H46 欄位的「敘述統計分析摘要表＿單純主要效果」中，可知實驗組一男生人數有 5 位，前測分數（即共變項分數）平均數為 35.60，標準差為 9.24，後測分數（即依變項分數）平均數為 73.00，標準差為 5.87，依變項調整後平均數為 73.92。實驗組二男生人數有 5 位，前測分數（即共變項分數）平均數為 33.80，標準差為 2.49，後測分數（即依變項分數）平均數為 80.80，標準差為 1.64，依變項調整後平均數為 82.80。控制組男生人數有 5 位，前測分數（即共變項分數）平均數為 42.00，標準差為 6.71，後測分數（即依變項分數）平均數為 83.80，標準差為 5.22，依變項調整後平均數為 80.89。

實驗組一女生人數也有 5 位，前測分數（即共變項分數）平均數為 42.20，標準差為 3.96，後測分數（即依變項分數）平均數為 86.20，標準差為 4.02，依變項調整後平均數為 86.60。實驗組二女生人數也有 5 位，前測分數（即共變項分數）平均數為 40.80，標準差為 8.64，後測分數（即依變項分數）平均數為 88.20，標準差為 6.38，依變項調整後平均數為 89.52。控制組女生人數有 5 位，前測分數（即共變項分數）平均數為 45.40，標準差為 4.93，後測分數（即依變項分數）平均數為 86.20，標準差為 6.06，依變項調整後平均數為 84.48。

5 位實驗組一男生的前測分數（即共變項分數）平均數為 35.60，標準差為 9.24，後測分數（即依變項分數）平均數為 73.00，標準差為 5.87，依變項調整後平均數為 78.08。5 位實驗組一女生的前測分數（即共變項分數）平均數為 42.20，標準差為 3.96，後測分數（即依變項分數）平均數為 86.20，標準差為 4.02，依變項調整後平均數為 84.12。

5 位實驗組二男生的前測分數（即共變項分數）平均數為 33.80，標準差為 2.49，後測分數（即依變項分數）平均數為 80.80，標準差為 1.64，依變項調整後平均數為 83.21。5 位實驗組二女生的前測分數（即共變項分數）平均數為 40.80，標準差為 8.64，後測分數（即依變項分數）平均數為 88.20，標準差為 6.38，依變項調整後平均數為 85.79。

5 位控制組男生的前測分數（即共變項分數）平均數為 42.00，標準差為 6.71，後測分數（即依變項分數）平均數為 83.80，標準差為 5.22，依變項調整後平均數為 84.74。5 位控制組女生的前測分數（即共變項分數）平均數為 45.40，標準差為 4.93，後測分數（即依變項分數）平均數為 86.20，標準差為 6.06，依變項調整後平均數為 85.26，如下圖所示。

上述 EXCEL 的統計結果，與圖 6-25 的 SPSS 報表 1 與報表 4，以及圖 6-28 的 SPSS 報表 1 與報表 4 之統計結果是相同的。

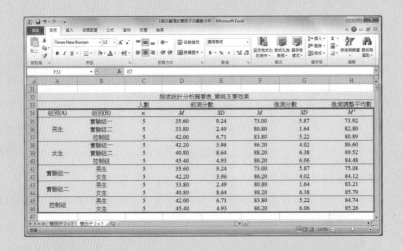

報表 2：在 A49 至 D51 欄位的「Levene 變異數同質性檢定摘要表」中，可得知 Levene 變異數同質性檢定 $F(5, 24) = 1.840, p = .143$，因為顯著性 p 高於 .05，故應接受虛無假設，亦即各組依變項分數具變異數同質性，如下圖所示。

上述 EXCEL 的統計結果，與圖 6-22 的 SPSS 報表 2 的統計結果是相同的。

報表3：在 A54 至 F60 欄位的「迴歸係數同質性檢定分析摘要表」中，可知顯著性 $p = .940$，由於顯著性高於 .05，故應接受虛無假設，亦即各組的迴歸係數是相同的，顯示符合組內迴歸係數同質，如下圖所示。

上述 EXCEL 的統計結果，與圖 6-20 的 SPSS 報表的統計結果是相同的。

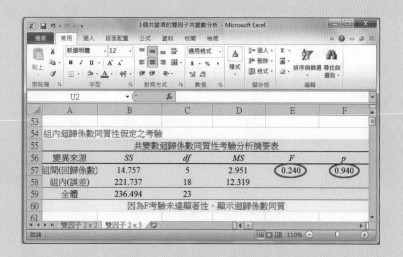

報表4：在 A63 至 I70 欄位的「共變數檢定分析摘要表」中，可知組別與性別的交互作用達顯著水準：$F(2, 23) = 4.879, p = .017$，如下圖所示。

上述 EXCEL 的統計結果，與圖 6-22 的 SPSS 報表 3 的統計結果是

相同的。

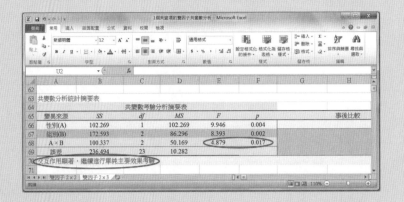

報表 5：在 A73 至 I86 欄位的「單純主要效果共變數分析摘要表」中，可知
$F(1, 7) = 26.742, p = .001$，顯示兩組的調整後平均數有顯著性差異。
故由報表 1 可知，男生組依變項調整後平均數 75.081，顯著低於女
生組調整後平均數 84.119。

可知 $F(2, 11) = 19.315, p < .001$，顯示三組的依變項調整後平均數
有顯著性差異。故由報表 1 可知，實驗組一調整後平均數 73.918，
顯著低於實驗組二調整後平均數 82.795；實驗組一調整後平均數
73.918，顯著低於控制組調整後平均數 80.887，如下圖所示。

上述 EXCEL 的統計結果，與圖 6-25 的 SPSS 報表 3，以及圖 6-28
的 SPSS 報表 3 之統計結果是相同的。

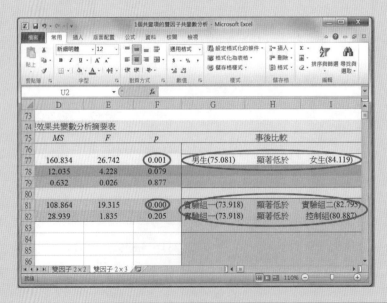

圖 6-32　以 2×3 雙因子所進行的共變數分析 EXCEL 統計報表

　　將圖 6-32 的共變數分析 EXCEL 統計報表，與透過 SPSS 統計報表整理後的表 6-8、表 6-9、表 6-10 相互對照，會發現透過兩者的統計結果是相同的。

參考文獻

林清山（2014）。心理與教育統計學。臺北：東華。

涂金堂（2015）。SPSS 與量化研究。臺北：五南。

吳裕益（2007）。心理與教育統計學。臺北：雙葉。

Bock, R. D. (1975). *Multivariate statistical methods in behavioral research*. New York, NY: McGraw Hill.

Campbell, D. T., & Stanley, J. C. (1963). Experimental and quasi-experimental designs for research on teaching. In N. L. Gage (Ed.), *Handbook of research on teaching* (pp. 171-246). Chicago, IL: Rand McNally.

Christensen, L. B. (2001). *Experimental methodology* (8th ed.). Boston, MA: Allyn and Bacon.

Cohen, L., Manion, L., & Morrison, K. (2007). *Research methods in education* (6th ed.). New York, NY: Routledge.

Coleman, D. E., & Montgomery, D. C. (1993). A systematic approach to planning for a designed industrial experiment. *Technometics, 35*, 1-12.

Cook, T. D., & Campbell, D. T. (1979). *Quasi-experimentation: Design and analysis issues for field settings*. Boston, MA: Houghton Mifflin.

Crano, W. D., & Brewer, M. B. (2002). *Principles and methods of social research*. Mahwah, NJ: Lawrence.

Cronbach, L. J., & Furby, L. (1970). How we should measure change - Or should we? *Psychological Bulletin, 74,* 68-80.

Cronbach, L. J., & Snow, R. E. (1977). *Aptitudes and instructional methods*. New York, NY: Irvington.

D'Alonzo, K. T. (2004). The Johnson-Neyman procedure as an alternative to ANCO-VA. *Western Journal of Nursing Research, 26*, 804-812.

Dawson, T. E. (1997, January). *A primer on experimental and quasi-experimental design*. Paper presented at the Annual Southwest Educational Research Association, Austin, TX. retrieved from http://files.eric.ed.gov/fulltext/ED406440.pdf

Dowdy, S., Wearden, S., & Chilko, D. (2004). *Statistics for research*. Hoboken, NJ: Wiley.

Glass, G. V., Peckham, P. D., & Sanders, J. R. (1972). Consequences of failure to meet assumptions underlying the fixed effects analyses of variance and covariance. *Re-*

view of Educational Research, 42, 237-288.

Groves, R. M., Fowler, F. J. J., Couper, M. P., Lepkowski, J. M., Singer, E., & Tourangeau, R. (2009). *Survey methodology* (2nd ed.). Hoboken, NJ: Wiley.

Field, A. P. (2009). *Discovering statistics using SPSS* (3rd ed.). Thousand Oaks, CA: Sage.

Frankfort-Nachmias, C., & Nachmias, D. (2000). *Research methods in the social sciences* (6th ed.). New York, NY: Worth Publishers.

Hand, D. J. (1994). Deconstructing statistical questions. Journal of the Royal Statistical Society A, 157, 317-356.

Handley, M., Schillinger, D., & Shiboski, S. (2011). Quasi-experimental designs in practice-based research settings: Design and implementation considerations. *Journal of the American Board of Family Medicine, 24*, 589-596.

Hays, W. L. (1994). *Statistics* (5th ed.). Belmont, CA: Wadsworth.

Holland, P. W., & Rubin, D. B. (1983). On Lord's paradox. In H. Wainer, & S. Messick (Eds.), *Principals of modern psychological measurement: A Festschrift for Frederic M. Lord* (pp. 3–25). Hillsdale, NJ: Erlbaum.

Howitt, D. & Cramer, D. (2011). Introduction to research methods in psychology (3rd ed.). Harlow, England: Pearson.

Huitema, B. E. (2011). *The analysis of covariance and alternatives: Statistical methods for experiments, quasi-experiments, and single-case studies*. Hoboken, NJ: Wiley.

Jennings, M. A., & Cribbie, R. A. (2016). Comparing pre-post change across groups: Guidelines for choosing between difference scores, ANCOVA, and residual change scores. *Journal of Data Science, 14*, 205-230.

Kenny, D. A. (1975). A quasi-experimental approach to assessing treatment effects in the nonequivalent control group design. *Psychological Bulletin, 82*, 345-362.

Kirk, R. E. (2013). *Experimental design: Procedures for the behavioral sciences* (4th ed.). Thousand Oaks, CA: Sage.

Knapp, T. R., & Schafer, W. D. (2009). From gain score t to ANCOVA F. Practical Assessment, Research & Evaluation, 14, 1-7.

Lomax, R. G., & Hahs-Vaughn, D. L. (2012). *An introduction to statistical concepts* (3rd ed.). New York, NY: Routledge.

Lord, F. M. (1967). A paradox in the interpretation of group comparisons. *Psychologi-*

cal Bulletin, 68, 304-305.

Maris. E. (1998). Covariance adjustment versus change scores – Revisited. *Psychological Methods, 3*, 309-327.

Miller, G. A., & Chapman, J. P. (2001). Misunderstanding analysis of covariance. *Journal of Abnormal Psychology, 110*, 40-48.

Pedhazur, E. J. (1997). *Multiple regression in behavioral research: Explanation and prediction*(3rd ed.). Fort Worth, TX: Harcourt Brace.

Pedhazur, E. J., & Schmelkin, L. P. (1991). *Measurement, design, and analysis: An integrated approach*. Hillsdale, NJ: Erlbaum.

Oehlert, G. W. (2000). *A first course in design and analysis of experiments*. New York, NY: Freeman.

Shavelson, R. J. (1988). Statistical reasoning for the behavioral sciences (2nd ed.). Boston, MA: Allyn and Bacon.

Stevens, J. P. (2009). *Applied multivariate statistics for the social sciences* (5th ed.). New York, NY: Routledge. I Street, D. L. (1995). Controlling extraneous variables in experimental research: A research note. *Accounting Education, 4*, 169-188.

Van Breukelen, G. J. P. (2006). ANCOVA versus change from baseline had more power in randomized studies and more bias in nonrandomized studies. *Journal of Clinical Epidemiology, 59*, 920-925.

Wainer, H., & Brown, L. M. (2004). Two statistical paradoxes in the interpretation of group differences. *The American Statistician, 58*, 117-123.

Wright, D. B. (2006). Comparing groups in a before-after design: When *t*-test and ANCOVA produce different results. *British Journal of Educational Psychology, 76*, 663-675.

Zimmerman, D. W., & Williams, R. H. (1982). Gain scores in research can be highly reliable. *Journal of Educational Measurement, 19*, 149-154.

職場專門店

五南文化事業機構
WU-NAN CULTURE ENTERPRISE

書泉出版社
SHU-CHUAN PUBLISHING HOUSE

國家圖書館出版品預行編目資料

實驗研究法與共變數分析／凃金堂著. －－初
版. －－臺北市：五南, 2017.05
　面；　公分
ISBN 978-957-11-9138-6(平裝)
1.實驗研究 2.統計方法 3.統計推論
511.2　　　　　　　　　　　106004638

1HOH

實驗研究法與共變數分析

作　　者 — 凃金堂

發 行 人 — 楊榮川

總 經 理 — 楊士清

主　　編 — 侯家嵐

責任編輯 — 劉祐融

文字校對 — 林靖原、鐘秀雲

封面設計 — 盧盈良

出 版 者 — 五南圖書出版股份有限公司

地　　址：106台北市大安區和平東路二段339號4樓

電　　話：(02)2705-5066　　傳　　真：(02)2706-6100

網　　址：http://www.wunan.com.tw

電子郵件：wunan@wunan.com.tw

劃撥帳號：01068953

戶　　名：五南圖書出版股份有限公司

法律顧問　林勝安律師事務所　林勝安律師

出版日期　2017年5月初版一刷

定　　價　新臺幣560元